明‧蓮池大師
《緇門崇行錄》與
現代實踐典範

釋永東 著

蘭臺出版社

古今叢林懿行

　　永東法師，高雄市人，跟我出家三十餘年。十年前由美返台，進入佛光大學，即筆耕不斷，先後任教於宗教學系與佛教學系，並以之為其研究領域。去年才請我為其新書《人間佛教世界展望》寫序，如今又完成了二十萬字的本書——《明‧蓮池大師《緇門崇行錄》與現代實踐典範》，其精進力媲美於本書中的高僧典範。

　　其最近出版的兩本新書，前者含蓋我1949年抵台至今近七十年的佛光山全球弘法事業的模式，後者舉出二十世紀以來二十三位海內外佛門的懿行典範，以做為現代緇素修行的楷模，可見永東心懷佛教的發展與緇素的修行，並擅長以較全面的宏觀視野來做佛教整體的研究。

　　永東撰寫本書起因於明末蓮池大師有感於當時佛教內部的種種弊端和不良風氣，決心挽轉頹風，振興佛教所輯著的《緇門崇行錄》，該書蒐羅136則從佛世至明代長達22個世紀十種高僧懿行典範而成，分為清素、嚴正、尊師、孝親、忠君、慈物、高尚、遲重、艱苦、與感應等，以做為緇素學習的榜樣。對於科技快速成長、物質文明過度開發的時代，這十種德行何嘗不是對治當代人奢靡浪費、浮跨不實、頑劣不孝、好逸惡勞等惡習的十帖良藥？

　　本書主要分為三部分，第一個部分追溯導致明末叢林亂象的時代背景，除了如明‧湛然圓澄撰《慨古錄》，類別叢林問題有三：朝廷佛教政策不當、叢林本身的弊端、與牽涉官廷之是非者外，永東另有很細膩的耙梳與觀察發現，諸如明朝建國295年間，國內有多達18次寺院火災的原因，次數遠超出前後元朝與清朝許多。另有西藏佛教派別間為主法之爭，互有勾結奪取他寺問題的肇

因。

　　第二個部分針對《緇門崇行錄》所臚列道行非凡之十種高僧行誼——15則清素之行、13則嚴正之行、10則尊師之行、12則孝親之行、11則忠君之行、17則慈物之行、18則高尚之行、10則遲重之行、15則堅苦之行、與15則感應之行等共136則楷模，分別做個別崇行更細緻的背景考察、撰寫動機、名詞釋義、屬性分類與分析說明。

　　第三個部分，永東為使得在明朝期間撰寫的《緇門崇行錄》的十種高僧懿行典範，仍能做為當今二十一世紀緇素學習的榜樣，再依據上述十種高僧行誼實例所做的屬性與特質分類，分別舉出當代高僧中最符合這些崇行特質者，做為此十門的現代實踐典範並加以比對，以發揮古代緇門崇行在現代的實用性，與其時代意義。書中所舉的現代實踐典範集中在第二十至二十一世紀，不分宗派、傳承、性別、與國籍，展現了佛教的人間性、平等性、利他性、與實用性。

　　本書具創新觀點與諸多特色，可做為高僧行儀教材，對於明朝與當代佛教研究具參考價值。今出版在即，應永東的請求，特為撰序，期勉她在佛教高僧行儀的研究上做出更多的貢獻。

2016年11月
於高雄佛光山
佛光山開山宗長
佛光大學、南華大學、美國西來大學、
澳洲南天大學、菲律賓光明大學創辦人

現代緇門崇行

本書《明蓮池大師《緇門崇行錄》與現代實踐典範》能順利出版，首先要感謝佛光大學特色研究計畫的經費支持，與2016年12月16-18日佛光山人間佛教研究院舉辦的第四屆人間佛教座談會，讓本書先行以論文方式參與發表。其次要感謝協助蒐集資料與試擬初稿的研究生，尤其是佛光大學釋妙晹會計主任，與在小學任教的黃惠芳老師，在本書撰稿完成後，協助細讀全文並不吝指教，最後要感謝出版前外審委員們所提供的寶貴意見，致使本書能如期以較完美的形式呈現。

本書首先探討明朝蓮池大師五十歲時（萬曆十三年，1585），為挽轉佛教內部的種種弊端和不良風氣，以振興佛教所輯著的《緇門崇行錄》的時代背景。明太祖朱元璋曾在皇覺寺為僧，建國後實施高度的中央集權政策，並建立一套嚴密而綱目齊備的僧官制度，在此種嚴密的網絡下，朝廷佛教政策卻朝令夕改，令人無所適從，造成西藏佛寺派別間相互勾結奪取他寺主法權；又如明朝建國期間，多達20座寺院遭祝融之災，超出前元朝與後清朝許多；販售僧道度牒，導致僧質良莠不齊；又令僧道共住，造成叢林亂象，僧道墮落等諸多弔詭的問題。

其次，再針對《緇門崇行錄》所臚列道行非凡之十種高僧行誼──15則清素之行、13則嚴正之行、10則尊師之行、12則孝親之行、11則忠君之行、17則慈物之行、18則高尚之行、10則遲重之行、15則艱苦之行、15則感應之行等共136則楷模，分別做更細膩的背景考察、撰寫動機、名詞釋義、屬性分類與分析等等說明。

最後，為使得在明朝期間撰寫的《緇門崇行錄》的十種高僧懿行典範，仍能做為當今二十一世紀緇素學習的榜樣，本研究再依

據上述十種的高僧行誼實例，所做的屬性與特質分類，舉出當代高僧中最符合這些崇行特質者，分別推舉出弘一法師、印光大師與廣欽老和尚為清素典範；弘一法師、日常老和尚與越南明珠長老為嚴正典範；淨空法師與星雲大師為尊師典範；虛雲老和尚與宣化上人為孝親典範；星雲大師為忠君典範；淨空法師與證嚴法師為慈物典範；越南一行禪師與星雲大師為高尚典範；印光大師與袞卻格西為遲重典範；弘一法師與聖嚴法師為艱苦典範；與廣欽老和尚為感應典範。並加以對比，以發揮古代緇門崇行之現代可行性，與其時代意義。

　　希望此書的出版能為佛教界做出如下的貢獻：

　　一、促使在明朝期間撰寫的《緇門崇行錄》136則從佛世至明代長達二十二個世紀十種高僧懿行典範，仍能做為當今二十一世紀緇素學習的榜樣，依各門推舉出的現代實踐典範，不僅能表彰當代道行非凡之高僧行誼，亦能以之為當代佛教緇素修持處世之典範。並可發揮古代緇門崇行之現代實用性，並彰顯其時代意義。

　　二、明朝嚴謹的僧官制度卻導致叢林亂象、與政府經濟衰敗，本研究的提出與剖析，可做為當代政府管理宗教團體的參考。

　　三、本書追溯分析明末叢林亂象、僧質敗壞的因果關係的結果，可供當代各宗教團體經營管理與僧眾自修弘化的借鏡。

　　四、目前現有文獻未有單就《緇門崇行錄》做過任何學術研究，故本研究可補學術研究的不足。

　　至於個人功力有限，能否切實做到以上四點的貢獻，靜待同道的批評與指教。

釋永東
於佛光雲起樓
2016年11月

目　錄

參考書目

附錄：明清杭州城市火災一覽表

第壹章　緒論

　　《緇門崇行錄》是明朝蓮池大師五十歲時（1585），有感於當時佛教內部的種種弊端和不良風氣，決心挽救頹風，振興佛教而輯著。內容臚列道行非凡之高僧行誼，略分清素（15則）、嚴正（13則）、尊師（10則）、孝親（12則）、忠君（11則）、慈物（17則）、高尚（18則）、遲重（10則）、艱苦（15則）、感應（15則）十門以為楷模。[1]

　　明太祖朱元璋（1328-1398）創建明朝（1368）前曾有出家經歷，故建國後實施高度的中央集權政策，建立了一套嚴密而綱目齊備的僧官制度，在此種嚴密的網絡下，朝廷佛教政策為何會朝令夕

---

[1]　蓮池大師，《緇門崇行錄》，高雄：佛光出版社，2015，頁1。

改，令人無所適從？還會發生西藏佛教派別間互相勾結奪取他派寺院之鬥爭？建國295年間，為何計有18座寺院遭祝融之災，超出元、清二朝許多？為何販售僧道之度牒，令僧道共住？又為何會造成上述僧道的墮落等？都是非常弔詭，值得筆者深入探討。

另外，為使得在明朝期間撰寫的《緇門崇行錄》共136則的典範，仍能做為當今二十一世紀緇素學習的榜樣，本文試圖耙梳明朝蓮池大師在撰寫《緇門崇行錄》時，所面對的社會環境與宗教現象，以利未來進一步與當代的社會環境做比對，藉以擷取能適用於今的緇門典範行儀，以開啟及提升《緇門崇行錄》的現代運用與教育價值。

第一節　研究目的

本研究目的有如下三項：

（一）耙梳明・蓮池大師在撰寫《緇門崇行錄》時，所面對的社會環境與宗教現象，以利與當代的社會環境做比對，舉出仍適用當代十項德行的緇門典範行儀，以開啟及提升《緇門崇行錄》的現代運用與教育價值。

（二）本研究不僅能表彰當代道行非凡之高僧行誼，亦能以之為當代佛教緇素修持處世之典範。

（三）藉以分析追溯明朝發生的各種宗教亂象的因果，做為當今宗教團體的借鏡。

第二節　本研究的重要性

本研究目的透過下列四點展現其重要性如下：

（一）透過本研究促使在明朝期間撰寫的《緇門崇行錄》十種德行的136則典範，仍能做為當今二十一世紀緇素學習的榜樣，依該門推舉出的現代實踐典範，可發揮古代緇門崇行之現代實用性，並彰顯其時代意義。

（二）明朝嚴密的僧官制度卻導致叢林亂象、與寺院經濟衰敗，本研究的提出與剖析，可做為當代政府管理宗教團體的參考。

（三）明末叢林亂象，僧質敗壞，本研究成果可供當代各宗教團體與僧眾的借鑒。

（四）目前現有文獻未有單就《緇門崇行錄》做過任何學術研究，故本研究正可補學術研究的不足。

第三節　問題意識

本論文要探討的問題有兩部分：

第一部分：

明太祖朱元璋建國後，為了實施其中央集權政策，建立一套嚴密而綱目齊備的僧官制度，以管理全國的寺院與僧尼，在此種嚴密的網絡下，為何會導致如下多種宗教亂象，而引發蓮池祩宏輯著《緇門崇行錄》，表彰清素、嚴正、尊師、孝親、忠君，慈物、高尚、遲重、艱苦以及感應等十種德行。故第一部分將透過下列問題的耙梳，來探討兩者之間的關係。

（一）朝廷佛教政策為何會朝令夕改，令人無所適從？

（二）明代為何會發生西藏佛教派別間互相攻打、勾結奪取他派寺院主法之爭？

（三）明朝建國295年間，為何有多達18次寺院祝融之災，超出元朝、清朝許多？

（四）為何下令僧道共住，造成叢林亂象與僧道的墮落？

上述問題都是非常弔詭，值得深入探討。

第二部分：

蓮池袾宏輯著《緇門崇行錄》，結集十種道行非凡之高僧行誼共136則，做為僧人的楷模，本研究針對其逐一分析探討，問題如下：

（一）《緇門崇行錄》十種德行所舉的實例，各具有何種特質？

（二）當時的清素、尊師、高尚等十種德行是否適用於現代社會？

（三）當代有哪些大德的懿行能與《緇門崇行錄》十門的德行相呼應？

（四）當代十門的代表大德的懿行與《緇門崇行錄》十門的楷模有何特質的差異？

第四節　研究方法與限制

本研究分為兩個部分，其研究方法說明如下：

第一個部分為明代蓮池大師撰寫《緇門崇行錄》的時代背景溯源，研究方法主要採用質性研究的文獻觀察與比較分析法。

第二個部分為《緇門崇行錄》十德行的現代實踐典範，不限

在台灣大陸當代的本地高僧，故研究方法主要亦採用質性研究的文獻觀察與比較分析法，兼採用深度訪談法。

第五節　文獻回顧

本研究重要參考文獻除了慈怡主編的《世界佛教史年表》工具書外，[2] 其他可分為明代社會背景、佛教僧官制度、明代南京佛寺、明代佛教女性等四類主題的文獻，分別回顧如下：

1. 明代社會背景：

此方面主要的相關文獻有五筆，三本專書與兩篇論文，分述如下：

（1）明‧袾宏輯，《緇門崇行錄》

《緇門崇行錄》[3] 是明代蓮池大師，又稱雲棲袾宏（1523-1615）輯。袾宏欲革除當時沙門諸多弊端，蒐羅自佛世至明代歷朝古德行誼136則，分為清素、嚴正、尊師、孝親、忠君、慈物、高尚、遲重、艱苦以及感應等十種德行，做為佛門緇素修道上的參考，以達到「見賢思齊，見不賢內自省」的功效。這本書是本研究主要的依據文本，目前有佛光出版社發行的單行本《緇門崇行錄》，[4] 與吳錦煌於1985年白話本《緇門崇行錄淺述》。[5] 迄今雖有頗多有關雲棲袾宏的研究，但都以綜觀整體面來研究，未有單

---

[2]　慈怡主編，《世界佛教史年表》，高雄：佛光出版社，2007。

[3]　明‧雲棲袾宏輯，《緇門崇行錄》一卷，《卍新纂續藏經》冊八十七，第1627經，頁1597-1615。

[4]　蓮池大師，《緇門崇行錄》，高雄：佛光出版社，2015。

[5]　吳錦煌，《緇門崇行錄淺述》，福建：福建省佛教協會佛教教育基金委員會，1985。

就《緇門崇行錄》所做的任何學術研究，故本研究正可補學術研究的不足，有其研究價值。

（2）明・湛然圓澄撰，《慨古錄》

《慨古錄》是明代曹洞宗僧湛然圓澄（1561～1626）撰，又作湛然禪師慨古錄。【6】全一卷。收于《卍續藏》第六十五冊，第1285經，頁366-375。圓澄慨歎當時禪林規矩蕩然而漸趨腐敗墮落，恐因叢林自身之萎頓，而引致類于「三武」之法難，故列舉六祖以降，唐、宋時代活潑生動之機緣實例，懇切提撕，以喚起道心，重振宗風。由本書亦可略窺明末禪門之概況。本錄整理出晚明叢林（僧寺）的諸多問題，是本研究追溯蓮池大師撰寫《緇門崇行錄》的時代背景最直接的參考文獻。

（3）江燦騰，《晚明佛教叢林改革與佛學諍辯之研究——以憨山德清的改革生涯為中心—》

本論文原為作者在台大史研所的碩士論文，於1990年出版成專書。本書分為五章與結論，其中第一章「晚明佛教叢林改革所面臨的諸問題」，根據圓澄《慨古錄》，類別叢林問題有三：朝廷佛教政策不當、叢林本身的弊端、與牽涉宮廷之是非者，每類均有極詳細的剖析。【7】本書雖然詳實卻不盡完整，仍遺漏了許多叢林亂象未涉及。如筆者在背景介紹提到的朝廷佛教政策朝令夕改、藏地佛教宗派奪權爭鬥、佛寺火災屢屢發生的亂象。

（4）王公偉，〈晚明佛教的危機與應對——以雲棲袾宏為

【6】 明・湛然圓澄撰，《慨古錄》，《卍續藏經》冊65，no.1285，頁366-375。

【7】 江燦騰，《晚明佛教叢林改革與佛學諍辯之研究—以憨山德清的改革生涯為中心—》，台灣大學歷史研究所碩士論文，1990。

例〉

　　作者認為袾宏身處晚明時期，正值新的生產方式的醞釀發展，導致中國社會結構和國家的宗教政策發生變化。不適應這種變化的佛教，出現了種種不如法的現象。面對新時期的新問題，袾宏一方面利用傳統的戒律和規約來約束僧團，另一方面積極參與當地的宗教活動，為佛教的生存發展尋覓新機。晚明佛教由於其所處的特殊時期，成為中國佛教發展史上一個關鍵時期，袾宏由於順應了這一時代的要求，因而成為一個具有里程碑式的人物。[8] 從本論文可見蓮池大師護教心切，並善於觀察時局與善巧化育的智慧。

　　（5）徐一智，《晚明僧侶對寺院經濟之經營──以雲棲袾宏為例》

　　作者簡單回顧目前有關明代寺院經濟研究的剎文，舉出清水泰次〈明代寺田〉、傅貴九〈明清的寺田〉等諸篇文章，皆屬於從純經濟的角度，來研究寺院經濟，且都偏向制度性和靜態的歷史研究。作者認為歷史研究的課題，應著重時代的轉變和人物的作為，所以本篇論文在探究寺院經濟時，是從分析僧侶受到什麼環境刺激，產生什麼樣的制度和行動，以達成他們的目標，並造成何種結果及影響著手。[9]

2. 明代僧官制度

　　此方面較相關文獻有兩筆，一本專書與一篇期刊論文，分述如下：

---

[8]　王公偉，〈晚明佛教的危機與應對──以雲棲袾宏為例〉，《魯東大學學報》第3期，2002，中國山東省：魯東大學。

[9]　徐一智撰，《明末浙江地區僧侶對寺院經濟之經營──以雲棲袾宏、湛然圓澄、密雲圓悟為中心》，國立中央大學歷史研究所碩士論文，2001。

（1）星雲，《教史》

本書介紹中國僧官制度的起源與演變的發展史。縱觀自後秦姚興弘始七年（405）頒布詔書，設置「僧正」官職起，歷經北魏、南朝、隋、唐、宋、元、明、清朝的演變發展，到民國政府取消僧官，改由佛教團體向政府申請「中華佛教總會」止，歷經一千六百年之久的僧官制度的簡介。【10】為本研究僧官制度的舖陳，提供簡明清晰的歷史脈絡。

（2）陳玉女，〈明代瑜伽教僧的專職化及其經懺活動〉

本論文探討明代瑜伽如何演變成專行經懺施食法事的瑜伽教，其公訂經懺價格與佛教慈悲本懷相違。俗化佛事亦俗化禪講二宗僧眾，使得僧俗無分際、男女之妨蕩然，導致僧眾素質低落，衝擊僧團律行的維護，甚至造成社會問題。【11】本論文在瑜伽教僧的專職化及其公訂經懺活動價格，而引發明末叢林亂象的考據上是有貢獻的，可供本研究相關方面的參考。

3. 明代南京佛寺

此方面較相關文獻有兩筆，一本專書、一篇學位論文，分述如下：

（1）明葛寅亮撰，《金陵梵剎志》

《金陵梵剎志》共有53卷，書中作者葛寅亮對晚明佛教寺院史料，提供了官方的重要檔案。當時，南京佛寺中制度渙散，寺田流失，佛寺蕭條，頗不利於佛教的維持和發展，也影響了封建制度

【10】　星雲，《教史》，《佛教》叢書之五第六章佛教的僧官制度，高雄佛光出版社，1997，頁345-362。

【11】　陳玉女，〈明代瑜伽教僧的專職化及其經懺活動〉《成大歷史學報》第三卷第一期，2004.09.25，頁37-88。

的鞏固。而當時南京佛教、佛寺之事正是葛寅亮主管諸務中的一項。葛寅亮到任後，先將具備規模的佛寺分類，實行嚴格統屬管理。並訂立佛寺各項制度，包括行政管理制度、經濟管理制度、教育制度等。為了鞏固和記錄改革成果，他編集《金陵梵剎志》，詳載各佛寺類型、位置、沿革、殿堂、公產、藝文、制度等。【12】本書為登載明代南京佛寺最多、最詳細者，最具權威性與可信度。根據江燦騰《晚明佛教叢林改革與佛學諍辯之研究—以憨山德清的改革生涯為中心—》一書的說法，此書在台灣有兩個版本：明文書局四冊本（1980），新文豐出版公司為單冊本（1987），兩者皆影印民國25年金山江天寺的版本，故同為53卷。【13】本書是本研究探討明朝十八起佛寺祝融怪象的主要參考書目，唯實際有記載者，僅有蔣山靈谷寺、【14】金陵天界寺、【15】金陵寶光寺、【16】與金陵觀音閣。【17】

（2）朱祐鉉，《清代杭州的火災、火政與社會生活（1644-1861）》

《清代杭州的火災、火政與社會生活（1644-1861）》為作者2011年就讀台灣大學歷史所完成的碩士論文。雖以清初至太平軍攻陷前（1861）杭州城的城市火災為主要研究，但在論文的第二章第

【12】　明‧葛寅亮撰《金陵梵剎志》，台北：新文豐出版，1987。

【13】　江燦騰，《晚明佛教叢林改革與佛學諍辯之研究—以憨山德清的改革生涯為中心—》，新文豐出版公司，1990，頁34。

【14】　明‧葛寅亮撰《金陵梵剎志》，台北：新文豐出版，1987，頁73-82。

【15】　同上註，頁188-204。

【16】　同上註，頁319-320。

【17】　同上註，頁158。

一節略涉及明清杭州的城市發展，與第五章第二節談及火災與祠神信仰，【18】則可作為筆者探討明代十八起佛寺火災的參考。

4. 明代佛教女性

此方面的相關文獻有兩篇期刊論文，分述如下：

（1）陳玉女，〈晚明婦女信佛的社會禁忌與自主空間〉

明初太祖鑑於僧俗混雜，造成社會綱常失序及帶給婦女人身安全的威脅，而擬定諸多細密的相關禁制條令，卻也因為他法定化瑜伽教僧尼，應付世俗經懺的專業性，並准予雲遊僧行乞四方和納銀取牒，遂使謹遵其後的有明一朝，雖欲嚴明僧俗男女分際，卻越見乏力而終未能遏止其混雜往來的事實。統治者或道德人士不斷藉由婦女矇蔽於僧尼的邪淫，遭受淫僧姦害，不僅玷汙名節，甚而為其所姦殺之案例。因此作者提出質疑：官方勸阻婦人不得入寺、不得與僧尼往來。婦女如何來信佛？又信奉的價值為何？其實，婦女借助女尼以滿足宗教及心理上的需求，女尼則成為婦女直接觸犯社會規範的一道保護層。【19】婦女與女尼之間具有安頓身心、相輔相成的社會規範功能。

（2）蘇美文，〈亂象中有新生：論明末清初比丘尼之形象與處境〉

本論文先對明末清初比丘尼形象與處境，做四個方向整體性的考察，即宗教政策、筆記話本小說、女性類書、佛教人士。再參看個別的比丘尼情況：以祇園行剛為主，觀察其修行悟道、傳承法

【18】　朱祐鋐，《清代杭州的火災、火政與社會生活(1644-1861)》，台灣大學歷史研究所碩士論文，2011。

【19】　陳玉女，〈晚明婦女信佛的社會禁忌與自主空間〉《成大歷史學報》29期，2005.06.01，頁121-163。

脈、弘法度眾的過程。再作綜合結論，可知明末清初時的比丘尼的
處境是一方面在毀禁尼庵、被迫還俗的紛亂下，被視為誘拐婦女，
成為色情淵藪，是三姑六婆之一，地位低落，甚至被佛教人士認為
引起亂象。但從另一方面看，卻是擁有較大空間自由、發達的人際
網絡、宗教弘法的活動力強、文化思想上對其成為一方之師的容受
度較大，甚至讓其有機會傳承法脈、刊印語錄行世。而這樣的時期
創造了比如祇園這一類的比丘尼，掌握到亂象中解放的契機，展現
自己光彩，給時代帶來新生的典型。【20】本論文對於筆者提出的明
末宗教亂象的尼眾政策朝令夕改、併寺觀禁女入等議題，能提供或
多或少的參考資料。

表1、明末叢林亂象相關重要文獻一覽表

視角	種類	編號	年代	作者	專書/論文名稱
明代社會背景(5)	專書3	1	1573	袾宏輯	《緇門崇行錄》
		2	明朝?	湛然圓澄撰	《慨古錄》
		3	2005	江燦騰	《晚明佛教叢林改革與佛學諍辯之研究—以憨山德清的改革生涯為中心—》
	期刊論文	1	2001	王公偉	〈晚明佛教的危機與應對——以雲棲袾宏為例〉
	學位論文	1	2002	徐一智	《明末浙江地區僧侶對寺院經濟之經營—以雲棲袾宏、湛然圓澄、密雲圓悟為中心》

【20】 蘇美文，〈亂象中有新生：論明末清初比丘尼之形象與處境〉《中華技
術學院學報》，27期，2003.5，頁227-243。

視角	種類	編號	年代	作者	專書/論文名稱
明代僧官制度(2)	專書	1	2006	星雲	《教史》
	學位論文	1	2004	陳玉女	《明代瑜伽教僧的專職化及其經懺活動》
明代南京佛寺(2)	專書	1	明朝?	葛寅亮撰	《金陵梵刹志》
	學位論文	1	2001	朱祐鋐	《清代杭州的火災、火政與社會生活(1644-1861)》
明代佛教女性(2)	期刊論文	1	2003	蘇美文	〈亂象中有新生：論明末清初比丘尼之形象與處境〉
		2	2005	陳玉女	〈晚明婦女信佛的社會禁忌與自主空間〉
4類	11			10人	專書5、期刊論文3、學位論文3

　　從上表1本研究11筆重要文獻列表中，可見各類數量都在2-3筆之間，除了《緇門崇行錄》、《慨古錄》與《金陵梵刹志》屬較早印製的古籍原典外，其餘文獻都是在21世紀初面世，以陳玉女一篇學位論文與一篇期刊論文居多。

第貳章　蓮池大師《緇門崇行錄》之撰寫背景

　　源於印度的佛教，自東漢傳入中國後，藉由漢譯佛經逐漸將佛法在中國傳播開來。初期譯經事務主要由來自印度與中亞的僧人主持，漸有中國本土人士參與其中，這些當地參與譯經者與一般有緣接觸佛法的庶民，在多聞薰習佛法後，陸續追隨僧師剃度出家，遂形成各種大小僧團，也逐漸型塑出中國佛教的僧團芻形。佛教在中國此般的發展過程中，勢必要適應社會環境，因此佛教寺院與僧團必然與國家、政治、社會、經濟形成密不可分的關係。[1] 到了魏晉南北朝時期，由於關內僧尼日漸增多，後秦姚興惟恐僧團的組織與力量影響到政治的統領，國家有需要以佛法戒律來規範僧尼，

---

[1]　星雲，《佛教》叢書之五《教史》，第六章佛教的僧官制度，高雄佛光出版社，1999，頁345。

於是在弘始七年（405）設置了僧官制度，當時最高的僧官職稱為「僧正」，又稱「僧主」。僧正，意思是須先自正，然後才可以正人。[2]《佛教—教史》對於僧官制度的創置，認為是「教團大規模發展下所產生的一種現象，這種現象顯示出佛教所帶給社會的，已不僅是一種精神內涵而已，同時也象徵著佛教教團展現出一股強大社會組織與力量。」[3] 為了樹立僧官的管理職權，以利統領僧團，僧主等僧官都是從僧尼當中禮派學養具佳、品德流芳的僧員擔任，並由朝廷給俸，讓他們能專心管理僧團的各種事務。

　　之後的中國歷朝仍承襲南北朝首創的僧官制度，只是職稱隨朝代略有變更。例如北魏建立道人統，將原「監福曹」[4] 改為「昭玄寺」，在組織編制上，置有「大統」與「統」各一人、「都維那」三人，稱為昭玄三藏。隋文帝楊堅於北方建立隋朝（581）後，推行佛教治國政策。對於僧團的管理，大致沿用北朝的昭玄系統，也保留了斷事沙門 [5] 的任用，只是曾經一度把「昭玄寺」改稱為「崇玄署」，另外又置有「隋國大統」、「國僧都」、「平等沙門」等職稱。唐高祖李淵開國（618）後，其地方基層，倚重寺院三綱 [6]，中央則設置「十大德」，以綱維法務。十大德的遴

---

[2]　慈怡主編，《世界佛教史年表》，高雄：佛光文化事業有限公司，2007，頁346。

[3]　同上註，頁347。

[4]　北魏孝文帝太和十七年（493）制定《僧制》四十七條，又別設僧曹（曹是官署的意思），名叫「監福曹」。

[5]　僧官之一。又作斷事比丘。即教團中處治僧尼觸犯綱紀之僧職。斷事，意指裁決事件。

[6]　寺院三綱，為漢傳佛教寺院中，統理僧尼、管理寺院的三個職位合稱，分別為上座、寺主、都維那。

選，是由眾僧中推舉出，或是由皇帝親自指派。宋朝（968-1294）沿用「國有僧以僧法治，國有俗以俗法治」的原則，因襲唐代，設置專門管理宗教事務的官署和僧司，以加強管理全國幾萬所寺院和幾十萬僧人。元世祖（1264-1295）忽必烈奉西藏喇嘛八思巴為「帝師」，令他掌管全國佛教，擁有至高無上的地位，形成「僧俗並用，政教通管」僧官選任的特色。明太祖（1368-1398）朱元璋實施高度的中央集權政策，建立一套嚴密而綱目齊備的僧官網絡，明確釐定各級僧官的品階俸祿，將僧官完全劃入政府官員的體系之中，成為明代僧官制度的最大特色。[7] 清朝帝室（1636-1911）崇拜喇嘛，卻抑制佛教發展，僧官制度沿襲明朝，職別名稱無異，只是在員額、職掌略有增減，卻無實權。[8] 民國元年（1912）以後，孫中山先生宣布「政教分立」，取消僧官制度，由民間成立被政府核可的「中華佛教總會」取代，終結中國長達一千六百年的僧官制度。[9]

　　推翻蒙古統治的明太祖（1368-1398）朱元璋，早年出身於皇覺寺，與同出身寺院的宰相宋廉，均特別崇敬佛教，故為了強化對寺院僧尼的管制，即位後即頒佈了一連串的佛教政策，如：立僧官、定考試、制度牒、刻藏經（南藏）、整理僧籍、分寺廟僧為禪、講、教三類。[10] 成祖永樂帝（1403-1424）力護佛教，採用臨濟僧道衍為宰相，刻北藏，作《讚佛偈》、《金剛經解》，並為

【7】　慈怡主編，《世界佛教史年表》，高雄：佛光文化事業有限公司，2007，頁346-359。

【8】　同上註，頁361。

【9】　參閱星雲，《佛教》叢書之五《教史》，1997，頁361。

【10】　星雲，《佛光教科書（4）教史》，高雄佛光出版社，1999，頁153。

《佛說希有大功德經》二卷等五經論【11】寫序等。【12】此後的明朝帝王亦崇信佛教，此時期禪淨二宗與喇嘛教並行。【13】但到了明朝中葉，朝廷卻開始販賣度牒來救飢荒，導致僧團迅速擴大，僧尼資質良莠不齊，因而弊端叢生。到了世宗（1522-1566）轉信奉道教，導致再一次的毀佛事件。引發明末蓮池、紫柏、憨山與蕅益等四大師輩出，力倡禪、淨、教、戒一體，主張儒、釋、道三教合流為一宗，此種思想的融合成為日後三百年佛教發展的主流，也促進儒家士大夫學佛，開啟居士佛教的發展。【14】

　　僧官制度流傳到明朝，因為明太祖曾有出家的背景，對佛教有感情，熟悉佛門庶務，一方面要扶植佛教，另一方面欲透過嚴密的僧官制度，來管理全國寺院與僧侶。然而明朝既然有一套綱目齊備的僧官制度，為何會導致晚明佛教更為世俗化，僧尼教團不斷擴大，成為藏汙納垢的亂象叢林？致使晚明僧人圓澄（1561-1626）對當時僧風的腐敗感慨萬端，著述《慨古錄》表示不滿。圓澄在此

【11】　明成祖永樂元年（1403）6月，成祖制〈佛說希有大功德經二卷序〉。
　　　　（慈怡主編，《世界佛教史年表》，高雄：佛光文化事業有限公司，
　　　　2007，頁223。）永樂8年（1410）3月，製「藏經讚」。（頁224）永樂9年（1411）4月，成祖製〈聖妙吉祥真實名經序〉。（頁225）永樂9年（1411）12月，成祖製〈大悲觀世音菩薩讚〉。（頁225）永樂10年（1412）8月，成祖製〈四部經序〉。（頁225）永樂10年（1412）9月，成祖製〈如來正宗大覺妙經序〉。（頁225）永樂13年（1415）9月，成祖製〈般若論中道論對論律論比量論序〉。（頁225）永樂15年（1417）1月，御製《神僧傳》九卷完成。（頁226）永樂15年（1417）4月，成祖製《諸佛世尊如來菩薩尊者神名經》四十卷、《諸佛世尊如來菩薩尊者名稱歌曲》四十七卷。（頁226）
【12】　星雲，《佛光教科書（4）教史》，1999，頁153。
【13】　同上註。
【14】　同上註，頁154。

文中深刻地分析了僧人隊伍的龐雜性：

> 或為打劫事露而為僧者。或牢獄脫逃而為僧者。或悖逆父母而
> 為僧者。或妻子鬥氣而為僧者。或負債無還而為僧者。或衣食
> 所窘而為僧者。或為僧而戴髮者。或夫為僧而妻帶髮者，謂之
> 雙修。或夫妻皆削髮，而共住庵廟，稱為主持者。或男女路遇
> 而同住者。以至奸盜詐偽，技藝百工，皆有僧在焉。如此之
> 輩，既不經於學問，則禮義廉恥，皆不之顧。惟於人前，裝假
> 善知識，說大妄語。或言我已成佛。或言我知過去未來。反指
> 學問之師，謂是口頭三昧。杜撰謂是真實修行。哄誘男女。致
> 生他事。【15】

他們中許多人沒有什麼戒律和信仰，只為酒色生活而忙碌、
奔波，恰如《慨古錄》序指出的那樣：

> 酒削賣漿，無不躬之。擊鮮烹肥，種秫釀酒，甘臙充滿香積廚
> 中，間一扣扉而入，則酒色拂拂，繞繩床間。經年不省青猊
> 座，其他一瓢一笠，荷錫雲遊，禮洛伽，瞻峨嵋，得青原，參
> 少林，一生之事已畢，竟不知五蘊、六塵、四禪、八解為何語
> 矣。此湛師《慨古錄》之所由作也。【16】

上述圓澄所提亂象包括佛門師徒倫理失序、新出家自立門戶
不擇手段、師資水準低落無修無證、為謀衣食行為失檢、無視戒律
破壞戒規等。【17】如其在《慨古錄》所述：「去古日遠，叢林之規掃

【15】　湛然圓澄，《慨古錄》，《卍新纂傳纂續藏經》第65冊，No.1285，臺
北：新文豐出版公司，1993，頁726上。
【16】　祁承燁漱手書，《慨古錄序》，《卍新纂傳纂續藏經》第65冊，
No.1285，頁725中。
【17】　參閱江燦騰，《晚明佛教叢林改革與佛學諍辯之研究—以憨山德清的改

地盡矣。佛日將沉，僧寶殆滅，吾懼三武之禍，且起於今日也。能無探乎？」【18】

　　另外，明末有感於當時佛教內部的種種弊端和不良風氣，決心挽救頹風的有志人士亦大有人在，如極力推崇振興佛教的李卓吾（1527-1602）卻在獄中自殺身亡；明末四大師之一的紫柏真可（1543-1603）則在致友書中，批評神宗反對慈聖太后建佛寺為不孝，而罹罪死於牢獄中（1603）。【19】同被尊為明末四大師之一的蓮池祩宏（1523-1615），則以正面引導方式輯著《緇門崇行錄》（1585），臚列十種道行非凡之高僧行誼共136則做為僧人的楷模，分為清素（有15則）、嚴正（有13則）、尊師（有10則）、孝親（有12則）、忠君（有11則）、慈物（有17則）、高尚（有18則）、遲重（有10則）、艱苦（有15則）、感應（有15則）。

　　據《近世中國佛教曙光》文中所記載，從王陽明（1472-1528）到雲棲祩宏的這一段時期的思想史流向是：「今末法佛道下哀自我成祖之後，典籍殘缺而無徵，僧行徒有其名，而不知奚事。茫茫八表，求一律寺，且不可得，何曾有禪教、淨土之叢林耶？突出陽明夫子，以應化大權，創良知之說，揭禪宗語，和會融通，使儒門英豪，始知趣向，然而未光大也。時有雲棲大師，實古佛之應身，愍斯惡世，來生此間，少稟生知，為當代臣儒，頓除恩愛，示菩薩遍

革生涯為中心─》，新文豐出版公司，1990，頁13-14。

【18】　湛然圓澄，《慨古錄》，（《卍續藏經》第114冊，臺北：新文豐出版公司，1993，頁726上。

【19】　江燦騰，《晚明佛教叢林改革與佛學諍辯之研究─以憨山德清的改革生涯為中心─》，新文豐出版公司，1990，頁10。

行。」【20】

　　導致晚明的叢林亂象的主要原因，不在僧官制度不好，而在朝廷不當的佛教政策。江燦騰在《晚明佛教叢林改革與佛學諍辯之研究—以憨山德清的改革生涯為中心—》，根據圓澄《慨古錄》提到六個原因：「1.官方久不開戒壇、僧品揀別無由；2.官方以收銀代替考試度僧、造成僧品蕪雜氾濫；3.官方禁講經論，使非法之徒得以惑眾；4.僧官制度受制於儒，任用不當的僧官與住持；5.官府違規課稅、勒索；6.寺產被侵佔、僧人被辱，官方未盡保護之責。」【21】

　　筆者認為除了如上六點朝廷不當的佛教政策外，還有許多未被提及，綜整為如下四項：朝廷佛教政策朝令夕改、藏地佛教宗派戰爭等亂象、嚴加規定僧官衣飾、佛寺頻頻發生火災怪象。

第一節　朝廷佛教政策朝令夕改

　　朝廷朝令夕改的佛教政策，可分為僧官政策、佛寺政策、僧道政策三方面，僧道政策又分為僧眾、尼眾、與童僧政策等三部分，說明如下：

一、僧官政策方面：

　　首先明太祖於洪武元年（1368），於金陵天界寺設置「善世院」，統管全國僧尼寺院，但在洪武四年（1371）廢止，把統理

【20】　見《續藏經》冊127，頁505。

【21】　江燦騰，《晚明佛教叢林改革與佛學諍辯之研究—以憨山德清的改革生涯爲中心—》，新文豐出版公司，1990，頁11-12。

天下僧尼的職權併歸祠部管轄。【22】洪武十五年（1382），太祖
又另行制定一套新的僧官制度，在京都設置僧錄司，【23】統理天
下僧尼，隸屬於禮部統轄之下。這是一個從中央到地方，分為京
都、府、州、與縣四個層級，體系嚴密的制度。【24】洪武二十九年
（1396），太祖在原來的僧錄司外，又擴大僧官的編制，把禮部所
轄的祠部改為「祠祭清吏司」，【25】總攬宗教的政令大綱。

　　明成祖篤信喇嘛教，永樂五年（1407）3月，轉冊封喇嘛僧哈
立麻為「完萬行具足十方最勝圓覺妙智慧善普應祐國演教如來大寶
法王西天大善自在佛」，統領全國釋教；其徒索羅等三人封為灌頂
大國師。【26】永樂十一年（1413）3月，封西藏僧毘澤思巴為「大乘
法王」，統領全國釋教。【27】永樂十四年（1416）5月，交趾府州縣

【22】　星雲，《佛教》叢書之五《教史》，1997，頁359。
【23】　僧錄司成員有左右善世，正六品；左右闡教，從六品；左右講經，正八
　　　品；左右覺義，從八品。地方僧官部分，府設「僧綱司」，有都綱、副都
　　　綱各一員；州設「僧正司」，內置僧正一員；縣設「僧會司」，內置僧會
　　　一員。星雲，《佛教》叢書之五《教史》，1997，頁360。
【24】　星雲，《佛教》叢書之五《教史》，1997，頁360。
【25】　「祠祭清吏司」，總攬宗教的政令大綱，加設有郎中、員外郎、主事各
　　　一人，分別掌管僧尼試經給牒、僧籍名冊、僧官的選補、寺額的賜給等的
　　　政令大權，原先的僧錄司只處理具體的宗教事務，例如實際調查全國僧侶
　　　總數，製作資料詳備的名冊，包括姓名、年籍、出家受戒的時、地、受業
　　　師、歷年行止等；編製天下寺院總冊，詳載啓建年代、住持、住眾人數、
　　　僧舍數目等資料，向祠部申報；推薦住持人選，以供任用之參考；主持經
　　　試，於祠祭司核可之下，填發度牒；約束天下僧眾，嚴守戒律，闡揚教
　　　法；對違反戒律者，經調查後，申報祠祭司加以處置。星雲，《佛教》叢
　　　書之五《教史》，1997，頁360。
【26】　慈怡主編，《世界佛教史年表》，高雄：佛光文化事業有限公司，
　　　2007，頁224。
【27】　同上註，頁225。

設置僧綱、道紀。【28】

　　明憲宗成化六年（1470）3月，陳英奏請廢止法王、佛子、真人。【29】成化十二年（1476）7月，商輅陳述弭災八事，奏請禁止濫與國師、法王之印。【30】終於在成化二十三年（1487）10月，革除法王、佛子、國師、真人等封號。繼之在孝宗弘治元年（1488）淘汰藏僧，法王以下遞降還藏。【31】弘治四年（1491）2月，在耿裕奏請後留藏僧182人，餘悉驅逐。【32】導致弘治七年（1494），西藏使僧入楊州府作亂。【33】故於弘治十年（1497），藏僧完卜鎖南堅參巴爾藏卜繼承大乘法王之職，繼於弘治十三年（1500），恢復喇嘛僧封號，敕封那卜堅參等三人為灌頂國師。【34】弘治十八年（1505）5月，詔奪真人、國師、高士等三十餘人名號，並放逐。同年卻又讓張彥顯嗣繼真人位。【35】

　　明武宗正德元年（1506）西藏領占竹入南京，封為灌頂大國師。【36】正德七年（1512）　周廣奏請排斥喇嘛教。正德九年（1514）元月楊廷和請逐藏僧，同年2月與10月喬予與李中分別上書言藏僧於禁寺西華門內寺院之弊，同年12月，嚴定藏僧之貢期、

【28】　慈怡主編，《世界佛教史年表》，高雄：佛光文化事業有限公司，
　　　2007，頁225。
【29】　同上註，頁233。
【30】　同上註。
【31】　同上註，頁235。
【32】　同上註，頁236。
【33】　同上註。
【34】　同上註，頁236-237。
【35】　同上註，頁237。
【36】　同上註。

人數，禁止營造寺宇等。【37】然而翌年11月，卻派遣劉允入藏迎請活佛。【38】

明世宗嘉靖二年（1523），加封真人張彥顯。【39】嘉靖五年（1526）邵元節嗣繼真人位。嘉靖九年（1530）9月，高金請削奪真人邵元節之封號及其師李得晟之贈祭。【40】嘉靖十九年（1540）11月，陶仲文嗣繼真人位。【41】嘉靖二十八年（1549），張永緒嗣繼真人位。【42】嘉靖二十九年（1550）敕置僧道官，定僧道律例。【43】嘉靖三十五年（1556）帝及皇后等人稱道號。【44】嘉靖四十二年（1563）10月，罷遣京寺之僧至西藏地方。【45】

明穆宗隆慶元年（1567）2月，削奪故真人邵元節、陶仲文之爵誥。真人之號改為道士，並廢止貴溪龍虎山之世襲，請提點任住持。【46】

明神宗萬曆五年（1577）封張國祥「真人」之號。【47】萬曆六年（1578）5月，西藏瑣朗嘉穆錯會見蒙古阿爾坦汗，受封為第三世達賴，於各地布教，並追封根敦珠巴（1391-1475）、根敦嘉

【37】 慈怡主編，《世界佛教史年表》，高雄：佛光文化事業有限公司，2007，頁238。
【38】 同上註。
【39】 同上註，頁240。
【40】 同上註。
【41】 同上註。
【42】 同上註，頁243。
【43】 同上註。
【44】 同上註，頁244。
【45】 同上註，頁245。
【46】 同上註。
【47】 同上註，頁246。

穆錯（1476-1542）為達賴一世、二世。【48】萬曆十六年（1588）
初，神宗賜西藏瑣朗嘉穆錯「灌頂大國師」之號，並請其入朝，但
師於二月寂。【49】萬曆二十九年（1601），西藏別蚌寺之代表前往
蒙古，榮丹嘉穆錯被指認為瑣朗嘉穆錯之化身（公認為達賴喇嘛
四）。【50】

　　明毅宗崇禎二年（1629），湯若望任欽天監。【51】崇禎五年
（1632）後金置僧錄司、道錄司統制僧道，並定通經義、守清規者
給予度牒。【52】

　　上述自明太祖至明毅宗，僧官政策的反覆變動，令人難以適
從，可歸納為如下四類：

　　（1）甚至在同一帝王任內僧官制度就多次變更；
　　（2）漢僧或藏僧統領全國釋教政策搖擺不定；
　　（3）對於藏僧藏院政策時緊時鬆不斷改變；
　　（4）法王、佛子、國師、真子封號之廢立爭議不歇。

二、佛寺政策方面：

　　明太祖洪武六年（1373）12月，諸郡縣各留一所寺觀。【53】明
太祖洪武十五年（1382），實行瑜伽教及其教僧的職權與地位法定

【48】　慈怡主編，《世界佛教史年表》，高雄：佛光文化事業有限公司，
　　　　2007，頁246-247。
【49】　同上註，頁249。
【50】　同上註，頁251。
【51】　同上註，頁256。
【52】　同上註，頁257。
【53】　同上註，頁217。

化，【54】並公訂佛事懺儀價格。【55】洪武二十四年（1388），命廢毀無舊額之寺觀。【56】洪武二十四年（1391）命各州府縣只許保留大寺觀一所。【57】洪武三十年（1397），敕各寺院建立禪堂。【58】

成祖永樂十三年（1415），敕令併全國寺觀。【59】

英宗正統六年（1441）4月與十年（1445）3月，兩度禁止私創寺院庵觀。【60】

代宗景泰二年（1451）7月，依納米販賣度牒。【61】景泰四年（1453）5月，左鼎奏請止付寺觀營造及供佛飯僧之費；同年7月，敕令停止不急之工事。【62】景泰五年（1454）2月，林聰請罷齋醮、淘汰僧道；3月，依納米販賣度牒。【63】

憲宗成化四年（1468）9月，魏元等上疏奏天下寺觀，不以齋醮事，而致國用不足。【64】成化七年（1471）12月，彭時進上奏請禁止佛事惑眾耗錢。【65】

【54】　陳玉女撰，〈明代瑜伽教僧的專職化及其經懺活動〉，《新世紀宗教研究》，第3卷第1期，台北：宗博出版社，2004，頁39。

【55】　同上註，頁41。

【56】　慈怡主編，《世界佛教史年表》，高雄：佛光文化事業有限公司，2007，頁221。

【57】　同上註，頁220。

【58】　同上註，頁222。

【59】　同上註，頁225。

【60】　同上註，頁229、230。

【61】　同上註，頁231。

【62】　同上註。

【63】　同上註。

【64】　同上註，頁233。

【65】　同上註。

　　孝宗弘治十一年（1498），敕止翌年之上元燃燈。【66】弘治十六年（1503）7月，侶鍾建請停止寺觀之齋醮。【67】弘治十六年（1503）7月，侶鐘陳述弊政十二事，請停止寺觀之齋醮，並省減內侍、畫工、番僧之供應，並再度敕止翌年之上元燃燈。【68】。武宗正德六年（1511）禁止私創寺觀。【69】正德十一年（1516）4月，徐文溥奏請逐藏僧至外寺。【70】正德十三年（1518）恢復西藏別蚌寺院座主執行祈願會之權利。【71】正德十六年（1521）再度禁止私創寺觀、私度僧尼。【72】

　　世宗嘉靖二年（1523）四月，乾清、坤寧兩宮建醮。同年閏四月，鄭一鵬言僧道齋醮繁興之弊，同月宮中停止齋祀。【73】嘉靖八年（1529），嚴禁婦女進入寺觀。【74】嘉靖九年（1530）12月，撤去文華殿東室之佛像。【75】嘉靖十年（1531）11月，欽安殿建祈嗣醮。【76】嘉靖十一年（1532）11月，可透印刻《維摩經義記》八卷。【77】嘉靖十五年（1536）10月，除去禁中佛殿（一說1535），

【66】　慈怡主編，《世界佛教史年表》，高雄：佛光文化事業有限公司，2007，頁237。

【67】　同上註。

【68】　同上註。

【69】　同上註，頁238。

【70】　同上註，頁239。

【71】　同上註。

【72】　同上註。

【73】　同上註，頁240。

【74】　同上註。

【75】　同上註。

【76】　同上註，頁241。

【77】　同上註。

焚盡禁中之佛像、佛牙、佛具等。11月立極殿修金籙醮。【78】嘉靖
十七年（1538）內皇壇設金籙大齋。【79】嘉靖二十四年（1545）3
月，朝天宮建新年醮。【80】嘉靖二十七年（1548）7月，鄭王厚烷
上書諫阻齋醮之舉行。【81】嘉靖三十一年（1552）2月，永壽宮建
醮。【82】嘉靖四十五年（1566），廢止天台山高明寺與泉州開元寺
尊勝閣。【83】

　　穆宗隆慶六年（1572），禁止道教宣教。【84】神宗萬曆十五
年（1587），廢止天台山翠屏寺。【85】萬曆二十七年（1599），重
興天台山翠屏寺。【86】萬曆三十五年（1607）3月，定蔣山靈谷寺
等金陵八大寺之租。【87】萬曆二十七年（1599），重興天台山翠屏
寺。【88】萬曆四十七年（1619）西藏格魯派要求蒙古援軍。【89】

　　毅宗崇禎二年（1629）3月，課寺產之稅。【90】崇禎四年
（1631）閏11月，後金禁止私創寺廟，及喇嘛僧等一切巫覡、星

【78】　慈怡主編，《世界佛教史年表》，高雄：佛光文化事業有限公司，
　　　　2007，頁241。
【79】　同上註，頁242。
【80】　同上註，頁243。
【81】　同上註。
【82】　同上註，頁244。
【83】　同上註，頁245。
【84】　同上註，頁246。
【85】　同上註，頁249。
【86】　同上註，頁250。
【87】　同上註，頁252。
【88】　同上註，頁250。
【89】　同上註，頁254。
【90】　同上註，頁256。

士、左道者流。【91】

　　上述自明太祖至明毅宗，寺院政策的反覆變動，令人無所適從，可歸納為如下六類：

　　（1）洪武十五年公訂佛事懺儀價格之後，又陸續於弘治年間禁止上元燃燈，景泰、弘治、嘉靖年間，禁齋醮佛事以惑眾耗錢。嘉靖年間（1523、1531、1536、1538）皇室卻依然建醮四次。

　　（2）洪武年間諸郡縣各留一所寺觀，永樂年間則刺令併全國寺觀，廢寺之後又興寺，如1587年廢天台山翠屏寺，1599年又將其復寺。

　　（3）景泰年間依納米販賣度牒，崇禎年間又改為通經義、守清規者給予度牒。

　　（4）隨帝王的信仰與護持，造成佛道之爭不斷。嘉靖年間，撤去文華殿東室之佛像，除去禁中佛殿，焚盡禁中之佛像、佛牙、佛具等。隆慶年間則禁止道教宣教。

　　（5）正德年間禁止私度僧尼，嘉靖年間又嚴禁婦女進入寺觀。

　　（6）萬曆年間定蔣山靈谷寺等金陵八大寺之租，崇禎年間繼課寺產之稅。

三、僧道政策：

　　此方面分為如下三部分，分述如下：

（一）僧眾政策

明太祖洪武六年（1373）12月，諸郡縣各留一所寺觀，命

【91】　慈怡主編，《世界佛教史年表》，高雄：佛光文化事業有限公司，2007，頁257。

僧道並居。【92】洪武二十年（1387）12月，禁止二十歲以上為僧
侶。【93】洪武二十一年（1388），試經得度者發給戒牒。【94】洪武
二十四年（1391）命各州府縣只許保留大寺觀一所，僧眾集中居
住，限各府不得超過四十人，州三十人，縣二十人。禁止二十歲
以上者為僧侶。【95】洪武二十六年（1393），給度牒三年一次。【96】
洪武二十七年（1394），敕令僧道有妻者還俗。【97】洪武二十八年
（1395），度僧試科分三等。【98】洪武二十九年（1396），考試全
國僧道。【99】

　　成祖永樂十六年（1418）10月，度僧定為十年一度，由各府
州縣限制其數。【100】

　　宣宗宣德元年（1426），詔考試給牒。【101】宣德十年（1435）
9月，宣宗淘汰番僧、11月禁止私度僧道。【102】

　　英宗正統元年（1436）10月，恢復僧侶之周知策。【103】

　　代宗景泰五年（1454）2月，林聰請淘汰僧道；5月鐘同、章

【92】　慈怡主編，《世界佛教史年表》，高雄：佛光文化事業有限公司，
　　　2007，頁217。
【93】　同上註，頁220。
【94】　同上註，頁221。
【95】　同上註，頁220。
【96】　同上註，頁222。
【97】　同上註。
【98】　同上註。
【99】　同上註。
【100】　同上註，頁226。
【101】　同上註，頁228。
【102】　同上註。
【103】　同上註，頁229。

綸上奏請禁止僧道害民之事；12月尚裸禁止釋教盛行誘煽聾俗，並請度僧歸農。【104】

　　英宗天順元年（1457）遞降喇嘛僧封號。天順二年（1458）1月，敕令十年度僧一次。天順八年（1464）敕令無度牒之僧還俗。【105】

　　憲宗成化元年（1465）9月，規定喇嘛僧入貢之制。【106】成化二年（1466）3月，依納米、納銀發給度牒一千五。【107】成化四年（1468）9月，魏元等上疏請奪藏僧劄實巴等之封號，放還其國。【108】成化二十年（1484）10月，給空名之度牒一萬份。【109】成化十三年（1477）10月，敕定僧道住持人數。【110】成化十八年（1482）12月，制定僧道犯罪不還俗令。【111】

　　武宗正德九年（1512）元月，潘隉奏請停止度僧。【112】正德十一年（1516）4月，徐文溥奏請逐藏僧至外寺。【113】

　　世宗嘉靖元年（1522）淘汰藏僧，驅逐法王以下者，沒收大能仁寺之資財。【114】

【104】　慈怡主編，《世界佛教史年表》，高雄：佛光文化事業有限公司，2007，頁231。
【105】　同上註，頁232。
【106】　同上註。
【107】　同上註。
【108】　同上註，頁233。
【109】　同上註，頁234。
【110】　同上註。
【111】　同上註。
【112】　同上註，頁238。
【113】　同上註，頁239。
【114】　同上註，頁239。

嘉靖二年（1523）閏四月，楊廷和極諫供奉搜僧道之非。【115】嘉靖三年（1524）限西藏入貢使僧之員數為一千人。【116】

穆宗龍慶三年（1569）制定藏僧入貢之期與員數。【117】

神宗萬曆元年（1573）詔令遊僧回籍，禁止私度。【118】萬曆十五年（1587）8月，慈照皇太后賜金紫方袍予真清；10月，慈聖皇太后賜紫衣、御杖等予明照。【119】

（二）尼眾政策：

明太祖洪武六年（1373）12月，禁止四十歲以下為尼。【120】成祖永樂十五年（1417）禁止私創庵院。宣宗宣德四年（1429）6月，禁止婦女出家。【121】世宗嘉靖六年（1527），命尼僧、道姑還俗。【122】可見明朝在女性出家政策方面，逐步從限制女性出家年齡到全然斷絕女性出家。

（三）僧童政策：

宣宗宣德二年（1427）7月，命僧童四百五十一人還俗。【123】

【115】　慈怡主編，《世界佛教史年表》，高雄：佛光文化事業有限公司，2007，頁240。

【116】　同上註。

【117】　同上註，頁246。

【118】　同上註。

【119】　同上註，頁248。

【120】　同上註，頁217。

【121】　同上註，頁228。

【122】　同上註，頁240。

【123】　同上註，頁228。

英宗正統五年（1440）7月，度僧童九千九百七十四人。【124】世宗嘉靖十六年（1537），禁止幼童為僧。【125】

可見明朝在幼童出家政策方面，先禁再開，到完全禁止幼童為僧。

上述自明太祖至明神宗，僧道政策的反覆變動，令人無所適從，可歸納為如下七類：

1.洪武年間諸郡縣各留一所寺觀，命僧道並居，限各府不得超過四十人，州三十人，縣二十人。成化年間，進一步敕定僧道住持人數。

2.洪武年間陸續禁止二十歲以上為僧侶、敕令僧道有妻者還俗，景泰年間請度僧歸農，天順八年敕令無度牒之僧還俗，成化年間制定僧道犯罪不還俗令，萬曆元年詔令遊僧回籍，禁止私度。

3.尼眾政策方面，逐步於洪武年間，禁止四十歲以下為尼，宣德年間則禁止婦女出家，嘉靖年間進一步命尼僧、道姑還俗。

4.僧童政策方面，宣德年間，命僧童四百五十一人還俗，再於正統年間度僧童九千九百七十四人，嘉靖年間則又禁止幼童為僧。

5.洪武二十六年，給度牒三年一次。永樂十六年，度僧改定為十年一度，由各府州縣限制其數。

6.藏僧政策方面，宣德十年英宗淘汰番僧，成化年間規定喇嘛僧入貢之制，嘉靖元年淘汰藏僧，驅逐法王以下者，沒收大能仁寺之資財，龍慶三年又制定藏僧入貢之期與員數。

【124】　慈怡主編，《世界佛教史年表》，高雄：佛光文化事業有限公司，2007，頁229。

【125】　同上註，頁242。

7.洪武二十一年試經得度者發給戒牒，二十八年度僧試科分三等，翌年，考試全國僧道。宣德元年再詔考試給牒。成化年間，又依納米、納銀發給度牒一千五，隨之給空名之度牒一萬份。

四、小結

上列朝廷在僧官、佛寺、僧道三方面諸變化莫測的政策，朝令夕改，令人無所適從。此時屬佛道共處互爭時期，明武宗正德五年（1510）6月，武宗還自稱「大慶法王西天覺道圓明自在大定慧佛」（一說1511）【126】。自武宗正德十六年（1521）元月，葡萄牙使節抵達北京。【127】世宗嘉靖五年（1526）西班牙多明尼加派修士於基隆建造教堂（一說1526）。【128】嘉靖十八年（1539）5月，日僧周良來明。【129】之後，明朝的宗教環境就更加多元複雜，本土與外來宗教之間引發的適應與磨擦問題，對於當時的朝廷來說，要如何面對與制定政策確是一大考驗。

因此，陸續發生嘉靖二十年（1541）12月，道士張雄作亂。【130】萬曆三十四年（1606）青州迫害基督教徒事起。【131】萬曆四十四年（1616）5月，依沈灌之奏請，將北京南京諸耶穌會教士逐至澳門。【132】熹宗天啟二年（1622）白蓮教徒徐鴻儒亂起，耶穌

【126】　慈怡主編，《世界佛教史年表》，高雄：佛光文化事業有限公司，2007，頁238。

【127】　同上註，頁239。

【128】　同上註，頁240。

【129】　同上註，頁242。

【130】　同上註，頁242。

【131】　同上註，頁252。

【132】　同上註，頁254。

會教士經許可再住北京。【133】天啟三年（1623）耶穌會教士從事小
銃、大砲之製造。【134】天啟五年（1625）春，發掘「大秦景教流
行中國碑」。【135】毅宗崇禎元年（1628）7月，喀喇沁部遣派喇嘛
僧至滿洲請和。【136】崇禎二年（1629），湯若望任欽天監。【137】到
了毅宗崇禎五年（1632），道明會（Dominicans）傳教士登陸福
建。【138】崇禎七年（1634）又有方濟各會（Framciscans）傳教士抵
達福建。【139】到了明末，基督教各分支教會爭相傳入中國，並從事
小銃、大砲之製造，更增添當時的宗教亂象。

第二節　藏地佛教宗派戰爭等亂象

　　明太祖於洪武十五年（1382），實行瑜伽教及其教僧的職
權與地位法定化，並公訂佛事懺儀價格。【140】明孝宗弘治八年
（1495），西藏迦爾瑪派自格魯派別蚌寺院座主奪取執行拉薩祈
願會之權。西藏使僧入揚州府作亂。【141】正德十三年（1518）恢

【133】　慈怡主編，《世界佛教史年表》，高雄：佛光文化事業有限公司，
　　　　2007，頁255。
【134】　同上註。
【135】　同上註。
【136】　同上註，頁256。
【137】　同上註。
【138】　同上註，頁257。
【139】　同上註。
【140】　陳玉女撰，〈明代瑜伽教僧的專職化及其經懺活動〉，《新世紀宗教研
　　　　究》，第3卷第1期，台北：宗博出版社，2004，頁39-41。
【141】　慈怡主編，《世界佛教史年表》，高雄：佛光文化事業有限公司，
　　　　2007，頁236。

復西藏別蚌寺院座主執行祈願會之權利。【142】明世宗嘉靖十六年（1537），西藏迪爾瑪派交結地康派奪取格魯派寺院，令改宗地康派。【143】嘉靖二十五年（1546），西藏格魯派別蚌寺院僧徒襲擊迦爾瑪派之陣營。【144】嘉靖四十二年（1563），西藏瑣朗嘉穆錯（1543-1588）試著調停岊克年如氏之內爭。【145】神宗萬曆四十四年（1616）西藏藏軍全面壓制衛地與藏地。【146】萬曆四十七年（1619）西藏格魯派要求蒙古援軍。【147】熹宗天啟元年（1621）羅卜藏嘉穆錯率領蒙軍繫破藏軍。【148】

　　加上明代朝庭對喇嘛教管理政策亦是朝令夕改，如前項所述，時而護持擁戴，冊封喇嘛僧為法王或國師，統領釋教，時而撤封號打壓驅逐喇嘛僧，並沒收大能仁寺之資財。【149】憲宗成化元年（1465）9月，又規定喇嘛僧入貢之制。【150】之後又限定入貢之期與員數【151】等，導致明孝宗弘治八年（1495），西藏使僧入揚州府作亂。【152】

　　對於講求和平慈悲的佛教來說，上述藏地佛教派別間的武

【142】　慈怡主編，《世界佛教史年表》，高雄：佛光文化事業有限公司，2007，頁236。
【143】　同上註，頁242。
【144】　同上註，頁243。
【145】　同上註，頁245。
【146】　同上註，頁254。
【147】　同上註。
【148】　同上註，頁255。
【149】　同上註，頁239。
【150】　同上註。
【151】　同上註，頁246。
【152】　同上註，頁236。

裝戰鬥實屬少見，儼然像當前的伊斯蘭教IS國，令人錯愕。就如陳玉女在〈明代瑜伽教僧的專職化及其經懺活動〉研究論文中提到：「明代瑜伽演變成專行經懺施食法事的瑜伽教，其公訂經懺價格與佛教慈悲本懷相違。且俗化佛事亦俗化禪講二宗僧眾，使得僧俗無分際、男女之妨蕩然，導致僧眾素質低落，衝擊僧團律行的維護。」【153】

第三節　嚴加規定僧官衣飾

除上述以外，明朝在洪武十五年（1382）還設置了一套統理僧官的獨特辦法，對於僧官的衣飾嚴加規定，依照講、教、禪三類，區別僧服顏色：講僧是玉色常服、綠條淺紅色袈裟；教僧是黑色常服、黑條淺紅色袈裟；禪僧是茶褐色常服、青條玉色袈裟。唯有僧錄司的高品階僧官，才可以在袈裟紋邊飾金，表示殊榮。這種種的規定，處處都顯示出明代對於僧官制度管控嚴密的程度，同時也可看作是明代對於佛教發展的一種抑制政策。【154】

第四節　佛寺頻頻發生火災怪象

明太祖洪武元年至永明王永曆十六年（1368-1662）294年間共有十八次寺廟祝融發生，明細如下。經比較前後朝，元朝元世祖至元元年-元順帝至正年（1271-1368）的97年間，只發生過三次寺

【153】　陳玉女撰，〈明代瑜伽教僧的專職化及其經懺活動〉，《新世紀宗教研究》，第3卷第1期，台北：宗博出版社，2004，頁39-41。

【154】　星雲，〈宗教立法之芻議〉，《普門學報》第7期/2002年1月，頁11。

院火災，【155】清太宗崇德元年至遜帝宣統三年（1636-1911）的275年間，只發生過四次寺廟祝融之災。【156】明朝寺院火災的發生率比元朝和清朝高出許多，耐人尋味，值得深入探討其原因。

1.明太祖洪武四年（1371）10月大慈山效忠報國寺火災【157】

2.明太祖洪武四年（1371）天台山善興寺火災。【158】

3.明太祖洪武七年7月（1374）杭州天龍寺火災。【159】

4.明太祖洪武二十一年（1388）金陵天界寺火災。【160】

5.明仁宗宣德三年（1428）四明天童寺大殿燒燬。【161】

6.明仁宗宣德十年（1435）蔣山靈谷寺火災。【162】

7.明憲宗成化元年（1465）明州昭慶寺火災。【163】

8.明憲宗成化元年（1465）金陵寶光寺火災。【164】

【155】 1.元世祖至元20年（1283）支提寺火災。2.元順帝至正20年（1360）西湖諸寺盡爲灰燼。3.元順帝至正27年（1367）蘇州萬壽禪寺火災。慈怡主編，《世界佛教史年表》，高雄：佛光文化事業有限公司，2007，頁199, 214, 215。

【156】 1.清聖祖康熙34年（1695）四明天童寺經藏閣火災。2.清聖祖康熙39年（1700）明州昭慶寺火災。3.清高宗乾隆46年（1781）甘肅華林寺火災。4清仁宗嘉慶21年（1816）雲林寺火災。慈怡主編，《世界佛教史年表》，高雄：佛光文化事業有限公司，2007，頁272, 273, 284。

【157】 同上註，頁216。

【158】 慈怡主編，《世界佛教史年表》，高雄：佛光文化事業有限公司，2007，頁216。

【159】 同上註，頁217。

【160】 同上註，頁221。

【161】 同上註，頁228。

【162】 同上註，頁229。

【163】 同上註，頁232。

【164】 同上註。

9.明憲宗成化十三年（1477）明州昭慶寺火災。【165】

10.明武宗正德五年（1510）金陵觀音閣火災。【166】

11.明世宗嘉靖十四年（1535）大興隆禪寺火災。【167】

12.明世宗嘉靖十七年（1538）大興隆寺火災。【168】

13.明世宗嘉靖二十二年（1543）大慈恩寺火災。【169】

14.明世宗嘉靖三十三年（1554）杭州昭慶寺火災。【170】

15.明世宗嘉靖三十九年（1560）天台山國清寺雨華亭火災。【171】

16.明穆宗隆慶三年6月（1569）杭州昭慶寺火災。【172】

17.明神宗萬曆二年（1574）松陵明慶寺火災。【173】

18.明毅宗崇禎十三年（1640）錢塘昭慶寺火災。【174】

　　在明太祖洪武五年（1372）曾請道士鄧仲脩修持請雨法，【175】明憲宗成化九年（1473）曾請洪景相祈雨。兩次祈雨前後相差近百年，難道是因明朝當時天候乾燥，造成上列十八次的寺廟祝融之災？還是因為叢林的宗教亂象，人為因素所造成？

【165】　慈怡主編，《世界佛教史年表》，高雄：佛光文化事業有限公司，2007，頁234。
【166】　同上註，頁238。
【167】　同上註，頁241。
【168】　同上註，頁242。
【169】　同上註。
【170】　同上註，頁244。
【171】　同上註。
【172】　同上註，頁246。
【173】　同上註。
【174】　同上註，頁260。
【175】　同上註，頁233。

　　在明朝發生十八次的寺廟祝融之災中，明州（寧波）昭慶寺
與杭州昭慶寺各佔了兩次，實際上十八次的寺廟祝融之災只發生
在十六座寺廟。這些寺廟均非興建於明朝，最早始創於石晉元年
（266）的昭慶寺。繼之為建于西晉永康元年（300）的天童禪寺。
梁天監13年（514）武帝為誌公建塔於山南玩珠峰前，後名蔣山靈
谷寺。隋開皇十八年（598）晉王楊廣承智顗遺願建立天台山國清
寺。唐高祖武德元年（618），建石宇，明英宗正統間易名寶光
寺。唐太宗文皇帝（598-649）命建觀音閣。晚唐智銑禪師（609-
702）創建松陵明慶寺。唐高宗貞觀22年（658）為其母文德皇后
所建的大慈恩寺。五代晉天福元年（936）德韶禪師創天台山善興
寺。五代後晉天福三年（939）南宋宰相史彌遠葬慈母於「大慈
山」山麓而有大慈寺。北宋乾德三年（965）建杭州天龍寺。金章
宗大定26年（1165），由壽慶寺和雙塔組成，稱大慶壽寺。元初重
建，明正統13年（1448）重修，改稱大興隆寺，又稱慈恩寺。元成
宗大德三年（1299）所立大興隆寺。元文宗至順元年（1328）即
位，改建其在集慶之舊居為大龍翔集慶寺（內有善世院），被焚
燬後改建易名金陵鳳山天界寺大剎。這十六座寺廟興建時間前後
歷時1062年，都非興建於明朝歷代君王任內，卻於明朝八位君王
在位時頻傳寺廟祝融之災憾事，四度在太祖洪武年間發生寺廟祝
融之災、兩度在仁宗宣德年間、三度在憲宗成化年間、一度在武
宗正德五年、五度在世宗嘉靖年間發生、之後的穆宗隆慶三年6月
（1569）、穆宗隆慶三年6月（1569）與毅宗崇禎13年（1640），
則各發生一次寺廟祝融之災。

一、明朝失火佛寺數量釐清

　　根據朱祐鋐《清代杭州的火災、火政與社會生活（1644-1861）》碩士論文的統計明清時期杭州城發生有資料可查的火災，分別有40件與82件，清代火災數高於明朝，比例幾近為1：2，最頻繁發生在明萬曆的十六世紀末的150年間。【176】該論文繼續從122件火災中，埋出寺廟火災有23件，其中明朝佔8件，清朝佔15件，仍是清朝高出前明朝火災數，亦接近兩倍。與筆者本論文探討的明清時期佛寺火災，分別為18件與4件【177】，有出入。若朱祐鋐在其《清代杭州的火災、火政與社會生活（1644-1861）》統計的杭州寺廟火災，包括佛寺與道觀，那麼清代除了四所佛寺外，其餘11件應是道觀發生的火災。然而，若是該論文統計明朝杭州共有8件寺廟火災，與筆者依《世界佛教史年表》逐年考查明朝的佛寺火災共有18起，就有明顯的落差。朱祐鋐在其《清代杭州的火災、火政與社會生活（1644-1861）》論文的附錄：明清杭州城市火災表中，明代杭州城市火災計有40件，其中僅見2道觀（三茅觀與洞真觀）、兩次廣福廟、2宗祠（蕭鄧侯祠、英濟祠），與三佛寺（雲居聖水寺、仙林寺與昭慶寺），其中三佛寺中僅昭慶寺火災，亦出現在筆者蒐集到的明代18筆火災表2之一。

　　顯然《清代杭州的火災、火政與社會生活（1644-1861）》論

【176】　朱祐鋐，《清代杭州的火災、火政與社會生活（1644-1861）》，台灣大學歷史學所碩士論文，2011，頁52。

【177】　1.清聖祖康熙34年（1695）四明天童寺經藏閣火災。2.清聖祖康熙39年（1700）明州昭慶寺火災。3.清高宗乾隆46年（1781）甘肅華林寺火災。4清仁宗嘉慶21年（1816）雲林寺火災。慈怡主編，《世界佛教史年表》，高雄：佛光文化事業有限公司，2007，頁272, 273,284,288。

文在明朝杭州寺廟火災數相關資料的考察上，未蒐集到明・葛寅亮
撰寫，於萬曆三十五年（1607）刊行，計53卷的《金陵梵剎志》。
該書收于《大藏經補編》第二十九冊，內容敘述金陵（南京）諸寺
的沿革、制度、詩頌等。金陵為南朝故都，諸帝王多崇信佛法，故
於此廣建寺剎。而迭朝換代，寺多毀壞。至明代，建都於此，寺貌
逐漸恢復舊觀，共得大剎三所，次大剎五所，中剎三十二所，小剎
一二○所。該書卷一收錄總目次與禋制集，卷二收錄欽錄集，卷三
至卷四十八分述各寺，與其火災、重建與搬遷等實錄，卷四十九為
南藏目錄，卷五十以上記載各寺的公費、資財等條例。為研究金陵
佛剎的重要文獻。【178】朱祐鋐《清代杭州的火災、火政與社會生活
（1644-1861）》僅提到明代南京雲居聖水寺、仙林寺與昭慶寺三
佛寺的火災，其中雲居聖水寺與仙林寺兩座佛寺，並未出現在明・
葛寅亮於萬曆三十五年（1607）刊行的《金陵梵剎志》中，難道這
兩座佛寺是在葛寅亮刊行《金陵梵剎志》之後所興建？

　　根據雲居聖水寺志所載「雲居聖水寺位於浙江杭州西南雲居山
上，是在宋元祐間（1086-1093），佛印禪師喜聖水巖之幽勝，乃安禪
以聖水名其寺。元代中峰和尚重建，明洪武二十四年（1391），勑旨
歸併天下寺院，聖水寺併入雲居菴，賜額「雲居聖水禪寺」。」【179】
可見南京雲居聖水寺的興建與重建，都早於《金陵梵剎志》的
刊行（1607）。且《清代杭州的火災、火政與社會生活（1644-
1861）》的明清杭州城市火災表附錄中，作者在明朝成化六年

【178】　百度百科http://baike.baidu.com/view/1587646.htm 2016.4.11
【179】　清・釋湛、釋明倫原輯，釋通淵、釋實懿重纂，〈雲居聖水寺志〉六
　　　　卷、補遺一卷，錢塘丁氏重刊本，清光緒十八年（1892）。P.f3

（1470）的說明欄位內摘錄為「雲居聖水寺……成化丁亥燬於火，素庵徒文紳首倡鳩工，四方樂助，復建大雄寶殿，琳酬（辦耕）莊嚴，百廢具舉，有逾昔觀。落成於丙申之秋。」【180】，此段摘錄文確實出自〈雲居聖水寺志〉卷一，足以證實雲居聖水寺的確在明憲宗成化六年發生過火災，卻未被《金陵梵刹志》與《世界佛教史年表》收錄，耐人尋味？再交叉比對筆者收集到的18起明朝佛寺火災，出自《金陵梵刹志》的記錄至少有第四件鳳山天界寺、第六件蔣山靈谷寺、第八件金陵寶光寺與第十件金陵觀音閣等四件。確認座落在杭州曾於明代發生過火災的佛寺，除了上述四座外，另有第三件杭州天龍寺、第六件蔣山靈谷寺、第十四件與十六件的杭州昭慶寺，以及第十八件錢塘昭慶寺等九件、八所佛寺是座落在杭州的。其餘第一件大慈山效忠報國寺、第二件天台山善興寺、第五件四明（寧波）天童寺、第七件與第九件均為明州（寧波）昭慶寺，以及第十五件天台山（浙江省）昭慶寺等六件五寺，都座落在浙江省，離杭州不遠。第十七件松陵明慶寺則位於江蘇蘇州。唯有第十一件的大興隆禪寺（1535）與第十二件的大興龍寺（1538），是座落在北京市。發生火災時間都在明成祖永樂十九辛丑年（1421.2.2）從南京應天府（今江蘇南京）遷都北京順天府之後。

　　在此可以斷定：明代杭州城中佛寺火災不僅只雲居聖水寺、仙林寺與昭慶寺等三佛寺，至少還有《金陵梵刹志》所收錄的鳳山天界寺、蔣山靈谷寺、金陵寶光寺與金陵觀音閣等四座佛寺。若包

【180】　朱祐鋐，《清代杭州的火災、火政與社會生活（1644-1861）》，台灣大學歷史學所碩士論文，2011，頁199。

括杭州鄰近佛寺，明代杭州失火佛寺數量就高出更多了。筆者的明朝火災件數就需要在最後補列入雲居聖水寺與仙林寺，總數增加至20件。此明朝時代新增的兩座佛寺的火災，都未載明火災的原因。

二、明朝佛寺失火原因探討

明朝發生的十八次寺廟祝融之災，大部分文獻資料未載明起火原因，其中十四所寺廟祝融之災資料僅載「毀于火」或「焚于火」。僅有如表二第四、十、十三與十四等四筆寺廟祝融之災明載為人為所造的失火原因：如第四筆太祖洪武21年（1388）戊辰21日金陵鳳山天界寺的祝融之災，廊僧不謹於火，遂蕩然一空，所存者惟大雄寶殿。[181]第十筆武宗正德五年（1510）為祝鴻釐、延景福匪徒，為眾教設方閣之災。[182]第十三筆據清乾隆11年（1746）撰《慈恩寺功行碑》記載，明萬曆甲辰（1604）歲亦曾有過重修。大慈恩寺及大雁塔遭火災，系由「富民康生遺火」所致。第十四筆嘉靖34年（1555），以倭寇侵擾，擔心杭州昭慶寺遭賊佔據為巢穴，故以火燒毀。

晚明的田汝成，提出其對當時火災頻頻與民生關係的五點看法：「其一，居民稠比，竈突連綿。其二，板壁居多，磚垣特少。其三，奉佛太甚，家作佛堂，徹夜燒燈，幡幢飄引。其四，也夜飲無盡，童婢酣倦，燭盡亂拋。其五，婦女嬌墮，箬籠失檢。」[183]除了上兩段對於明代火災的看法與田汝成前述的五點看法外，朱祐鋐

【181】　明南吏部尚書三山林瀚弘治18年，〈重修天界寺記略〉：葛寅亮撰，《金陵梵刹志》卷16頁188頁191-2。

【182】　明南兵部尚書太原喬宇正德16年，〈重修觀音閣記略〉：葛寅亮撰，《金陵梵刹志》卷7頁158。

【183】　明·田汝成，《西湖遊覽志餘》，卷25，〈委巷叢談〉，頁442。

《清代杭州的火災、火政與社會生活（1644-1861）》更進一步，從較現代多元的角度來看待明清時杭州的火災因素，略述如下：

　　其一，從季節天候來分析杭州的火災，認為杭州的火災記錄中，少有由氣候直接導致火災發生的狀況，人為因素是造成火災的最重要因素。然而，作者又提到明末1600年進入第五個小冰河期（1600-1720），民間燒木取暖機會增加，間接造成人為火災的發生，這個冰河期正值明末清初火災發生最頻繁的時期。【184】足以證明筆者最初撰寫本論文時，推測寺廟頻頻火災亦是人為的明末叢林亂象之一。若根據明太祖洪武五年（1372）曾請道士鄧仲脩修持請雨法，明憲宗成化九年（1473）曾請洪景相祈雨。兩次祈雨前後相差近百年，難道是因明朝當時氣候乾燥？明朝建國期間（1368-1644），明太祖原先建都於南京，為鞏固北方邊疆的安定，原期望太子掌政後，能遷都西安，未料在洪武二十五年（1392）皇太子猝死，遷都計畫被迫終止。可見開國初期的明朝無論經濟上、政治上，都是以南方為基礎，任用的官僚也多由南人佔據，【185】這有利於座落首都南京眾多佛寺的發展。直到明成祖朱棣得僧人道衍之助，於靖難之變後奪得朱允炆帝位，永樂十九辛丑年（1421.2.2）才將明朝的首都從南京應天府（今江蘇南京）遷往北京順天府，應

【184】　朱祐鋐，《清代杭州的火災、火政與社會生活（1644-1861）》，台灣大學歷史學所碩士論文，2011，頁56, 61。

【185】　〈明朝洪武以來的建都問題〉，http://okplaymayday.pixnet.net/blog/post/25082740-%E6%98%8E%E6%9C%9D%E6%B4%AA%E6%AD%A6%E4%BB%A5%E4%BE%86%E7%9A%84%E5%BB%BA%E9%83%BD%E5%95%8F%E9%A1%8C, 2009,9,17. 改寫自：檀上寬，〈明王朝成立期的軌跡——洪武前期的疑獄事件與京師問題〉，收錄在劉俊文主編，《日本中青年學者論中國史：宋元明清卷》，上海：古籍出版，1995。

天府改為陪都。而南京向來以天候潮濕聞名,若推論天候乾燥為上述十四所寺廟祝融之災的主因,恐與事實相違。

　　其二,從人口分布密度的城市環境來看杭州的火災:作者認為,杭州自南宋以來一直被認為是火災屢發的地區。【186】火災所以會成為政治、經濟、文化發達的杭州居民生活的一部分,肇因於中國傳統建築的木造基本結構,木造建築過於密集,遇火則一發不可收拾。加上城市經濟的發展,移入人口遽增,從明朝中期以來,杭州人口由20萬增加到40-50萬之間,人口密度每平方公里達到萬人以上,且密集在商業區與手工業區。雖能創造更多財富,但大量人口易導致木造住居的過度密集,使得火災成為杭州居民生活中常見的情況。【187】

　　若沒有良善的消防政策與應變措施,火災頻犯的情況下,不僅造成人亡財失,並影響城市的發展。【188】加上杭州巷道狹窄,居民住屋鱗次,彼此間距狹小,【189】又是木造基礎的房舍,自然易招火災。尤其在嘉靖以後(1566)跨街建坊的情形即為普遍,一遇火災,常快速跨街漫延,【190】一發不可收拾。萬曆年間(1573-1619)雖改善三四成,但到明末杭州大街嚴重被居民侵占,造成失火時救

【186】 朱祐鋐,《清代杭州的火災、火政與社會生活(1644-1861)》,台灣大學歷史學所碩士論文,2011,頁2。

【187】 同上註,頁1。

【188】 同上註。

【189】 參閱上註,頁64。

【190】 明・田汝成,《西湖遊覽志餘》,卷20,〈北山分脈成內勝蹟〉台北:世界出版社,1963,頁253。

火的障礙。【191】再者，杭州外來人口與難民多住草屋，【192】又居民生活習慣於燃燈徹夜，以致於一有不慎即延燎成遍。【193】如天界寺於太祖洪武21年（1388）戊辰21日大火，太祖因此「敕徙城南閒寂處與民居不相接，僧得安於禪誦，而無延（火邊）燎之患。」【194】可見城市中的佛寺若鄰近百姓民居，不但僧眾禪淨修持與早晚課誦被干擾，更易受到民房頻繁火災蔓延的禍患。因此太祖才下令天界寺遷徙至城南閒寂處與民居不相接的鳳山。

其三，從城市產業的工作型態來瞭解杭州的火災，點心舖多以炊煮燒炙為生，加上手工業紡織業與錫箔業常徹夜工作，增加失火的可能。【195】然而錫箔業主要供應杭城內各大小寺廟的進香需求，香客的朝山進香是杭州城市經濟的重要財源之一。【196】元代杭州不再為國都，原先東南第一州的地位為蘇州取代。直到元末，中央政府下令築牆後，收納杭州附近絡市河等尚未開發的土地，杭州由原來的南北狹長型轉為較方正的城廓。【197】明初生產力恢復，帶

【191】　參閱清‧毛奇齡，《杭州治火議》，《武林掌故叢編》冊9，揚州：廣陵書局，2008，頁2b。

【192】　朱祐鋐，《清代杭州的火災、火政與社會生活（1644-1861）》，台灣大學歷史學所碩士論文，2011，頁70。

【193】　同上註，頁66。

【194】　明南吏部尚書三山林瀚弘治18年：葛寅亮，《金陵梵剎志》卷16，新文豐出版公司，民國76年，頁188、191-2。

【195】　清‧毛奇齡，《杭州治火議》，收於《武林掌故叢編》冊9，揚州：廣陵書局，2008，頁4a。朱祐鋐，《清代杭州的火災、火政與社會生活（1644-1861）》，台灣大學歷史學所碩士論文，2011，頁67。

【196】　同上註，頁75。

【197】　元‧貢師泰，《玩齋集》，《景印文淵閣四庫全書》冊1215，台北：台灣商務，1983。卷9，〈杭州新城碑〉，頁5b。

動城市經濟的成長，使城市內在結構發生變化，城市發展到嘉靖萬曆期間達到一個高峰，城市數量與人口均有成長。倭亂期間，杭州城仰賴城北鄰近地區供糧，倭亂之後杭州結合周圍衛星城市的產業分工，遽然成為數百萬居民的大城市，許多元末拓入的土地，成為民舍或居民活動處所；[198]明末，杭州開始出現小型攤販的特殊市場，帶動城內外的遊客、香客與春季香市，[199]之後杭州應運發展成為杭城東北絲織業中心與製箔業兩大主要手工業以及各種商業區，為後來的清代所延襲。[200]然而，依《明實錄》的記載，天啟元年（1621）三月五日大火，燒毀人戶六千一百餘戶、屋一萬餘間、與廣豐倉一所，就是發生在杭城東北絲織業中心區。[201]然而至明清之際因天災人禍，城市發展因而衰弱。[202]

其四，從城市經濟的投機事業來窺探杭州的火災。明代中期以後城市經濟日漸發達，卻產生各種以暴力取財的組織，如包攬錢糧、索詐橫行、依勢鄉紳、盤據衙門外，藉由火災產生的動亂，搶奪謀利的專門放火、搶火者，比比皆是。[203]明代中期杭州商業雖然持續發展，但也帶來頻繁的火災，朱祐鋐說明當時人為火災主要因素為直接放火與趁火打劫「搶火」，後者常製造混亂，造成火災

[198]　朱祐鋐，《清代杭州的火災、火政與社會生活（1644-1861）》，台灣大學歷史學所碩士論文，2011，頁43。

[199]　許敏，〈民明代中後期杭州的地攤文化〉，收於井上册徹、楊振紅編《中日學者論中國古代社會》，西安：三秦出版社，2007，頁380-401。

[200]　朱祐鋐，《清代杭州的火災、火政與社會生活（1644-1861）》，台灣大學歷史學所碩士論文，2011，頁49-51。

[201]　同上註，頁49。

[202]　同上註，頁41。

[203]　參閱上註，頁71。

難以撲滅的困境。【204】這些賊棍選擇市廛熱鬧與家居富裕處下手，甚至與銷贓者互通，直接在火災附近配合消贓，以利賊棍不斷進入火域打劫。【205】若在明末叢林亂象，賊棍直接放火與趁火打劫就不無可能。就筆者整理的表2中蒐集到的明朝佛寺失火原因來看，18件中唯有四件有明載原因，其中第四筆太祖洪武21年（1388）戊辰21日金陵鳳山天界寺的祝融之災，廊僧不謹於火，遂蕩然一空，所存者惟大雄寶殿，為自身的用火不慎所導致。第十筆武宗正德五年（1510）為祝鴻鰲、延景福匪徒，為眾教設方閣之災。與第十三筆據清乾隆11年（1746）撰《慈恩寺功行碑》記載，明萬曆甲辰（1604）歲亦曾有過重修，大慈恩寺及大雁塔遭火災，系由「富民康生遺火」所致。以及第十四筆嘉靖34年，以倭寇侵擾擔心杭州昭慶寺遭賊佔據為巢穴，故以火燒毀等三筆也都與匪徒有關，為人為的蓄意縱火。

上述諸多造成杭州火災頻繁的因素，是以社會大眾的觀點來觀察，似與明代佛寺火災無關。然而，季節天候帶來的影響是不分民宿或寺廟。另經考據，佛寺亦有設在城中與民舍比鄰者，如表2金陵鳳山天界寺，失火後即被敕遷移至遠離民宅的寂靜處。另外，從城市產業的工作型態來看，寺廟道觀四時燃燈、香火鼎盛，自然常會有火災發生，較密集發生在晚明與清乾隆朝初期間，【206】正值晚明宗教亂象時期。這些亂象是否包含了上述茲意放火與搶火的暴力取財或報復的組織？筆者認為若有因果觀念者，絕不敢對佛

【204】　朱祐鋐，《清代杭州的火災、火政與社會生活（1644-1861）》，台灣大學歷史所碩士論文，2011，頁71。

【205】　同上註，頁57。

【206】　同上註，頁54-55。

寺放火或搶火。然而，自明代宗景泰二年（1451）為賑饑荒籌募經費而開始販賣度牒，直到明末，導致僧尼劇增，寺院林立。委身緇門營生圖利者眾，導致僧人素質良莠不齊，肆意縱火搶火不無可能。如表2第八件憲宗成化元年（1465），寶光寺遭回祿，嘉靖20年辛丑間（1541）住持妙璽引無籍唐景昇折毀鐘樓，盜賣祠宇田畝等類事。若因浙東連年飢荒而逃難至杭州的外來人口或難民等，在無宗教信仰下為苟延殘喘活命，放火搶火就更不無可能，如明武宗正德六年（1511）1月，四川之賊毀寺逐僧。【207】亦有在正德十一年（1516）8月，四川普法惡稱彌勒佛出世，煽動諸夷作亂情事發生。【208】甚至於神宗萬曆二年（1574）12月，偽稱樂平王次子之僧，遊行全國，遇捕服誅。【209】

三、清代杭州佛寺火災釐清

　　朱祐鋐《清代杭州的火災、火政與社會生活（1644-1861）》，認為清代杭州寺廟火災計有15件，其中包括道觀宗祠等，實際上依據《清代杭州的火災、火政與社會生活（1644-1861）》附錄：明清杭州城市火災表中僅有五座是佛寺的火災，即清世祖順治九年（1652）百井寺、聖祖康熙五年（1666）景隆禪院、康熙四十六年（1707）靈芝寺、高宗乾隆三十二年（1767）海會寺、與仁宗嘉慶十三年（1808）彌勒寺等。與筆者經由《世界佛教史年表》蒐集到的清代四所佛寺火災完全不符。這四所佛寺遍佈全國，分別為清聖祖康熙34年（1695）的四明天童寺經藏閣火災、

【207】　慈怡主編，《世界佛教史年表》，高雄：佛光文化事業有限公司，2007，頁238。

【208】　同上註，頁239。

【209】　同上註，頁246。

康熙39年（1700）的明州昭慶寺火災、高宗乾隆46年（1781）的甘
肅華林寺火災、與仁宗嘉慶21年（1816）的雲林寺火災。單只杭州
城市的5件佛寺火災，就超出筆者蒐集到的4件全國性的佛寺火災，
但兩者相加合計9件的清代佛寺火災，還是明顯少於明代的20件佛
寺火災。

表2：明朝寺院祝融一覽表

#	朝/年代	寺院名稱	寺院建造時間	火災肇事原因		出處/備註
				不明	明載	
1	太祖洪武四年（1371）10月	大慈山效忠報國寺（南宋高宗母特賜效忠報國寺門額）	在杭州錢湖之東岸，始建於五代後晉天福三年（939）南宋宰相史彌遠葬慈母于此，故名「大慈山」山麓有大慈寺，後史氏請為功德寺。	明洪武四年毀，寶定年間重建，並建上蒙堂，竺臺構居，四華世界，寶定十五年定名大慈，後毀，明清年間重建，以次建複毀，清順治、康熙年間，以次建複		〈六朝古剎大慈禪寺與四明史氏初探〉作者不詳，網路
2	太祖洪武四年（1371）	天台山善興寺（浙江省中東部）	原為智顗禪師宴坐處，五代晉天福元年（936）德韶禪師創為寺。初名華頂圓覺道場，位於天臺山風景秀麗的華頂峰。宋治平三年（1066）改名善興寺。明傳燈大師《天台山方外志》	這座在華頂峰上的古剎，命運多舛。明洪武四年（1371）毀于火，大殿山門獨存。六年後，僧人宗凈重興，復廢。民國以後改華頂講寺。後屢毀屢建，現存大殿系1928年修。		《天臺宗概論》中華佛教天臺宗官網2011/04/01
3	太祖洪武七年7月（1374）	杭州天龍寺	始建於北宋乾德三年（965），元、明、清歷代屢有毀建。	南宋建炎三年（1129）時焚於火之後重建，並在南宋郊壇。初建時，作為郊祭時百官隨從的臨時住所。		百度百科
4	太祖洪武21年（1388）	金陵鳳山天界寺（大剎）	原名龍翔集慶寺，為元文宗至順元年（1328）即位，改建其在集慶居為大龍翔集慶寺（內有善世院），後被焚毀。遷出城外鳳山重建，氣勢雄偉，與靈谷寺、報恩寺鼎立而三，號稱「金陵三大佛寺」。		永樂癸卯（1423.3.3）寺復災火，廊僧不謹於火，遂蕩然一空，所存者惟大雄寶殿。救徒城南開叔處與民居不相接得僧安於禪誦，而無延（火邊）曉之患。	〈重修天界寺記略〉明南吏部尚書三山林瀚弘治18年：《金陵梵剎志》卷16頁188頁191-2 出內晉大建剎字員109-110

#	朝/年代	寺院名稱	寺院建造時間	火災肇事原因		出處/備註
				不明	明載	
5	仁宗 宣德 三年 (1428)	四明（寧波）天童寺 大殿燒燬	天童禪寺遊行僧義興始建于西晉永康元年（300）經唐、宋、元明、清各個時期，歷經滄桑興衰更替，距今已有一千七百多年的歷史。宝祐4年（1256）天童寺が火災のため建物を一つ残らず焼失しており、2年後に別山祖智（1200〜60）によって再建され（『天童寺志』巻27、塔像・塔銘大古名山天童景德禪寺第四十代別山智禪師塔銘）、	建成後屢遭遇損毀，宣德3年（1428）に天童寺が焼失しているが（『天童寺志』巻2、建置3年条）、宣德7年（1432）には住持円イ（りっしん＋豈。UNI6137。&M011015;）（生没年不明）が仏殿・伽藍堂・祖師堂などを再建している（『天童寺志』巻2、建置・明・宣德7年条）。崇禎四年（1631）重建。		『天童寺志』巻之2、建置攷下、明、万曆15年7月21日条
						百度百科：賈汝藥〈七塔報恩禪寺的報恩之行（下）〉《香港佛教》599期 2010.4
6	仁宗 宣德 十年 (1435)	蔣山 靈谷寺	梁天監13年（514）武帝為誌公建于鍾山南玩珠峰前，名開善禪寺。洪武14年（1381）賜額靈谷禪寺。	萬曆十五年（1587）7月21日，鄞縣發生特大水災、風雨驟作、山洪暴發、天童禪寺殿宇盡毀、礎礫無存。是年歲冬住持因燬在廢墟上重建殿堂。寺櫻汁天火，雖有歲入錢糧，詠人生收積修理，暨朕嗣位之六年特命僧錄司左覺義德默台彼提督嘯次盖造……今德默奏言本寺歲久被人作踐攪擾用是特須叡護持。		《金陵梵剎志》卷2 頁51 本寺護勅成化九年正月24日卷3頁75
7	憲宗 成化 元年 (1465)	明州（寧波）昭慶寺	石晉元年（266）始創，未太平興國元年重建，改名昭慶。德五年，未太平興國元年重建，立戒壇，天禧初，改名昭慶。	天禧初，改名昭慶。是歲又火，治昭慶武至成化，凡修而火者再，四年奉敕再建，廉訪楊暘繼宗監修。		張岱《西湖香市記》

#	朝/年代	寺院名稱	寺院建造時間	火災肇事原因		出處/備註
				不明	明載	
8	憲宗成化元年 (1465)	金陵寶光寺 災惟後殿，僅存僧舍 (小剎)	唐高祖武德元年 (618)，舊名石子。相傳西域持員僧持員藥經樓止於此。明英宗正統間 (1436-1449) 改額寶光。	寺遭回祿，住持通辦又募士人袁慶等重修。嘉靖20年辛丑間 (1541) 住持妙麗引無籍唐景昇折毀鐘樓，盜賣祠宇田歐等賴事，覓祠部以法遣之。		古田史字とＭｅ古代史を古田氏の方法論を援用して解を明かす（かもしれない……）〈重修寶光寺記略〉；萬曆甲申仲秋/明南刑部郎中何思登《金陵梵剎志》卷34頁319
9	憲宗成化13年 (1477)	明州昭慶寺 (中剎)	石晉元年 (266) 始創，毀於錢氏乾德五年。末太平興國元年重建。天禧初，改名昭慶。	造明洪武至成化，凡修而火者再。四年奉救再建。廉訪唐繼宗監修。		張岱《西湖香市記》Tony私藏的古文觀止
10	武宗正德五年 (1510)	金陵觀音閣五年後募緣重建。(中剎)	唐太宗文皇帝 (598-649) 嘗顧矚山麓有氣不散，構閣以記其處。	正德庚午 (1510) 燬，越五年募緣重建。	祝鴻釐、延景福匪徒，為眾教設也。方略閣之災公謀之諸同宮大原喬宇正德16年所助金兩千有餘兩茲日授事厥…煥然一新。	〈重修觀音閣記略〉明南兵部尚書太原喬宇正德16年《金陵梵剎志》卷7頁158
11	世宗嘉靖14年 (1535)	大興隆禪寺	建於金章宗大定26年 (1165)，由雙塔組成，稱大慶壽寺。遺址在北京市西城區西長安街。元初重建。明正統13年 (1448) 重修，改稱大興隆寺，又稱慈恩寺。	嘉靖十四年 (1535)。大興隆禪寺燬(毀於火)。令永不許復。毀于侵華日軍之手。現存石碑3塊。		百度百科 http://www.hudong.com/雙塔慶壽寺原址，2012.10.17

#	朝/年代	寺院名稱	寺院建造時間	火災肇事原因		出處/備註
				不明	明載	
12	世宗 嘉靖17年 (1538)	大興隆寺	元成宗大德三年(1299)所立。正統十三年。修大興隆寺。作佛事。	代宗景泰四年(1453)三月大隆福寺完成。嘉靖14年(1535)，燬興隆寺????		百度百科
13	世宗 嘉靖22年 (1543)	大慈恩寺	唐高宗貞觀22年(658)為其母文德皇后所建。明朝初年時為「海印寺」宣德四年重建並更名為「大慈恩寺」。明朝北京藏傳佛教寺院之首，西藏館人在京居住修持的重地號稱「臨幸」。明朝堂帝曾「臨幸」林」。第一叢		嘉靖22年，令燬大慈恩寺。明萬曆甲辰歲恩寺(1604)歲亦曾有過重修。大慈恩寺及大雁塔遭火災，系由「富民康生遭火」所致。	按明會典 陳楠，明代大慈法王研究，中央民族大學出版社，2005 陳崇凱，釋迦也夫與色拉寺，文史知識1994年12期 清 乾 隆 1 1 年 (1746) 撰《慈恩寺功行碑記》
14	世宗 嘉靖34年 (1555)	杭州 昭慶寺	石晉天福元年(266)始創，燬於錢氏乾德五年。末太平興國元年重建，立戒壇。天禧初，改名昭慶。是歲又火。造明洪武至成化，凡修而火者再。四年奉敕再建，廉訪楊繼宗監修。		嘉靖34年以倭亂恐貽賊據為巢，遷火之。事平再造，遂用堪輿家說，辟除民舍，使寺門見火，以厭火災。	張岱《西湖香市記》Tony私藏的古文觀止
15	世宗 嘉靖39年 (1560)	天台山 國清寺 雨華亭 (浙江省 台州市)	隋開皇十八年(598)晉王楊廣承智顗遺願建立。初名天臺山寺，隋大業元年(605)賜額國清寺。宋景德二年(1005)改稱「景德國清寺」。	唐會昌中(約845)，燬於兵火，大中五年(851)重建。柳公權為書「大中國清之寺」額。建炎四年(1130)詔易教為禪。後寺屢毀屢建，現存建築為清雍正十二年(1734)所建。		百度百科

#	朝/年代	寺院名稱	寺院建造時間	火災肇事原因			出處/備註
				明載	不明		
16	穆宗隆慶三年6月 (1569)	杭州昭慶寺	石晉元年 (266) 始創，毀於錢氏乾德五年。末太平興國元年重建。天禧初，改名昭慶。		隆慶三年 (1569) 復毀。萬曆17年 (1589)，司禮監太監孫隆以織造助建，懸幡列鼎，絕盛一時。		張岱《西湖香市記》〈今日乃知 鼻孔向下：高山仰止 (三) 之明末四大師【壹】〉，《香光莊嚴雜誌社》，2007
17	神宗 萬曆二年 (1574)	松陵 (江蘇蘇州) 明慶寺	松陵西南隅七十餘里，有麻溪焉，溪南為明慶寺，苑在水中。為晚唐智銳禪師 (609-702) 開山。萬歲通天二年 (696) ???		萬曆甲戌 (1574)，殿閣禪堂一夕灰盡。歷四十餘年。遠萬曆46年戊午年 (1618)。本寺順菴鬱公。矢志恢復。		靈峰蕅益大師宗論卷第五之三【明慶寺重建大殿閣碑記30】古歙門人成時編輯
18	毅宗 崇禎13年 (1640)	錢塘昭慶寺	位於浙江杭州的錢塘門外，建於五代時吳越王錢元瓘丙申年 (936)，時稱菩提院。		崇禎十三年 (1640) 又火，煙熖障天，昭慶寺(湖水為赤，崇禎庚辰三月，火)末太祖乾德二年 (… 其後曾罹火災及遭焚戒壇之厄運。		張岱《西湖香市記》《明末清初律宗千華派之興起》2004，頁217
19	憲宗 成化2年 (1466)	雲居聖水寺	位於浙江杭州西南雲居山上是在末元祐間 (1086~1093) 佛印禪師營聖水，嚴之幽勝，乃安禪以聖水名其寺。		成化丁亥燬於火，素庵徒文紳首倡鳩工、四方樂助，復建大雄寶殿		《雲居聖水寺志》第16集中國哲學書電子化計劃 http://ctext.org/wiki.pl?if=gb&chapter=654008

#	朝/年代	寺院名稱	寺院建造時間	火災肇事原因		出處/備註
				不明	明載	
20	熹宗 天啟 六 年 (1626)	金陵仙林寺	仙林寺座落杭州仙林橋直街建於宋高宗紹興三十二年 (1162)，隆興元年 (1163)，孝宗賜額曰 "隆興萬善大乘戒壇"，淳祐三年 (1243)，理宗賜額曰 "飛天法輪寶藏"。元順帝至正年間 (1341-1367)，張士誠嘗據為軍器局。臨濟下四十一世九峰空恒禪師居此弘禪法。	明洪武四年 (1371) 重建，置僧綱司有司即其鐘樓為郡城昏昕之節。明正德年間，從其鐘更鑄置朝天門 (即鼓樓)。天啟丙寅大火，殿宇盡毀，賴生員置法師及里人王兆京、馮時亨、鄭文彬等捐資募建。民國18年 (1929)，寺內辦起學校，即今下城二小前身。仙林寺西，清代有梅花禪院。	4	豆瓣，仙林橋直街〈杭州坊巷錄〉2011-01-09 www.douban.com/ note/128177590/ X1667青首一重編宗教律諸宗演派（1卷）
總計	20			16		

第參章　明蓮池大師生平與《緇門崇行錄》內容特色

　　上一章已探討過明蓮池大師撰寫《緇門崇行錄》的時代背景，本章將進一步介紹蓮池大師的生平，以及《緇門崇行錄》的內容與特色。

第一節　明蓮池大師生平事蹟

　　本節將分為生平、參悟過程、叢林建設、一生行誼與著作貢獻五部分來探討雲棲袾宏一生的事蹟。

一、生平

　　雲棲袾宏（1535-1615），明代四大高僧之一，諱袾宏，字佛慧，號蓮池。嘉靖十四年（1535）正月二十二日，出生於浙江仁和

（浙江省杭縣）世代望族之家。幼習儒學，十七歲時考上秀才，並補稟生，成為官費生，以學識與孝行著稱於鄉里。早年即志在出世，寄心淨土，書「生死事大」於案頭以自警策。[1] 從遊講藝，必歸佛理。家戒殺生，有祭必素。[2] 二十七歲喪父，三十一歲母亦永訣，明世宗嘉靖45年（1566）大師決志出家修行，與妻子湯氏訣別道：「恩愛不常，生死莫代，吾往矣。汝自為計。」[3] 並作一筆勾詞棄家，投西山之無門性天和尚落髮，就昭慶之無塵受具足戒。其妻隨後也削髮為尼。蓮池大師受具足戒後，即遊歷諸方，遍參知識，尋求開悟了生脫死。當他參訪到五臺山時，感得文殊菩薩放智慧光來加持，令其道心堅固。其出家經歷如《阿彌陀經要解便蒙鈔》載：

> 三十一投西山性天和尚，剃度受具。歷諸方，偏參知識，北遊五台，感文殊放光。[4]

二、參悟過程

袾宏在出家後，向北參學徧融禪師，老禪師教喻：「勿貪名利，唯一心辦道，老實持戒念佛。」[5] 大師拳拳服膺。後參笑巖寶祖，辭別向東昌的歸途上，聞樵樓之鼓聲忽然大悟。乃作偈表明心境曰：「二十年前事可疑，三千里外遇何奇？焚香擲戟渾閒事，魔佛空爭是與非。」[6] 隆慶五年（1571），入杭州雲棲山，居山中廢

---

[1]　《淨土全書》卷2，CBETA, X62, no.1176, p.171a10。

[2]　〈古杭雲棲蓮池大師塔銘〉，CBETA, J33, no.B277, p.914b17。

[3]　〈古杭雲棲蓮池大師塔銘〉，CBETA, J33, no.B277, p.914b27。

[4]　《淨土全書》卷2，CBETA, X62, no.1176, p.171a11。

[5]　《釋鑑稽古略續集》卷3，CBETA, T49, no.2038, p.951a22。

[6]　《淨土全書》卷2，CBETA, X62, no.1176, p.171a12。

寺，不慕名利，老實念佛，世稱雲棲和尚。袾宏終身奉行其師的教誨，矢志不移，且以此老實持戒念佛教化眾生。

三、建設叢林

袾宏所重建的淨土道場「雲棲寺」，離杭州不遠，是個山幽境勝的地方。董其昌的《重建雲棲禪院碑記》記載：「杭之山自天目來，帶水，挾聖湖，南盡於江。折而東，是為鳳皇諸山。宋之故宮在焉。朔溯流而西二十里，是為五雲山。循山麓而西四五里，是為雲棲屋塢。則今蓮池禪師之道場也。」[7]

又據《淨土全書》所載，袾宏在雲棲山常精修禪座念佛三昧，為民除虎害、及祈雨解旱，手擊木魚念佛，走到哪裡雨就下到哪裡。感得村民為師建造寺院。因而教化遠近，納子雲集，遂成大叢林。[8] 其住持的道場，規條甚嚴，出《僧約十條》、《修身十事》等示眾。各堂執事職責詳明，夜必巡警，擊板唱佛名，聲傳山谷。布薩羯磨，舉功過，行賞罰，絲毫無錯。

袾宏明因慎果，深悲末法眾生，業深垢重，教綱衰滅，戒律鬆弛，此時修行，應以戒律為根本，以淨業為指歸。因而，大師整飭清規，在南北戒壇久禁不行的情況下，師令求戒者具三衣，於佛前受之，師為證明。已受戒者，半月誦《梵網經戒》及《比丘諸戒品》。師策厲清規，嚴明梵行，並親自著述，闡發戒律精義，以救末世疲弊之習。師極力戒殺生、崇放生。寺前建有放生池，山中設有放生所，救贖潛游蜎飛諸生物。大師《戒殺放生文》盛傳於世。

---

[7] 項冰如，《蓮池大師傳》，高雄市：佛光文化事業有限公司，2011，頁234。

[8] 參閱《淨土全書》卷2，CBETA, X62, no.1176_ p171a23；《佛光大辭典》1988，頁4789。

四、一生行誼

　　袾宏樸實簡淡，虛懷應物，貌相溫和，聲若洪鐘，胸無崖岸。自奉儉樸，自有道場以來，未曾妄用一錢，凡有香俸盈餘，便施散給其他寺廟的和尚。施衣藥，救貧病，常行不倦。大師生平惜福，年老還是自己洗衣，淨溺器，不勞煩侍者。終身一襲布衣，一頂麻布蚊帳用了幾十年。根據《雲棲本師行略》形容蓮池大師：

> 師主叢林者數十餘年，其因果分明，纖毫莫濫，假以貿燭之錢償燈油之值勿　許也，凜凜芳規，昭然具在，未嘗搆一精舍，容膝及肩，聊蔽風雨而已，未嘗更一新服，麤衣破衲，足禦寒暑而已，未嘗蓄一美器，繩床草具，瓦缽瓷甌，可供寢食而已。【9】

　　另外，在《古杭雲棲蓮池大師塔銘》則這樣形容他：

> 師天性朴實簡淡無緣飾，虛懷應物，貌溫粹。弱不勝衣，而聲若洪鍾；胸無崖岸，而守若嚴城；禦若堅兵，善藏其用；文理密察，經濟洪纖不遺鍼芥。即畫叢林日用，量施利，酌厚薄，粒米莖菜無虛費，覈因果，明罪福，絲無絓漏，定程規，秋毫不忽，養老病，公眾僧，不滲滴水，自有叢林以來，五十年中，未嘗妄用一錢，居常數千指，不設化主。聽其自至，稍有盈餘，輒散施諸山，庫無儲畜，凡設齋外，別有果資以供師者，咸納之。隨手任施衣藥，捄貧病，略無虛日，偶簡私記，近七載中，實用五千餘金，不屬常住，則前此歲歲可知已，師生平惜福，嘗著《三十二條》自警，垂老自浣濯，出溺器亦不

【9】　《雲棲法彙（選錄）（第12卷-第25卷）》卷25，CBETA, J33, no.B277_p200 a27-b2。

勞侍者，終身衣布素，一麻布幃。【10】

　師痛念末法眾生，掠影宗門，撥無淨土，有若狂象；教下講師，依文解義，說食不飽。主張淨土，橫截生死，普攝三根，痛斥狂禪，力闡禪淨兼修，道風益盛，一時度化無數士大夫。晚年疾發，益勤境業，作三十二條不詳【11】以自警警他，又書三可惜【12】、十可歎【13】以督徒眾。明神宗萬曆四十年（1612），臨終前半月預知時至，七月朔晚，師示微疾，向弟子開示：「老實念佛，莫換題目。」言畢，向西稱佛名而逝。世壽八十一，僧臘五十。世稱雲棲

【10】　《雲棲法彙（選錄）（第12卷-第25卷）》卷25，CBETA, J33, no. B277_ p195b24-c5。

【11】　蓮池大師在《警策法彙》中，曾語之諄諄地告誡出家人，三十二條不祥之事。此實訓對現代人處世待人也有切實的指導意義。如在佛前、清晨或吃飯時罵人不祥；未語先笑不祥等。

【12】　三可惜：一者、深山窮谷，清淨幽閒，既無村中士女喧煩，亦無過往賓客遊賞。峰巒攢簇，冬避風寒，林樹陰森，夏消炎熱。蹉過此時，而不修行，是爲一可惜。二者、柴水方便，衣食現成，床帳整齊，醫藥周足，沐浴次第，燈火熒煌。蹉過此時，而不修行，則爲二可惜。三者、宏雖隨行逐隊，一介凡僧，既不能見性明心，又不能積功累德，但其安分守己，謹慎操持，於此末法之中，亦可充佛祖普庇眾生盧舍中之一小椽，亦可助佛祖普渡眾生橋樑之一卷石，亦可備佛祖普療眾生疾病藥籠中之一方寸匕。嗟乎！獻瓦缶于金穀，取笑旁觀；進麥飯於溠沱，寧無小補？蹉過此時而不修行，是爲三可惜。

【13】　分付值夜，每早須查勤惰如式，回復平安與否；分付不得貴價，買假香燒，熏壞金像；分付濾水囊用訖，須如式蕩濯；分付年少學淺，不該講經宜查；分付僧值所言當理者，皆當力行；分付春夏秋停止經懺道場，萬不得已，請外住於經板堂中行之，今即於本山，而本山僧反多於外住者；分付內樓緊緊封鎖，萬不得已暫開，今數數開；分付送化亡僧，估唱僧物，各要起大悲憐，生大警悟，今則泛泛然而送化，嘻嘻然而估唱習爲常事，全不動心。九可歎！

和尚、蓮池大師；與紫柏、憨山、蕅益並稱為明代四大高僧。【14】
後世尊為淨宗八祖。

五、著作貢獻

由上可見，蓮池大師是多麼的持戒嚴謹，他也撰寫了很多有
關於戒律的著作，包括有：補註《佛遺教經論疏節要》【15】、發
隱《梵網菩薩戒經義疏》【16】，另外據《雲棲法彙》，他的著作
尚有：《華嚴經感應略記》、《楞嚴經摸象記》、《瑜伽施食儀
註》、《梵網戒疏發隱》、《梵網戒疏發隱事義》、《梵網戒疏發
隱問辨》、《阿彌陀經疏鈔》、《阿彌陀經疏鈔事義》、《阿彌陀
經疏鈔問辨》、《具戒便蒙》、《尼戒錄要》、《遺教經論疏節
要》、《沙彌律儀要略》、《淨土疑辨》、《禪關策進》、《長慶
集警語選》、《往生集》、《名僧輯略》、《緇門崇行錄》、《武
林西漸高僧事略》、《皇明名僧輯略》、《水陸儀文》、《施食儀
軌》、《皇明護法錄》、《西方發願文》、《竹窗三筆》、《答
四十八問》、《山房雜錄》、《自知錄》、《正訛集》、《僧訓日
記》、《直道錄》、《戒殺放生文》，以及本研究探討的《緇門崇
行錄》。

從上述豐富的著述，尤其是《緇門崇行錄》中得知，雲棲袾
宏是明末佛教復興的重要人物，其思想和一生的行誼，在近世中國
佛教界確實具有最高隆盛之信望，為佛門龍象之一代典範。其修證
行持，對於當時人以及後世都有相當大的影響，例如明末享有盛

【14】　慈怡主編，《佛光大辭典》，佛光出版社，1988，頁4789。

【15】　《佛遺教經論疏節要》，CBETA, T40, no. 1820_p844c3。

【16】　《梵網菩薩戒經義疏》，CBETA, X38, no. 679_p135 a2。

名，當時信佛的朝野人士，如宋應昌、陸光祖、張元、馮夢禎、陶望齡等都受過他感化，他的弟子不下數千人。【17】其中居士多於僧眾，且多為海內知名之士。出家弟子中比較知名的，有廣應、廣心、大真、仲光、廣潤等。

　　雲棲的德行備受德清的推崇，在《憨山老人夢遊集》中，德清推崇袾宏以一個儒者，放棄仕途而發心出家，偏參諸方而發明心性。有所證悟時，即匿跡於山林，潛心修道。久之而有緇素前來問道，遂成一教化眾生之道場。尤其德清以其平拘素樸，於應機接物上，絕無民庭及城府，如鑑照物一般地接引眾生向於解脫之道。【18】憨山大師於塔銘說道：

> 嗚呼！我聞世尊，深念末法眾生難度，恐斷慧命，靈山會上，求護正法者，即親蒙授記，亦不敢入，惟地湧之眾力任之，且曰：我等末世持經，當具大忍力、大精進力，即有現身此中，亦不自言其本，泄佛密因，但臨終陰有以示之耳。觀師之行事，潛神密用，安忍精進之力，豈非地湧之一乎？抑自淨土而來乎？不然，從凡夫地，求自利尚不足，安能廣行利他，護持正法，始終無缺者乎？予有感而來，略拾師之行事，以昭來世。【19】

　　足見蓮池大師之功德莊嚴。

【17】　〈古杭雲棲蓮池大師塔銘〉，CBETA, J33, no.B277_ p915c7。
【18】　參閱《憨山老人夢遊集》，《卍字新續藏》，CBETA, X73, no.1456_ p602a12。
【19】　〈八祖-蓮池大師〉華藏淨宗弘化網http://www.hwadzan.com/k12/1877. html。

第二節　《緇門崇行錄》的內容

蓮池大師曾經說過：「我出家後到處參訪，時遍融師門庭大振，予至京師叩之，膝行再請。」【20】那個時候，他的師父告訴他：「你可守本分，不要去貪名逐利，不要去攀緣。」【21】也因此大師在出家後，精進修行，《雲棲本師行略》描述說：「六載崎嶇坎壞行頭陀行，辛苦萬狀，履險如夷。」【22】

蓮池大師更規定：「眾，半月半月誦《梵網戒經》及《比丘諸戒品》。」【23】，並且要常常「布薩羯磨，舉功過，行賞罰，以進退人。」【24】以上看得出，蓮池大師的六年苦行實在不簡單。《雲棲本師行略》更因此而讚嘆他：「人稱雲棲布薩之嚴，傑出諸方。」【25】

蓮池大師曾說：「予曰：『先民有言，德行本也。又云士之致遠者，先器識，況無上菩提之妙道，而可以受非其器乎哉？』」【26】根據吳錦煌居士的白話淺述，大意是：「古人嘗說，德行是為人處世的根本。又說，立大志做大事的人，要先衡量自己的器質和識見，何況佛門至高無上的正等正覺的妙法，豈是隨便什麼人就可以

【20】　《雲棲法彙（選錄）（第12卷-第25卷）》卷21，CBETA, J33, no. B277_ p151 c9-10。

【21】　同上註，CBETA, J33, no. B277_ p151 c10-12。

【22】　同上註，卷25，CBETA, J33, no. B277_p199 a30-b1。

【23】　同上註，CBETA, J33, no. B277_ p194 c24-25。

【24】　同上註，CBETA, J33, no. B277_ p195 a24-25。

【25】　同上註，CBETA，J33, no. B277_ p199b29-30。

【26】　明‧蓮池大師作，《緇門崇行錄》，CBETA, X87, no.1627_p352a7-9。

修成的嗎？」【27】

　　《緇門崇行錄》裡面列舉了十種德行，分別是：清素、嚴正、尊師、孝親、忠君，慈物、高尚、遲重、艱苦以及感應。每一種德行又各舉例古德的十多則典故。這些典故在現代人看來，也許會認為匪夷所思，又或者是不合時宜，甚至是違反了佛教的本意，但首先最重要的是，我們一定要尊重古人的思想體系，以及要設想處在他當時的時代背景底下，他所提出的做法背後的動機是甚麼，因此，我們就無法以現代人的認知去評價他的做法了，或者一成不變地依樣畫葫蘆，那也會形成反效果。

　　明代袾宏輯《緇門崇行錄》單一卷。首先解釋本書名稱：緇，黑也。因僧衣色黑，故稱僧侶為緇流或緇徒。緇門者，緇流之門，指佛門而言。【28】崇行者，指值得崇敬效法的行者。本書乃袾宏五十歲時（1585）慨嘆末世出家沙門之弊端與墮落，如蓮池大師所說：「今沙門稍才敏則攻訓詁，業鉛槧如儒生，又上之則殘擬古德之機緣而逐聲響，捕影跡，為明眼者笑。聽其言也，超佛祖之先；稽其行也，落凡庸之後。蓋末法之弊極矣！」【29】故蒐羅歷朝古德行誼之作，希望能給予初學佛者與有心向道的後人一個明確的學習對象，希冀每篇故事都給人無限的啟發，盼能達到「見賢思齊，見不賢內自省」之功效，進而點燃人們心中的光明。【30】

【27】　明・蓮池大師作、吳錦煌居士白話淺述，《緇門崇行錄淺述》，福建省佛教協會，1985，頁1。

【28】　慈怡主編，《佛光大辭典》，佛光出版社，1988，頁5895上。

【29】　明・蓮池大師作，《緇門崇行錄》，CBETA, X87, no.1627_p352a01。

【30】　明・蓮池大師作、吳錦煌居士白話淺述，《緇門崇行錄淺述》，福建省佛教協會，1985，頁3。

　　本書的內容概述自佛世至明代，一百二十八位有德行之出家沙門的136則崇行。收於《卍續藏》第148冊。136則非凡之行誼，略分清素、嚴正、尊師、孝親、忠君、慈物、高尚、遲重、艱苦、感應十門以為楷模。下列將為這十門先給予定義，再進一步以表格綜整這136則行誼，以利比對說明。

一、十門崇行之定義

　　蓮池大師在《緇門崇行錄》中認為：出家人應具有下列十種品德。略說明如下：

清素之行第一

　　第一、「清素」：是清高樸素、遠離俗染之意。即甘於淡泊，勤修苦行，精修道業，慈憫眾生。意謂遠離世俗的污染才算出家人，出家首先要講到清高樸素，所以第一類善行是「清素」。蓮池大師為此類清素之行共收錄了15則典範，時間由劉宋至元朝。

嚴正之行第二

　　第二、「嚴正」：其意是嚴肅正行之意，即檢肅規範自己的身口意。如果只有清高而沒有嚴肅威儀，蓮池大師說如此就會變成狂狷之人的清高了。學佛的人必須要收攝身口意三業，才能成就，所以第二大類善行是「嚴正」。此類嚴正善行包括隋至宋代13位高僧典範。

尊師之行第三

　　第三、「尊師」：嚴肅而正確的行為必須要靠老師的教誨，才能有所得，因此老師是我們很重要的模範，我們必須要尊師重

道。嚴正的行為要靠老師的教誨才能秉持不誤，老師實在是做人的模範，所以第三大類善行是「尊師」。此類尊師善行收錄自晉迄元代10位高僧典範。

孝親之行第四

第四、「孝親」：「百善孝為先」，有雙親的生養之恩德，我們才能長大成人受教育，孝是德之根本，戒律行儀再多，還是必須孝順。有雙親生養你，長大之後才能接受老師的教導，遺忘其雙親而不孝是忘本啊！且戒行律儀雖然很多，但最要緊的還是孝順，所以第四大類是「孝親」。此類孝親善行收錄自佛世迄趙宋之間12位高僧典範。

忠君之行第五

第五、「忠君」：忠孝的道理是一致，因為忠臣必出於孝子。書經上說：「一人有慶，萬民咸賴。」若能忠於君主，好好輔佐侍奉，使其成為賢君，那麼是天下人民的福祉了，出家也才能過得清閒自在好修行。忠臣出於孝子，忠孝的道理是一致的，只知道有親情，不知道有君恩，乃是自私的行為。所以第五大類是「忠君」。此類忠君善行收錄自吳迄趙宋之間11位高僧典範。

慈物之行第六

第六、「慈物」：若單只有對上侍奉尊敬，缺乏對晚輩或下級的恩惠是不行的，對貧困的人也要照顧到。忠道較偏於對上級的交往，缺乏對下級恩惠的施予也是不對的，必須兼顧到貧困的人，所以第六大類是「慈物」。此類慈物善行收錄自佛世迄宋漫長期間

17位高僧典範。

高尚之行第七

第七、「高尚」：高尚的慈悲與染著的愛一線之隔，出家人的愛染是修行的一大障礙，高尚能遠離愛染，所以第七大類叫「高尚」。此類高尚善行收錄自晉迄宋之間18位高僧典範。

遲重之行第八

第八、「遲重」：為謹慎穩重、不浮躁之意。高尚並非孤芳自負，棄眾生而不顧，修行人要能先充實自己，功夫高深了自然才學德行的光芒就四射，所以第八大類叫「遲重」。此類遲重善行收錄自唐迄元代之間10位高僧典範。

艱苦之行第九

第九、「艱苦」：對修行人而言，不捨眾生受苦的菩薩行是成道的重要條件，不可只是避世隱居清閒無事，艱苦為修行的增上緣。為遲重而隱居，清閒無事也是不可以的，所以第九大類選「艱苦」的善行。此類艱苦善行收錄自佛世迄宋代之間15位高僧典範。

感應之行第十

第十、「感應」：若因艱苦而退了道心，那麼其實因果感應是絲毫不爽的，所以第十大類取「感應」的善行做結束。有人怕勞而無功，不再艱苦卓絕，退了道心，其實因果感應是絲毫不爽的，所以第十大類取「感應」的善行做結束。【31】此類感應善行收錄自

【31】　明‧蓮池大師作、吳錦煌居士白話淺述，《緇門崇行錄淺述》，福建省佛教協會，1985，頁4。

晉迄五代之間15位高僧典範。

第三節　《緇門崇行錄》之撰寫特色

　　《緇門崇行錄》蒐羅自佛世至明代136則高僧懿行典範，依據明蓮池大師的標準，將之分為清素（15則）、嚴正（13則）、尊師（10則）、孝親（12則）、忠君（11則）、慈物（17則）、高尚（18則）、遲重（10則）、艱苦（15則）、感應（15則）等十類。每類至少十則典範，至多十八則典範，前者如尊師與遲重兩門；後者如高尚門，見如下表3。《緇門崇行錄》具有如下四項撰寫特色：

（一）跨兩千年高僧典範

　　從時間點來看，《緇門崇行錄》十門136則佛門典範橫跨二十世紀。最早始於釋尊時代，如孝親之行第四舉大目犍連盂蘭盆勝會救母脫離惡道[32]的典範、慈物之行第六舉忍苦護鵝的比丘[33]典範、艱苦之行第九舉勤修頭陀之行的大迦葉尊者[34]典範等三則。最晚迄明代的典範僅有一則，即遲重之行第八所舉久居深山的無聞聰禪師。[35]若依十門分別來看典範的分佈時間，以高尚之行第七18則跨晉代至宋代共八個朝代最多；以嚴正之行第二13則僅跨隋、唐與宋代三個朝代為最少。筆者質疑生為明末四大師的蓮池大師，既然生在明末，在其之前的明初至中明期間，應該有許多出家僧

【32】　明・蓮池大師作，《緇門崇行錄》，CBETA，X87n1627_p357c15-05。

【33】　同上註，CBETA，X87n1627_p360b10-15。

【34】　同上註，CBETA，X87n1627_p364c21-365a07。

【35】　同上註，CBETA，X87n1627_p364b06-12。

眾，為何在本錄僅舉一則明代的典範，難道明末的叢林亂象，已導致僧眾素質普遍如此敗壞，而幾乎沒有懿行典範可談？

（二）依朝代之先後排序

《緇門崇行錄》每門十數則懿行典範的排列，大致上依朝代先後排序。然而有清素第一、嚴正第二、孝親第四、忠君第五、高尚第七、遲重第八、艱苦第九與感應第十等八門，到了後面數則典範有錯置朝代的現象，令人懷疑後半部典範的編排另有其人。如：

清素之行第一的第4則唐玄朗（673-754）左溪遁跡，宜調至第9則唐承遠（712-802）人疑僕從之前；第11則後周行因（865-957）鹿鳥為侶與第12則唐宏覺禪師（835-902）少欲知足宜對調。第13則宋慈受深禪師誨眾清約，【36】歸在第14則唐慧熙衲衣一食【37】之前，經查宋慈受深禪師的年代為1077-1132，唐慧熙的年代為569-684，故第14則唐慧熙衲衣一食應歸在第8則智則門不掩閉之前。

嚴正之行第二的第2則唐玄奘法師（602-664）幼絕戲掉與第3則唐智正（約590-639）嚴訓侍者對調；第4則唐玄鑒（約857-894）破壞酒器調到第11則趙宋法雲善本禪師（1035-1109）防心離過之前；第5則唐道林（741-824）不面女人調整到第9則唐從簡諫（803-843）闔門拒子之前；第9則唐從簡諫（803-843）闔門拒子與第10則唐智實（601-638）抗章不屈對調；第11則趙宋法雲善本禪師（1035-1109）防心離過與第12則趙宋圓通居訥（1010-1071）終夜拱手對調。

孝親之行第四第8則唐師備禪師（835-908）悟道報父調整到第

【36】　明·蓮池大師作，《緇門崇行錄》，CBETA，X87n1627_p354b21-c03。
【37】　同上註，CBETA，X87n1627_ p354c04-09。

11則後周道丕（889-955）誠感父骨之前。

忠君之行第五的第7則唐玄琬（562-636）感悟東宮與第8則唐沙門明贍（559-628）勸斷屠殺【38】對調；第11則後晉法眼禪師（885-958）詠花諷諫【39】與第10則趙宋道楷（1043-1118）的受罰不欺【40】對調。

慈物之行第六的第8則唐智岩（576-654）躬處癩坊調整到第14則唐慧斌（573-645）行先執帚之前。

高尚之行第七的第2則晉慧永眾服清散置於第1則晉道恆避寵入山之後，經查第2則晉慧永的年代為331-414，第1則晉道恆的年代為345-417，筆者建議兩者次序對調。第5則梁智欣不結貴遊置於第4則齊僧稠駕不迎送之後，經查第5則梁智欣的年代為445-506，第4則齊僧稠的年代為479-560，筆者建議兩者亦次序對調。第9則唐無業禪師（760-823）三詔不赴調整到第13則後唐全付（761-827）不受衣號之前。

遲重第八第5則宋神鼎洪諲（954-1038）的事皆緣起、【41】調整到第9則元法聞（?-1317）重法隱山【42】之前；第7則明無聞聰禪師（?-1543）久處深山【43】，與第8則宋無德禪師（946-1024）八請不赴【44】對調。

【38】　明·蓮池大師作，《緇門崇行錄》，CBETA，X87n1627_ p359c21-360a01。

【39】　同上註，CBETA，X87n1627_p360a19-b03。

【40】　同上註，CBETA，X87n1627_p360a08-18。

【41】　同上註，CBETA，X87n1627_p364a23-365a02。

【42】　同上註，CBETA，X87n1627_p364b22-c05。

【43】　同上註，CBETA，X87n1627_p364b06-12。

【44】　同上註，CBETA，X87n1627_p364b13-21。

　　艱苦第九第15則劉宋道法的常行乞食【45】，根據《梁高僧傳》記載：道法乃劉宋（420-478）人【46】。故排序宜調整到第3則隋靈裕之前。另外，第14則宋圓趙本禪師（1005-1087）行不辭勞調整到第11則宋慕哲（1035-1095）躬自役作之前。

　　感應第十第14則唐曇榮（555-640）懺感授記，應調整到第11則唐道宣律師（596-667）天神護體之前。第13則五代永明延壽禪師（904-975）甘露灌口，應調整到第15則唐遂端（?-861）口出青蓮之後。

　　因為《緇門崇行錄》每門懿行典範的排序大致上依朝代先後排列，因此雖然清素之行第一的第5則隨富遺錢不顧【47】沒有載明朝代，但依前面第4則與後面第6則兩則典範均為唐代來看，我們可以判斷第五則隨富遺錢不顧亦為唐代發生的典範。（參見下列表3）

（三）高僧採樣重疊性低

　　《緇門崇行錄》十門136則緇門典範，由下列表3可見實際為128位古今高僧的崇行，其中僅有一位高僧重複出現在三種典範的記錄中，即隋靈裕重複出現三次在嚴正之行第二的第1則禁拒女尼、【48】慈物第六的第4則悲敬行施【49】與艱苦之行第九的第3則法滅繿經。【50】六位高僧重複出現在兩種典範的記錄中：唐玄奘法

【45】　明·蓮池大師作，《緇門崇行錄》，CBETA，X87n1627_p366b07-12。

【46】　南朝梁 慧皎撰，〈名僧傳抄〉《梁高僧傳》《卍新纂續藏經》，X77n1523_p0358a03。

【47】　明·蓮池大師作，《緇門崇行錄》，CBETA，X87n1627_p353c19-354a04。

【48】　同上註，CBETA，X87n1627_p355a01-06。

【49】　同上註，CBETA，X87n1627_p360c07-12。

【50】　同上註，CBETA，X87n1627_p365b05-08。

師重複出現在嚴正之行第二的第2則幼絕戲掉【51】與艱苦之行第九的第5則西竺取經；【52】晉法曠重複出現在尊師之行第三的第3則為師禮懺【53】與忠君之行第五的第2則勸善弭災；【54】唐慧斌重複出現在孝親之行第四的第6則鑿井報父【55】與慈物第六的第14則行先執帚；【56】北齊僧稠重複出現在忠君之行第五的第6則說法悟主【57】與高尚之行第七的第4則駕不迎送；【58】隋智舜重複出現在慈物第六的第6則割耳救雉【59】與艱苦第九的第4則刺骨制心；【60】五代永明延壽禪師重複出現在慈物第六的第16則施戒放生【61】與感應第十的第13則甘露灌口。【62】《緇門崇行錄》136則緇門典範，實際出自128位古今高僧的崇行，重疊性僅佔極小比例5.88%，可見蓮池大師《緇門崇行錄》的十門136則緇門典範的收錄對象既廣且多元。

（四）各予四字崇行名稱

　　蓮池大師給《緇門崇行錄》十門共136則緇門典範，都冠上了四字相應且得體的名稱，如清素之行第一的不作齋會、受施隨散、蟲鳴塵積等，嚴正之行第二的禁拒女尼、不面女人、不受仙書等，

【51】　明‧蓮池大師作，《緇門崇行錄》，CBETA，X87n1627_p355a07-13。

【52】　同上註，CBETA，X87n1627_p365b13-15。

【53】　同上註，CBETA，X87n1627_p356c01-05。

【54】　同上註，CBETA，X87n1627_p359a12-15。

【55】　同上註，CBETA，X87n1627_p358a16-19。

【56】　同上註，CBETA，X87n1627_p360c19-24。

【57】　同上註，CBETA，X87n1627_p359c03-08。

【58】　同上註，CBETA，X87n1627_p362a18-22。

【59】　同上註，CBETA，X87n1627_p360c19-24。

【60】　同上註，CBETA，X87n1627_p366c20-367a01。

【61】　同上註，CBETA，X87n1627_p361c03-07。

【62】　同上註，CBETA，X87n1627_p368a08-11。

　　尊師之行第三的力役田舍、受杖自責、歷年執侍等，孝親之行第四的母必親供、居喪不食、泣血哀毀等，忠君之行第五的規諫殺戮、巧論齋戒、較論供養等，慈物之行第六的濟貧詣官、躬處癘坊、口吮腹癰等，高尚之行第七的避寵入山、眾服清散、不享王供等，遲重之行第八的傳法久隱、十年祕重、不宣靈異等，艱苦之行第九的身先苦役、蚤虱不除、六載舂粟等，與感應之行第十的夢中易首、廢戒懺悔、癘疾獲瘳等，（見表3）可見袾弘深厚的文學素養與悲憫佛教的用心。

表3・《緇門崇行錄》與範標整總表

崇行	序號	典範懿行	姓名	朝代	年代	佛世	晉	南北朝	梁	隋	唐	後周	宋	元	明	出處 X87n1627pp352a01-368c03
清素之行第一	1	不作齋會	僧受	劉宋	467-527			v								p353b12-21
	2	受施隨散	慧開	梁	469-508				v							p353b22-c04
	3	蟲鳴塵積	道超	梁	475-506				v							p353c05-09
	4	左溪通跡	玄朗	唐	673-754						v					p353c10-18
	5	遺錢不顧	隋富	唐?	527-627					v						p353c19-354a04
	6	不畜衣糧	通慧	唐	約546-635						v					p354a05-09
	7	嚼施不憶	靜琳	唐	565-640						v					p354a10-13
	8	門不掩閉	智則	唐	586-701						v					p354a14-19
	9	人疑僕從	承遠	唐	712-802						v					p354a20-b03
	10	荷衣松食	大梅法常	唐	752-839						v					p354b04-08
	11	鹿鳥為侶	行因	後周	865-957							v				p354b09-16
	12	少欲知足	宏覺禪師	唐	835-902						v					p354b17-20
	13	誨眾清約	慈受懷深	宋	1077-1132								v			p354b21-c03
	14	衲衣一食	慧熙	唐	569-684						v					p354c04-09
	15	獨守死關	高峰原妙	元	1238-1296									v		p354c10-19

崇行	序號	典範懿行	姓名	朝代	年代	佛世	南北朝晉	梁	隋	唐	後周	宋	元	明	出處 X87n1627pp352a01-368c03
	1	禁拒女尼	靈裕	隋	518-605				v						p355a01-06
	2	幼絕戲掉	玄奘法師	唐	602-664					v					p355a07-13
	3	嚴訓侍者	智正	唐	約590-639					v					p355a15-23
	4	破壞酒器	玄鑒	唐	約857-894					v					p355a24-b08
嚴	5	不面女人	道林	唐	741-824					v					p355b09-18
正	6	力衛殿堂	惠主	唐	540-629					v					p355b19-c02
之	7	擯黜豪尼	慧滿	唐	589-642					v					p355c04-08
行	8	不受仙書	法常	唐	567-645					v					p355c09-14
第	9	闔門拒子	從諫	唐	803-843					v					p355c15-19
二	10	抗章不屈	智實	唐	601-638					v					p355c20-bo2
	11	防心離過	法雲善本	趙宋	1035-1109							v			p356a03-11
	12	終夜拱手	圓通居訥	趙宋	1010-1071							v			p356a12-14
	13	不談世事	光孝安禪師	宋	1165-1243							v			p356a15-22

崇行	序號	典範懿行	姓名	朝代	年代	佛世	晉	南北朝	梁	隋	唐	後周	宋	元	明	出處 X87n1627pp352a01-368c03
尊師之行第三	1	力役田舍	道安	晉	312-385		∨									p356b05-15
	2	受杖自責	法遇	晉	不詳60歲		∨									p356b16-24
	3	為師禮懺	法曠	晉	326-402		∨									p356c01-05
	4	立雪過膝	神光	北魏	487-593			∨								p356c06-19
	5	離師悔責	清江	唐	766-804						∨					p356c20-357a07
	6	迎居正寢	石霜慶諸	唐	807-888						∨					p357a08-11
	7	歷年執侍	招賢會通	唐	?-845→						∨					p357a12-20
	8	謹守遺命	懷志	趙宋	不詳								∨			p357a20-b07
	9	遵訓終隱	清素	趙宋	?-1135								∨			p357b08-13
	10	兵難不離	印簡	元	1202-1257									∨		p357b14-20
孝親之行第四	1	蘭盆勝會	大目犍連	佛世	560BCE	∨										p357c05-15
	2	母必親供	道紀	北齊	不詳			∨								p357c16-22
	3	居喪不食	法雲	梁	467-529				∨							p357c23-358a08
	4	泣血哀毀	智聚	隋	585-607					∨						p358a09-11
	5	荷擔聽學	敬脫	隋	不詳					∨						p358a12-15
	6	鑿井報父	慧斌	唐	573-645						∨					p358a16-19
	7	禮塔救母	子鄰	唐	700-?						∨					p358a20-b05
	8	悟道報父	師備	唐	835-908						∨					p358b06-12

崇行	序號	典範懿行	姓名	朝代	年代	佛世	晉	南北朝（北朝）	梁	隋	唐	後周	宋	元	明	出處 X8-7n1627pp352a01-368c03
孝親之行第四	9	封殷出家	鑒宗	唐	769→						v					p358b13-17
	10	鐵蒲供母	陳尊宿	唐	792?-895?						v					p358b18-21
	11	誠感父骨	道丕	後周	889-955							v				p358b22-c07
	12	念佛度母	宗賾	趙宋	1056-1107								v			p358c11-18
忠君之行第五	1	開陳報應	僧會	吳	?-280		v									p359a03-11
	2	勸善弭災	法曠	晉	326-402		v									p359a12-15
	3	規諫殺戮	佛圖澄	晉	232-349		v									p359a16-b01
	4	巧諭齋戒	求那跋摩	劉宋	366-431			v								p359b02-18
	5	軼諭供養	法願	蕭齊	414-500			v								p359b19-c02
	6	說法悟主	僧稠	北齊	480-560			v								p359c03-08
	7	感悟東宮	玄琬	唐	562-636						v					p359c09-20
	8	翻斷屠殺	沙門明贍	唐	559-628						v					p359c21-360a01
	9	勸修懺法	曇宗	劉宋	570-620						v					p360a02-07
	10	受罰不欺	道楷	趙宋	1043-1118								v			p360a08-18
	11	法明誦呪	法朗	後晉	885-958	v										p360a19-b03

崇行	序號	典範懿行	姓名	朝代	年代	佛世	晉	南北朝 梁	隋	唐	後周	宋	元明	出處 X87n1627pp352a01-368c03
慈物之行第六	1	忍苦護鵝	比丘	佛世	580BCE	✓								p360b10-15
	2	護鴨絕飲	僧群	晉	不詳		✓							p360b16-24
	3	贖養生命	法朗	陳	507-581			✓						p360c01-06
	4	悲敬行施	靈裕	隋	518-605				✓					p360c07-12
	5	買放生池	智者大師	隋	538-597				✓					p360c13-18
	6	割耳救雉	智舜	隋	533-604				✓					p360c19-24
	7	濟貧詣官	普安	唐	569-?					✓				p361a01-07
	8	躬處癘坊	智巖	唐	576-654					✓				p361a09-14
	9	口吮腹癰	志寬	唐	565-643					✓				p361a15-22
	10	惠養群鼠	慧意	唐	不詳					✓				p361a23-b01
	11	氈被畜狗	智凱	唐	538-597					✓				p361b02-05
	12	穰疾不嫌	道積	唐	557-627					✓				p361b06-10
	13	看疾遇聖	智暉	唐	704撰					✓				p361b11-17
	14	行先執帚	慧斌	唐	573-645					✓				p361b18-21
	15	瞻濟乞人	曇選	唐	不詳					✓				p361b22-co2
	16	施戒放生	永明延壽	五代	904-975						✓			p361c03-07
	17	看病如己	高菴	宋	960-1279							✓		p361c08-16

崇行	序號	典範懿行	姓名	朝代	年代	佛世	晉	南北朝	梁	隋	唐	後周	宋	元	明	出處 X87n1627pp352a01-368c03
	1	避寵入山	道恆	晉	345-417		∨									p362a02-04
	2	眾服清散	慧永	晉	331-414		∨									p362a05-12
	3	不享王供	佛陀耶舍	姚秦	4-5世紀			∨								p362a13-17
	4	駕不迎送	僧稠	齊	479-560			∨								p362a18-22
	5	不結貴遊	智欣	梁	445-506				∨							p362a23-b02
高	6	不引賊路	道悅	隋	不詳					∨						p362b03-07
尚	7	慶徵不就	慈藏	唐	637來華						∨					p362b09-11
之	8	寧死不起	道信大師	唐	580-651						∨					P362b13-18
行	9	三詔不赴	無業禪師	唐	760-823						∨					p362b19-c02
第	10	詔至不起	法融	唐	593-657						∨					p362c03-08
七	11	冒死納僧	法沖	唐	587?-665						∨					p362c09-13
	12	不赴俗筵	韶光禪師	唐	821結茅						∨					p362c14-21
	13	不受衣號	全付	後唐	761-827						∨					p362c22-363a02
	14	力辭賜紫	恆超	五代	876-949							∨				p363a03-15
	15	不樂王宮	貞辨	後唐	不詳						∨					p363a16-22
	16	袖納薦書	雪竇重顯	宋	980-1052								∨			p363a23-b09
	17	裹書不拆	嵩岳慧安	宋	82歲								∨			p363b10-19
	18			宋	1000-1090								∨			p363b21-c03

崇行	序號	典範懿行	姓名	朝代	年代	佛世	晉	南北朝	梁	隋	唐	後周	宋	元	明	出處 X87n1627pp352a01-368c03
遲重之行第八	1	傳法久隱	慧能大師	唐	638-713						v					p363c14-21
	2	十年祕重	桂琛	唐	867-928						v					p363c22-364a04
	3	不宣靈異	善靜	後唐	不詳						v					p364a05-11
	4	混跡樵牧	南泉普願	唐	747-834						v					p364a12-22
	5	事皆緣起	神鼎洪諲	宋	828-904								v			p364a23-365a02
	6	歷年閉戶	雲蓋守智	宋	?-1121→								v			p364b03-05
	7	久處深山	無聞思聰	明	?-1543										v	p364b06-12
	8	八請不赴	無德禪師	宋	947-1024								v			p364b13-21
	9	重法隱山	法聞	元	?-1317									v		p364b22-c05
	10	廢寺隱居	傑峰世愚	元	1341-1367									v		p364c06-11
艱苦之行第九	1	年老頭陀	大迦葉	佛世	-6世紀	v										p364c21-365a07
	2	備經險難	曇無竭	西晉	387-436		v									p365a08-b04
	3	法滅綴經	靈裕	隋	518-605					v						p365b05-08
	4	刺股制心	智舜	隋	533-604					v						p365b09-12
	5	西竺取經	玄奘法師	唐	602-664						v					p365b13-15
	6	身先苦役	志超	唐	570-641						v					p365b19-24
	7	蚤虱不除	曇韻	唐	不詳						v					p365c01-08

崇行	序號	典範懿行	姓名	朝代	年代	佛世	晉	南北朝	梁	隋	唐	後周	宋	元	明	出處 X87n1627pp352a01-368c03
艱苦之行第九	8	六載舂粟	道亮	唐	不詳705 中宗授菩薩戒						v					p365c09-13
	9	不作不食	百丈懷海	唐	749-814						v					p365c15-22
	10	萬里決疑	大隋法真	唐	887-963						v					p365c24-366a03
	11	躬自役作	慕哲	宋	1035-1095								v			p366a08-11
	12	單己苦躬	僧藏	宋	不詳								v			p366a13-18
	13	刻苦事眾	雲居道簡	宋	不詳80歲								v			p366a19-22
	14	行不辭勞	圓照宗本	宋	1005-1087								v			p366a23-b06
	15	常行乞食	道法	劉宋	420-474			**V**								p366b07-12
感應之行第十	1	精誠感戒	道進	西晉	不詳		v									p366b22-c03
	2	懺證妙音	法橋	晉	257-356		v									p366c04-07
	3	誓師子座	竺道生	劉宋	355-434			v								p366c08-19
	4	夢中易首	求那跋陀羅	劉宋	394-468			v								p366c20-367a01
	5	廢戒懺悔	僧雲	高齊	不詳			v								p367a02-4
	6	曠疾獲瘳	僧遠	齊	413-484			v								p367a15-23
	7	勤苦發解	道超	梁	?-502				v							p367a24-b04
	8	禮懺延壽	法龍法師	梁	450-524				v							p367b05-14

崇行	序號	典範懿行	姓名	朝代	年代	佛世	晉	南北朝	梁	隋	唐	後周	宋	元	明	出處 X87n1627pp352a01-368c03
感應之行第十	9	誦經延壽	智藏	梁	457-522				v							p367b15-c01
	10	扣鐘拔苦	智興	隋	←609→					v						p367c02-09
	11	天神護體	道宣律師	唐	596-667						v					p367c10-21
	12	感示淨土	慧日	唐	680-748						v					p367c22-a07
	13	甘露灌口	永明延壽	五代	904-975							v				p368a08-11
	14	懺感授記	曇榮	唐	555-633						v					p368a12-17
	15	口出青蓮	逸端	唐	618-?						v					p368a18-22
10	136	136	128人	12		3	12	13	8	11	58	6	19	4	1	pp353b12-368a22

　　從上表3朝代欄的統計，可見《緇門崇行錄》十門共136則緇門典範，由佛世到明朝歷代的緇門崇行代表分佈為佛世佔3則、晉佔12則、南北朝佔13則、梁佔8則、隋佔11則、唐佔58則、後周佔6則、宋佔19則、元佔4則、明佔1則。其中以唐佔42.64%最高，其次為宋佔13.97%，緊接著為南北朝佔9.55%。可見唐朝佛教宗派相繼成立，伴隨祖師大德的著書立說，帶動佛教達到發展的顛峰，也造就不少德行崇高的高僧，如清素之行第一嚫施不憶的靜琳、門不掩閉的智則、人疑僕從的承遠⋯⋯等九位，嚴正之行第二力衛殿堂的惠主、擯黜豪尼的慧滿、闔門拒子的從諫⋯⋯等九位，尊師之行第三離師悔責的清江、迎居正寢的石霜慶諸禪師、歷年執侍的招賢通禪師⋯⋯等三位，孝親之行第四禮塔救母的子鄰、悟道報父的師備、刲股出家的鑒宗⋯⋯等五位，忠君之行第五感悟東宮的玄琬、勸斷屠殺的沙門明瞻二人，慈物之行第六濟貧詣官的普安、躬處癘坊的智岩、口吮腹癰的志寬⋯⋯等九位，高尚之行第七寧死不起的道信大師、三詔不赴的無業禪師、詔至不起的懶融⋯⋯等六位，遲重之行第八傳法久隱的慧能大師、十年祕重的桂琛、混跡樵牧的普願三位，艱苦之行第九之六載舂粟的道亮、不作不食的百丈海禪師、萬里決疑的大隨禪師⋯⋯等六位，感應之行第十天神護體的道宣律師、感示淨土的慧日、懺感授記的曇榮⋯⋯等四位，都是唐朝德行崇高的高僧。其中僅有慈物之行第六第1則佛世比丘沒有史載僧名，高尚之行第七第7則慈藏為新羅人。

第肆章　清素之行內涵與其現代實踐典範

　　一時代之宗教思想蔚為民學風尚，除了受王室宗教政策的支持及當時社會背景、人文、民學風潮與擁戴的客觀力量等因素之外，其主要關鍵還在於歷代祖師，以其知之則微，照之而妙的慈悲智慧，通達物情，實踐菩薩大願，廣大化門行濟於世，既不執出世法，亦不耽著世間法。在第一章已提過《緇門崇行錄》是袾宏五十歲時（1585），有感於當時佛教內部的種種弊端和不良風氣，決心挽此頹風，振興佛教之故所輯著。內容臚列道行非凡之高僧行誼，略分清素、嚴正、尊師、孝親、忠君、慈物、高尚、遲重、艱苦、感應十門。本章以〈清素之行〉為主要研究內容，從其事跡中析探其行誼，咀嚼高僧修學至道的旨要所在，相信對於頻與世間交涉之學人有極大的啟發。

第一節　《緇門崇行錄》清素之行時代背景及「清素」釋義

　　明朝佛教特色，大體承襲宋朝佛教義學思想風格，舉凡文哲思想、詩歌文學、書畫、藝術、建築等，受到政、教相當程度的影響，因此發展為生活化的應用佛學。處此發展趨勢的僧人，是否易於迷惑流俗？以下將探討明末蓮池大師所以將清素之行歸為《緇門崇行錄》十門之首的時代背景，與「清素」的定義。

一、清素之行時代背景

　　為何明·蓮池大師《緇門崇行錄》首談清素？考察當時代的背景，可歸納為如下四項原因：

（一）縱放參飯劣習

　　明朝浙江紹興一帶參禪安居，每晚作飯吃，名叫「放三飯」，風氣相傳，吃起來一次比一次奢侈豐盛，甚至比午餐更多菜肴，這種壞風氣沿習已久。蓮池大師悲歎佛法的破敗末落，出家人不守禁午不食，夜晚還吃宵夜！戒律上說：「人間的碗鉢聲作響，餓鬼聽了不勝饑餓，咽喉自然起火」。何況夜深人靜，動了砧、機、盤、盂，音響傳入其耳根，又煎、煮、烹、炮，香味傳入其鼻識。忘了對眾生要慈悲的訓示，恣縱口腹的欲望，這樣于心能安嗎？[1]原文摘錄如下：

> 越地安禪，夜作齋。其名曰「放三飯」，竟為侈靡，胜于午齋，相沿成習久矣。昔有尊宿，聞鄰房僧午后作食不覺泣下，

---

[1]　明·蓮池大師作，吳錦煌白話，《緇門崇行錄淺述》，頁16-17。

悲佛法之凌夷也。故僧禁過午食。況夜食耶。律言人間碗缽作
聲，餓鬼咽中起火。乃于漏深人靜，而砧几盤盂，音響徹其耳
根，又煎煮烹炮，馨香發其鼻識，忘慈悲之訓，恣口腹之欲，
于心安乎？[2]

（二）非理募化盛行

蓮池大師雲棲寺僧團的規條，有一條：非理強去募捐化緣的
人要趕出山門。有一位僧人說：「不必禁這一條，禁了則減少了眾
生種福田的機會。因為雖然非理募化的人犯了過失，背了因果，但
眾生可獲得破慳貪，捨財物的利益和功德。以前佛在世時的出家
人，假藉佛陀的名義來謀生，佛何嘗為這些人設一條禁約呢？」蓮
池大師認為：非理募化，瞞著因，昧著果，佈施的人知道了，因而
退了道心，以後就不再佈施了，是無法使他破掉慳貪的。[3]原文
摘錄如下：

> 子言則誠善矣，然知其一，未知其二。非理募化者，瞞因
> 昧果，施者知之，而向退心，后遂不施。安在其能破慳
> 也！？[4]

（三）推崇講經法師

當時傳說講經說法的法師有潛移默化眾生心性的功德，而沒
有像施食師有和鬼神打交道的責任（容易招來麻煩和危險），因此
比較少有過失。蓮池大師認為：講經師如不慎，所招致的過尤更

---

[2] 明·蓮池大師，《緇門崇行錄》，CBETA, X87,no.1627_p353b20-21。
[3] 明·蓮池大師作，吳錦煌白話，《緇門崇行錄淺述》，頁21。
[4] 《緇門崇行錄》，CBETA, X87,no.1627_p353b21-22。

大。施食只一種法門，一法猶容易精通，經論繁多，要一一精通是很困難的。所以古人多專攻一門，如專崇法華經義的，或專長華嚴經之類的。現在的人則每種經、每種論都宣講，又沒明師指導即自大高傲，照自己臆測淺見而發表的，有喜標新立異而亂批評先賢的，有於經論稍微加以解釋，而沒半點申論發揮的，這些都不對的。【5】原文摘錄如下：

> 或謂講法師有化物之功，無交鬼神之責，其寡過矣乎？曰：「殆有甚焉。施食一法耳，一法猶易精，經論繁多，一一而欲精之亦難矣。故古人業有專攻，如攻法華，善華嚴之類是也。今則無經不說，無論不宣，其果超越于先哲乎？遂有師承無自而臆見自用者，有好為新說而妄議前賢者，有略加銷釋而全無發揮者，皆未免於過也。」【6】

（四）誤解出家利益

明朝社會大眾普遍認為「一子出家，九族生天」。誤解出家不必耕種，不去織布，就有飯吃，有衣服穿，不必買屋子，不必租房子，就有居住的地方，國王大臣擁護，信徒施主恭敬，上不受官吏使役，下不會干擾庶民，而且自然清閒飄逸的快樂，都是出家的利益。而不知「施主一粒米，大似須彌山，若還不了道，披毛帶角還。」【7】原文摘錄如下：

> 古德云：最勝兒，出家好。俗有恆言曰：「一子出家，九族生

【5】　明‧蓮池大師作，吳錦煌白話，《緇門崇行錄淺述》，頁21-22。
【6】　同上註，頁21。
【7】　同上註，頁23。

天。」此者讚歎出家，而未明言出家之所以為利益也。豈曰：「不耕不織，而有自然衣食」之為利益乎？豈曰：「不買宅，不賃房，而有自然安居」之為利益乎？豈曰：「王臣護法，信施恭敬，上不役於官，下不擾於民，而有自然清閒逸樂之為利益乎？」古有偈曰：「施主一粒米，大似須彌山，若還不了道，披毛帶角還。」[8]

由上述四項社會風氣，可看出袾宏所謂的「清素」是認為：出家人不但要遠離世俗，出家首先要清高而樸素。「錄其要者，以十門羅之。何者？離俗染之謂僧，故「清素」居其首。」[9]下列將接著說明清素的定義。

二、清素釋義

清素兩字拆開來解釋，清：清 qīng 水或其他液體、氣體純淨透明，沒有混雜的東西，與「濁」相對：清水、清泉、清流。素：素 sù 本色，白色：素服、素絲。顏色單純，不豔麗：素淨、素淡、素妝、素雅、素描、潔白的絹。

清素兩字連在一起，qīng sù，根據《在線漢語字典》對於清素的解釋為清正廉潔，出自《孔叢子‧記義》。有四：1.清正廉潔。2.猶清貧。3.猶言清高閒雅。4.清淡素淨。清為清廉；素為樸素。[10]分別闡釋如下：

1.清正廉潔。《孔叢子‧記義》：「自臣侍從夫子以來，竊見其言不離道，動不違仁，貴義尚德，清素好儉。」《南史‧徐孝克傳》：「孝克性清素，好施惠，故不免饑寒。」宋‧范仲淹《乞召

---

[8]　明‧蓮池大師作，吳錦煌白話，《緇門崇行錄淺述》，頁22。
[9]　同上註，頁2。
[10]　百度百科，http://xh.5156edu.com/html5/120675.html，2016.4.30。

杜衍等備明堂老更表》：「臣又覩工部侍郎致仕郎簡，執節清素，處心雅尚。」

2.猶清貧。南唐‧劉崇遠《金華子雜編》卷上：「家本清素，日用尤乏。」

3.猶言清高閒雅。宋‧范仲淹《上資政晏侍郎書》：「某今職在校讐，務甚清素。」

4.清淡素淨。姚雪垠《燕遼紀事》第二章：「過一會兒，如玉將晚飯端來，是用朝鮮上等大米煮的稀飯，另有兩樣清素小菜。」[11]

綜上所釋，清素之行，可謂清廉簡約，指品格高尚的行為。

第二節　清素之行內涵

《緇門崇行錄》〈清素之行〉中收錄了從劉宋到元朝計15則僧人清素的典範，其中劉宋時期1則、梁朝2則、唐朝就囊括了8則，佔53%之多，其餘後周、宋朝與元代各1則。可見唐朝佛教興盛、正法弘傳，所培養出來的僧眾普遍保有清素的良好品德，如下表4所示。

---

[11]　百度百科http：//baike.baidu.com/view/1478429.htm，2016.4.30。

表4：《緇門崇行錄》清素之行分類表

崇行	序號	典範懿行	姓名	朝代	清素之行分類				出處
					不媚功名	不戀金錢	不戀器世	無欲資生	
清素之行第一	1	不作齋會	僧旻	劉宋	v				p353b12-21
	2	受施隨散	慧開	梁		v			p353b22-c04
	3	蟲鳴塵積	道超	梁			v		p353c05-09
	4	左溪遁跡	玄朗	唐			v		p353c10-18
	5	遺錢不顧	富上	隋		v			p353c19-354a04
	6	不畜衣糧	通慧	唐		v			p354a05-09
	7	嚫施不憶	靜琳	唐		v			p354a10-13
	8	門不掩閉	智則	唐				v	p354a14-19
	9	人疑僕從	承遠	唐				v	p354a20-b03
	10	荷衣松食	大梅法常	唐	v				p354b04-08
	11	鹿鳥為侶	行因	後周			v		p354b09-16
	12	少欲知足	宏覺禪師	唐				v	p354b17-20
	13	誨眾清約	慈受懷深	宋	v				p354b21-c03
	14	衲衣一食	慧熙	唐				v	p354c04-09
	15	獨守死關	高峰原妙	元			v		p354c10-19
小結	15			7	3	4	4	4	

　　如上表4所示，這十五則僧人清素的典範約可分為四類：
（一）不媚功名：即不媚功德名利的清高之士，包括第1則不作齋
會、第10則荷衣松食、與第13則誨眾清約等三則；（二）不戀金
錢：即不貪取不蓄財的高僧，計有第2則受施隨散、第5則遺錢不
顧、第6則不畜衣糧、與第7則嚫施不憶等四則；（三）不戀器世：
即不戀器世間的淡雅，含蓋第3則蟲鳴塵積、第4則左溪遁跡、第11
則鹿鳥為侶、與第15則獨守死關四則；（四）無欲資生：即無欲於
生活物質條件，包含第8則門不掩閉、第9則人疑僕從、第12則少欲
知足、與第14則衲衣一食等四則。四類典範所佔比例為3：4：4：
4，極為均衡。逐一略述如下：

一、不媚功名的清高之士

　　歸於這一類高僧有第1則不作齋會、第10則荷衣松食、與第13
則誨眾清約等三個典範，分述如下。

（一）不作齋會：

　　是描述劉宋・僧旻法師【12】事蹟。僧旻（467-527）以弘講經義
聞名，與法雲、智藏被譽稱「梁三大法師」，被後世推為南北朝成
實宗論師之一。【13】論功，僧旻一生修繕寺宇、造設經像，並經常
放生布施，所作善行未嘗倦廢。基於營辦齋會之事，薪柴炭火、湯
水菜蔬的準備過程，必定會誤傷許多眾生，反造過失的考量，同時
對時下往往以大興齋會，求功論名，結好權貴等弊風頗不以為然，
故而行諸佛事之餘堅持不舉辦齋會。論名，僧旻二十六歲時，即於
興福寺講《成實論》，當時競相筵下求法者，諸山尊長、前輩法

【12】　《續高僧傳・義解》「釋僧旻」，CBETA, T50, no.2060_p461c23。
【13】　佛學規範資料庫http：//authority.ddbc.edu.tw/person/。

師大有人在，《續高僧傳》以「衣冠士子四衢輻湊，坐皆重膝，不謂為迂。」[14]來形容當時的盛況。或許在僧旻的心中，如《成實論》云：「如人發心『我當布施』而實不與，則無施福。又，非但隨願，事得成辦，如人發願為大施會而實不與，則無會福。」[15]承辦齋會普施一切眾生，實際上反傷害蜎、飛、軟、動以及無數微塵眾生，便無福反害了。摘錄原文如下：

> 大齋難得盡理，米菜鹽醋，樵水湯炭，踐踏洗炙，傷害微蟲，故不為也。晝夜經晝，預辦齋會，無復正念。[16]

又「若實有功德欲令人知是名發欲」[17]，「是貪，九結中通三界，繫名為『愛』。」此「欲」即「貪」[18]是煩惱相，能障正解脫。袾宏法師讚其亮節，又感慨今人稍有作為，必以「圓滿功德」為由大起齋會，邀功炫德。甚至閉關的僧人，關期只到一半，就在關房中計劃著出關後功德迴向的齋會，當時入關求開悟、求解脫的心已不復存在，事實上失去了初心了。像僧旻這樣道心淳淨，不汲汲營營於功德、名利的高僧，值得作為後世行者之楷模。

（二）荷衣松食：

另一位高僧唐朝貞元年間大梅法常禪師（709-788）。[19]法

---

[14] 　《續高僧傳·義解》「釋僧旻」，CBETA,T50, no.2060_p 462 a28-b5。

[15] 　《成實論》卷9〈119三業輕重品〉，CBETA,T32, no.1646_p307a11-14。

[16] 　明·蓮池大師，《緇門崇行錄》，CBETA, X87,no.1627_p353b12-21。

[17] 　《成實論》卷9〈122貪相品〉，CBETA,T32,no.1646_p309b26-27。

[18] 　同上註，CBETA,T32,no.1646_p309b11。

[19] 　《宋高僧傳·習禪篇》〈唐·明州大梅山法常傳〉，
　　　CBETA,T50,no.2061_p776a13。

常俗姓鄭，明州大梅山僧人，幼年出家，住於玉泉寺。天資聰穎，經書一覽即能背誦不忘。法常以習禪為志，嘗於馬祖道一處參學，得法後寄身於大梅山潛修。曾經有神人於夢中告訴法常石庫中藏有得長壽之術的寶書，企圖勸修仙道。然而法常以仙術顯異為足，況乃涅槃之「常樂我淨」遠超脫生死輪迴，哪裡是越「天壽」所能比擬的！故以：「石庫之書非吾所好……吾以涅槃為樂，厭壽何止與天偕老耶？」【20】婉拒了。法常住山四十年期間，以樹幹、草葉編結為茅棚簡居。當時曾有鹽官齊安國師（馬祖弟子）座下僧人，因在山上迷路而無意中來到法常的茅棚，與法常簡單對答之後知其為高人，僧人回去後便將此事向鹽官齊安國師稟報，鹽官憶起：「我在江西時曾見一僧，自後不知消息，莫是此僧否？」隨即寫召書將有所封賞。他隨即回覆一偈：「摧殘枯木倚寒林，幾度逢春不變心，樵客遇之猶不顧，郢人那得苦追尋？一池荷葉衣無盡，數樹松花食有餘；剛被世人知住處，又移茅舍入深居。」【21】表明荷葉為衣，尚且取之不盡；松花為食，猶食之不竭，故不勞另求賞賜，回絕了將來的利祿，又以移茅表隱居潛修之志。原文摘錄如下：

> 唐大梅常禪師，得馬大師即心即佛之旨，隱深山中，人無知者。鹽官以書招之，辭不赴，附以偈云：一池荷葉衣無盡，數樹松花食有餘，剛被世人知住處，又移茅舍入深居。【22】

法常雖有超人之實德，又逢達祿之際會，終以沉潛、清雅之德風自矜，誠屬濁流中之清蓮。時下或有深恐信徒遺忘而頻頻結好者，屢

【20】　明‧蓮池大師，《緇門崇行錄》，CBETA，T50,no.2061_p776a25-26。

【21】　《五燈會元》〈明州大梅山法常禪師〉，CBETA, X80, no.1565_p76b5。

【22】　《緇門崇行錄》，CBETA, X87,no.1627_p354b05-08。

訪居士家宅者盼得利養者，他處得利養向此處說者，當好自檢省。

（三）誨眾清約：

　　南宋・慈受懷深禪師（1077-1132），號普照，淨照崇信禪師法嗣。[23]是一位禪、淨雙修的高僧。一日上堂示眾云：「忘名利，甘淡薄，世間心輕微，道念自然濃厚。」[24]來警策弟子，處於佛教寺院經濟活動頻頻的時代，大家務必要忘卻名和利，以恬淡為樂。世間名利心減少了，向道的念頭自然會滋長、濃厚。慈受法師舉了「匾擔山和尚一生拾橡栗為食，永嘉大師不吃鋤頭下菜，惠休法師三十年著一衲鞋，遇軟地則赤腳。」[25]等高僧猶能以護生、清素、簡約的道行作為修行借鏡，勸誡解脫之道還未弄清楚，有漏染污未盡，惑障不斷的弟子們，於平日受用莫犯「未饑而食，未寒而衣，未垢而浴，未睡而眠。」[26]等貪欲、放逸之過失。因為當修行者對受用物的欲求少了，自然就不役於物，不委身於人，不靠虛漲的名利來增納財貨，如此才能好好的、老實修道。

　　作為修行環境寬裕的台灣，由於國民生活品質提升，消費能力也跟著提高，連帶的僧人受用資具可說不餘匱乏，甚且有機會得到信眾上好的的供養。在此薰陶之下，我們面對迎來的信施及恭敬，更應時時觀照自己受用時的心念，保持簡約、清雅、寡欲、淡

[23]　《嘉泰普燈錄》〈東京慧林慈受懷深禪師〉，CBETA, X79,no.1559_p342a3-4。

[24]　明・蓮池大師，《緇門崇行錄》，CBETA, X87,no.1627_p354b22-23。

[25]　原文作：「匾擔山和尚一生拾橡子麥喫；永嘉大師不喫钁頭下菜；高僧慧休三十年著一緉鞋，百補千緉，遇軟地行則赤腳。」出自《禪門諸祖師偈頌》〈慈受禪師小參警眾〉，CBETA, X66, no.1298_p739a14-16。

[26]　《緇門崇行錄》，CBETA, X87,no.1627_p354b23-c02。

薄名利的性格，以此供養內心的壇城。

二、不戀金錢的高僧

　　這一類的高僧中，蓮池大師舉出第2則受施隨散的梁‧慧開法師、【27】第5則遺錢不顧的隋朝富法師【28】、第6則不畜衣糧的通慧法師和第7則嚫施不憶的唐朝靜琳法師【29】。

（一）受施隨散：

　　南朝梁朝錫都彭城寺慧開法師（469-508），是吳郡海鹽人，跟隨鍾山開善寺智藏，揚都莊嚴寺僧旻兩位法師學經論，後來他自己講經講得很好，名聞當世。豫章太守謝譓恭迎慧開法師去講經，供養他很多錢。但他還沒回到家，已把供養的錢布施分散光了。晉安太守劉業供養他一萬錢，不到一天，全部又布施給貧窮的人去了。慧開法師的個性開朗隨和，不注重外表；衣服弄髒了，也不刻意地去洗它。【30】原文摘錄如下：

> 梁慧開，吳郡海鹽人。歷聽藏，旻二師經論，講演名世。豫章守謝譓迎請說經，厚加櫬遺。還未達都，分散已盡。晉安守劉業餉錢一萬，即贍寒餒，曾不終日。情性疏率，不事形儀；衣服塵滓，未嘗舉意浣濯。贊曰「講法而不受櫬遺，是之謂法施。噫！安得人人法如開公乎？」【31】

【27】　《續高僧傳‧義解》「釋慧開」，CBETA, T50, no. 2060_p473a5。

【28】　典故引自《新修科分六學僧傳‧忍辱學‧持戒科》「隋富上」，CBETA, X77, no. 1522_p236, a24。

【29】　《續高僧傳‧習禪》「釋靜琳」，CBETA,T50, no.2060_p590, a3。

【30】　明‧蓮池大師作，吳錦煌白話，《緇門崇行錄淺述》，台北市：佛陀教育基金會，1992，頁3。

【31】　明‧蓮池大師，《緇門崇行錄》，CBETA, X87,no.1627_p353b22-c04。

（二）遺錢不顧：

隋朝富上法師（673-754），掛單於益州淨德寺，繫掛一頂大斗笠在路旁，坐在斗笠下讀經，也不開口向往來的人化緣求布施，有布施財物給他的，他不道謝也不會像一般化緣僧口中念念有詞地，彷彿替施主消災祈福。因為道路偏僻，人蹤稀少，所以多年來都沒受到什麼布施。有人對大師說：「城西北往來人口稠密，布施也可多些，為何老守在此地而不去那裏？」大師回答說：「一錢兩錢，可以維持身命就好了，何必要多呢？多也沒用。」陵州刺史趙仲舒，是當時一位三代嚴刑的酷吏，不信佛法，也不敬三寶。聽到富上大師的事，故意要試他，騎馬經過那裏，假裝不小心掉下一貫錢（一千錢，古一貫一千）。富大師仍悠然的讀經，看也不看一眼。趙刺史去了很遠後，再令人去取錢，大師也不管，視若無睹。舒於是問大師：「您整天所得不過一錢，現在一貫錢掉在地上，您看到別人拿去，為何不阻止呢？」大師說：「那不是我的東西，我為何要冒認它是我的，而阻止人家拿去呢？」趙刺史乃下馬道歉禮拜，大大讚歎佩服地回去了。[32] 原文摘錄如下：

> 隋富上，依益州淨德寺止宿，繫大笠道傍，坐其下讀經。人往來，不喚令施；有施者，亦不咒願。以路靜故，多載無所獲。人謂曰：「城西北人稠施多，奚為在此？」答曰：「一錢兩錢，足支身命，復用多為？」陵州刺史趙仲舒者，三代酷吏也，甚無信敬，聞故往試；騎馬過之，佯墮貫錢。富讀經自若，目未曾睹。去遠，舒令人取錢，富亦不顧。舒乃問曰：「爾終日所得一錢，貫錢在地，見人持去，何不止之？」曰：

【32】 明·蓮池大師作，吳錦煌白話，《緇門崇行錄淺述》，頁6-7。

「非貧道物，何為妄認？」舒下馬禮謝，歎服而去。【33】

（三）不畜衣糧：

唐朝通慧法師（生卒年不詳，約1000前後），三十歲出家。獨入太白山修行而不帶糧食，餓了吃草和野果，渴了就喝水，睡覺靠在樹下，坐禪參研。這樣的日子，過了五年，有一天用木棒打土塊。土塊破了不成形體，豁然開大悟。晚年只穿一條裙子，蓋一件棉被，穿一雙麻鞋，用了二十年之久，衣服縫縫補補，冬天夏天都沒兩樣。【34】原文摘錄如下：

> 唐通慧，三十出家，入太白山不賚糧，取給草果，渴則飲水，息則依樹，坐起禪思。經於五年，因以木打塊，塊破形銷，廓然大悟。晚年一裙一被，所著麻鞋至廿載，布納重縫，冬夏不易焉。【35】

（四）嚫施不憶：

唐朝京師弘法寺靜琳法師（565-640），京兆華原人，道行高超，道風遠播，信徒供養一天天地多起來。信徒供養的財物，都一併拿給侍者，也不再問多少；後來有一天想要拿錢去作功德，才遺憾自己沒錢，侍者拿錢出來，琳法師說：「沒想到我還有這麼多錢！」平生衣服破了，都用紙來補。【36】如下原文所載：

【33】　明‧蓮池大師，《緇門崇行錄》，CBETA, X87,no.1627_p353c20-354a03。

【34】　明‧蓮池大師作，吳錦煌白話，《緇門崇行錄淺述》，頁7-8。

【35】　《緇門崇行錄》，CBETA, X87,no.1627_p353c20-354a06-09。

【36】　明‧蓮池大師作，吳錦煌白話，《緇門崇行錄淺述》，頁8。

　　唐靜琳，京兆華原人，道風既播，嚫錫日至，並委諸侍人，嚫
不重問；後欲作福，方恨無財。侍人出之，琳曰：「都不憶有
此也。」平生衣破，以紙補之。[37]

　　上舉四位不戀金錢的高僧典範中，梁・慧開「受萬餉……即瞻
寒餒」是淨財施，「講法不受嚫遺」是淨法施；靜琳「嚫錫日至，
並委諸侍人，口不重問。」是真豁達；通慧「不蓄衣糧」是真出
離；富上法師「道傍坐，其下讀經。人往來，不喚令施；有施者，
亦不呪願。」為真淡泊，不妄顧路遺貫錢為真放捨。這些高僧與衣
足飯飽猶趕赴齋供的僧人大異其趣，其用心，唯道也哉！但求一
榻、一食，衣以蔽體即足的簡單生活，雖清平素簡，卻安然自若，
直當道業為第一要務，真是值得當今學人效仿學習之楷模。

三、不戀器世的淡雅僧人

　　此類典範計有第3則蟲鳴塵積、第4則左溪遯跡、第11則鹿鳥
為侶、與第15則獨守死關等四則，分述如下：

（一）蟲鳴塵積：

　　南朝梁朝揚都靈基寺道超法師（475-506），跟隨靈基寺旻法
師（即上述旻法師）學道，後來自己獨居一個房間，謝絕朋友不會
客。整個房子都是灰塵，四壁都可聽到蟋蟀的叫聲。中書郎張率有
一天去拜訪，看了如此情形，說道：「蟲聲吵鬧，灰塵多積高過膝
蓋了，難道您對這種環境不介意嗎？」超法師回答說：「每天聽這
些蟲聲，當作簫管演奏的音樂；灰塵乃隨風吹進來的，一直沒空打

---

[37]　明・蓮池大師，《緇門崇行錄》，CBETA, X87,no.1627_p353c20-354a10-
13。

掃，以致對您這位貴賓失禮了，真慚愧！」張率聽了大大地讚歎佩服。【38】原文摘錄如下：

> 梁道超，從靈基寺旻法師學，獨處一房，屏絕賓侶，塵埃滿屋，蟋蟀鳴壁。
>
> 中書郎張率謂曰：「蟲聲聒耳，塵多埋膝，安能對此而無忮邪？」答曰：「時聞此聲，足代蕭管；塵隨風來，我未暇掃，致忮名賓，為愧多矣！」率大歎服。【39】

（二）左溪遁跡：

唐朝東陽清泰寺玄朗法師（673-754），是傅大士的第六代嗣孫。常行頭陀苦行，住在山澗旁，別號左溪尊者。自己一個人住一個小房子，認為屋子雖小，可視如法界無量般的寬大，正是華嚴一微塵裏無量剎的心境。四十餘年來，就穿一件七條僧衣，一輩子就一個坐臥具（又叫尼師但那），也沒改變。如不是為查經典，絕不隨便點蠟燭，如不是要禮佛拜佛，絕不隨便走動一步。大師要洗缽子，則山中群猿爭著捧去洗，大師誦經時，眾鳥都飛翔到上面來回不去。刺史王正容屢次請師入城說法供養，大師都不想去，推託有病不能去。【40】原文摘錄如下：

> 唐玄郎，傅大士六世孫也。常行頭陀，依嚴傍澗，號左溪尊者。宴居一室，自以為法界之寬。一郁多羅，四十餘年；一尼師壇，終身不易。非尋經典，不輕燃一燭；非觀聖容，不妄行

【38】　明‧蓮池大師作，吳錦煌白話，《緇門崇行錄淺述》，頁3-4。

【39】　明‧蓮池大師，《緇門崇行錄》，CBETA, X87,no.1627_p353c05-09。

【40】　明‧蓮池大師作，吳錦煌白話，《緇門崇行錄淺述》，頁4-5。

一步。洗缽則群猿爭捧，誦經則眾鳥交翔。刺史王正容屢請入
城；師不欲往，竟辭以疾。【41】

蓮池大師曾在書中讚道：左溪朗大師遺留的風範，正是今日
學者所應學的，有見地的人應仔細判別。今人業障深重，不但動中
無法見道，靜中也難以忘山，不先隱修充實，就要在喧擾中行菩薩
道，未免落個好為人師之嫌了。【42】

（三）鹿鳥為侶：

後周廬山佛手巖行因大師（865-957），隱居在廬山佛手巖。
每天夜深時，就有一隻麋鹿，一隻山雉來睡在他石屋的旁邊，和他
依偎，溫馴得如同好朋友一般，一點也不驚怕恐怖。因大師平生不
收徒弟，但附近寺廟的僧人自動供養他、服侍他。有一天大師對侍
者說：「把窗簾卷上，我要走了。」窗簾才剛卷起鉤上，大師下床
走了幾步，就站立著圓寂了。【43】原文摘錄如下：

> 後周行因，隱居廬山佛手巖。每夜闌，一鹿一雉棲遲石屋之
> 側，馴狎如伴侶，殊無疑怖。因平生不畜子弟，有鄰庵僧為之
> 給侍。一日謂曰：「卷上簾，吾欲去！」簾方就鉤，因下床行
> 數步，屹然立化。【44】

蓮池大師曾在書中讚道：「貪欲多的人，臨命終更加厲
害，（欲望更加熾盛）甚至爭奪遺產（陸機吊魏武帝文，引魏武
帝遺令：『餘香可分與諸夫人，諸舍中無所為學，學作履組賣

【41】　明·蓮池大師，《緇門崇行錄》，CBETA, X87,no.1627_p353c10-18。
【42】　同上註。
【43】　明·蓮池大師作，吳錦煌白話，《緇門崇行錄淺述》，頁11-12。
【44】　《緇門崇行錄》，CBETA, X87,no.1627_p354b09-16。

也。』）。在家世俗的人對世上的財物人事，眷念不已，捨不得，放不下。連出家人也有像這般的。如每個出家人，都能像行因大師一樣，一輩子清高凜然，圓寂像遊戲般地輕鬆愉悅，不是很好嗎？」【45】

（四）獨守死關：

元朝杭州天目高峰原妙禪師（1238-1296），在龍須修行九年，自己編綁木柴，做一個居住的小房子，無論冬天夏天，只穿一件多次補縫的衲衣（衲衣是多次補縫之衣，如故苑裏福慧尼師所穿之衣，即衲衣也）。之後到天目山的西巖石洞中，建造一棟如小船的小房子，立個標示叫：「死關」。小屋上面是滑溜的滴水石，下面是泥濘，風雨飄搖。大師謝絕供養及侍者，衣服和日用品等也一概不要，不洗澡，不剃頭髮，把大腹小口的罈子，切下半截做鍋子，幾天才吃一餐，自得其樂；他所住的山洞，沒雲梯無法登上去，他摒棄梯子，截斷外緣，即使是他的徒弟，也難得看到他。【46】原文摘錄如下：

> 元高峰妙禪師，在龍須九年，縛柴為龕，冬夏一衲，後造天目西巖石洞，營小室如船，榜曰：「死關」。上溜下淖，風雨飄搖。絕給侍，屏服用，不澡身，不剃髮，截甖為鐺，並日一食，晏如也；洞非梯莫登，去梯斷絕，雖弟子罕得瞻視。【47】

蓮池大師曾讚嘆元高峰原妙禪師與先前的慧熙大師，兩人大

【45】 明・蓮池大師作，吳錦煌白話，《緇門崇行錄淺述》，頁12。

【46】 同上註，頁15。

【47】 明・蓮池大師，《緇門崇行錄》，CBETA, X87,no.1627_p354c10-19。

德實在是超塵絕俗，隱居像懸在九霄雲外千萬仞高的崖壁裏。

　　出離心發得切，無論外境如何變化，皆不動情。「蟲鳴塵積」的道超法師[48]勤學自勵，常擁膝而手不釋卷，儘管滿室塵積，心不暇塵；聒耳之蟲鳴不忤其制心。「左溪遁跡」的玄朗法師[49]出自名門家族，卻常行頭陀，依山岩溪澗而居。平時深入簡出，雖刺史賞識，屢屢召見，但玄朗猶不為名利所動。「鹿鳥為侶」的行因法師[50]在廬山佛手巖隱居，不收弟子，不蓄長物，獨自於石屋之中禪觀。石屋外惟有一隻鹿和一隻鳥棲宿，並且一點都不畏懼行因法師，可見其器宇與大地萬物相和。當朝元宗聽說行因法師是一位能人，曾三次徵召入京，行因以道業故，堅不屈就。高峰原妙禪師[51]居西岩石洞時，以草及竹葉編一茅棚，任它風雨飄搖，遇雨則漏，名之「死關」。不整威儀，日進一食，卻安然自若。這幾位法師都因為出離心切，不戀世間一草、一木，連一身臭皮囊都無暇修飾，這種唯道是念的精神真的令人敬佩。

四、無欲資生的坦蕩高僧

　　此類典範計有第8則門不掩閉、第9則人疑僕從、第12則少欲知足、與第14則衲衣一食等四則。分述如下：

（一）門不掩閉：

---

[48]　《續高僧傳》「釋道超」，CBETA,T50, no.2060_p 472b4。

[49]　《宋高僧傳・興福篇》〈唐・東陽清泰寺玄朗傳〉，CBETA,T50, no. 2061_p875b27。

[50]　《宋高僧傳・習禪篇》〈周廬山佛手巖行因傳〉，CBETA,T50, no.2061_p788b18。

[51]　《五燈會元續略》〈杭州西天目高峰原妙禪師〉，CBETA,X80, no.1566_p503b1。

　　唐朝京師辯才寺智則法師（586-701），雍州長安人，性情磊落瀟灑，不修邊幅，常披一件破僧衲，裙子只遮到膝蓋上（即如今之迷你裙）。房內只有一張床，一個用瓦作的缽，一個用木作的匙，其他再也沒有東西了。住的一間房子，也不關門，大家都講他是個瘋狂的人，他聽了感概萬千地說道：「說人家瘋子的人卻不知道自己才是瘋子啊！出了家，離了俗，還為了衣食操心，行要穿衣飾遮，住要宅房屏障，門要鎖，箱子要蓋緊……這樣又浪費時間，又擾亂道業，還有收集積蓄種種之財物，整日忙碌而心惶惶，這種人若不算瘋狂，再沒有瘋狂的人了！」[52]原文摘錄如下：

> 唐智則，雍州長安人。性落魄不羈，恒被破衲，裙垂膝上。房僅單床，瓦缽木匙外無餘物。居一室，門不掩閉，眾號為狂，則歎曰：「道他狂者不知自狂耳！出家離俗而為衣食故，行住遮障，鎖門緘笥，費時亂業，種種聚斂，役役不安，此而非狂，更無狂者！」[53]

（二）人疑僕從：

　　唐朝衡山彌陀寺承遠法師（712-802），起先學道於成都，後來住在衡山西南的山巖中，有人布施東西給他吃，他就吃，沒人布施食物，他就吃草木。有人仰慕他的德行而來拜謁他，和他在懸崖山谷處碰面，大師身形消瘦，蓬首垢面，自己擔負著薪柴，來訪的人以為他是侍者而不在意，不知道他就是遠大師本人啊！唐代宗聽到了他的德名，頒賜他所住的地方叫「般舟道場」，世稱大師是蓮

【52】　明‧蓮池大師作，吳錦煌白話，《緇門崇行錄淺述》，頁9。

【53】　明‧蓮池大師，《緇門崇行錄》，CBETA, X87,no.1627_p354a14-19。

宗（淨土宗）三祖。【54】原文摘錄如下：

> 唐承遠，始學於成都，後住衡山西南巖。人遺之食，則食；不
> 遺，則茹草木而已。有慕而造者，值於崖谷，羸形垢面，躬負
> 薪樵，以為僕從而忽之，不知其為遠也。代宗聞其名，賜所居
> 號「般舟道場」，世稱蓮社三祖云。【55】

蓮池大師曾讚嘆道：「堯住茅草屋，禹穿破舊裳，何況出家
人，本來就應以一缽一衲來支援身命的，還能講究什麼豪宅華服
呢？」【56】以警惕時下極盡講求奢華，注重排場，喜歡炫富之人。

（三）少欲知足：

宋朝洪州雲居宏覺道膺禪師（835-902）訓誡徒眾說：「你們
既然出了家，就好像囚犯從牢獄釋放出來一樣，從此走向了生脫死
的大道，免除萬劫的沈淪，這是你們的造化，因此，要減低欲望，
常知足，不要貪求世俗的虛榮；要能忍耐饑渴，立志學道，修習真
如寂照的無為法（金剛經云：一切聖人皆以無為法而有差別），能
聞持佛法，受到佛法的薰陶，實在難能可貴的，就算九死一生，赴
湯蹈火也不可片刻拋棄佛法。」【57】原文摘錄如下：

> 宋宏覺禪師戒徒眾云：「汝既出家，如囚免獄，少欲知足，莫
> 貪世榮；忍饑忍渴，志存無為，得在佛法中，十生九死亦莫拋

【54】　明・蓮池大師作，吳錦煌白話，《緇門崇行錄淺述》，頁10。

【55】　明・蓮池大師，《緇門崇行錄》，CBETA, X87,no.1627_p354a20-b03。

【56】　參閱明・蓮池大師作，吳錦煌白話，《緇門崇行錄淺述》， 1992，頁
　　　10。

【57】　同上註，頁12-13。

棄。」【58】

（四）衲衣一食：

　　唐朝益州空慧寺慧熙法師（569-684），自己一人獨居，沒有侍者，日中一食，也不接受人家的布施。房內地上除了平常走出走進的一條路跡外，其他地方都長滿了霉苔。他的坐榻，除了中央，人常坐的關係，較沒灰塵，兩頭則塵埃堆積，好像很久很久沒人坐的樣子。他的衣服破舊不堪，僅可遮風禦寒；冬天穿這破舊的僧服，夏天到了就把它懸掛在屋梁上。慕名而去拜謁的人，就在這房子內向他請教，大師慈藹對待，諄諄善誘，有時來往的人多，要等幾天才能見到大師面談。【59】原文摘錄如下：

> 唐慧熙，居惟一身，不畜侍人。日惟一食，不受人施。房地惟一蹤，餘並莓苔。所坐之榻，惟於中心，兩頭塵合，如久曠者。衣服蔽惡，僅免風寒；冬服破衲，夏則懸置梁上。有聞其名者，就房參謁，迎逆接候，累日方得見焉。【60】

　　綜上四則無欲資生的坦蕩高僧典範，智則法師個性直率而不拘禮，常披破舊袈裟，連下裙也破損到膝蓋上了。居室中僅有一床、一缽、一木匙，此外別無一物。因認為「出家離俗，而為衣食故，行、住遮障，鎖門緘笥，費時亂業。種種聚斂，役役不安。」故而「門不掩閉」，以免勞心不安。「少欲知足」的弘覺禪師則以「汝既出家，如囚免獄，少欲知足，莫貪世榮，忍饑、忍渴，志存無

【58】　明‧蓮池大師，《緇門崇行錄》，CBETA, X87,no.1627_p354b17-20。

【59】　明‧蓮池大師作，吳錦煌白話，《緇門崇行錄淺述》，頁14。

【60】　《緇門崇行錄》，CBETA, X87,no.1627_p354c04-09。

為，得在佛法中，十生九死亦莫拋棄。」誠勉弟子既然出家，不要貪求富貴、享樂，唯有忍耐飢、渴，少欲知足，才能在道業中有所增長。「衲衣一食」的慧熙法師也有同樣的風格，致力格除外緣，一心參禪修行，居處中，除了座榻之處，其餘都佈滿了灰塵，甚至發霉、長苔。可見他們專心修行的決心與實踐之毅力是非常強烈的。

第三節　清素之行現代實踐典範 ——弘一法師、印光大師與 廣欽老和尚

閱讀上述高僧清素之行儀，不禁連想到《佛垂般涅槃略說教誡經》所云：「持淨戒者，……節身時食，清淨自活。不得參預世事，通致使命，呪術仙藥，結好貴人，親厚、媒嫚，皆不應作。當自端心正念求度，不得苞藏瑕疵、顯異惑眾。」【61】本節將舉當代符合清素之行的弘一、印光與廣清三位高僧為例，以做為當代清素之行的典範，分述如下：

一、弘一法師

弘一俗名李叔同，清光緒六年（1880）生於天津官宦富商之家，圓寂於1942年，是民國初年中興南山律學之名僧。弘一法師的佛學思想體系是以華嚴為主的，一生專研、奉持四分律，同時又以念佛法門導歸淨土。出家前曾參與中國新文化運動，是一位藝術家、教育家，同時將中國文化、西方藝術與佛教文化相結合的思想

【61】　《佛垂般涅槃略說教誡經》卷1，CBETA, T12, no.389_p1110c20 -22。

家，也是一位風流倜儻、享譽國際的傑出人才。

　　弘一法師中年時期接觸佛教之後，深為著迷。1918年毅然割愛出家，除了護教弘法之外，斷絕一切外緣，專研佛法。直至前妻於天津故居病故，都沒有回家訪視。又，講《阿彌陀經》多次，至普陀山參禮印光法師之後大有啟發，發願棄捨有部律，專學南山，致力於《四分律》之研究，並以弘戒為己志。晚年在永春蓬山閉關，謝絕一切往來，專事著述。後應靈瑞山之請講經，提出三約：一、不迎；二、不送；三、不請齋。六十三歲時漸示微疾，喚妙蓮法師抵臥室寫遺囑，又書「悲欣交集」四字交妙蓮法師後安詳西逝，圓寂於泉州不二祠溫陵養老院晚晴室。

　　法師一生嚴守律宗戒律，律己甚嚴。一生以不作住持，真實辦道為第一要務；若講經律，不開大座，不講究儀式；不受名聞利養、謝絕應酬。如同尚文智則法師一樣，所用四資具、褥蓆、毛巾木盆等蔽舊、剝落，亦不准旁人換新；又有如同僧旻法師一樣的細行，若人供齋，不食香菇（因護念微生菌類）；不食豆腐（因不願浪費加工時丟棄之豆渣）。法師生前每次在坐籐椅之前總是先搖一下，以免藏身其中的小蟲被壓死。其臨終時曾要求弟子在龕腳墊上四碗水，以免螞蟻爬上屍身而被燒死，其善心可見一斑，與慈受、區擔山和尚曉了、永嘉同樣有慈悲護生的修為。弘一法師悲天憫人與清素淡雅之道風與本文介紹之高僧清素之行相互輝映，都是值得後輩學習的楷模。【62】

二、印光大師

　　印光大師（1862-1940），中國當代淨土宗高僧，蓮宗第十三

【62】　參閱〈弘一法師是誰？〉百度百科zhidao.baidu.com 105.08.08。

祖。陝西郃陽人，俗姓趙。名聖量，字印光。別號常慚愧僧。少治
儒學，喜讀程、朱之書。曾排佛，遭目失明，繼而猛省，轉研佛
典，以至誠所感，目疾獲癒。年二十一，至終南山南五臺，歸依蓮
華洞道純長老出家。光緒八年（1882），掛搭湖北竹溪蓮華寺。未
久，受具足戒於陝西興安雙溪寺。二十六歲，赴淨土道場紅螺山資
福寺念佛，自號「繼廬山行者」以明其志。其後，往浙江居普陀山
法雨寺二十餘年，朝夕唯閱藏念佛，不求聞達。曾兩度閉關，空諸
色相。民國元年（1912），以文稿刊於佛學叢報，署名「常慚愧
僧」，名震遐邇。民國七年，為募印「安士全書」而常至上海，遂
駐錫太平寺，各方投函請益者甚眾，師皆慈悲攝受。

　　師畢生弘揚淨土，其行事堅守「不當住持，不收徒眾，不登
大座」之三大原則；且淡泊名利，刻苦儉樸，恆示人以老實修持之
道。這些操守懿行符合《緇門崇行錄》清素之行的不媚功名、不戀
金錢、不戀器世、無欲資生等四項特質。年七十，閉關於吳縣報恩
寺，初不欲見客，後始對大眾開示。曾修輯普陀、清涼、峨眉、九
華等四大名山之志書。又於吳縣復建靈巖山寺，由真達和尚主其
事，為我國淨土宗第一道場。民國二十九年，示寂於靈巖山寺，世
壽七十九。荼毘後，得五色舍利花及舍利珠無數。師一生操守弘
毅，學行俱優，感化甚廣，被譽為民國以來淨土第一尊宿。坊間有
印光大師文鈔及印光大師全集行世。【63】

三、廣欽老和尚

　　廣欽法師（又名廣欽老和尚）（1892-1986）一生的傳奇故

【63】　大乘定香精舍，《蓮宗十三祖傳略》，www.buddha-hi.net/re/thread-
　　　75431-1-1.html。

事，在台灣的佛教界流傳甚廣，他目不識丁，卻往往能出發人深省的獅子吼；他一生苦行，來台後僅以水果裹腹，伏虎驅鬼傳聞甚殷，若以靈異、神通來看待老和尚，是無法給予他清晰的塑像。在此試著從各方流傳的資料中，抽絲剝繭，希冀還給老和尚一個本來面貌。

（一）受戒歸來，山中苦修：

廣欽具戒歸來，算是「真正的出家人」，不必再做雜役之事，乃秉轉塵上人決定上山苦修。據推測廣欽之所以選擇隱居林間，可能與他當年在南洋伐木，時常往來山間有關，間或是受寺院禪師影響，而且這個習慣即使來台後亦無改變。

廣欽藏身山中苦修，此山乃泉州府後之清源山，事實上離承天禪寺並不遠，而且此山多岩洞，至少在廣欽藏身之碧霄岩附近即有彌陀岩、瑞藏岩及一雜神廟，並且有人或居住或修行。就以瑞藏岩而言，乃是其師父宏仁老人念佛之所，老人升西，岩洞才空。可見山中亦有承天禪寺之其他僧侶同修。

民國二十二年（1933）廣欽上清源山時，攜帶簡單衣物及五百錢米（約十多斤）。一般山上苦修似以帶乾糧為宜，帶白米乃需要柴火炊食，殊為不便，廣欽難道在洞中自炊？情況似乎不是這樣，我們在其弟子林覺非所記《我與廣欽老和尚的因緣》找到了線索。民國三十五年五、六月間廣欽攜林覺非訪視其苦行之岩洞時，順便在北門某鋪買麵與青菜為林居士準備午餐。

師徒二人看過碧霄岩，再登不遠之瑞藏岩後「再往上登一小廟（係雜神廟）住有廟祝一人，師（廣欽）即取出麵菜，請其代余（林覺非）作餐。師則自袋中取出水果為餐。」從廣欽和廟祝熟

識，而且此廟離其修行之岩洞不遠看來，廣欽當年所帶白米，說不定是交給廟祝代炊。在遊碧霄岩後師徒二人下山「再下有齋堂兩所，相距不遠，堂中齋姑皆以布巾包頭，在園地耕作，堂內僅一、二老齋姑留守作炊。該齋堂係承天禪寺之派下，老齋姑與師（廣欽）熟，乃入內喝茶……。」顯然清源山上亦有承天寺之分支道場，基本上廣欽在山上岩洞的飲食並無問題。故廣欽以水果、樹薯裹腹只是一時並非常態，多半時候的飲食可能由熟識的廟祝或分支人員提供飲食照料。

（二）水果充飢，神異不斷：

　　廣欽來台灣後，從三十六年到六十五年這三十年的期間，主要都是以水果為主食，六十五年以後因為牙齒掉光，便改吃流質的東西。廣欽被稱為「果子師」，其實並沒有什麼神奇之事，乃是因為在山中苦修沒有東西吃，且在山中迷路，不得不找野果充飢。

　　從五十三年底以後到七十五年春廣欽圓寂這近二十年中，由於修苦行的神奇事蹟，加上以水果裹腹等諸如此類不可思議的事情，遂使其盛名在台灣各地傳遍，信眾四處湧至，土城承天禪寺的朝山活動幾乎日以繼夜的人潮不斷，尤其到了廣欽晚年，那種熱絡的情況，在全台各地寺院無有出其右者。這使得承天禪寺為了吸納更多的人潮，不斷地擴建，連帶的使五十八年於土城鄉公所的後方所創建的廣承岩，亦多所霑益。[64]

　　檢視上述廣清老和尚的行誼，遠離世俗、岩洞苦修、以果為食、亦符合《緇門崇行錄》清素之行的不媚功名、不戀金錢、不戀器世、無欲資生等四項特質。

【64】　參閱闞正宗，《台灣高僧》，菩提長青出版社，1996，頁21-46。

第四節　結語

　　雲棲袾宏深感明末末法時期，緇門中有許多弊端，故收集古德十種善行，撰寫《緇門崇行錄》，其中第一項清素之行，即是梵語比丘的原意。國語翻作乞士，獨自清淨修行才叫乞士，若多所需求、多所畜養，參與多事，即違反了比丘這兩個字的本意。清素之行所舉的15則典範，自劉宋旻法師，下至諸公大德，其間至今有一千五百多年的歷史，但他們的風範，流傳至今仍未消失。【65】這些典範以唐朝佔六成居多，可見唐朝佛教鼎盛，僧侶素質亦自然提昇。

　　當此科技高度開發，充滿物質誘惑的e世代，清素之行的特質更具時代意義。此外，這15則典範都是不但遠離世俗，而且清高又樸素的出家人，可分為不媚功名、不戀金錢、不戀器世、無欲資生等四類，亦通用於時下的修行楷模，如本章所舉弘一、印光與廣清三位當代清素之行的典範，但又不如古代大德的極端，深受時下佛教徒的敬仰。可見清素之行的樣貌會隨著時代進步而改變，但其清素的特質是不變的，尤其在自然環境深受破壞、世風日下的時代，清素簡樸之行更是值得提倡。

【65】　明·蓮池大師作，吳錦煌白話，《緇門崇行錄淺述》，頁24。

第伍章　嚴正之行內涵與其現代實踐典範

　　雲棲袾宏（1535-1615）即蓮池大師，與紫柏真可、憨山德清、藕益智旭並稱為明代四大師。他的行事風格真實而不虛浮，《雲棲本師行略》中這樣形容他：「師尚真實而黜虛浮，敦儉朴而薄華靡，崇戒德而勵精修，實踐躬行，則八十年來儼然一日。」[1]，就連明末清初的佛教比丘尼祇園禪師也讚嘆他：「蓮大師遺風不墜，戒律精嚴」[2]。

　　因此，當他看到明代當時佛教的敗壞現象時，就有感而發的編輯了這本《緇門崇行錄》，藉此以作為對佛教僧俗二眾的警惕。在大師的《雲棲法彙》也有收錄溈山禪師的法語：「導師有敕，戒

---

[1]　《雲棲本師行略》，CBETA, J33, no.B277_p200 a1-3。
[2]　《伏獅祇園禪師語錄》卷2，CBETA, J28, no.B210_p438c3-4。

勗比丘,進道嚴身,三常不足。」[3]大意是說:「本師釋迦牟尼佛教敕比丘,勉勵比丘要守戒律,要比丘以修道來莊嚴此身,經常要注意身語意的缺失。」

蓮池大師認為:「佛先制律,啟創發蒙,軌則威儀,淨如冰雪,止持作犯,束斂初心。」[4]因此,對於嚴正之行,蓮池大師說:「離俗染之謂僧,故清素居其首。」[5]但是,如果「清而不嚴」,就會落入了「狂士之清」,因此,學佛之人必須要收攝「身、口、意」三業,才能成就。對此,憨山德清讚嘆他說:「惟師之才足以經世;悟,足以傳心;教,足以契機;戒,足以護法;操,足以勵世;規,足以救獎。」[6]可見其崇高的德形。因此,《緇門崇行錄》第二個部分就是有關於「嚴正」,就是在強調「實踐」的重要性。

本章還要探討在當今《緇門崇行錄》,經過了物轉時移,其嚴正之行有那些時代意義?當代可有何可資效法的典範?

第一節　《緇門崇行錄》嚴正之行緣起及「嚴正」釋義

本節將分為兩部分來探討,首先探討蓮池大師推崇嚴正之行

---

[3] 《溈山大圓禪師警策》,《雲棲法彙(選錄)(第1卷-第11卷)》卷2,CBETA,J32,no.B277_p 580b25-26。

[4] 《雲棲法彙(選錄)(第1卷-第11卷)》卷2,CBETA, J32, no.B277_p580b28-29。

[5] 明‧蓮池大師,《緇門崇行錄》,CBETA, X87n1627_p353b11。

[6] 《憨山老人夢遊集》卷27,CBETA, X73, no.1456_p657a11-12。

的時代背景，第二部分闡釋嚴正的定義，分述如下：

一、嚴正之行的時代背景

　　蓮池大師將嚴正之行納入《緇門崇行錄》十門行儀之一，主要有兩個原因，首先是其師的教誨與耳提面命，其次為晚明叢林腐敗現象激發其改革動力。分述如下：

（一）其師的諄諄教誨

　　蓮池大師曾經說過：「我出家後到處參訪，時遍融師門庭大振，予至京師叩之，膝行再請。【7】」那個時候，他的師父告訴他：「你可守本分，不要去貪名逐利，不要去攀緣。」【8】因此蓮池在出家後，依教奉行、精進實修，《雲棲本師行略》描述說：「六載崎嶇坎壈行頭陀行，辛苦萬狀，履險如夷。」【9】

　　蓮池大師規定：「眾，半月半月誦《梵網戒經》及《比丘諸戒品》。」【10】，並且要常常「布薩羯磨，舉功過，行賞罰，以進退人。」【11】以上看得出，蓮池大師的六年苦行實在不簡單。《雲棲本師行略》更因此而讚嘆他：「人稱雲棲布薩之嚴，傑出諸方。」【12】

　　蓮池大師曾說：「予曰：『先民有言，德行本也。又云士之致

【7】　《雲棲法彙（選錄）（第12卷-第25卷）》卷21，CBETA,J33, no.B277_p151c9-10。

【8】　同上註，CBETA, J33, no. B277_p151c10-12。

【9】　同上註，卷25，CBETA, J33, no. B277_p199a30-b1。

【10】　同上註，CBETA, J33, no. B277_p194c24-25。

【11】　同上註，CBETA, J33, no. B277_p195a24-25。

【12】　同上註，CBETA, J33, no. B277_p199b29-30。

遠者，先器識，況無上菩提之妙道，而可以受非其器乎哉？」」【13】根據吳錦煌居士的白話淺述，大意是：「古人嘗說，德行是為人處世的根本。又說，立大志做大事的人，要先衡量自己的器質和識見，何況佛門至高無上的正等正覺的妙法，豈是隨便什麼人就可以修成的嗎？」【14】

（二）外在的社會背景

明太祖（1368-1398）朱元璋，早年出身於皇覺寺，身在皇覺寺多年後，參加紅巾軍。不久便成為郭子興身旁一名親兵。明太祖朱元璋即是藉著白蓮教起義而推翻元朝。明朝立國之後，卻對祕密宗教及結社，有許多的禁止規令，防止民眾聚集滋事。但正因如此，佛教也常受其牽連，在傳揚佛法上受到阻礙。

在洪武十五年（1382），為了管理天下僧道，朱元璋在禮部之下設僧錄司，管理天下僧寺，在朝廷設僧錄司官，統領全國佛教，又將佛寺分「禪、講、教」三類，取代元朝本有的「禪、講、律」三種寺院。

明初，朝廷對於僧人活動限制還不多，但是，後來甚至有所謂的「趨避條例」（洪武廿七年（1394））等，強調：僧俗不可混淆，不可在城鎮居住，不可奔走市村化緣。朝廷也有規定「給度制度」予想出家者。明初度牒本來是免費頒發，但至明憲宗時期，為了救濟飢荒，實施了販賣度牒的政策。前後發了數萬張的度牒，僧人數量急遽大增，佛寺也大量擴建，增加僧廟管理上的困難。

【13】　《緇門崇行錄》，CBETA, X87, no.1627_p352a7-9。

【14】　明‧蓮花池大師著；吳錦煌述，《緇門崇行錄淺述》，臺北：佛陀教育基金會，1992，頁1-2。

　　功過格【15】是明朝佛教的特色之一。以功過格來數算自己的善惡，其思想可追溯到魏晉葛洪的《抱朴子》。袁了凡是深信功過格，而力行實踐的人。他親身體驗的結果，說明人只要能夠致力行善、改過，便有改變自己的命運，追求幸福的可能。佛教也採納功過格的記數方式。【16】最具代表性的佛教功過格的記數方式，就是蓮池大師的《自知錄》。【17】可見其督促僧人精進修行的用心。

　　蓮池大師認為當時的出家人，稍具聰明才智的，就專攻註解考據之學，和儒家書生一樣地致力研究典籍。聰明才智再高一點的，則零碎地拾撿古來祖師大德應機說教的機鋒語，來唱和自己，捕捉到的只是祖師的皮毛殘渣，據為己有的，乃是捕風捉影來的不實在的東西，反而受到明眼人的譏笑。這些人講起話來，句句仿佛比佛祖還要高明；但考察他的行為，比平凡庸碌的人還不如。【18】末法時期這些敗壞現象，讓蓮池大師感嘆道：「今沙門稍才敏則攻訓詁，業鉛槧如儒生，又上之則殘摭古德之機緣而逐聲響，捕影跡，

【15】　功過格是中國古代的通俗宗教簿冊，用作記錄個人每日行爲的功與過。功過格書中分列各項功格（善行）和過格（惡行），逐項以正負數字標示，功過相抵，每月每年檢視其分數。若多做錯事，過多於功，下年便要補過。功過格是善書的一種，內容上融合了道教積善、儒教倫理思想，以及佛教的因果報應。現存最早的功過格，爲宋代道教淨明道所造。到明代，經袁黃（1533-1606）、袾宏（1535-1615）等人的倡導，版本眾多，流行更廣，到近代華人社會仍有流傳。https：//zh.wikipedia.org/zh-hant/%E5%8A%9F%E9%81%8E%E6%A0%BC。

【16】　Cynthia J. Brokaw著，張林譯：《功過格——明清社會的道德秩序》，杭州：浙江人民出版社，1999。

【17】　《自知錄》是雲棲袾宏藉由道教功過格的計量形式而撰寫的勸善書。

【18】　明・蓮花池大師著；吳錦煌述，《緇門崇行錄淺述》，頁2。http：//www.dizang.org/qt/zt/ 地藏孝親網。

為明眼者笑。聽其言也，超佛祖之先；稽其行也，落凡庸之後。蓋末法之弊極矣！」【19】因此，他在《緇門崇行錄》裡面，主要是收集了古德的善行，作為學佛的人一個榜樣，不要忘了佛法的核心思想，其中之一即為嚴正。

二、「嚴正」釋義

所謂「嚴正」就是嚴肅正直【20】或嚴肅正當【21】，依照原文，《緇門崇行錄》中的第二門「嚴正之行」的主旨為：

> 所謂「嚴正之行」，或謂六和名僧，又僧行忍辱，宜無取於嚴。不知吾所謂　嚴，非嚴屬之嚴，蓋嚴正之嚴也。以嚴正攝心，則心地端；以嚴正持法，則法門立。若夫現奇特以要譽，逞兇暴以示威，與今之嚴正實霄壤焉，衲子不可不辨！【22】

蓮池大師談到嚴正之行的重要，說：「以嚴正攝心，則心地端；以嚴正持法，則法門立。」【23】由此可見，這個所謂嚴正之行旨在檢肅規範自己的身口意，與守戒律有關。眾所周知，蓮池大師撰寫很多有關戒律的著作，包括：《具戒便蒙》、《沙彌律儀要略》、《沙彌尼比丘尼戒錄要》、《僧訓日紀》、《梵網菩薩戒經

【19】　《緇門崇行錄》，CBETA,X87,no.1627_p356b2-3。
【20】　北齊顏之推《顏氏家訓・教子》：「王大司馬母魏夫人，性甚嚴正。」《新唐書・杜景佺傳》：「杜景佺，冀州武邑人。性嚴正。」清王士禎《池北偶談・談獻三・丘文莊》：「丘文莊公濬，著《世史正綱》，持論嚴正。」
【21】　葉聖陶《倪煥之》十二：「『那末是誰家的，我們倒要聽聽。』金樹伯嚴正地問。」如：嚴正聲明；嚴正的立場。
【22】　《緇門崇行錄》，CBETA,X87,no.1627_p356b1-2。
【23】　同上註。

義疏發隱事義》【24】等等。嚴正之行的13則故事，【25】都與佛陀所製的戒律有關。他強調這個種種的嚴正之行，都一定要是很自然的，不可以造作或有所求，他說：「若夫現奇特以要譽，兇暴以示威，與今之嚴正實霄壤焉。」【26】

　　《緇門崇行錄》中的第二門「嚴正之行」嚴正的意義，主要是以嚴持戒律為本。因為戒如大地，一切萬物有形之類，皆依地住，戒亦如是，一切善法皆依戒住。持守戒律可以對治我們放不下的私欲。佛教僧俗二眾，要從輪迴中獲得解脫，必須要有一個戒律的所依。【27】因此持守基本五戒，就具有了生脫死、超凡入聖、成佛種智之殊勝功德。所以蓮池大師在《緇門崇行錄》中，將嚴正之行列為第二項崇行。

第二節　嚴正之行內涵

　　《緇門崇行錄》嚴正之行的13則典故，縱跨隋至宋朝，其中唐朝典範有9則，幾佔七成高比例，可見中國佛教的發展到唐朝達到顛峰，也造就不少嚴正可資典範的僧眾。這13則嚴正行典範可以將之分為四類，即自修行儀、內斂戒行、形象典範與顯正佛學。前兩類重在律己；後兩類則偏在律人。第一類自修行儀包括第1則禁拒女尼、第12則終夜拱手、與第13則不談世事等三則；第二類內

【24】　《緇門崇行錄》，CBETA,X38,no.680_p222a3。
【25】　《雲棲法彙（選錄）（第1卷-第11卷)》卷4：「宜先學律。後學修多羅。不得違越。」CBETA, J32, no. B277_p.591 c2。
【26】　《緇門崇行錄》，CBETA,X87,no.1627_p356b2-3。
【27】　〈持守戒律，其利益何在？〉http://www.fodizi.net/qt/qita/17862.html。

斂戒行則有第5則不面女人、第7則擯黜豪尼、與第11則防心離過等三則；第三類形象典範包括第3則嚴訓侍者、第9則闔門拒子、與第10則抗章不屈；第四類顯正佛學包括第2則幼絕戲掉、第4則破壞酒器、第6則力衛殿堂、與第8則不受仙書等四則。為易於瀏覽，特製表5以利說明：

表5：《緇門崇行錄》嚴正之行分類表

序號	典範懿行	姓名	朝代	嚴正之行分類				出處
				自修行儀	內斂戒行	形象典範	顯正佛學	
1	禁拒女尼	靈裕	隋	v				p355a01-06
2	幼絕戲掉	玄奘法師	唐				v	p355a07-13
3	嚴訓侍者	智正	唐			v		p355a15-23
4	破壞酒器	玄鑒	唐				v	p355a24-b08
5	不面女人	道林	唐		v			p355b09-18
6	擯黜豪尼	惠主	唐				v	p355b19-c02
7	嚫施不憶	慧滿	唐		v			p355c04-08
8	不受仙書	法常	唐				v	p355c09-14
9	闔門拒子	從諫	唐			v		p355c15-19
10	抗章不屈	智實	唐			v		p355c20-bo2

序號	典範懿行	姓名	朝代	嚴正之行分類				出處
				自修行儀	內斂戒行	形象典範	顯正佛學	
11	防心離過	法雲善本	趙宋		v			p356a03-11
12	終夜拱手	圓通居訥	趙宋	v				p356a12-14
13	不談世事	光孝安禪師	趙宋	v				p356a15-22
小結	13		2	3	3	3	4	

一、自修行儀

《緇門崇行錄》嚴正之行的第一類屬性自修行儀，包括第1則禁拒女尼、第12則終夜拱手，與第13則不談世事等三則，分別說明如下：

（一）禁拒女尼：

隋朝的靈祐法師（518-605），統理僧團有一套方式，凡是語言淺薄、懈怠不修的，必定當面呵斥一番；對女眾不肯授戒，不允入寺，聽經也只能敬陪末座。他終生百納一件，綴補縫縫，長度沒超過手肘。看到僧眾有衣衫奢侈，一定拿剪刀當眾割了。這些行為都是為了樹立一個僧團的綱紀節風。[28]原文摘錄如下：

> 隋靈裕，定州人。安眾兩堂，簡已未具，言行濫者斥之。女尼，誓不授戒；弘法時，方聽入寺，仍後進先出，己房不令登

【28】 明‧蓮花池大師著；吳錦煌述，《緇門崇行錄淺述》，頁25。

踐。沙彌受具，必請師證，至時乃臨壇耳。終身布衲，裙垂踝
上，四指衫袖，僅與肘齊，見衣服過度者，當眾割之。【29】

（二）終夜拱手：

宋朝的圓通寺訥禪師（1010-1071），經常入定。起先，叉手
自如的坐著（一般的坐法）。後來，兩手漸漸上升。入定越久，手
越升高。到半夜時，兩手浮升到胸前了。周圍的人看訥禪師的兩手
升高位置來推測時間。手上升到胸前時，天就快亮了，可以等雞啼
了。【30】原文摘錄如下：

> 宋圓通訥禪師，常入定。初，叉手自如；中夜，漸升至膺，侍
> 者每視以候雞鳴云。【31】

（三）不談世事：

宋朝的光孝安禪師（1165-1243），入定後看到有兩個僧人談
話，起先有天神圍擁傾聽，後來，慢慢都散去了。反而出現一大群
惡鬼罵這兩個僧人。安禪師大悟，原來這兩位起先是談論佛法，所
以天神也聽。後來，互相問好，問近況，天神慢慢散失了。最後兩
僧談的是人情世故、名利富貴等世俗情事，因此招致惡鬼。安禪師
于是終身不再談世俗瑣事。【32】原文摘錄如下：

> 宋光孝安禪師，住清泰寺。定中見二僧倚檻相語，初有天神擁
> 衛傾聽，久之散去；俄而惡鬼唾罵。乃掃腳跡，詢其故，乃二

【29】　《緇門崇行錄》，CBETA,X87,no.1627 p.355a01-06。

【30】　明·蓮花池大師著；吳錦煌述，《緇門崇行錄淺述》，頁37-38。

【31】　《緇門崇行錄》，CBETA,X87,no.1627 p356a12-14。

【32】　明·蓮花池大師著；吳錦煌述，《緇門崇行錄淺述》，頁38。

僧初論佛法，次敘間闊，末談資養。安自是終年未嘗言及世事。【33】

二、內斂戒行

《緇門崇行錄》嚴正之行的第二類屬性內斂戒行，包含第5則不面女人、第7則擯黜豪尼、與第11則防心離過等三則，分別說明如下：

（一）不面女人： 經典雖說佛在世為女人說法，戒律也沒有不允許僧人為女眾開示，為什麼這位唐代的道琳法師（741-824）不為女人講經說法，不受女人的供養服侍。道琳三十五歲出家，放棄了萬人想的住持位置，隱居梁山，刻苦修行。道琳拒絕女眾是為了給後世留個典範。眾生根機淺薄，定心不足而易被欲望所轉退失道心，所以道琳法師的行為不是矯情，是他表法的至誠的苦心。【34】原文摘錄如下：

> 唐道琳，同州蕭陽人，年三十五出家，入太白山深巖隱居。敕令住大興國寺；頃之，逃於梁山之陽。從生至終，儉約為務。以女人染之本，一生不親面，不為說法，不從受食，不令入房。臨終之際，有來問疾者，隔障潛知遙止之，不令面對焉。【35】

（二）擯黜豪尼：

唐朝的慧滿法師（589-642）為人剛直，對僧團寺院的律規風

【33】　《緇門崇行錄》，CBETA,X87,no.1627_ p356a15-22。

【34】　明‧蓮花池大師著；吳錦煌述，《緇門崇行錄淺述》，頁30。

【35】　《緇門崇行錄》，CBETA,X87,no.1627_p355b09-18。

氣一向要求的非常嚴正。有一僧寺被一群有權勢的女尼所侵佔，慧滿趕到證果寺把這群女尼給攆了出去。尼眾一狀告到東宮，太子勅令地方官調解。事後，尼眾們自知理虧前來請罪。【36】原文摘錄如下：

> 唐慧滿，雍州人。七歲出家，後奉勅住弘濟寺。時證果寺尼出入宮禁，取僧寺為庵，滿集眾攦黜；尼訴於東宮，遣詹事杜正倫等解其攦事。滿執法不從，眾懼禍及，逐強解焉。滿歎息不悅者累日，尼後詣滿謝過，滿終不顧。【37】

（三）防心離過：

宋朝的善本禪師（1035-1109）是漢朝儒學大師董仲舒的後代。凡是有菩薩像的地方，絕不敢坐。蔬果飯食以魚肉為名的，乃至做成魚肉形狀的他都不吃。他說，我們的德行不夠資格在佛菩薩前平坐平起。吃素吃的並不僅僅是青菜豆腐。吃素是長養慈悲心，不需要假什麼素雞，素鴨來滿足吃葷的欲望。【38】原文摘錄如下：

> 宋汴京善本禪師，姓董氏，漢董仲舒之裔也，博極群書，依圓照本禪師剃落。哲宗朝，住法雲，賜號大通。平居作止，直視不瞬，臨眾三十年，未嘗輕發一笑。凡所住，見佛菩薩立像，終不敢坐；蔬果以魚肉為名，則不食，其防心離過類如此。徽宗大觀三年十二月甲子，忽謂左右曰：「止有三日。」已而示寂。世稱大本、小本云。【39】

【36】　明‧蓮花池大師著；吳錦煌述，《緇門崇行錄淺述》，頁33。
【37】　《緇門崇行錄》，CBETA,X87,no.1627_p355c04-08。
【38】　明‧蓮花池大師著；吳錦煌述，《緇門崇行錄淺述》，頁37。
【39】　《緇門崇行錄》，CBETA,X87,no.1627_p356a03-11。

三、形象典範

　　《緇門崇行錄》嚴正之行的第三類屬性形象典範，包括第3則嚴訓侍者、第9則闔門拒子、與第10則抗章不屈，分別說明如下：

（一）嚴訓侍者：

　　唐朝的智正法師（？590-639？），到終南至相寺和淵法師共同參學，有二十八年的時間都不問紅塵是非。他的弟子智現，跟隨他承受佛法。正師想一句，寫一句，智現就立刻抄一句。有一天智現站得太久，不覺悠悠倒地，智正法師即苛責他：「古人求法，翹足七日，你今天不過站了一下子就跌倒，是因為內心輕浮，缺少莊嚴心。」[40]原文摘錄如下：

> 唐智正，定州安喜人。開皇十年，奉敕住勝光、仁壽，復入終
> 南至相寺，與淵法師為侶，二十八年不涉世諦。
> 弟子智現者，伏承法教。正凡有著作，端坐思惟，現執筆立
> 侍，隨出隨書，累載。初不賜坐，一日足疼心悶，不覺仆地。
> 正呵責曰：「昔人翹足七日，汝今才立，顛墜，心輕故也。」
> 其嚴如此。[41]

（二）闔門拒子：

　　唐朝有從諫禪師（803-843），年紀輕輕就出家了，在朝廷毀佛時期，他避居於外，到大中年間，才返回洛邑以前的住處。有一天，他俗家的兒子來探望他，正好和從諫禪師在門口相遇。兒子不認得父親的面目了，開口就問「請問，從諫禪師在哪兒？」從諫

【40】　明‧蓮花池大師著；吳錦煌述，《緇門崇行錄淺述》，頁27-28。
【41】　《緇門崇行錄》，CBETA,X87,no.1627_p355a15-23。

禪師眼望著親生兒子，並不點明相認，只是伸手往東南一指，等兒子走遠以後，閉門不再出去。為了一心修習佛法，竟能如此割愛。【42】原文摘錄如下：

> 唐從諫，南陽人，壯歲出家，頓了玄理，會昌沙汰，潛居皇甫氏別業。大中初復教，因還洛邑舊居。其子自廣陵來覲，與諫遇於院門，不復能識，乃問曰：「從諫大德安在？」諫指之東南。子既去，闔門不出。其割愛如此。【43】

（三）抗章不屈：

唐太宗在位時期，道教受寵。這時有一位智實和尚（601-638）給皇帝上了奏章，極力申論佞道排佛的不當。皇帝命令文本下諭譴責，智實和尚固執不受詔令，皇帝大怒。強迫他脫下袈裟，還把他流放嶺南蠻荒之地。有人說智實不自量力，不懂進退。智實說：「我當然知道大勢所趨，是個人的力量所不能救的。我所以要冒死諫爭，是要後世的人知道，在佛教蒙難時還是有僧人的品格在。」【44】原文摘錄如下：

> 唐智實法師，居洛下時，太宗幸洛，詔道士位列僧前。京邑沙門陳諫，有司不納。實隨駕表奏，極論其失。帝令宰相岑文本諭旨遣之，實固執不奉詔。帝震怒，杖實朝堂，民其衣，流之嶺表。有譏其不量進退者，實曰：「吾固知勢不可為，所以爭者，欲後世知大唐有僧耳。」聞者歎服。【45】

【42】　明・蓮花池大師著；吳錦煌述，《緇門崇行錄淺述》，頁34-35。

【43】　《緇門崇行錄》，CBETA,X87,no.1627_p355c15-19。

【44】　明・蓮花池大師著；吳錦煌述，《緇門崇行錄淺述》，頁35-36。

【45】　《緇門崇行錄》，CBETA,X87,no.1627_p355c20-bo2。

四、顯正佛學

《緇門崇行錄》13則嚴正之行的第三類屬性顯正佛學，包括第2則幼絕戲掉、第4則破壞酒器、第6則力衛殿堂、與第8則不受仙書等四則，分別說明如下：

（一）幼絕戲掉：

唐朝玄奘（602-664）自小跟兄長出家，十一歲就能熟記背誦維摩經、法華經等。他持身卓然剛正，不苟順時俗。有一次看見一些小沙彌談天遊戲，法師勸導他們：「經上說，出家是人生的一大事，修無為法。怎麼能當成兒戲？這樣不恭敬佛法，會喪失百年的因緣。」識者聽到後，便知道玄奘的德器不凡，將來必能昌隆佛法。[46] 原文摘錄如下：

> 唐玄奘法師，姓陳氏，漢太丘公之後也。隨兄素出家，年十一，誦維摩，法華；卓然梗正，不偶時流，睹諸沙彌，劇談掉戲，謂曰：「經不云乎？夫出家者，為無為法，豈復更為兒戲？可謂徒喪百年。」識者知師德器不凡矣！[47]

（二）破壞酒器：

唐朝玄鑒法師（857-894）遇到不合清規的事，必然面加申斥。當時正逢寺院動工興建，玄鑒遇到有人送酒給工人，就阻止他。玄鑒說，建寺要合於佛法，工人不可以喝酒。當時其它寺院也在修造佛堂，有人（孫義）送酒兩車給工人喝，玄鑒立刻趕去，酒器也打破。孫義大怒，策劃報復，但是半夜夢到有人拿刀放在

【46】　明·蓮花池大師著；吳錦煌述，《緇門崇行錄淺述》，頁26。
【47】　《緇門崇行錄》，CBETA, X87, no.1627_p355a07-13。

他脖子上，叫他不得對大師無禮，他醒悟後親自參拜玄鑒法師懺悔。【48】原文摘錄如下：

> 唐玄鑒，澤州高平人。性敦直，見非法，必面陳呵毀，不避強禦。數有繕造，工匠繁多，或送酒者，輒止之曰：「吾所造必令如法，寧使罷工，無容飲酒。」
>
> 時清化寺修營佛殿，州豪族孫義，致酒兩輿，鑒即破酒器，流溢地上。義大怒，明將加惱，夜夢人以刀擬之。既悟，躬詣懺悔。【49】

（三）力衛殿堂：

唐惠主（生卒年不詳），有一次，當時顯貴陵陽公到益州來，把一百多頭的驢、騾放在佛堂和僧房，寺中的人畏懼陵陽公的權勢而不敢講話。惠主法師回到寺中奮力將佛堂的驢、騾打了出去。縣官馬上逮捕了惠主出乎意料的，陵陽公高興的說；打得好，打破了我的貪心，讓我看到自己的偏差。因此，不但沒有定惠主法師罪，反而致送沈香十斤，還京後，還請惠主法師傳菩薩戒。【50】原文摘錄如下：

> 唐惠主，始州永歸縣人。專精律學，居青林寺。時陵陽公臨益州，素少信心，將百餘馱入寺，就佛殿講堂、僧房安置，無敢違者。主從莊還，見斯穢雜，即入房取錫杖三衣而出，歎曰：「死活今日矣！」舉杖向驢騾，一時倒仆如死，主手擎擲之坑

【48】　明·蓮花池大師著；吳錦煌述，《緇門崇行錄淺述》，頁29。

【49】　《緇門崇行錄》，CBETA,X87,no.1627_p355a24-b08。

【50】　明·蓮花池大師著；吳錦煌述，《緇門崇行錄淺述》，頁31-32。

中。縣官大驚，執主申狀。【51】

（四）不受仙書：

　　唐朝的法常法師（生卒年不詳），經常是一襲百衲，參訪於各名山道場。某次到山西的梅山，夜間夢到他在一座華麗的宮殿中，一位仙人跟他說，「我有些聖書，你依著去修，來日不能成為世間山河的統治者，也能成為皇帝的老師。」法常說，「當年僧調法師曾有不顧仙經，棄絕外道的美名。我是畢生以佛道涅槃為目標，仙人消失無蹤。」【52】原文摘錄如下：

> 唐法常，襄陽人，性剛敏，衲衣囊缽，畢志卯齋。貞元中，自天臺之梅山，梅山者，梅福舊隱也；常寄居之，夢神人告曰：「君非凡流，此石庫中有聖書，受之者，為下界主；不然，為帝王師。」【53】

　　蓮池大師舉如上13則嚴正的典範，有諸多如下深意：

　　1.旨在勸諫在家人不要光看出家人過錯的一面，如幼絕戲掉與力衛殿堂等嚴正行範例。

　　2.許多大師平實待人接物，絕不故作高峻嚴厲，而是學人打由心底高山仰止，油然生敬畏，而非故意擺高架子使威風，厲色大聲，表現出一幅嚴格威怒的外貌，如抗章不屈的智實和尚。

　　3.古來祖師有博通儒家老莊，甚至詩詞字書者，用以度眾，那是他的生死已有把握，佛學已屆精深，不妨遊戲三昧，以廣化緣，

【51】　《緇門崇行錄》，CBETA,X87,no.1627_p355a24-b08。
【52】　明‧蓮花池大師著；吳錦煌述，《緇門崇行錄淺述》，頁33-34。
【53】　《緇門崇行錄》，CBETA,X87,no.1627_p355c09-14。

現今人生死未了，而務外學，不讀佛經而讀儒家或老莊，乃象徵佛法的衰微。

　　4.僧務雜術，有作地理師、占卦相命師、看風水或作符水爐火燒鉛煉汞師等。末法時期，不務正業的弊端看似層出不窮，其實乃是古聖賢為傳揚佛法，普利群生而隨順的大機緣和方便善巧，非是一般凡夫俗人所能瞭解和測度的。

五、小結

　　從上述十三則嚴正之行典範的分類說明，可見明朝時叢林亂象的主要原因，除了圓澄《慨古錄》提到的六個原因：「1.官方久不開戒壇、僧品揀別無由；2.官方以收銀代替考試度僧、造成僧品府蕪雜氾濫；3.官方禁講經論，使非法之徒得以惑眾；4.僧官制度受制於儒，任用不當的僧官與住持；5.官府違規課稅、勒索；6.寺產被侵佔、僧人被辱，官方未盡保護之責。」[54]外，筆者認為蓮池大師撰寫嚴正之行的原因有如下三種：

　　（一）官方未保護寺產：《慨古錄》提到六個原因，第六是寺產被侵佔、僧人被辱，官方未盡保護之責。蓮池大師透過第四則破壞酒器、第六則力衛殿堂的例子來告訴大眾對於寺產必須要恭敬。

　　（二）與當時的佛教潮流「功過格」有關係：如2.幼絕戲掉、3.嚴訓侍者、9.闔門拒子、11.防心離過、12.終夜拱手、13.不談世事等例，都是贊歎過去高僧的行為。以這些高僧的例子勸導人民為善去惡，認真修行。《慨古錄》的2.官方以收銀代替考試度僧、造

【54】　江燦騰，《晚明佛教叢林改革與佛學諍辯之研究──以憨山德清的改革生涯為中心──》，新文豐出版公司，1990，頁11-12。

成僧品府蕪雜氾濫，當時的僧人品質差。為了改善這氾濫，嚴正之行裡面有三種有關女眾的例子1.禁拒女尼、5.不面女人、7.擯黜豪尼也是為了改善寺院風氣。

（三）加強對於佛教的信仰：明朝對於宗教的管制很多，比較重視儒教，因此透過8.不受仙書10.抗章不屈的例子來加強捨棄外道，保護、信仰佛教。

從嚴正之行的13則典故，可以看出它與時代衝擊之處，因為古德當時的時空背景讓他做出這種選擇。現代人也許並不苟同這些做法，也不認為它適用於現今社會，但是，它其實有它的時代意義存在，它的核心精神主要是想要作為指引學佛人的方向以及指南。

第三節　嚴正之行現代典範
——弘一法師、日常老和尚與越南明珠長老

本章嚴正之行的現代典範，將舉弘一法師、日常老和尚與越南明珠長老為例，分別說明如下：

一、弘一法師

本小節將分為弘一法師生平、弘一法師嚴正之行與弘一法師與〈嚴正之行〉之關係探討三部分，來探討。

（一）弘一法師生平

弘一大師，俗名李叔同，清光緒六年（1880年）生於天津官宦富商之家。法名演音，號弘一，晚號晚晴老人。1942年九月初四圓寂。

　　李叔同（1880年10月23日-1942年10月13日），譜名文濤，幼名成蹊，學名廣侯，字息霜，別號漱筒；出家後法名演音，號弘一，晚號晚晴老人。生於天津，祖籍山西洪洞，民初遷到天津，因其生母本為浙江平湖農家女，故後來李叔同奉母南遷上海，每每自言浙江平湖人，以紀念其先母。精通繪畫、音樂、戲劇、書法、篆刻和詩詞，為現代中國著名藝術家、藝術教育家，中興佛教南山律宗，為著名的佛教僧侶。

　　父親李世珍是清同治四年進士，官任吏部主事，又是天津大鹽商，還兼營銀號，家財萬貫。李叔同為其三姨太所生。在李叔同5歲那年，他父親去世。1898年他到上海，參與「上海書畫公會」、「滬學會」，曾就讀於南洋公學（交通大學前身）。1905年東渡日本，留學於東京美術學校和音樂學校（東京藝術大學前身），專攻西洋繪畫和音樂。1906年與同學曾孝穀創辦業餘話劇團體「春柳社」，演出《茶花女》，開中國話劇之先河。1910年攜日本妻子福基回國，任天津北洋高等工業學堂、直隸模範工業學堂教員。翌年任上海城東女子學校音樂教員。1912年任浙江省立第一師範學校音樂、美術教師。1915年應江謙之聘，執教於南京高等師範學校（後改為國立東南大學、中央大學、南京大學），教授圖畫、音樂；兼教於浙江兩級師範。

　　第一位妻子俞氏

　　1897年，李叔同奉母之命，與天津衛芥園俞家茶莊的茶商之女俞氏成婚。俞氏長叔同二歲，端莊淑靜。1899年，叔同長子葫蘆產後即夭折。1900年農曆九月十九日（11月10日），次子李准出生。1904年12月9日（農曆十一月初三）三子李端出生。

第二位妻子（日籍）

1905年，叔同生母王氏病逝。同年秋，叔同東渡日本留學。1907年，與日本女子福基相愛。後隨李叔同返回中國，定居上海。李出家為僧後她返回了日本。有研究者稱，李叔同同日籍夫人可能育有一子一女。但至今沒有得到證實。

「二十文章驚海內」的大師，集詩、詞、書畫、篆刻、音樂、戲劇、文學於一身，在多個領域，開近代中華燦爛文化藝術之先河。他把中國古代的書法藝術推向了極至，「朴拙圓滿，渾若天成」，魯迅、郭沫若等現代文化名人以得到大師一幅字為無上榮耀。他是第一個向中國傳播西方音樂的先驅者，所創作的《送別歌》，歷經幾十年傳唱經久不衰，成為經典名曲。同時，他也是中國第一個開創裸體寫生的教師。卓越的藝術造詣，先後培養出了名畫家豐子愷、音樂家劉質平等一些文化名人。他苦心向佛，過午不食，精研律學，弘揚佛法，普渡眾生出苦海，被佛門弟子奉為中興南山律宗第11代世祖。他為世人留下了咀嚼不盡的精神財富，他的一生充滿了傳奇色彩，他是中國絢麗至極歸於平淡的典型人物。【55】

（二）弘一法師嚴正之行

弘一法師的行持嚴密，一生嚴守律宗戒律。受戒後持律極嚴，謝絕一切名聞利養，以戒為師，粗茶淡飯，過午不食。恪遵戒律，清苦自守，說法傳經，普度芸芸眾生。常常是：「吩咐晨午二

【55】　〈弘一法師〉，維基百科

　　　　https://zh.wikipedia.org/zh/%E6%9D%8E%E5%8F%94%E5%90%8C。

餐，蔬菜不得逾兩味。」【56】

> 出家以後，漸漸脫去模擬形迦，也不寫別的文字，只寫佛經、
> 佛號、洪語。【57】

> 據說弘一律師由惠安回來，得重病於草庵，……廣洽法師往
> 泉探視弘一律師病況，回來對我說：『弘一老人現在雖得重
> 病，但他仍視若無事，工作如故。』並對廣洽法師說：『你不
> 要問我病好沒有，你要問我有沒有念佛。』【58】

> 一間小小的矮屋以內，去拜見老人家。房間是那麼狹小，一几
> 一榻以外，僅能容膝，【59】

湛山倓虛老和尚回憶說：「愈是權貴人物，他愈不見；平常，
學生去見，誰去誰見，你給他磕一個頭，他照樣也給你磕一個頭。」
又說：「房子都是他自己收拾，不另外找人伺候。」【60】

太虛大師曾為贈偈：「以教印心，以律嚴身，內外清淨，菩
提之因。」趙樸初先生評價大師的一生為：「無盡奇珍供世眼 一
輪圓月耀天心。」【61】

弘一法師對保護和創造佛教的文化藝術，付出了巨大的貢
獻。一九二七年，杭州政局初變，又好事青年力倡滅佛之議，欲毀
佛像、寺院，勒令僧尼相配。是時，弘一挺身而出，邀談青年主政

【56】　蔡念生彙編，《弘一大師法集.五》，新文豐出版公司，1998，頁157。

【57】　同上註，頁102。

【58】　同上註，第160頁。

【59】　同上註，第193頁。

【60】　褚柏思，《傳記文學叢刊之廿六‧佛門人物志》，傳記文學出版社，台
北，1979再版，頁191。

【61】　太虛大師 維基百科
https：//zh.wikipedia.org/zh/%E6%9D%8E%E5%8F%94%E5%90%8C

之劇烈者，終於化解此一劫難。【62】

　　弘一大師一出家即告別塵世的一切繁文縟節，並發誓：「非佛經不書，非佛事不做，非佛語不說」。有人求他一張字，他只寫了『南無阿彌陀佛』……」

　　在淡泊名利這一點上，大師堪為楷模。倓虛法師回憶大師赴湛山寺講學的情形時說：

> 弘老只帶一破麻袋包，上面用麻繩扎著口，裡面一件破海青，破褲褂，一雙半舊不堪鞋，一雙是補了又補的草鞋。一把破雨傘上面纏好些鐵絲，另外一個小四方竹提盒裡面有些破報紙，還有幾本關於律學的書。
>
> ……因他持戒，也沒給另備好菜飯。
>
> ……末了盛去一碗大眾菜，他問端飯的人是不是大眾也吃這個，如果是的話他吃，不是他還是不吃，因此廟裡也無法厚待他，只好滿願！【63】

　　弘一法師：世間沒有不好的東西，一切都好！小旅館好，統艙好，掛褡好，粉破的席子好，破舊的手巾好，白菜好，萊菔（蘿蔔）好，咸苦的蔬菜好，跑路好，什麼都有味，什麼都了不得。有一天，好友夏丏尊來看望他。弘一大師正在吃飯．只有一碗白米飯和一碗鹹菜，就問他：不覺得太鹹嗎？弘一大師淡淡地說：鹹有鹹的好。用過飯，弘一大師倒了一杯白開水喝，夏丏尊問他：不覺得太淡了嗎？弘一法師淡淡的說，淡有淡的好。

【62】 黃晨淳，《影響佛教的重要100人》，台中，好讀出版有限公司，2004，頁294。

【63】 同上註。

弘一法師對重病視若無事，每天照常工作，並曾對前往探病的廣洽法師說：「你不要問我病好沒有，你要問我有沒有念佛。」

弘一法師有句格言說：「人生最不幸處是偶一失言而禍不及，偶一失謀而事倖行，偶一恣行而獲小利。後乃視為故常，而恬不為意，則莫大之患由此生矣！」可見他對生命嚴謹的態度。

（三）弘一法師與〈嚴正之行〉之關係探討

筆者認為：弘一法師的行持嚴密，跟幼絕戲掉有很大的關係，如下：

1.弘一法師的行持嚴密，一生嚴守律宗戒律。

2.受戒後持律極嚴，謝絕一切名聞利養，以戒為師，粗茶淡飯，過午不食。

3.恪遵戒律，清苦自守，說法傳經，普度芸芸眾生。

4.常常是：「吩咐晨午二餐，蔬菜不得逾兩味。」

二、日常法師嚴正之行【64】

本小節將分為生平事蹟與嚴正之行比對兩部分，來瞭解日常法師的嚴正之行，說明如下：

（一）參照行儀之法師──日常老和尚

日常法師（1929-2004），俗名黃靜生，生於民國18年的上海崇明島，由於是家中第一個男孩，從小就受到父母親毫無保留的關愛和用心的教育。日常法師的父親是一位推崇科學的五四新青年，但中年時期因病在家休養，遂對日常法師展開一對一的教育，每天都得早起，背四書五經和佛經，學習灑掃應對。13歲（民國30年）

【64】　日常法師嚴正行初稿為筆者的研究生陳裕升撰寫，業經筆者修改過。

時，父親對他說了一席話：「兒子，如果你想做世間第一等人，就要出家去當和尚。」18歲時（民國36年），隨其三叔來到台灣，不料接著發生國共內戰，法師便從此留在台灣。數年後，法師考上台南工學院（國立成功大學前身）土木系就讀。

民國37年於苗栗獅頭山圓光寺出家，出家後以修習淨土宗唸佛法門為主。民國55年，因協助印順法師改建在外雙溪的「報恩小築」，印順法師督促其應深入經藏，獲贈《菩提道次第廣論》海內孤本。繼而於新竹市青草湖福嚴精舍依印順法師學習經論，這段時間，受到在精舍授課的仁俊法師的啟發極多，仁俊法師在新店建了「同淨蘭若」道場，日常法師也追隨前往。

民國61年，日常法師於福嚴精舍的美國佛教會駐台譯經院講解經論。受紐約美國佛教會之邀請，隨仁俊長老赴美東弘法，駐錫大覺寺。同年冬，印順法師赴美養病，居住紐約，日常法師短暫擔任他的侍者，隔年隨侍印順法師，短暫回到台灣，隨後再度回到美國。在紐約居留期間，除在大覺寺弘法外，也常到附近各佛學社團演講。

民國63年，重新開始研究《菩提道次第廣論》，此後以廣論修持為主。隔年，聖嚴法師赴美擔任大覺寺住持，與他成為好友。次年，在紐約長島菩提精舍閉關，與大寶法王會面。民國81年成立比丘、比丘尼僧團，並創辦福智團體，之後陸續成立福智文教基金會、福智佛教基金會、慈心有機農業發展基金會等。平時講授內容包括《法華經》、《南山律在家備覽》、《了凡四訓》、《俞淨意公遇灶神記》、《阿底峽尊者傳》等，並成立財團法人福智寺。

隔年九月，接受心聖尼師供養，率男眾僧團進駐新竹縣鳳山

寺隨之建立佛學院，命名「正法林」佛學院。民國86年成立「福智文教基金會」，推展各項文教活動。同年，秉持關懷眾生健康及保護生態環境，創辦「慈心有機農業發展基金會」。民國93年，安然捨報示寂。日常法師之志業在於漢地建立、保存、弘傳西藏格魯派宗喀巴大師的圓滿教法。其一生展現「光顯悲智聖教，明現仁禮德風」。【65】

（二）日常法師行儀與「嚴正之行」之比照

一般人都希望成為「常勝將軍」，但是日常法師卻總是以「常敗將軍」自許，而且時常以自己學習或修行中所犯過的錯誤與學員或信眾分享，這目的並不只是彰顯「知錯能改」的德行，而是希望藉由這種棄而不捨的精神，期許所有願意學佛正法的修行者，都能具備越挫越勇的精進力，以及凡事反躬自省的嚴正修行精神。如同德國著名哲學家叔本華說：「人們往往在不太留神的小細節中，流露真性。」【66】本章節除引述部分資料之外，多為日常法師所開設的「廣論班」課堂中的教學錄音檔，或是其他法師轉述的故事。接著，從日常法師平日之行儀與身體力行的事跡，依照上述四組分類，來比照「嚴正之行」的內涵。

1.自修行儀：

（1）仁俊法師的教誡與第3則嚴訓侍者

【65】「福智青年」http：//youth.blisswisdom.org/index.php，「福智全球資訊網」http：//www.blisswisdom.org/。

【66】艾柳薩‧史瓦茲（Aljoscha A. Schwarz）、隆納德‧史威普（Ronald P. Schweppe），蔡淑雯譯，《家用哲學藥箱》，台北市，究竟出版社，2003：101。

　　民國55年至58年，日常法師曾在「福嚴精舍」親近仁俊長老，[67]日常法師時常分享當時受學的一件親身體驗。仁俊長老自身嚴厲克己修行，每天總是會在早晨打板聲結束之前，就已經梳洗穿束整齊離開寮房，而身為長老的侍者，日常法師的寮房緊鄰仁俊長老，在前一天晚上日常法師都會先在房裡備妥一盆水，然後把鬧鐘調整比打板時間早一點，以此才能做到不吵到仁俊長老，同時又能在長老離開寮房同時也能開門隨侍在側。

　　（2）每天念佛二萬聲與第12則終夜拱手

　　日常法師在新竹福嚴精舍三年自修期間，每天念佛二萬聲。[68]

　　（3）恭敬三寶與第2則幼絕戲掉

　　日常法師對於嚴正修行的要求標準，是依照《廣論》中的標準自持，同時也要求共學的法師，與期勉所有廣論學員。「敦巴仁波卿與大瑜伽師見碎黃布在行路中，皆不輕越，抖置淨處，如是行持，應隨修學。」[69]

　　（4）與聖嚴法師的小故事與見僧過[70]

> 　　與日常法師共住紐約大覺寺期間，曾經發生一件有趣的事，至今讓我印象深刻。有一天，共住的敏智老法師去了紐約中國城，回程時搭地鐵卻迷了路。後來由警察先生幫他打了通

---

[67]　「福嚴佛學院」網站http：//www.fuyan.org.tw/fu201102/201102-2.html，2015.12.20。

[68]　「福智青年」網站http：//youth.blisswisdom.org/index.php，2015.12.20。

[69]　宗喀巴大師，法尊法師譯，《菩提道次第廣論》，台北：福智之聲出版社，1991，頁109。

[70]　《緇門崇行錄》CBETA,X87,no.1627_ p365a23-25。

電話回大覺寺。當時住在大覺寺的法師之中，能夠講英語的，只有少數幾人，日常法師的英語能力相當不錯，因此常常是他接的電話。當天日常法師接到電話就問：「老法師，您人在哪裡啊？」老法師說：「我就在大覺寺附近啊！」結果，警察先生告知日常法師的位置，從那裡到大覺寺，有好幾公里遠。老法師雖然沒有搭錯車，卻往相反的方向去了。接過電話以後，便由日常法師開車，而我陪著他一起去接老法師。當天時間已經很晚了，一路上的能見度也不是很好，日常法師一路開車開得很吃力。當我們出現的時候，敏智老法師似乎有點不高興地說：「大覺寺就在附近，怎麼拖了這麼久才來接我？」日常法師微笑著告訴老法師：「您老覺得很近，其實相當遠哩！」這是讓我印象非常深刻的一件事。[71]

2.內斂戒行

（1）日常法師小故事與第11則防心難過

鳳山寺住持如證法師，時常分享自己出家後，日常法師最常提醒鳳山寺法師，必須從平常的生活中，確實如法行持每一件事情，其中最常提到的是兩件現代人非常容易疏忽的事情：對於紙張的不愛惜，以及過度依賴冷氣的生活。而這也是日常法師親近仁俊長老三年，所養成重法、守時、惜福、勤勞的習慣。

（2）搭電梯與第5則不面女人

接下來要分享的是一則某位女信徒親身經驗的故事。該信徒剛開始上廣論課不久，有一天在福智學院等電梯上樓，結果電梯門

【71】　聖嚴法師口述，胡麗桂整理，〈我所知道的日常法師〉，「佛陀教育基金會」網站http://www.budaedu.org/ghosa/L00051/。

一打開，裡面剛好只有日常法師一個人，該女信徒猶豫了一下之後，還是選擇走進電梯，原本以為慈祥的日常法師會一如往常笑臉燦爛的打招呼，結果只見日常法師嚴肅的板著臉，完全沒有正面對看。後來，該信徒才知道，自己差點壞了日常法師「不與女眾密室獨處」的戒律。由此可見，日常法師對於持守戒律之嚴謹。

3.形象典範

（1）觀功念恩與門庭高峻【72】

日常法師在教學中，最常提到做人的基本原則就是「觀功念恩」，而這觀念的建立，能如實重建親子間的關係，讓做子女的真實去反省真正做好「孝順」的基本態度。而這種觀念的設定，也正符合蓮池大師在「門庭高峻」所意指的，有德的宗師其實都是平實待人，絕不故作高峻嚴厲的，而是學人打由心底高山仰止，油然生起敬畏的。

（2）慈心事業與僧務雜術

本著「光復土地，淨化人心」的目標，日常法師依著慈愍所有眾生的慈悲心，早年在授課時即時常向弟子和信眾指出，農藥、化肥泛濫使用，已經使人類的健康亮起紅燈；土地酸化，甚至危及後代子孫的安全。為了免於這種痛苦的後果，他引導弟子回歸自然，開始種植有機蔬果來護生養地。弟子們紛紛響應，透過有機耕種實踐佛法，胼手胝足種出一點成果，於是在民國87年正式成立「里仁公司」，希望透過和生產者與消費者在「誠信、互助、感恩」的互動中，落實關心健康、關愛大地、關懷生命的慈心理念，盡心盡力的付出而讓心靈提升，並且在提升自己的同時也利益到他

【72】　《緇門崇行錄》CBETA, X87, no.1627_ p365a26-27。

人。日常法師希望把最好的東西給眾生，所以推動有機農業、 慈心食品 ，這個心念就像一顆石頭，丟進水裡會觸發同樣善念的漣漪，很多愛的波動、善的波動就這樣起來了。內在一個好念頭，外在好的東西也會出現。【73】

4.顯正佛學

廣論研討班與第6則力衛殿堂及第8則不受仙書

佛教在現今台灣的廣宏，幾乎已經達到遍地開花的程度，但是不論是修行或研究佛法的人，不僅各派林立，甚至不乏政治權位的介入或是自創品牌的宣道，因此呈現一種百家爭鳴的混亂局勢。

不論局勢如何發展，日常法師始終不離一個主要原則：「教育是人類升沈的樞紐。」直指心靈的提升必須從教育下手，因此創辦了「福智佛學院」，宣講《菩提道次第廣論》。同時在各地成立「廣論研討班」，遍佈大中華地區、美國、新加坡、馬來西亞等，並於民國92年，在台灣雲林縣古坑鄉設立「福智教育園區」。不僅從幼稚園到大學體系一貫的教育理念，更提供多元化的課程，深入家庭、各級學校、企業等社會各個層面，推動從小到大到老的關懷，希望能夠培育德育與生命教育的師資，帶動終身學習的風潮。【74】日常法師經常教誡：「學了佛以後是用法來提升自己，不是拿著法鏡去照別人，也不是自己沒學好卻急著好為人師，急著要去教人。」【75】

【73】　「里仁事業全球資訊網」http：//www.leezen.com.tw/big5/index.asp。

【74】　「財團法人台北市福智佛教基金會」網站http：//www.buddhism. blisswisdom.org/，與「福智全球資訊網」http：//www.blisswisdom.org/。 2015.12.20。

【75】　「福智全球資訊網」http：//www.blisswisdom.org/。2015.12.20。

5.小結

從日常法師的行儀對照，的確頗為符合蓮池大師《緇門崇行錄》中「嚴正之行」的要求，不僅時時提醒：「學佛不是學我」，甚至在示寂前仍語重心長地教誡：

「如果學佛不能跟身心相續結合，就算你學通五部大論，得到大格西的學位，可以辯經辯得頭頭是道，可是這算學得什麼佛法呢？」[76]

在研讀資料的過程中，的確在文本典故中，發現一些與現今生活觀念互相衝突的部分，例如女性意識（甚至是同性意識）的抬頭，在強調人權平等的時代，這種男尊女卑的修行方式似乎並不合宜，當然修行者還是必須謹守佛陀因應「男女有別」所制定的戒律，但在教傳的過程中，還是可以研擬出方便善巧的行儀法則。

還有某些幾近「懸梁刺股」的修行方式，甚至已經達到殘害身體的地步，這些過於「無限上綱」的絕對嚴謹生活模式，不僅會造成自身生命的威脅，甚至也會造成整體社會成本的負擔，因此在現今社會都有很大的修改空間，不宜照本宣科的模仿修行。

三、越南明珠長老之嚴正行 [77]

本小節將分為生平事蹟、出洋留學、擔任國會代表、編撰及翻譯之作品與以自身為模範，來探討明珠長老之嚴正行。

（一）生平事蹟

明珠大和尚（1918-2012），原名丁文南，是越南佛教高僧，

【76】　「福智全球資訊網」http：//www.blisswisdom.org/。2015.12.20。
【77】　本節原稿為筆者目前就讀佛光大學佛教學所的越南籍導生釋廣大所撰寫，業經筆者重新改寫。

開創越南胡志明市佛學院者。大師一生為了弘揚佛法而做出諸多貢獻，並一生對自己是相當嚴謹、生活艱苦、遵守戒律等嚴正之行。

　　他出生於一個有十一個孩子的家庭，排行老四。他的父母都是知識份子，對佛法很有信心。因此，他自小即受到家庭的影響，常常跟父母到寺廟禮佛、做功課，還向法師們、沙彌們學佛法。因緣漸漸成熟後，他離開父母到祥雲寺當沙彌。出家之後，他苦勞執作、立志學佛、為本師當侍者……。經過一段很長時間的磨練之後，1949年，本師和尚允許他登壇受比丘戒。從那開始，他一心弘揚佛法，嚴身修持，嚴持戒律，為大眾做一位模範師。他當老師併擔任一些教會的職務。那時，社會動亂，政治不穩，他對佛教團體有很多影響，承當統一佛教派會的領導人。

　　2012年9月1日（農曆壬辰年七月十六日）釋明珠長老圓寂，享年94歲。

（二）出洋留學

　　在研究漢藏經律論過程當中，大師看出來諸位前輩的翻譯巴利文與梵文的形式有一些不同，使經義不清。因此，請其師父和教團批准出洋留學。那時他對教會發洪誓願：「出洋留學之後會繼續諸位前輩的心願，以翻譯經典與弘揚發展國家的佛教教育。」他在印度那蘭達佛教大學獲得博士學位，對巴利《中部》和漢傳《中阿含經》做過很重要的比較研究。

　　返鄉之後，他擔任佛教會的工作。剛開始時，遇到很多困難，但他以自己的能力、德行、與諸位前輩的幫助，克服各種困難，獲得很多成就。在佛教代表國家對外中他扮演很重要的角色，擔當國際佛教團團長，代表越南佛教參與國際佛教會議。【78】

　　從上所述，可知在二十一世紀明珠大師是聖僧之一。一輩子他全力關懷僧尼教育，他建立了幾所學校、學院，讓僧尼能在良好的環境下修行與學習。

（三）擔任國會代表

　　明珠大和尚擔任越南佛教會證明理事會副會長、原越南佛教教會中央理事會常務副主席。2012年釋明珠長老在胡志明市圓寂。其追思會於9月9日上午（農曆壬辰年七月二十四日）在胡志明市富潤郡萬幸禪院舉行。越南佛教會中央理事會、證明理事會、越南祖國陣線中央委員會領導、各中央部委和地方領導、各省市佛教教會領導和全國各地數千名僧尼佛子參加追思會。同一天在河內，越南佛教會隆重舉行高僧釋明珠長老追思會。釋明珠長老對越南佛教和民族做出重要貢獻，曾被國家授予大團結勳章、二級獨立勳章和胡志明勳章等榮譽勳章。驚悉高僧釋明珠長老圓寂後，約500個國內外代表團和2.5萬人前來悼念。【79】

（四）編撰及翻譯之作品

【78】　香光莊嚴雜誌社https：//books.google.com.tw/books？id=gJadAgAAQBAJ 2008。
【79】　「越南高僧釋明珠長老在胡志明市圓寂」越通社zh.vietnamplus.vn, 2012.9.11。

明珠長老被大家尊奉是越南的唐玄奘，創作了不少越南文作品。

1.巴利聖典翻譯成越南文：長部經（兩集）、中部經（三集）、相應部經（五集）、增支部（五集）

2.Abhidhamma譯成越南文：

- Hsuan T'sang, The Pilgrim and Scholar

- Fa-Hsien, The Unassuming Pilgrim

- Milindapannha And Ngasenabhikhustra - A comparative study

- The Chinaese Madhyama gama and The Pli Majjhima Nikaya

- Some Teachings Of Lord Buddha On Peace, Harmony And Humadignity

（五）以自身為模範

大師一生，以嚴持戒律、行頭陀行而著稱於世，在對弟子耳提面命，鉗錘禪法的同時，言傳身教，嚴持戒律，強調「戒律是佛法之根本」，「修行以戒為體，戒是出生死的護身符」。因此，為莊嚴戒德，大師一生如法如律開壇傳戒數十次，成就了不少發心出家學佛者納受清淨戒體，成為持戒修行，住持佛法的僧寶。直至生命的最後一刻，大師仍諄諄開示門人，要保持佛教傳統，使佛法常住世間，只有一字，曰「戒！」

大師曾向大眾開示：「修道人，要志不退，願不退，行不退，一心一意向前精進，所謂『百尺竿頭，更進一步。』不管成就如何，只要發菩提心，努力修行，不要有所企圖什麼五眼六通？什麼神通妙用？這不是修行所究竟的成果。切記！不要一天到晚，想神通，想開悟，那是修道的絆腳石。」

據統計，在大師座下剃度、嗣法、受戒、受皈依的弟子達百萬之眾，分佈在國內外。大師一生奮力重建祖庭不歇，弘法不倦。

2012年秋天，大師所作已辦，化緣已畢，示色身無常，顯寂滅為樂。大眾悲欣交集，誠敬唸佛，願大師智慧馨香和事業法身永駐人間！

上述明珠長老言傳身教嚴持戒律的行儀，非常符合蓮池大師《緇門崇行錄》中「嚴正之行」的要求。

第四節　結語

對於蓮池大師而言，只要合乎佛教的，他都認同，憨山德清讚嘆他說：「師之操履，以平等大悲，攝化一切，非佛言不言，非佛行不行，非佛事不作。」【80】，因此，在本書中，我們可以看到他在分門別類中，所收錄的典故，包括多元化的善行以及事蹟，這些雖然表面看，沒有佛教的成分，但這些都是為人處事的核心，他的核心，都是以佛教的思想作為根本的。因此，發展到現代，我們才會看到像太虛大師所提出的「人成即佛成」，太虛在他的〈即人成佛的真現實論〉中說道：「必在密切人間生活，而導善信男女向上增上、即人成佛之人生佛教」【81】

通常「嚴」是對於持守戒律來說，即嚴持戒律。尤其在這個末法時代，大家通常都只注重講經說法，而不注重實修，因此，蓮池大師撰寫這本書是要鼓舞我們，讓我們可以心嚮往之，可以做到

【80】　《憨山老人夢遊集》卷27：CBETA, X73, no.1456_p 657a5-6。

【81】　太虛，〈即人成佛的真現實論〉，《太虛大師全書》第四十七冊，頁459。

見賢思齊。指出在這個末法時代，我們可以依循的正道。蓮池大師
收集這些古德的勵志行為，是想給我們一個指南，正如書所寫的末
法時期，雖然人心不古，正法衰微，妖邪四起，但只要佛門四眾，
奮發振作，力挽狂瀾，未嘗不能造出一片中興氣象。

　　若能用嚴正之行來收攝身心，則心地就可端正了，以嚴正之
行秉持正法，則法門道風可以樹立。最能對治時下標新立異以求出
名，逞凶暴以顯威風的不良風氣。本章所舉的現代典範弘一法師、
日常老和尚與越南明珠長老的行儀，均呼應《緇門崇行錄》中15則
「嚴正之行」的自修行儀、內斂戒行、形象典範與顯正佛學的特
質。可見嚴正之行的精神不受時空遞變的影響，都是值得緇素效法
的。

第陸章　尊師之行內涵與其現代實踐典範

　　古往今來，不管如何改朝換代，「尊師」一詞，都是被廣泛討論的話題，尊師、敬師，乃中華文化的傳統美德。父母生我育我，給予生養的責任，但懵懂無知，人生並未完整，故要拜師來學習才德，學習如何做人處世與安身立命，唐韓愈於〈師說〉裡也提到「古之學者必有師。師者，所以傳道、授業、解惑也。」傳道、授業與解惑，便將師的功能給予了概括。

　　而佛經裡也記載著尊師的教言，佛道即師道普遍也是大眾所修行的舉止。大眾所持頌的佛號「南無本師釋迦牟尼佛」中「本師」兩字即為根本的導師之意，而佛教各個派系的高僧大德也被稱為「禪師」、「祖師」等，故佛教重視尊師之行，可由前述所證。

　　蓮池大師撰述《緇門崇行錄》尊師之行第三，共節錄十則與

尊師之行有關的典範，本研究先追溯蓮池大師撰寫尊師之行的時代背景，再對尊師做界定，並將此十則典範作分類後加以製表呈現，進一步與現代尊師典範淨空法師與星雲大師進行比對，得出其尊師之行與意義。

第一節　《緇門崇行錄》尊師之行時代背景及「尊師」釋義

本節將分為如下兩部分來探討：首先瞭解蓮池大師撰寫尊師之行的時代背景，其次，再對「尊師」做界定。

一、撰寫尊師行之時代背景

明代早期，社會風氣比較節儉。嘉靖以後，由於商品經濟的發展，社會風氣轉向浮華與奢靡。[1]僧人尊師之德日見淪喪，說明如下：

（一）捨師閉關著魔

吳縣泗洲寺有一位法號叫性空的比丘，離開經懺的道場，到堯封山閉關。但不久他卻著了魔，瘋癲發狂而死。蓮池大師極為哀悼惋惜，追究原因，乃於初發信心時沒智慧，不懂參師訪道，以致心地的疑惑還沒分辨清楚，沒明師指導而弄巧反拙。當時有很多類似性空初發心的修行人，在深山搭茅棚，離群索居自修，自以為清高了不起，雖然不一定會著魔發癲，但也因而不能知過，不得

【1】　陳支平，〈明代后期社會經濟變遷的歷史思考〉拙風文化網http://www.rocidea.com/roc-62.aspx。

辨疑，大大不利修行。[2] 這都是不知參師訪道之過。原文摘錄如
下：

> 吳泗洲寺僧性空，棄應院，閉關堯封山，嘗寄予所發誓願，及
> 稟告十方等語。予嘉歎稀有。俄而魔著，遂癲狂以死。予甚悼
> 焉。揆其繇，蓋繇乍起信心，有信無慧故也。古人心地未通，
> 不遠千里，參師訪道，出一叢林，入一保社，乃至窮遊遍厯，
> 曾不休息。得意之後，方于水邊林下長養聖胎耳。何得才離火
> 宅，便入死關。有過不知，有疑莫辨，求升而反墮。又奚怪其
> 然哉？頗有初心學人，結茅深山，孤子獨君，自謂高致，雖未
> 必魔癲，而亦頓失利益不少，明者試一思之。[3]

（二）離師追逐名利

　　蓮池大師目睹當時做弟子的，師父還沒死，信仰就動搖改變
了，這是由於當初出家，並不是真正想依止正知見的師父，來了脫
生死，而是一時興起，偶然巧合地拜師而已。故有名利可圖就離開
師父，或者遇到壞朋友引誘就離開師父，或者做錯了事，被師父教
訓而憤恨，就另投他方了，甚至有的善知識不跟，反而跟上惡知
識，好像從喬木遷到幽谷一樣，愈走下坡。[4] 原文摘錄如下：

> 古之為弟子者，師沒而信愈堅；今之為弟子者，師存而守已
> 易，所以者何？　良繇最初出家，實非欲依止真師，決擇生
> 死，蓋一時偶合而已。是以其心見利則易，逢惡友惑之者易，
> 嗔其師之訓以正也則易，甚而下喬入幽如陳相，罷釋事道如靈

---

[2] 明・蓮花池大師著；吳錦煌述，《緇門崇行錄淺述》，頁58-59。

[3] 同上註，頁58。

[4] 同上註，頁61-62。

素者有之矣！【5】

另外，在前一章提到明憲宗時期，為了救濟飢荒，實施了販賣度牒的政策，僧人數量急邊大增，佛寺也大量擴建，導致僧質良莠不齊。有些新剃度者一出家即好為人師，目無尊長，談何尊師之倫理？另外，將佛寺分「禪、講、教」三類，產生階級分別，瑜伽教僧的專職化及其公訂經懺活動價格，都是導致尊師美德淪喪的重要原因。再者，圓澄《慨古錄》提到的官方禁講經論，使非法之徒得以惑眾；與寺產被侵佔、僧人被辱，官方未盡保護之責，【6】亦都是當時尊師美德淪落的原因。

蓮池大師在《緇門崇行錄》尊師之行第三的結語中，亦慨嘆如今雖一代不如一代，但只要活在當下，把握時機，卻可以開創新機。【7】因此，明末四大師之一的蓮池袾宏，以正面引導方式輯著《緇門崇行錄》，【8】列出清素等十大類善行，其中尊師之行即因佛門師徒倫理失序、新出家自立門戶不擇手段之叢林亂象而輯著。

二、「尊師」釋義

「尊師」的尊，指尊敬；師即師長。平常與道連用，如尊師重道，指尊敬師長；重視老師的教導。范曄《後漢書・孔僖傳》進一步釋義道：指教師指引應該遵循的道理，也指教師傳授的知識。尊敬師長，重視老師的教導。

范曄《後漢書・孔僖傳》：「臣聞明王聖主，莫不尊師貴

【5】　明・蓮花池大師著；吳錦煌述，《緇門崇行錄淺述》，頁61。

【6】　江燦騰(1990)，《晚明佛教叢林改革與佛學諍辯之研究──以憨山德清的改革生涯為中心──》，新文豐出版公司，頁11-12。

【7】　《緇門崇行錄》，CBETA, X87, no.1627_p356b04。

【8】　釋永東，〈明・蓮池大師撰寫《緇門崇行錄》之時代背景〉，頁3。

道。」[9]強調明王聖主都是尊敬授業的人，重視應遵循的道德規範。

中國社會是尊師的，每家的祖先堂上都供有「天地君親師」的香位牌。尊師重道是中華民族傳統美德，古往今來，代代相傳。它從另一個側面體現了中華民族的聰明智慧。尊師重道是指尊敬師長，重視老師的教導。

古語有云：「國將興，必貴師而重傅」，「師者，人之模範也」，「一日為師，終身為父」，「人有三尊，君父師是也」等等。這充分體現了中華民族「尊師」的道德觀念。古代流傳下來許許多多這方面的故事。如《子貢尊師》、《魏照尊師》、《李世民教子尊師》、《張良拜師》、《陸佃千里求師》、《程門立雪》等等。[10]

「重道」是我國傳統文化的重要特徵。我國傳統上把學問知識分為「道」、「經」、「術」三個層次。「道」是最高的學問。「經」是對「道」的闡述。「術」是實踐「道」的手段和方法。古代所有學派都把「道」作為最大的學問，最終的追求目標。孔子說：「朝聞道，夕死可矣」。[11]

「師者，所以傳道、授業、解惑者也。……而師說就是實踐儒家「尊師重道」的理念，然而當今老師的角色隨著時代轉變愈趨

---

[9]　南朝‧宋‧范曄《後漢書‧孔僖傳》卷七十九，儒林傳上。www.gotop.idv.tw/scripts/word/what1.asp?word1=尊師貴道

[10]　郭沫若《洪波曲》第11章http://www.chinesewords.org/idiom/show-28634.html成語解釋：

[11]　「尊師重道」http://baike.baidu.com/view/46695.htm百度百科，2016.1.10。

向多元化，在科技e時代，拜師學習的傳統方式受到挑戰，如：

> 其聞道也，固先乎吾，吾從而師之。
>
> 古之學者必有師。師者，所以傳道、授業、解惑者也。
>
> 弟子不必不如師，師不必賢於弟子。
>
> 人非生而知者，孰能無惑？惑而不從師，其為惑也終不解矣。【12】

　　自古以來，尊師重道是中國傳統美德，「萬世師表」孔子門生顏淵，便以尊師而為後人所稱道。

　　尊師重道是我國傳統中很重要的一個項目。說得最透徹的莫過於荀子《大略篇》的這幾句話：「國將興，必貴師而重傳。貴師而重傳，則法度存。國將衰，必賤師而輕。師不尊、道不貴。尊師即尊敬師長，重道乃重視道德『知恩、感恩、推恩、報恩』」【13】，意思是說國家將要興盛，必然是尊敬老師，尊重師傅所教導的，此時法度就能保存。國家將要衰弱，必然是賤視老師、輕蔑師傅的，人就會為了自身的快樂而違反法度。

　　尊師旨在（1）體師之心：挽救眾生脫離苦海同登覺路；（2）遵師之訓：恩師之教誨應認真遵行；（3）效師之行：為救眾生不辭辛勞。一個不懂得尊師重道的人，無論度了多少人，做了多少善事，終究還是枉然。有句話說：「辦道不由衷累死也無功。」就是這個道理。

　　《緇門崇行錄》「十門」中第三大類善行是「尊師」，可見尊師之行對於一個出家人是何等的重要了！

【12】　「尊師重道」http://www.dfg.cn/big5/cszd/shzr/13-zszd.htm 2016.1.20。
【13】　中國哲學電子化計劃http://ctext.org/xunzi/da-lve/zh?searchu 2016.9.17。

第二節　尊師之行內涵

　　《緇門崇行錄》尊師之行的10則典故，按發生朝代分，晉朝有三則、北魏朝一則、唐朝三則、宋朝二則及元朝一則，縱跨晉至元朝。這10則尊師行典範可以分為四類，即求道意志、遵守師訓、隨侍師長與師誨自覺。第一類求道意志包括第1則力役田舍，與第4則立雪過膝等二則；第二類遵守師訓則有第8則謹守遺命、與第9則遵訓終隱等2則；第三類隨侍師長典範包括第3則為師禮懺、第6則迎居正寢、第7則歷年執侍、與第10則兵難不離等四則；第四類師誨自覺包括第2則受杖自責、與第5則離師誨責等二則。為易於瀏覽，特製表6以利說明如後：

表6：《緇門崇行錄》尊師之行分類表

序號	典範懿行	姓名	朝代	尊師之行分類				出處與備註
				求道意志	遵守師訓	隨侍師長	師誨自覺	
1	力役田舍	道安	晉	v				p356b05-15
2	受杖自責	法遇	晉				v	p356b16-24
3	為師禮懺	法曠	晉			v		p356c01-05
4	立雪過膝	神光	北魏	v				p356c06-19
5	離師悔責	清江	唐				v	p356c20-357a07
6	迎居正寢	石霜慶諸	唐			v		p357a08-11
7	歷年執侍	招賢會通	唐			v		p357a12-20
8	謹守遺命	懷志	趙宋		v			p357a20-b07
9	遵訓終隱	清素	趙宋		v			p357b08-13
10	兵難不離	印簡	元			v		p357b14-20
小結	10			5 2	2	4	2	

表6將《緇門崇行錄》十則尊師之行分為如下四類：

一、求道意志

求道意志包括第1則力役田舍，與第4則立雪過膝等二則，分述如下：

（一）力役田舍

道安法師（312-385），十二歲出家，天生聰敏、其貌不揚，不被師父器重。師父叫他去種田，做了三年，執勤辛勞，從沒半點抱怨。幾年後，才去見師父要求傳授經典。師父給他《辨意經》一卷，有五千多字。道安大師帶著經去種田，休息時就讀，傍晚歸來，再要求師父傳授其他經典，師父說：「昨天給你的經還沒讀完，就要求其他的經？」他回答說：「我已經會背誦了。」師父雖然驚訝，但還不太相信；再給他一卷《成具光明經》，將近一萬字。安大師仍抱著經去種田，黃昏回去後，師父請他背誦，背得一字不差，師父非常讚歎！[14] 原文摘錄如下：

> 晉道安法師，十二出家，神性聰敏，而形貌甚陋。不為師所重。驅役田舍至於三年。執勤就勞曾無怨色。數歲之後方啟師求經，師與辨意經一卷，可五千言，安賫經入田，因息就覽，暮歸更求餘經。
>
> 師曰：「昨經未讀，乃復求耶。」
>
> 答曰：「即已成誦。師雖異之而未信也。」
>
> 更與成具光明經一卷，將一萬言。賫之如初，暮復還經，師令誦之，不差一字，方大驚嘆。[15]

---

[14] 明・蓮池大師作；吳錦煌述，《緇門崇行錄淺述》，台北市：佛陀教育基金會，1992，頁44-45。

[15] 《緇門崇行錄》，CBETA,X87,no.1627_p356b6-15。

　　道安法師初因相貌醜陋不為師之器重，卻無怨色，執勤就勞。能將師父所傳授的經典倒背如流，而令師父驚歎。

（二）立雪過膝

　　神光大師（487-593）要拜達磨大師為師。達磨大師面壁坐著，卻不說話。一天晚上下大雪，神光大師站在庭院中站到天亮。雪都積到超過了膝蓋，達磨大師問：「站在雪中那麼久，想求什麼事？」神光大師淚下道：「但祈求和尚慈悲，開演如甘露的法門，廣度眾生。」

　　達磨大師說：「諸佛成佛的無上妙法，累劫長遠地精進勤修，難做的能做到，難忍耐的能忍耐，這樣地修行，尚且不能證得，你今天這樣掉以輕心，一下子就想要得到佛法的真諦，那簡直是作夢，徒勞無益啊！」神光大師聽了這個教誨，為了表示自己不畏艱難求法的決心，馬上用刀切斷左手臂，放在達磨祖師的面前。

　　達磨大師說：「諸佛求道時都為佛法忘形軀，你今天切斷手臂，也算可以

　　求法了。」神光大師說：「我的心未能安頓，求師父給我安心。」達磨大師說：「你拿心來，我為你安。」神光大師說：「我就是一直找不到心啊！」達磨大師說：「我已替你安完心了。」於是傳神光大師禪門心法，成為中國禪宗的二祖。【16】原文摘錄如下：

> 達磨大師自西域至，往師之。磨未嘗與語。一夕大雪，光立庭砌；及曉，雪過其膝，

【16】　明‧蓮池大師作；吳錦煌述，《緇門崇行錄淺述》，頁48-49。

　　磨顧曰：「久立雪中，欲求何事？」

　　光泣曰：「惟願和尚開甘露門，廣度群品。」

　　磨曰：「諸佛無上妙道，曠劫精勤，難行能行，難忍能忍，尚
不能至，汝今以輕心、淺心欲冀真乘，徒勞勤苦。」

　　光聞誨勵，以刃斷臂，置於磨前。

　　磨曰：「諸佛求道為法忘形，汝今斷臂，求亦可在。」

　　光曰：「我心未安，乞師安心。」

　　磨曰：「將心來，與汝安。」

　　光曰：「覓心了不可得。」

　　磨曰：「與汝安心竟。」遂傳法，為二祖。【17】

　　以上兩則故事中可以看到以前老師對待弟子方式嚴屬，但弟子求道意志非常強，不退道心，禁得起老師的一再考驗，不會因為老師的打罵或者刁難就輕易地放棄。對於自己師父這樣的教導方式，沒有任何的怨言。

　　時代不斷的變遷，現代學生的思想不同於往昔，老師教學生也跟著辛苦。現代多數小孩心理脆弱，不堪接受重一點的言語，無法面對挫折、容易受傷。現代擔任教育工作的老師則要與時俱進，宜用亦師亦友的方式與學生相處，以適應思想文化越來越開放的時代。上述兩則師徒之道行，形式上已不適用於現今的教育，比起現代沒有堅強的心求學、接受挫折與挑戰的學生比起前人的求學態度，相差甚遠。

二、遵守師訓

　　第二類遵守師訓則有第8則謹守遺命、與第9則遵訓終隱等2

【17】　《緇門崇行錄》，CBETA,X87, no.1627_p356,c7-19。

則，分述如下：

（一）謹守遺命

宋朝南嶽石頭庵懷志禪師（生卒年不詳），金華人，年青時學講經。由於一位參禪者的激發，放棄講經，四方參禪，後來到了洞山道場（曹洞宗道場，淵於洞山良價祖師），得真淨文（隆興府寶峰克文雲庵真淨禪師）禪師的開示而悟道，跟隨真淨文禪師很久。有一天他要離開文禪師的時候，文禪師告訴他：「你的禪學雖然高超脫俗，大有悟地，但是你度眾的因緣不好，勉強化度只是引致譭謗，反而造業。」志禪師領命拜別，牢記在心。

到了袁州，州裏的人請他住持揚岐寺，因受人阻礙而作罷。後來遊歷湖南湘江一帶，潭州牧請師住持上封寺或北禪寺，大師都拒絕了。就住在衡山的一個茅棚二十多年。有一首偈子道：

「萬事看破，萬緣放下，我與世無爭，裝成一付癡呆憨直的樣子；我遨遊在山林中，偶而和野鹿一起玩，麻衣也不脫，拿拳頭當枕頭，曲肱而眠地睡覺，無量劫來淪於生死的我，有幾生幾世像今生一樣，在蒼鬱山林中的茅棚渡過呢？」

大師晚年參拜龍安照禪師，照禪師安排他住在寺裏的「安樂宮」。大師就住在那裏，一直到圓寂。【18】原文摘錄如下：

> 宋懷志，金華人。幼業講，因一禪者激發，棄講參方。晚至洞山，得法於真淨文禪師。久之辭去，真淨囑曰：「子禪雖逸格，但緣不勝耳。」志拜受命。
>
> 至袁州，州人請住持揚岐，制肘而去。遊湘上，潭牧請住上

【18】 明・蓮池大師作；吳錦煌述，《緇門崇行錄淺述》，頁54-55。

封、北禪，皆不受。庵於衡岳二十餘年，有偈曰：

「萬機休罷付癡憨，蹤跡時容野鹿參；不脫麻衣拳作枕，幾生
夢在綠蘿庵。」

晚投龍安，龍安處之最樂堂，遂終老焉。【19】

人人都愛出名，如今能遵守師父的遺命，拒絕各方面的聘請
的，實在難找！「有幾生幾世像今生一樣？」已觸動我心，當未覺
悟生死時的我，是未出生的我，當有漏之身纏縛執取，心有所住，
那並非我；我生命洪流如經海之一滴，何曾有我失根浮萍、盲龜浮
木，佛法難聞今已聞，人身難得，我已得，勤加精進，永不退轉，
唯所是願。

（二）遵訓終隱

宋朝清素禪師（?-1135），得潭州石霜楚圓慈明禪師傳法後，
隱居於群眾中，兜率悅禪師當時也在一起。有一天晚上，大家夜裏
碰面談話，問起來才知道素大師曾是慈明禪師的侍者，大吃一驚。
隔天整肅儀容去拜謁素大師。以後常常去請教素大師，經過好幾次
的開示和啟發，悅公終於大悟。但素大師警戒悅公說：「我因為福
報淺薄，先師告訴我不許傳法度眾，今天我憐惜你誠意赤心，忘了
先師的告戒，希望你以後不要再傳我的法啊！」這樣素大師終身隱
居埋名，幾乎沒有人知道他是一個開悟了的大德。【20】原文摘錄如
下：

宋清素，得法於慈明。在處隱眾中，兜率悅公，時在眾，因夜

【19】　《緇門崇行錄》，CBETA，X87, no.1627_p357a20-b07。
【20】　明・蓮池大師作；吳錦煌述，《緇門崇行錄淺述》，頁56。

話，詢知為慈明侍者，大驚。明日具威儀參叩，往復開發，遂得大悟。

仍戒悅曰：「吾以福薄，先師授記，不許為人；憐子之誠，忘先師之戒，子以後切勿嗣吾也。」終身陸沈，人無知者。【21】

一顆真心如赤子，是世間無價寶，法無高下，境無好壞，唯心所造。

三、隨侍師長

第三類隨侍師長典範包括第3則為師禮懺、第6則迎居正寢、第7則歷年執侍、與第10則兵難不離等四則，分述如下：

（一）為師禮懺

法曠法師（326-402），下邳人，年幼失怙，侍奉繼母至孝，孝親美名遠播。後來出家，拜曇印法師為師。有一次印法師病重危急，曠大師於是七天七夜，虔誠禮佛拜懺，回向師父。到了第七天，忽然看見五色光明，照射印大師的房間；印大師覺得好像有人用手撫動自己的身子，於是病就好了。【22】原文摘錄如下：

> 晉法曠，下邳人，早失二親，事繼母以孝聞。
>
> 後出家，師沙門曇印。印嘗疾病危篤，曠乃七日七夜祈誠禮懺，至第七日，
>
> 忽見五色光明，照印房戶；印如覺有人以手振之，所苦遂愈。【23】

心誠則靈，為師禮懺，體現尊師之道，有道是：一日為師，

【21】　《緇門崇行錄》，CBETA,X87, no.1627_p357b08-13。

【22】　明‧蓮池大師作；吳錦煌述，《緇門崇行錄淺述》，頁47。

【23】　《緇門崇行錄》，CBETA,X87, no.1627_p357b08-13。

終身為父，為人弟子應視師如父。

（二）迎居正寢

唐朝長沙石霜山慶諸禪師（807-888），得潭州道吾宗智大師傳心印，後來隱居在瀏陽洞山，有瀏陽古佛的尊稱。很多學人依傍他修道，道吾大師將要圓寂時，非常器重慶諸大師，以他為自己正傳的衣鉢，離開眾人去和慶諸大師住。慶諸大師把吾大師接到自己的正堂供養，走路時一定扶著他，坐著時必定侍候在旁邊，極盡敬養的禮數。【24】原文摘錄如下：

> 唐石霜慶諸禪師，得法於道吾。後隱瀏陽洞山，有瀏陽古佛之語，學者多依之。道吾將化，棄其眾從諸。諸迎居正寢，行必扶，坐必侍，備極敬養之禮。【25】

德行始於心性，心行如一，方為君子，護心如護地，行禮如儀。

（三）歷年執侍

唐朝招賢會通禪師（?-845），年少時作唐德宗的六宮大使（宮廷王室的聯絡官），但無意於功名富貴，拜謁鳥窠道林禪師，求剃度出家，禪師不收，苦苦哀求，終於為他剃度，收為弟子。服侍禪師，隨從左右，殷勤不變，經過一十六年，沒得到禪師的開示。於是有一天跟禪師講，要離開禪師，窠禪師問他，要到哪兒去？他說：「想到各地方參學佛法去。」

窠大師說：「佛法我這裏也有一點點。」於是拈起衣服的布

【24】　明‧蓮池大師作；吳錦煌述，《緇門崇行錄淺述》，頁52。
【25】　《緇門崇行錄》，CBETA，X87, no.1627_p357a08-11。

毛吹了一吹。通法師忽然大徹大悟；因於布毛下開悟，所以人稱布毛侍者。【26】原文摘錄如下：

> 唐招賢通禪師，少為六宮大使，因詣鳥窠求出家，不納，堅求，乃為剃落。
>
> 執侍左右，勤劬不替，經一十六年，不蒙開示，欲辭去，窠問何之。
>
> 曰：「諸方學佛法去。」
>
> 窠曰：「佛法此間亦有少許。」遂拈起布毛，忽大悟，號布毛侍者云。【27】

蓮池大師盛讚招賢會通禪師十六年來未得開悟，在窠大師的指點下頓悟。勸誡遇上明師的人，不要操之過急，只要耐煩練就一身本領，因緣到自然滴水能穿石。

（四）兵難不離

元朝北京慶壽海雲印簡禪師（1202-1257），山西寧遠人，八歲就拜中觀沼禪師為師，十八歲的時候，元兵攻下寧遠城，眾人都逃難去了，簡師仍舊服侍中觀禪師，毫無逃意，觀大師對他說：「我年紀大了，沒什麼作為了，你正年青有為，何必留在這裏和我這老朽同歸於盡呢？你自已逃命去吧！」印簡師哭泣著說：「因果絲毫不爽，生死有命，我怎麼可以離開師父，苟且偷生呢？」明日寧遠城被攻破投降了，元兵統帥史公天澤問簡師說：「你是什麼人？」簡師回答：「出家人。」史又問：「你吃肉嗎？」簡師回

【26】　明‧蓮池大師作；吳錦煌述，《緇門崇行錄淺述》，頁53。
【27】　《緇門崇行錄》，CBETA，X87, no.1627_p357a12-20。

答：「什麼肉？」史道：「人肉。」簡師答：「虎豹這般兇狠的畜生尚且不會吃同類的肉，何況人呢？」史聽了很讚賞，因此釋放了他。[28]原文摘錄如下：

> 元印簡，山西寧遠人，八歲禮中觀沼公為師，十八，元兵下寧遠，四眾逃難，簡侍中觀如故。觀曰：「吾迫桑榆，汝方富有春秋，何當玉石俱焚？宜自逃遁。」
>
> 簡泣曰：「因果無差，死生有命，安可離師苟免乎？」
>
> 明日城降，元帥史公天澤問曰；「汝何人？」
>
> 對曰：「沙門」。
>
> 「食肉否？」
>
> 對曰：「何肉？」
>
> 史曰：「人肉」。
>
> 對曰：「虎豹尚不相食，況人乎？」史喜而釋之。[29]

上述海雲印簡禪師兵難不離其師，遇危機能毫髮無傷，因果絲毫不爽，生死有命，慈心不殺。

四、師誨自覺

第四類師誨自覺包括第2則受杖自責、與第5則離師誨責等二則。分述如下：

（一）受杖自責

晉朝荊州長沙寺法遇法師（不詳，60歲），拜道安法師為師，住持於江陵長沙寺，講演諸經，與他學佛的人，有四百多人。有一天，寺內一位僧人偷喝了酒，遇著大師，便加以處罰，但沒把

【28】　明・蓮池大師作；吳錦煌述，《緇門崇行錄淺述》，頁57-58。

【29】　《緇門崇行錄》，CBETA，X87, no.1627_p357b14-20。

他趕出山門。道安大師在遠方聽到這件事，就用竹筒裝一枝笞杖，封包起來，寄給法遇法師。遇大師開封見到荆杖，就說：「這是由於那個飲酒僧的事而來的，我的教誨和領導能力不夠，致使在遠方的師父擔憂，而賜給我這枝笞杖啊！」於是打楗椎把眾人召集來，將安大師寄來的筒杖放在前面，燃香致敬；自己伏在地上，命執刑的維那師拿荆杖打自己三下，掉著眼淚自己責備自己。這麼一來，那地方的僧俗沒有不讚歎佩服的，因為這件事而激發精進的人也很多。【30】原文摘錄如下：

> 晉法遇，事道安為師，後止江陵長沙寺，講說眾經，受事者四百餘人。
>
> 時，一僧飲酒，遇罰而不遣。安遙聞之，以竹筒貯一荆杖，封緘寄遇。
>
> 遇開緘見杖，即曰：「此繇飲酒僧耳，我訓領不勤，遠貽憂賜。」遂鳴椎集眾，以筒置前，燒香致敬；伏地，命維那行杖三下，垂淚自責。境內道俗無不歎息，因之勵業者甚眾。【31】

　　道安法師聽聞遇大師懲戒弟子的方式，而寄藤條給遇大師，遇大師也身體力行，用師父對自己的懲戒來警示徒弟們應該自律嚴行。法遇法師能虛心受教，深受蓮池大師感佩，此乃是基本的學習態度，自覺的醒悟更是功夫的所在，依旨在定法上，無論念佛、參禪、打坐、讀經、抄經、出坡作務，方能去除不良習氣，熄滅貪嗔癡。師如荆杖，何等幸福！有人鞭策，更應珍惜。

（二）離師悔責

【30】　明‧蓮池大師作；吳錦煌述，《緇門崇行錄淺述》，頁46。
【31】　《緇門崇行錄》，CBETA, X87, no.1627_p356b16-24。

　　唐朝襄州辯覺寺清江法師（766-804），早年體悟人生如夢幻泡影，諸行無常的道理，拜曇一律師為師，親近曇師，讀經學法，一過目就不忘，明眼者說：「這個僧人是佛門的千里馬。」因與師父細故，離開師父去各地行腳參訪，四處講經說法雲遊。後來自己責備自己說：「幾乎走遍半個天下，參訪無數法師，能比得上我原先的師父曇一大師的，實在很少。」於是又回到曇一律師這裏來。當著大眾僧集會的時候，他萬分慚愧的叩頭請罪，宣稱：「我清江今再回來親近師父，希望師父慈悲再收我作徒弟。」

　　當時曇一大師責罵他，不答應他回來，江大師淚下如雨，懺悔道歉說：「從前無知，後來明白了，懇求和尚慈悲許我重回座下，滿弟子的願。」再三的哀求，曇公憐憫他，於是恢復當初師徒關係。曇一大師圓寂後，江大師再到南陽拜謁慧忠國師，受到慧忠國師的器重，傳授他心法要訣。[32] 原文摘錄如下：

> 唐清江，幼悟幻泡，禮曇一律師為親教師。諷誦經法，觸目而通。識者曰：「此緇門千里駒也。」
> 嘗與師稍忤，捨而遊方，遍歷法筵。自責曰：「天下行半，如我本師者鮮矣！」
> 乃還師所。
> 當僧集時，負荊喝言：「某甲再投和尚，惟願攝受。」
> 時一公詬罵，江雨淚懺謝曰：「前念無知，後心有悟，望和尚大慈，施與歡喜。」求哀再四，一公憫之，遂為師資如初。一公歿，謁忠國師，密傳心要焉。[33]

【32】　明・蓮池大師作；吳錦煌述，《緇門崇行錄淺述》，頁51。
【33】　《緇門崇行錄》，CBETA,X87, no.1627_p356c20-357a07。

清江法師與師父曇一法師稍不投緣，就決定離開老師去各地行腳參訪，走過一圈，拜見無數法師，才又回頭發現能比得過自己師父的少之又少，決心重回座下。蓮池大師盛讚清江法師，覺悟自己離開聖賢是錯誤之舉，受到痛罵仍不退心，可以說是明智而又虔誠了，後來又受慧忠國師的器重和得授心法。相反因高傲自持，不能虛心領略，枉費師恩。人若不忠不孝，德何以立。

第三節　尊師之行典範之同異與現代價值

尊師之行第三有10則善行，以朝代歸類：發生於晉朝的有力役田舍、受杖自責與為師禮懺三則；魏朝的有立雪過膝；唐朝的離師自責、迎居正寢及歷年執侍三則；宋朝的謹守遺命、遵訓終隱二則；元朝的兵難不離。由則數看來由唐朝、宋朝而至元朝，隨著社會風氣轉變，尊師的德行似有下滑趨勢。

一、在現代時空環境的實用價值

上述10則之善行最重要之共同性，均在極為尊師重道、視師如親，充分展現尊師德行，足堪為人表率。這10則尊師善行，在現代時空環境，值得我們省思與學習的德行，按上述四類分法，說明其對現代時空環境的實用價值如下：

（一）求道意志：

第1則力役田舍的道安法師自幼即有背誦、理解詩經之超高能力，出家後因面貌醜，不受師重，種田三年而無怨無悔，終讓師驚嘆其才華，因而在受戒具足後讓他外出遊學，得師事佛圖澄法師。

第4則立雪過膝的神光法師以徹夜立於雪中，又斷臂以示忘軀，表達堅毅的求學求知精神。

為求道，道安法師與神光法師分別展現出謙卑無怨的精神，與不畏艱難的決心，對現代吃不了苦、抗壓力低的年輕世代具有深度的啟發價值。

（二）遵守師訓

第8則謹守遺命的懷志法師，因真淨文法師囑其「子禪雖逸格，惜緣不勝耳」，銘記在心，終生不做住持、不做度眾。第9則遵訓終隱的清素法師，慈明法師授記清素法師不許為人傳法，因悅公之誠意而終傳之法，特要求勿再傳他人，並從此隱居埋名。兩位法師遵守師訓的典範，值得當今師長威權不在時代的我們謹記「師長之告誡，必有其道理，當牢記在心，惕勵遵行」。

（三）隨侍師長

第3則為師禮懺的法曠法師，因曇印法師重病，七天七夜為師虔誠禮佛拜懺。第6則慶諸法師在道吾法師圓寂前接到自己的正堂供養，隨侍在側，極盡敬養的禮數。第7則歷年執侍的招賢會通法師，跟隨道林法師十六年，原想離師赴外地參學，因道林法師拈起布毛而頓時開悟。第10則兵難不離的印簡法師，絲毫不懼元兵圍城，堅持照顧中觀法師，勇敢應對終得安身。

這四位隨侍師長的典範，都是奉事師長視如父母，即使臨危亦不畏懼地護持師長與正義。此種精神對於現代少子化與本位主義的世代，無異乎是強化倫理道德的生命教育。

（四）師誨自覺

第2則為師禮懺的法遇法師處罰寺中偷喝酒的僧人，道安法師遠處聞之，以竹筒寄一荊杖，法遇法師收後，了悟寺僧飲酒是其教誨和領導能力不夠，立刻招集眾人命執刑的維那師拿荊杖打自己三下，自己責備自己。第5則離師自責的清江法師離開曇一法師，各地行腳參訪才發現能比得上曇一大師的，實在很少，心知自己錯誤，而知過能改，回頭懇求曇一法師收留，以致後來得授慧忠國師心法。

上述兩則典範教導我們學習、求法，要謙卑有耐心，切莫急躁。發現錯誤，即應認錯回頭。即使為師者，當徒弟有錯，應有為師之過的反思德行。對於當今只見人過，不思己過的風氣，提供多元思維的價值。

二、明朝當時與現代時空環境之共同點

明朝十則尊師善行，與現代時空環境，計有四項共同點，略述如下：

（一）社會浮華與奢糜

社會風氣崇尚虛華、奢侈，笑貧不笑娼，只看虛華之表面，而不論如何獲取質樸。

（二）道德淪喪

子女弒父母、父母施暴子女、師生關係錯亂、學生施暴師長等有違中華傳統禮教道德之行為。

（三）價值觀錯亂

崇尚一夜致富、不勞而獲、己所不欲施之於人等，完全把傳統價值觀扭曲之行為。

（四）寺、僧良莠不齊

某些寺廟斂財無度，用於有違社會公理正義之處，也仍存在許多連最基本的五戒都守不住的破戒僧人，形同披著袈裟的騙徒。

第四節　尊師之行現代實踐典範 ——淨空法師與星雲大師

當今社會價值觀錯亂、追逐利益、師生關係薄弱，參酌《緇門崇行錄》尊師之行的德行，來舉當代尊師之案例極為困難。僅以淨空法師與星雲大師的尊師為現代典範，分述如下：

一、現代尊師之典範——淨空法師

台大哲學系主任方東美先生，開啟了淨空法師（1927-）對佛教哲學的認識，方先生的教誨「寺廟現在已經很少人深入經藏，真正的佛教在經典，你要從經典裡面，你才能找到佛教的本來面目，你才能發現它在學術上的造詣」讓淨空法師重新認識佛教。俟方東美先生過世，仍本於尊師照顧師母。[34]

淨空法師二十六歲時，曾隨六十五歲的章嘉大師學佛三年。大師教他讀《釋迦譜》、《釋迦方誌》，又教他看破、放下，為法

【34】　淨空法師，〈仁愛和平講堂─尊師重道篇〉http://new.jingzong.org/
Item/8185.aspx。2015.11.10。

師奠定深厚之學佛根基 。【35】

　　淨空法師在李炳南居士會下學習經教十年，共習五部經（《阿難問事佛吉凶經》、《阿彌陀經》、《普賢行願品》、《金剛經》及《楞嚴經》）【36】，淨空法師出家兩年才受戒，受戒之後到台中禮謝老師李炳南居士，李老師第一句話說：「你要信佛！」信佛【37】，才能有成就。特別是淨土宗的信願行，你不相信，你那個願就不是真的，你的行也不會得力，所以一定要相信經上給我們講的句句話都是真實，你只要照作，依教奉行，決定得利益。

　　淨空法師受方東美先生、章嘉大師及李炳南居士之教誨，分別在哲學、佛學方面，奠定了深厚的基礎。感念老師教誨的恩德，在跟信眾傳道解經時，不斷反覆的感謝上述幾位老師。淨空法師有關倡導尊師的菁華開示就有二十四篇【38】之多。

　　淨空法師以誠敬心、照顧寡居的師母、宣導經教不斷提示師恩之重，並經常講述提倡中華傳統文化與尊師重道相關課題，以這種方式展現當代尊師之行的表率。

二、現代尊師之典範—星雲大師【39】

　　本小節將分為星雲大師生平、請求受戒歷程、尊師之行、善

【35】　淨宗學院，〈一代活佛—章嘉大師〉http://new.pllc.cn/Item/2538.aspx。

【36】　淨空法師，〈如何實踐彌陀大願〉（第三集）1989.10　http://edu.hwadzan.com/play/02/10/1/18158。

【37】　〈淨空法師專集師承李炳南居士〉http://www.amtb.org.tw/jkfs/jkfs.asp?web_amtb_index=4&web_choice=3。2015.11.10。

【38】　淨空法師有關尊師論述http://new.jingzong.org/Item/8185.aspx及http://www.amtb.org.tw/enlighttalk/enlighttalk.asp?web_choice=5#godata。2015.11.0。

【39】　本節原稿爲筆者目前就讀佛光大學佛教學所的導生王盈堯所撰寫，業經筆者重新改寫。

知識與金剛怒目菩薩低眉四部分，來闡釋星雲大師的尊師之行，以為現代修行者之典範。

（一）生平

星雲大師，中國江蘇江都人，生於1927年；經過蘆溝橋事件中日戰爭，父親因戰火罹難，與母親尋找父親時，遇見了志開上人，問星雲大師要不要出家，就這樣大師在南京栖霞山禮志開上人披剃，實際祖庭為江蘇宜興大覺寺。[40]

（二）求受戒歷程

星雲大師回憶剛上棲霞時，是個十二歲的孩子，卻往往夜間十點睡覺，凌晨三點起床，導致早晚課誦，才一拜到地上就睡著了，被老師發現了踢頭，再趕快爬起來。曾經合掌跪在丹墀裡聽開示，一跪三、四個時辰，最後連小石子都嵌進膝蓋肉裡，雙臂也僵硬得失去知覺。十五歲受具足大戒時，更親嘗到「以無情對有情，以無理對有理」的滋味。

> 星雲大師還記得受戒師父問：「有沒有殺生過？」
>
> 星雲大師答：「沒有。」
>
> 突然一大把柳枝就打下來。
>
> 受戒師父：「難道蚊子、螞蟻都沒有殺過嗎？」
>
> 大師連忙改答：「有。」
>
> 還是一樣又再被打，因為殺生是罪過。
>
> 接著又問：「受戒是剃度師父叫你來的嗎？」

---

[40]　佛光山全球資訊網《大師略傳》http://www.masterhsingyun.org/biograhy/biograhy.jsp，2015.5.24。

> 大師答：「是我自己來的。」
>
> 柳枝第三度打在我頭上。
>
> 受戒師父：「師父沒叫你來，你自作主張，該打！」
>
> 大師改答：「是師父叫我來的。」
>
> 受戒師父：「不叫你來你就不來了嗎？」
>
> 又是第四次打。【41】

　　偶爾聽到山聲水聲，難免抬頭看了看，給戒場上的引禮師父看見了，籐條立刻落在身上：「聽什麼！把耳朵收起來！小小年紀，什麼聲音是你的？」挨完罰，趕緊收攝心神，不管什麼風吹草動，均不入耳。

　　之後，籐條又立刻追上：「把耳朵打開聽聽，什麼聲音不是你的？」偶爾貪看戒壇的風光，也會被狠狠抽：「眼睛東飄西看的，哪一樣東西是你的？」出堂時，看見風吹草動，立刻驚覺，閉目不看，怎想到籐條仍然不放過：「睜開眼睛看看，哪一樣東西不是你的？」

　　柳枝打掉了星雲大師的貢高剛愎，由我執轉化為無我，就是這樣「有理三扁擔，無理扁擔三」的磨練，大師養深積厚了宗教情操。大師說：「小時候在無理前面都可以低頭了，將來面對有理的事還不能接受嗎？對無情都能服從了，對有情有義的社會還不歡喜嗎？」【42】

【41】　佛光山全球資訊網《大師略傳》http://www.masterhsingyun.org/biograhy/biograhy.jsp，2015.5.24。

【42】　同上註。

（三）尊師之行-感念師恩

1989年，大師第一次回棲霞寺祭掃師父的靈塔，星雲大師含淚跪拜在志開上人的碑前，祝告做徒弟的無論環境如何困頓，都不曾辜負師父的苦心。志開上人遺體葬在老家江蘇海安。大師只要有機會回鄉探親，都會到師父墳前誦經報恩。有一次，他對前來瞻仰的五、六百位鄉民說：「這裡面安放著一位偉大的人物，就是我的師父——志開上人。」雖然不再有機會孝奉自己的師父，但大師多年來對自己師父的親戚家人盡力關心與照顧，以報答師恩。【43】

星雲大師因為有著嚴厲的師父，才成就了現在的大師，大師求道意志非常堅定，不會因為有理無理的棒喝，產生怨恨、討厭的心，而退失道心。在師父志開上人過世以後，大師仍然回去家鄉祭拜自己的師父，並對著鄉民介紹著自己的師父很偉大，也會關照老師的家屬們，以報答恩師。星雲大師對於師父的感念，在現代已經很難見到了。

（四）小結

星雲大師對教育的理念與重視，除了一生將師父志開上人的教育視為啟蒙外，更是佛光山徒眾們的老師，樹立師範、傳道授業解惑、延續正法、師徒情深是大師尊師及為師的特質。

第五節　結語

　　尊師之行排在《緇門崇行錄》十德目的第三，可見蓮池大師認為在修行中，尊師有其重要的意義存在。不論宗教、朝代，凡事接受別人教育者，都應以一種尊敬的態度去面對自己的師長，而師長也應該毫無保留的將自己的智慧傳承給弟子們，才能使正法延續。

　　古時候做徒弟的人，師父往生後，信仰更堅定，更不違師訓，信受奉行。如今做弟子的，師父尚健在，有利可圖信仰就動搖改變，遠離師父了。【44】本章所舉淨空法師與星雲大師就是很好的現代尊師典範，淨空法師宣講師恩、提倡尊師重道儒家傳統美德；星雲大師樹立師範、傳道授業解惑、正法延續、謹從師命、謹從師命、與師之必要等六項尊師崇行，不僅具有《緇門崇行錄》尊師之行10則典故的求道意志、遵守師訓、隨侍師長與師誨自覺的精神外，更能經由尊師，轉為時下受尊崇與愛戴的明師，與時俱進、觀機逗教、善巧方便、接引有緣，成為當代佛教界屬一屬二的尊師典範。

【44】　明‧蓮池大師作；吳錦煌述，《緇門崇行錄淺述》，頁61。

第柒章　孝親之行內涵與其現代實踐典範

　　兩種不同文化相互接觸時，往往會從互相牴觸，進而互相了解，進而互相包容，進而融和，然而其中不乏也有相同之處，印度佛教文化與中華文化亦是如此。而其中兩者相同處之一便是孝道。《佛說尸迦羅越六方禮經》、《佛說善生子經》、《佛說孝子經》等[1]，以及佛陀為父親抬棺、大目犍連尊者救母、《地藏菩薩本願功德經》所記載的事蹟等等，都是孝道孝親之行。

　　中華文化則是早在甲骨文字中已出現「孝」這個字，《孝經》則是專門闡述孝道的古籍，上至天子下至黎民百姓如何行孝道的準則與方法。此外，《詩經》、《論語》等諸多古籍也都有論及

---

[1]　王月秀，〈論明代佛教孝道觀-以《目連救母勸善戲文》為例〉，頁200-201。

孝道。而在國家治理方面，特別從漢朝「罷黜百家，獨尊儒術」
起，進而出現各朝歷代幾乎皆強調「以孝治天下」。唐朝的皇帝唐
玄宗則是親自注解《孝經》，明朝的開國君王明太祖洪武皇帝朱元
璋非常注重孝道，下詔書《慈孝錄》重新實施孝廉制度，且在明朝
還特別重視並要求女子要接受《孝經》的教育。

　　佛教注重孝道與中華文化並無二致，甚至是有過之而無不
及。明朝的開國君王明太祖洪武皇帝朱元璋非常注重孝道，然而到
了蓮池大師的時代卻出現「世人病釋氏無父」的言論，幸有蓮池大
師著書《緇門崇行錄》以明示當時的僧俗二眾及世人。

　　「孝親」：「百善孝為先」，有雙親的生養之恩德，我們才
能長大成人受教育，孝是德之根本，戒律行儀再多，還是必須孝
順。蓮池大師認為「親生而後師教，遺其親是忘本也，戒雖萬行以孝
為宗，故受之以『孝親』」。[2]本章將蓮池大師所著的《緇門崇行
錄》中的〈孝親之行〉略作分析歸類，並列舉宣化上人和當代高僧
大德虛雲大師的孝親事蹟略舉分析。

第一節　《緇門崇行錄》孝親之行
時代背景與「孝親」釋義

　　本節將分為兩部分，來探討蓮池大師撰寫《緇門崇行錄》中
的〈孝親之行〉的時代背景與孝親的定義解釋。

---

[2]　《緇門崇行錄》，CBETA,X87,no.1627_p352a13-b2//Z 2B:21_p400a10-b5//
　　R148_p799a10-b5。

一、孝親之行時代背景

明憲宗時期，為了救濟飢荒，實施了販賣度牒的政策，僧人數量急遽增加，導致傳統儒家孝道思想的一般人，誤會佛教僧人不盡孝親之責。故蓮池大師在《緇門崇行錄》中特例舉12則孝親之行典範，以掃除社會人士對佛教的誤會，說明如下：

（一）導正出家父母反拜的錯誤觀念

蓮池大師不認同子女出家，不拜父母，父母亦不拜出家子女，強調父母只要還禮即可。其主張受到一僧人引《法華經》所載「大通智勝如來成佛後，其父輪王向之頂禮」來反駁。蓮池大師駁斥其仍是未悟未覺的凡夫僧，怎能媲美於佛。佛為僧立法說法，不需為佛說法。可見《緇門崇行錄》孝親之行主要是回答問難且導正觀念，建立正知正見。原文摘錄如下：

> 予作正訛集，謂反者還也。在家父母不受出家子拜，而還其禮。非反拜其子也。一僧忿然曰：「法華經言：大通智勝如來，既成佛已，其父輪王向之頂禮，是反拜其子，佛有明訓。因刻之經末。」予合掌云：「汝號什麼如來？」僧謝不敢。又問：「汝既未是如來，垂成正覺否？」僧又謝不敢。予謂曰：「既不敢，且待汝垂成正覺，更端坐十劫，實受大通如來位，納父母拜未晚。汝今是僧，未是佛也。佛為僧立法，不為佛立法也。且世人謗佛無父無君，吾為此懼，正其訛謬，息世譏嫌，冀正法久住，汝何為不畏口業，甘心乎獅子蟲也？悲乎！」[3]

---

[3]　《緇門崇行錄》，CBETA, X87, no.1627_p358c19-23。

（二）澄清出家非不孝親乃是大孝的觀念

蓮池大師強調出家的孝親勝過世人，然而當時為何會有社會人士像蛇蠍般妒嫉僧人？其實是僧人本身自己的罪過，因為這些僧人犯了如下三種罪過：1.安享十方的供養，而從不想到自己雙親的饑寒；2.高坐舟車，而讓雙親像工人僕役一樣地拉車牽馬繩子；3.割愛出家，而認其他男女做父母者。蓮池大師希望藉由《緇門崇行錄》孝親之行的典範，灌輸出家乃大孝的觀念，希望世人毋以此三不才僧，而詬病一切僧眾。原文摘錄如下：

> 世人病釋氏無父，而釋氏之孝親反過於世人。傳記所載，蓋歷有明征矣！今猶有嫉僧如蛇蠍者，則僧之罪也，甚可痛恨。其罪有三：安享十方之供養，而不念其親者，一也；高坐舟車，而俾其親牽挽如工仆者，二也；割愛出家，而別禮他男女以為父母者，三也。願諸世人毋以此三不才僧，而病一切。【4】

上述是蓮池大師撰述《緇門崇行錄》孝親之行的兩個主要的原因。做為僧者，省之、慎之、自知改之。為俗者，審之、明之、勿錯咎之。在進入孝親之行的內容探討前，有必要先界定孝親的定義如下。

二、「孝親」釋義

孝親的定義，在古代有廿十四孝的孝行才算，而且每一孝好像都很艱苦，現代的小孩只要聽話功課好，父母親大概就很滿足了。

《孝經》的確給孝子下了一個很好的定義：「大孝尊榮，其

【4】　《緇門崇行錄》，CBETA, X87, no.1627_p358c23-26。

次弗辱，其下能養。」[5] 意思是：最好的孝親方法是尊敬父母，榮耀父母；其次是不做惡事，使父母蒙羞；最低的要求是以物資金錢供養父母。

父母在我們成長過程中，不僅投入大量的金錢，更投入深厚的情感。所以，在孝順父母的同時，應該多給他們一些情感和尊重，而不僅僅是金錢的施予。對父母投入的深厚情感，要付出感情來回饋，予以尊重，使其感受欣慰。即使對父母的一句簡單問候語，帶給父母心靈的滿足，勝過大筆金錢給予他們。

「孝順」的定義，首先即為滿足父母親的需求，不論是生理的、或是心理的，最重要的是離苦得樂的需求。在佛法裡是排在第一，在三福之中為第一福，第一福就是孝養父母、奉事師長，慈心不殺，修十善業。必須修持這些，才能往生西方極樂淨土。

在中華文化的精髓中，影響中國人數千年的重要精神，就是孝道，所以有人說：中華文化就是孝道文化。

（一）何謂「孝」？

東漢許慎《說文解字八篇下老部》說：「孝，善事父母者。從老省、從子、子承老也」。《禮記》：「孝者、畜也。順於道，不逆於倫，是之謂畜。從老省，從子，子承老也。說會意之恉。呼教切。二部。」[6] 文字上面部分「老」，代表著年老的雙親；文字

---

[5] （一）其下能養：這是對孝子最低的要求。（二）其次弗辱：這是比較高一點的標準，意思是不做惡事，羞辱父母。（三）大孝尊親：這是孝親的最高標準。最好的孝親是尊敬父母。孩子不但奉養父母，不但不做惡事羞辱父母，他還尊敬父母，做一切可能的事，讓父母歡心，討他們喜悅。〈讀後感讀書筆記〉http://www.duhougan.com/sucai/20787.html, 2016, 9.17

[6] 許慎撰，清・段玉裁，《說文解字注》，上海古籍，1981，頁54。

下面部分「子」，代表子女；「老」在上，「子」在下，會合其字即意味著：「做子女的，順承父母，那就是孝」，從行動上來看，「子」背著「老」，涵意即說父母年老體衰行動不便，須子女背著代步，其中充滿著感恩、報恩、關懷之意。

從語言根源來說，古代語言文字的發展，是先有聲音後，才有文字的出現，就聲義同源的道理來尋究「孝」的意義，「孝」與「好」古音相同，同一語源：孝-古音歸屬曉紐、蕭部，好-古音歸曉紐、蕭部。我們進一步探究「好」字的涵義，也就能更了解「孝」的真義了。

「好」，從甲骨文圖形看文字的左邊，是一位跪坐的女性，中間部位的兩點，是女子的兩乳。代表哺育幼兒的已婚女子，實際上就是母親的「母」字，文字右邊圖形是個幼兒的「子」字，整個圖形的意義表達出：幼小的子女，依偎在母親身旁，充滿親情之愛，這是來自天性的，所以「好」的涵義就是親愛、愛好的意思；同理「孝」與「好」既然同屬於一個語根，那麼「孝」的內涵中，也包含著親愛、愛好的意思，所以孝的定義就是親愛父母，順承父母心意的親情表現。

（二）何謂不孝？

曾子曰：「居處不莊，非孝也；事君不忠，非孝也；蒞官不敬，非孝也；朋友不信，非孝也。戰陣不勇，非孝也；五者不遂其親，敢不敬乎？」[7]意謂「人的身體，是父母生下來的。用父母生下來的身體去做事，怎麼敢不慎重呢？生活起居不莊重，不是孝

【7】　《禮記》卷七，〈孝悌〉「群書治要360」，https://edu.hwadzan.com/fabodetail/1302, 2016.9.17。

的表現；為國君效力不忠誠，不是孝的表現；身任官職而不認真負責，不是孝的表現；跟朋友交往而不講信用，不是孝的表現；作戰時沒有勇敢精神，不是孝的表現。這五個方面做不好，就會損及父母的名聲，怎敢不慎重呢？」[8]

孟子亦曰〔世俗所謂不孝者五〕：

　1.惰其四支，不顧父母之養，一不孝也。

　2.博奕，好飲酒，不顧父母之養，二不孝也。

　3.好貨財，私妻子，不顧父母之養，三不孝也。

　4.從耳目之欲，以為父母戮，四不孝也。

　5.好勇鬥狠，以危父母，五不孝也。[9]

第二節　孝親之行內涵

　　《緇門崇行錄》所載孝親之行共有12則典範，時間始於佛世跨越趙宋朝代，近1,600年。其中歷北齊、梁、隋、唐、後周，比例分別為1:1:1:2:5:1:1，以唐朝居多，可見佛教在唐朝的盛況，才能蘊育出這麼多的緇門孝親典範。這12則孝親典範可略分為三類，第一類為「父母在世」，看僧人如何孝敬還在世的父母，計有5則；第二類為「父母已逝」，此類皆為僧人們報答已逝父母之恩德，所作的孝行事蹟，計有4則；第三類為「功德超度」，父母已逝，僧人用不同的方式，以功德超度父母的亡靈以報答湧泉之恩德，計有3則。以「父母在世」的孝親典範居首，其次為「父母已

---

[8]　華藏淨宗弘法網，https://edu.hwadzan.com/fabodetail/1302 no.QZ-0211,
　　 2016.9.17。

[9]　孟子，《離婁章句下》，第三十章，www.dfg.cn/big5/chtwh/ssjz/23-
　　 mengzi-ll.htm, 20169.15。

逝」的孝親典範，與「功德超度」已逝父母的孝親典範。為便於瀏覽，特製表如表7，並分述如下：

表7：《緇門崇行錄》孝親之行分類表

序號	典範懿行	姓名	朝代	孝親之行分類			出處與備註
				父母在世	父母已逝	功德超渡	
1	蘭盆勝會	大目犍連	佛世			v	p357c05-15
2	母必親供	道紀	北齊	v			p357c16-22
3	居喪不食	法雲	梁		v		p357c23-358a08
4	泣血哀毀	智聚	隋		v		p358a09-11
5	荷擔聽學	敬脫	隋	v			p358a12-15
6	鑿井報父	慧斌	唐	v			p358a16-19
7	禮塔救母	子鄰	唐			v	p358a20-b05
8	悟道報父	師備	唐		v		p358b06-12
9	刲股出家	鑒宗	唐	v			p358b13-17
10	織蒲供母	陳尊宿	唐	v			p358b18-21
11	誠感父骨	道丕	後周		v		p358b22-c07
12	念佛度母	道丕	趙宋			v	p358c11-18
小結	12		7	5	4	3	

一、父母在世：

此類父母在世僧人的孝親典範共有五則，分別是第2則母必親供、第5則荷擔聽學、第6則鑿井報父、第9則刲股出家、與第10則織蒲供母。分述如下：

（一）母必親供

南朝齊朝鄴下道紀法師（生卒年不詳），修習成實宗，著有金藏論七卷。在鄴城東郊講經，每次去講經都挑著他的母親和經典、佛像等等。告訴人家說：「我要親自供養母親，因為這個供養功德和供養登地菩薩一樣。」他母親的衣服、飲食、大小便都自己親自為母料理，從不麻煩他人。有人要幫忙，他就拒絕說：「這是我的母親，不是您的母親啊；我們人的肢體，只不過是四大的假合，因為它才有許多累贅和痛苦，我也不例外。有身體就有痛苦，就讓我來辛苦吧，何必勞動別人呢？」當時無論在家出家人，聽了許多受到感化。【10】原文摘錄如下：

> 齊道紀，習成實，造金藏論七卷。於鄴城東郊講演，往則荷擔其母及經像等。語人曰：「母必親供者，以福與登地菩薩等也。」衣著飲食，大小便利，躬自經理，不煩他人。有助之者，輒拒之曰：「吾母也，非爾母也；形骸之累，並吾身也，有身必苦，何以勞人？」道俗聞者多感化焉。【11】

（二）荷擔聽學

【10】　明・蓮池大師作；吳錦煌述，《緇門崇行錄淺述》，台北市：佛陀教育基金會，1992，頁65。

【11】　《緇門崇行錄》，CBETA, X87, no.1627_p357c16-22。

　　隋朝東都內慧日道場敬脫法師（生卒年不詳），汲郡人，年少就出家，因孝順父母，清素正直出了名。他去聽講經，常挑了擔子，把母親放一頭，經書紙筆放一頭。吃飯時候，安置母親坐在樹下，自己進入村內乞食出來給母親吃。【12】原文摘錄如下：

> 隋敬脫，汲郡人。少出家，以孝行清直聞。其聽學也，常施荷擔，母置一頭，經籍楮筆置一頭；若當食時，坐母樹下，入村乞食。【13】

（三）鑿井報父

　　唐朝京師弘福寺慧斌法師（573-645），兗州人，父親名朗，在朝為官，年紀很老快一百歲了，斌法師敬愛其父，覺得沒什麼好報答父親的恩德，只好在汶水南面，都城大通道交會處，鑿建一口井，供四方人使用，用此功德回向以報答父恩。並且樹立一個碑銘來作紀念，有「我深深擔憂您老人家垂暮之年，可能再也沒有和我這做兒子的相見之日了，人生百年，瞬眼即過，對著這口井不禁要對世事無常、歲月無情感到無限的悲哀。」的感人句子。【14】原文摘錄如下：

> 唐慧斌，兗州人，父朗在朝，年迫期頤，愛敬無繇，乃於汶水之陰，九達之會，建義井一區，以報父恩。立碑銘之，有「殷憂暮景，見子無期；百年幾日，對此長悲。」之句。【15】

【12】　明‧蓮池大師作；吳錦煌述，《緇門崇行錄淺述》，頁68。
【13】　《緇門崇行錄》，CBETA, X87, no.1627_p358a12-15。
【14】　明‧蓮池大師作；吳錦煌述，《緇門崇行錄淺述》，頁68。
【15】　《緇門崇行錄》，CBETA, X87, no.1627_p358a16-19。

（四）刲股出家

唐朝杭州徑山的鑒宗法師（769-？），其父親錢晟生病，鑒宗法師割自己的腿股肉煮給他吃，騙說是其他畜生的肉；父親的病因此好了，於是要求父親讓他出家。後來去拜見悟宗禪師，隨大眾參學請示，頓悟本來面目。唐懿宗咸通年間，住在天目山東峰徑山，人稱徑山第二祖。[16]原文摘錄如下：

> 唐鑒宗，湖州長城人，姓錢氏。父晟有疾，宗割股肉饋之，紿曰：「他畜之肉」；父病因愈，乃求出家。後謁鹽官悟宗禪師，隨眾參請，頓徹心源。咸通中，止天目東峰徑山，號徑山第二祖。[17]

令筆者最驚訝的便是這則故事，無法想像這位法師，在割自己身體的肉時的苦楚與疼痛，平時我們不小心被刀子割傷就痛苦難耐，他竟然能夠把腿股的肉整片割下，尤其古代醫療不發達，沒有麻醉和止痛藥，可見他那片真摯的孝心，還有超凡的修行。

不禁令人聯想到釋迦牟尼佛《本生經》中「割肉餵鷹」的故事，古之行者，捨身救生，於利他的慈悲胸懷中，圓滿自利的諸善法行，如此行菩薩道，實是用有限的生命換取光明無盡的功德法財。雖然「割肉餵鷹」的故事不像「刲股出家」是孝親之行，但釋迦摩尼佛超越親情，平等視一切眾生，更是壯烈感人。

（五）織蒲供母

唐朝睦州龍興寺陳尊宿（尊宿者，受比丘戒四十夏以上，尊

---

[16] 明·蓮池大師作；吳錦煌述，《緇門崇行錄淺述》，頁71。

[17] 《緇門崇行錄》，CBETA, X87, no.1627_p358b13-17。

稱為尊宿）（792？-895？），死後追封號道明法師，起先宿法師
行腳各處參方，在黃蘗禪師處參學印證，了明心地。後住持觀音禪
院，常住常有百多人，後不再領眾，入開元寺一個房子裏，作蒲草
鞋，擺在路旁賣，所得奉養母親，人稱為「陳蒲鞋」。【18】原文摘
錄如下：

> 唐睦州陳尊宿，諱道明。初遊方，契旨於黃蘗，住觀音院，常
> 餘百眾。後捨眾入開元寺房，作蒲履，施道路，貨履養母，人
> 號陳蒲鞋云。【19】

二、父母已逝：

此類父母已逝僧人的孝親典範共有四則，即第3則居喪不食、
第4則泣血哀毀、第8則悟道報父、與第11則誠感父骨。其中最玄妙
的故事就屬誠感父骨了。

（一）居喪不食

南北朝梁朝楊都光宅寺法雲法師（467-529），陽羨（江蘇宜
興縣）人，七歲出家，拜莊嚴寺寶亮法師為師，長得英俊清秀，才
華出眾。曾在妙音寺開講法華經和維摩詰經，很多學人從四方聚集
來聽。雲法師性至孝，服侍父母很殷勤。有一天母親逝世了，悲哀
過度，好幾天沒吃東西，瘦得不成人形。

旻法師告訴他：「聖人制訂禮節規矩，賢能的人要壓低理想
去遷就合禮，不賢能的人就要勉強向上追進了。儒家尚且有哀傷不
得致命的規定，何況佛有至理名言說『要報父母生養的大恩，淺近

【18】　明‧蓮池大師作；吳錦煌述，《緇門崇行錄淺述》，頁72。

【19】　《緇門崇行錄》，CBETA, X87, no.1627_p358b18-21。

的就要竭力侍奉，博得父母的歡欣，長遠的更要啟發他們發菩提心，把他們的神識引入正法。』你應該從長遠的一方面去著想，使她得以超度，怎能像一般世俗淺見之輩一樣，一昧地悲哀絕食呢？」雲法師聽了這些話後，才吃點稀飯。【20】原文摘錄如下：

> 梁法雲，陽羨人。七歲出家，為莊嚴寺寶亮弟子，雋朗英秀。於妙音寺開法華、淨名二經，學者海輳。性誠孝，勞於色養；居母憂，毀瘠過禮，累日不食。
>
> 旻法師謂曰：「聖人制禮，賢者俯就，不肖者跂及，且毀不滅性尚出儒宗，況佛有至言『欲報生恩，近則時奉顏儀，遠則啟發菩提以導神識。』直遠思遠理，使有成津，何可恣情，同於細近？」雲乃割哀，微近饘粥。【21】

蓮池大師讚道：「曾子死了母親，七天都不吃東西，也不喝水，像雲法師死了母親，守喪絕食，曾子也比不上啊！有人說：『佛教徒都不顧自己的父母』，這句話能算對嗎？」【22】

（二）泣血哀毀

隋朝吳郡虎丘山智聚法師（585-607），住持蘇州虎丘山東山寺，陳後主至德三年，遭母喪，悲哀痛哭不已，幾乎哀傷致於死。後來常住在東山精舍，善於講經說法，經常開講而不休息，一時佛法大盛。【23】原文摘錄如下：

> 隋智聚，住蘇州虎丘東山寺。至德三年，丁母憂，泣血悲哀，

【20】　明・蓮池大師作；吳錦煌述，《緇門崇行錄淺述》，頁66-67。
【21】　《緇門崇行錄》，CBETA, X87, no.1627_p357c23-358a08。
【22】　參閱上註。
【23】　明・蓮池大師作；吳錦煌述，《緇門崇行錄淺述》，頁67。

幾於毀滅。止東山精舍，善說不休，法輪常轉。【24】

（三）悟道報父

　　唐朝福州玄沙院師備宗一禪師（835-908），姓謝，他的父親捕魚為生，不幸掉到水裏死了，備法師因此出家，來報答父親養育的恩德。出家後修行極其清苦，一雙草鞋，一件粗布僧衣，吃的東西僅夠維持生命。和福州雪峰廣福院義存禪師做朋友。峰禪師因為他苦行，稱他為頭陀。

　　有一天帶著行李出山，想到各處行腳參訪，走沒多遠忽然擦傷了腳，流了血，而豁然大悟，於是不下山，依止雪峰禪師請示切磋心法。峰禪師曾說：「備頭陀是乘願再來度化眾生的菩薩啊！」後來有一天晚上忽然夢見父親來相謝說：「因你出家，明心見性的功德的拔薦，我得已生天，所以來通報你這個好消息。」【25】原文摘錄如下：

> 唐師備，姓謝氏。父以漁為業，墮水死；備因出家，欲報其父。芒鞋布衲，食才接氣，與雪峰存禪師為友。峰以其苦行，呼為頭陀。
>
> 嘗攜囊出嶺，擬欲遍參，忽傷足流血，豁然而悟；遂不出嶺，依峰咨決心要。峰嘗稱曰：「備頭陀再來人也。」後忽夢父來謝云：「荷子出家，了明心地，已得生天，故來報耳。」【26】

（四）誠感父骨

【24】　《緇門崇行錄》，CBETA, X87, no.1627_p358a09-11。

【25】　明・蓮池大師作；吳錦煌述，《緇門崇行錄淺述》，頁70-71。

【26】　《緇門崇行錄》，CBETA, X87, no.1627_p358b06-12。

在講述後周洛京福光寺的道丕法師（889-955），其父親在霍山之役戰死沙場，屍骨暴露在荒野，風霜夜露，丕法師欲尋找父親骨骸，到霍山，收集所有的白骨作一堆，對它們日夜誦經。沒想到幾天後，父親的枯骨竟從骨堆中跳出來。後來應皇帝詔令去朝廷講經論道，常居首席法師之位。無論在朝為官的，或是在野的百姓都歸依敬重他。【27】原文摘錄如下：

> 後周道丕，長安貴冑里人，唐宗室也。七歲出家，十九值駕幸洛京，長安焚蕩，乃負母入華山，安止巖穴，時穀涌貴，丕自辟穀，惟乞食供母。母問：「食未？」恐傷母意，必曰：「已齋。」
>
> 母曰：「汝父霍山戰沒，骨暴霜露，能收取歸葬乎？」遂往霍山，拾聚白骨，晝夜誦經，咒之曰：「昔人精誠所感，滴血認骨。願群骨中有轉動者，即吾父遺骸也。」一心注想，目不輕捨。數日間，有髑髏從骨聚躍出，搖曳良久，丕踴抱持，齋歸見母。是夜，母夢夫歸，明晨骨至，人以為孝感所致。後應制論道，多居元席，朝野歸重。【28】

蓮池大師讚嘆道丕法師之孝行為大孝，因不論是在世的母親或已逝的父親，他都為他們盡了最大孝心。這則故事證明「至誠感通」的道裡，道丕法師的一片真摯孝心，必定是感動天地鬼神，才能使得其父親的骨骸，玄妙地出現在他面前。

三、功德超渡：

此類以功德超渡過往父母的僧人孝親典範共有三則，為第1則

【27】　明・蓮池大師作；吳錦煌述，《緇門崇行錄淺述》，頁73-74。
【28】　《緇門崇行錄》，CBETA, X87, no.1627_p358b22-c07。

蘭盆勝會、第7則禮塔救母、與第12則念佛度母。其中禮塔救母與地藏經裡面的目光女救母故事相似，分述如下：

（一）蘭盆勝會

佛在世時，弟子大目犍連侍奉母親極其孝順，母親死後就出家，精進地修行，後來證阿羅漢果，獲得六神通（天眼、天耳、宿命、神足、他心、漏盡通），以神通見到母親死後生餓鬼道中，餓渴無食，目連拿著飯菜要去給她吃，哪知道飯菜到口邊就化為猛火。神通畢竟是無法轉變業力，目犍連痛哭回去，把這件事告訴釋迦佛。

佛說：「你的母親生前罪業深重，不是你一個人可以改變她的業報的，一定要藉十方出家眾的威神功德力才有辦法。七月十五日是僧眾結夏安居圓滿、解夏的一天。這天每個人都任由他人檢舉自己的過失，以便懺悔及改進。三個月結夏下來，縱不禪定解脫，斷惑證果，仍可滅罪增福，佛當然欣慰，所以這一天叫佛歡喜日，又叫僧自恣日。你應該在這一天為你的母親設盂蘭盆（此云救倒懸盆。此盆盛裝供佛僧食物及用品以救親魂沈暗道，載饑且渴，命似倒懸也齋會，供養佛僧，才能救拔你的母親啊。」[29] 原文摘錄如下：

> 佛世，大目犍連事母至孝；母死出家，精進行道，得六神通。
> 見亡母生餓鬼中，持飯往餉；飯化猛火，目犍連痛哭白佛。佛
> 言：「汝母罪重，非汝一人之力所奈何，必假十方眾僧威神之
> 力。當於七月十五日一佛歡喜日（僧自恣日），為母設盂蘭盆

【29】　明‧蓮池大師作；吳錦煌述，《緇門崇行錄淺述》，頁63-64。

齋，供佛及僧，始克濟拔。」

目連如教設齋，其母即以是日脫餓鬼苦，轉更資薦，遂生天上。繇此，蘭盆勝會，流通萬世焉。【30】

蓮池大師盛讚目犍連尊者：「生養死葬，小孝也！生俾底豫，死俾流芳，大孝也；生導其正信，死薦其靈神，大孝之大孝也，目犍連以之。」【31】即父母生前孝養他們，死後以禮埋葬他們，這是小孝；在生時讓父母歡樂，父母死後能讓父母的大名流芳於世，這是大孝；在生時能引導父母信佛，死後能超度他們的魂靈，這才是大孝中的大孝。

（二）禮塔救母

唐朝京師大安國寺的子鄰法師（700-？），他的母親不信三寶，不讓子鄰師出家，鄰師逃離家。有一天忽然懷念雙親回俗家。這時他的父親已兩眼失明，母親已逝世三年了。於是到東嶽大帝廟，鋪設坐具誦法華經，發誓要見嶽帝，求知母親死後生到何方。那一天晚上，夢見嶽帝告訴他母親死後墮落地獄，現在受各種苦楚。鄰大師悲哭請求免除母難的方法。嶽帝教法師去禮拜佛陀舍利塔。鄰法師於是到鄮山【32】育王塔哀泣禮拜，拜到四萬拜，忽然有呼叫鄰法師的聲音，抬頭仰望空中，看見母親向他謝道，承他之功德力，她已經生忉利天了。【33】原文摘錄如下：

　　唐子鄰，范氏子，母王氏，不信三寶，鄰逃東都。依廣受寺慶

【30】　《緇門崇行錄》，CBETA, X87, no.1627_p357c05-15。
【31】　同上註，p357c15-16。
【32】　在浙江鄞縣東。查自http://baike.baidu.com/view/5363110.htm。
【33】　明‧蓮池大師作；吳錦煌述，《緇門崇行錄淺述》，頁69-70。

修律師出家。忽思親歸寧，父失明，母故三載矣。因詣岳廟敷
坐具，誦法華，誓見岳帝求母生處，其夜岳帝召謂曰：『汝母
禁獄見受諸苦』，鄰悲泣請免。帝曰：『可往鄮山禮育王塔，
庶可救也。』，鄰即詣塔哀泣禮拜。至於四萬，俄聞有呼鄰
聲，望空中。見母謝曰：『承汝之力，得生忉利天矣。』倏然
不見。【34】

　　子鄰法師之母不信三寶、死後墮地獄，跟光目女故事中的母
親一樣，鄰師向獄帝求知母親死後去處，而光目女則是詢問一位沿
途教化的羅漢，鄰師救母親的方式是禮拜佛塔，光目女是塑畫形像
以及念清淨蓮花目如來的名號，那麼其中最不同的是，鄰師之母就
此生上忉利天，而光目女的故事則較波折，光目之母仗其女塑畫形
像以及念清淨蓮花目如來名號之功德，投生光目女家僕人之子，但
壽命只有三天，但光目女不捨其母親受此短命下賤之果報，進而發
下大悲菩提願：

願我之母，永脫地獄。畢十三歲，更無重罪，及歷惡道。十方
諸佛，慈哀愍我，聽我為母所發廣大誓願：『若得我母永離
三塗，及斯下賤，乃至女人之身，永劫不受者，願我自今日
後，對清淨蓮華目如來像前，卻後百千萬億劫中，應有世界，
所有地獄，及三惡道，諸罪苦眾生，誓願救拔，令離地獄惡
趣、畜生、餓鬼等。如是罪報等人，盡成佛竟，我然後方成正
覺。』【35】

【34】　《緇門崇行錄》卷1，CBETA, X87, no.1627_p358 a21-b5。
【35】　〈4閻浮眾生業感品〉，《地藏菩薩本願經》卷1，CBETA, T13, no. 412_
　　　p_781 a15-23。

　　光目女正是地藏王菩薩的前世，可看到地藏王菩薩「地獄不空，誓不成佛」此令眾生動容的偉大誓願，原來是累世發的悲願，和眼裡唯有眾生和利他之心的慈悲，不斷累積菩提資糧而來的。鄰法師之孝行，是真正學佛修行的展現，而非一般世俗不解佛教，認為出家人為大不孝的錯誤眼光，鄰法師和光目女都是學佛修行人最好的示現。正如蓮池大師贊歎：「目連感佛，教以供僧；子鄰感神，教以禮塔。至孝通神明，詎不信夫？」【36】

（三）念佛度母

　　宋朝真定府洪濟宗頤禪師（1056-1107），襄陽人。父親很早就死了，母親陳氏帶著他投靠他舅舅家扶養。少年時修儒家的學問，二十九歲拜長蘆法秀圓通禪師（即東京法雲寺法秀圓通禪師）剃度出家，後來參研佛理，了明心地。把母親接到自己方丈室的東側一室，勸母親落髮，除奉養飲食外，勉勵母親念佛，後來他母親沒生病安祥地往生。頤禪師並著有「勸孝文」流通世面，人稱慈覺禪師。【37】原文摘錄如下：

> 宋宗頤，襄陽人。父早喪，母陳氏攜養於舅氏。少習儒業，年二十九，禮長蘆秀禪師出家，參通玄理。迎母於方丈東室，勸母剪髮。甘旨之外。勉進念佛，後無疾而終。制勸孝文行於世，號慈覺禪師。【38】

　　蓮池大師讚道：「頤公深信淨土，不但自利，而且兼利他的

【36】　《緇門崇行錄》，CBETA, X87, no.1627_p358a20-b05。

【37】　明‧蓮池大師作；吳錦煌述，《緇門崇行錄淺述》，頁74-75。

【38】　《緇門崇行錄》，CBETA, X87, no.1627_p358c11-18。

母親，如能真使母親往生西方，比度母親生天享樂更高明殊勝啊！出家人要報親恩，不可不知道這件事。」【39】

四、小結

　　將上述12則孝親典範依「小孝」、「大孝」、「大孝之大孝」可約略述為如下：

　　第1則蘭盆勝會，因「事母至孝」所以應該包含小孝、大孝。「死薦其靈神」，大孝之大孝。

　　第2則母必親供，「衣著飲食，大小便利，躬自經理」是小孝；「道俗聞者多感化焉」是大孝。

　　第3則居喪不食，「勞於色養」是小孝；「學者海輳」是大孝。

　　第4則泣血哀毀，「善說不休，法輪常轉」是大孝。

　　第5則荷擔聽學，「若當食時，坐母樹下，入村乞食」是小孝；「以孝行清直聞」是大孝。

　　第6則鑿井報父，「建義井一區，以報父恩。立碑銘之」是大孝。

　　第7則禮塔救母，「承汝之力，得生忉利天矣」是大孝之大孝。

　　第8則悟道報父，「荷子出家，了明心地，已得生天，故來報耳」是大孝之大孝。

　　第9則刲股出家，「父晟有疾，宗割股肉饋之」是小孝兼大孝、「頓徹心源」是大孝之大孝。

　　第10則織蒲供母，「貨履養母」是小孝；「人號陳蒲鞋」是

【39】　參閱《緇門崇行錄》，CBETA, X87, no.1627_p358c16-18。

大孝；「契旨於黃蘗」是大孝之大孝。

　　第11則誠感父骨，「乞食供母」是小孝；「朝野歸重」是大孝。

　　第12則念佛度母，「甘旨之外」是小孝；「制勸孝文行於世」是大孝；「參通玄理」是大孝之大孝。

第三節　孝親之行現代實踐典範
──虛雲老和尚與宣化上人

　　本節將分為兩部分，分別探討虛雲老和尚與宣化上人的孝親之行，來做為當代僧俗二眾孝親的榜樣。

一、虛雲老和尚

　　本小節分為虛雲老和尚的生平簡介、孝行事蹟、振興佛教、領導佛協、與融和漢藏等五部分說明如下：

（一）生平簡介：

　　虛雲老和尚（？-1959年10月13日），俗姓蕭，初名古岩，又名演徹，字德清，別號幻游。原籍湖南湘鄉，生於中國福建泉州，出生時母親就去世，由庶母撫養長大，一說為梁武帝蕭衍後代，其父蕭玉堂是舉人出身，官至泉州府幕。【40】為禪宗高僧。中國曹洞

【40】　岑學呂撰《虛雲和尚的譜》初版稱蕭玉堂曾任福建三府的知府。1956年7月，胡適寫信給加拿大的詹勵吾，稱遍查《漳州府志》和《福寧府志》，道光年間知府並未有蕭玉堂此人，因此年譜初版記載有關蕭玉堂曾任福建知府的說法不確。是年7月25日，詹氏抄胡函寄給香港的岑學呂，1957年7月，岑學呂對年譜作第三版修訂。《虛雲和尚年譜》三版序稱：「癸巳春，法彙及年譜初稿成，同人請速付印，是為第一版。不數月，書冊流通

四十七代,臨濟四十三代,雲門第十二代,法眼第八代,溈仰第八代。其禪功和苦行倍受稱贊,以一身而兼禪宗五宗法脈,整頓佛教叢林,興建名剎,為現代中國禪宗傑出代表。【41】

虛雲老和尚青年時就對佛教產生濃厚興趣,一心出家修行,17歲時,其父為防止法師出家乃為其娶妻田氏、譚氏,然法師與田譚二氏同居而不染,至心佛道。光緒十二年(1886)於福州鼓山湧泉寺剃度出家,從妙蓮和尚(1844-1907)受具足戒,師承曹洞宗四十六世鼓山鼎峰耀成禪師(1858-?)。在光緒二十六年(1900年)離開鼓山。【42】

(二)孝行事蹟—朝五台山以報父母恩

虛雲老和尚,曾遍參金山、高旻、天童、天寧諸名剎,巡禮佛教四大名山。他生出來的時候是一個肉團,他母親見狀當場就氣死了,所以虛雲老和尚沒有見到他母親,到了四十三歲時,就發願從普陀山三步一拜去朝五臺山,是為了報他母恩盡到孝道。十多歲,父親給他兩房妻子,他都不要,執意去出家。連父親去世了,

告罄,又於是歲秋間,照原書重印爲第二版。未幾發覺書中有錯誤處,乃將印成書冊,呈師鑑定。以關山阻隔,文字滋疑,書信屢付浮沉,不得已乃將年譜拆開分寄上海友人,親帶至江西雲居,始達師覽。經師令侍者略爲簽出正誤,於丙申歲八月,專人帶來,已閱四年矣。因此將後來所得資料,增訂編入,於丁酉七月付印,是爲第二次增訂之第三版。」1959年11月29日,胡適在台大法學院演講《科學精神與科學方法》時,曾質疑《虛雲和尚年譜》初版史實有誤,並表示虛雲的年齡亦不可信。胡適的質疑引起佛教界的撻伐,甚至將這些批評集結爲《闢胡說集》出版。

【41】 王見川,〈還「虛雲」一個本來面目: 他的年紀與事蹟新論〉,《圓光佛學學報》台灣:圓光佛學研究所,2008-06(第13期)。

【42】 淨慧長老一身承襲虛公五脈 親侍虛雲老和尚.大公網. 2013-04-20 [2013-08-24]。

都無法照顧到。所以虛雲和尚到了四十三歲，才去拜山，來補這一門功課。首由浙江普陀山法華庵起香，三步一拜，一直拜到山西五台山，如是三年，終無少懈，像師這樣虔誠步拜，世上少有，路中所吃苦頭，罄竹難書。但無礙於其堅定的孝心，如其說：

> 我出世，生不見母，母為生我而死，父僅得我一子，我竟背父而逃，父因我而辭官，父因我而促壽，昊天罔極，耿耿數十寒暑，特此發願朝山，冀求菩薩加被，佑我父母脫苦，早生淨土，任他百難當頭，非到聖境，死亦不敢退願！【43】

虛雲老和尚朝五台，費時三年，又得文殊菩薩化身文吉相救，此皆由其虔誠心而感動菩薩所致，但在這三年中，除為疾病所困，風雪所阻，不能拜香外，一心正念，禮拜途中，歷盡艱難，心生歡喜，每每藉境驗心，愈辛苦處，愈覺心安，因此才悟古人所謂：「消得一分習氣，便得一分光明，忍得十分煩惱，便證少分菩提。」

學佛後，第一要度化的，還是自己的父母和祖先。親得離塵垢，子道方成就。父母親恩都沒有報，那報答其他恩意義就不大。許多人念經，都為了超度自己冤親債主而念。感覺這個想法有些自私。應該發起大孝心，為父母而念。

（三）振興佛教

宣統三年（1911），為團結佛教徒，保護寺院，虛雲老和尚斡旋上海佛教會與南京大同會的對峙，出滇至滬。接著，赴南京晉

【43】　〈虛雲老和尚十難四十八奇〉，book.bfnn.org/books2/1113.htm，2016.9.17。

見孫中山，議定修改佛教會會章諸事宜。同年4月，因政府更迭，在見過孫中山之後，又前往北京去見袁世凱。在上海改組中國佛教會，成立中華佛教總會。1920年重興昆明西山華亭寺，改名雲棲寺。歷任福建鼓山湧泉寺、廣東曲江南華寺、廣東韶州雲門寺諸大寺住持。【44】虛雲老和尚處在當時政治變異的時代，卻不遺餘力護教護法、振興佛教。

（四）領導佛協

　　1949年，虛雲老和尚應邀赴北京參加佛教協會籌備會議，在廣濟寺與圓瑛法師、趙樸初等成立中國佛教協會籌備處。10月，他代表中國佛教徒接受錫蘭佛教代表團贈送的「佛舍利」、「貝葉經」、「菩提樹」三寶。

　　1951年春，虛雲老和尚擬在雲門山大覺寺傳戒。適值中國展開「鎮反運動」（鎮壓反革命），廣東省乳源縣民兵包圍寺院，以該寺隱匿反革命分子，窩藏軍械及金銀為由，囚禁虛雲老和尚等26名僧人。虛雲和尚被拘禁於方丈室內，門窗封閉，絕其飲食，大小便均不許外出，並遭四次毒打，虛雲和尚肋骨折斷，遂闔目不視，閉口不語，呈入定狀，八日後始甦醒，虛雲和尚嘔心瀝血所撰《楞嚴經玄要》、《法華經略疏》、《遺教經注釋》、《圓覺經玄義》、《心經解》等著作毀失殆盡。事發後中央人民政府副主席李濟深告知政務院總理周恩來斡旋，事件至1951年5月下旬，歷時三個月才告一段落。海內外佛教界稱之為「雲門事變」，共二十六僧

【44】　維基百科https://zh.wikipedia.org/wiki/%E9%87%8A%E8%99%9A%E4%BA%91。

人遭拘禁拷打。

1952年參與發起中國佛教協會，獲推為首席發起人。1953年獲推為中國佛教協會名譽會長；但拒絕出任，到江西永修縣雲居山真如禪寺帶徒修行。期間多方籌劃修復寺廟，並開荒造田，自給自足，種植茶樹、果樹，開闢花園。寫有《重建雲居山真如寺事略》與《雲居山志重修流通序》，交由香港志蓮淨苑與佛經流通聯合出版，流傳於世。【45】

（五）融和漢藏

1913年（民國二年），西藏有些王公活佛受到英國及印度政府煽動，不肯承認民國政府，袁世凱乃下令雲南都督蔡鍔準備出兵西藏。為避免生靈塗炭，蔡鍔乃託請虛雲老和尚冒險深入藏區，商請在西藏德高望重的東寶法王，出面遊說當時主政的西藏活佛承認民國政府，消弭化解了一場可能發生的戰爭。

1959年虛雲圓寂於雲居山。1982年，美國紐約佛教禪宗中心為他修建紀念堂，將其傳記用英文刻於石碑。記載其生平事跡的有《虛雲和尚事跡》、《虛雲和尚年譜》、《虛雲和尚畫法集》等。舍利留存廣東南華寺。

虛雲法師曾以此一對聯自述其波瀾壯闊的一生：

　　坐閱五帝四朝，【46】不覺滄桑幾度；

【45】　維基百科https://zh.wikipedia.org/wiki/%E9%87%8A%E8%99%9A%E4%BA%91。

【46】　五帝：清代道光、咸豐、同治、光緒與宣統皇帝。四朝：滿清皇朝、太平天國、中華民國與中華人民共和國。

受盡九磨十難，**[47]** 了知世事無常。

上述振興佛教、領導佛協、與融和漢藏，似與孝親無關，事實上是大孝的展現，虛雲法師積極投入弘法護教工作，扮演好僧人的職責，符應「一子出家，九族超生」的大孝。不僅利益親族，亦利益廣大眾生。融和漢藏導佛協

二、宣化上人孝親之行**[48]**

本小節分為宣化上人的生平簡介、孝行事蹟、佛法教化與宣化上人舍利子等四部分說明如下：

（一）生平簡介：

宣化上人（1918年4月26日-1995年6月7日），東北吉林省雙城縣人。

俗姓白，名玉書，又名玉禧。父富海公，一生勤儉治家，以務農為業。母胡太夫人，生前茹素念佛，數十年如一日，懷上人時曾向佛菩薩祈願，生上人前夕，夢見阿彌陀佛大放光明，遂生上人。**[49]**

- 1946年，宣化上人前往參拜釋虛雲。
- 1947年，宣化上人在普陀山受具足戒。
- 1948年，宣化上人去廣州曹溪南華寺，拜師於釋虛雲，成

---

[47] 十難：生為肉球、饑寒雪掩、痾疾待斃、口流鮮血、失足墮水、大病頓發、索斷浸水、險遭剖腹、全身枯木、遭匪毒打。

[48] 本節原稿為目前就讀佛光大學佛教學所的研究生萬子麥所撰寫，業經筆者重新改寫。

[49] 長白乞士記，《宣化老和尚追思紀念專集》冊1，台北：法界佛教總會/佛經翻譯委員會/法界佛教大學出版，1995。

為溈仰宗第九代傳人、摩訶迦葉初祖傳承的第四十五代。

- 1949年-1961年，宣化上人在香港、泰國、緬甸等地弘揚佛法。

- 1959年，宣化上人派弟子在美國成立了中美佛教總會，後改為法界佛教總會。

- 1962年，宣化上人去美國加州洛杉磯弘法，後創建萬佛聖城。

- 1995年，宣化上人在美國加州洛杉磯圓寂。

（二）孝行事蹟：

宣化法師的孝行事蹟包括如下六項：

1.叩首報親恩

幼年時代，上人隨母親茹素念佛，生性沉默寡言，但天賦俠義心腸。年十一，見鄰居一死嬰，感生死事大，無常迅速，毅然有出家之志。十二歲，聞雙城王孝子——上常下仁大師，盡孝得道，發願效法。懺悔過去不孝父母，決定每天早晚向父母叩頭認錯，以報親恩，自此漸以孝行見稱，人稱「白孝子」。

2.服侍病母

上人十七歲那年，白太夫人癱瘓在床。身為么兒的上人一邊教書，一邊服侍生病的母親。上人曾經打餓七，三十六天不食粒米；希望能夠感應道交，令母親的病早日痊癒。

3.為母求藥

上人除了打餓七，祈求母親的病早日痊癒之外，並到處延請良醫為母親治病。上人聽說背蔭河（今五常市拉林鎮）有狐仙顯靈，贈醫施藥，於是上人到那裏跪了 三天三夜，以至誠懇切的心

為母求藥。

4.賒棺葬母

上人雖然家境貧困，還是處處熱心助人，甚至不收學費辦義學。上人的母親往生之後，拮据到連買棺木的錢也沒有，無力籌辦老母的後事。上人不忍一生劬勞的母親草草入殮，憑著一片孝心，如願賒得一口棺木，安葬母親。

5.孝感天地

上人把母親入殮，準備發殯。時值三月，正是東北積雪解凍之際，地面泥濘濕滑，抬棺及執紼之親友，均躊躇道路之難行。在出殯的當天清晨，天降瑞雪，封凍爛泥濁水，眾人皆讚歎上人孝行感動天地。

6.守孝無期限

喪禮之後，就在母墳旁，親友為上人搭了一個A字型的茅棚守孝；小小的茅棚，要彎著身子才能進去。四月初八，上人就到哈爾濱市南平房站的三緣寺，得到上常下智老和尚應允出家。上人受沙彌戒後，又回到墓旁。守孝期間，拜華嚴、禮淨懺、修禪定、習教觀，日中一食，閉目靜坐於茅廬裏。【50】

以上六則孝行事蹟，其實都堪比《緇門崇行錄》裡頭的孝親之行，雖然是生在近代倫理教化較沉淪時，但宣化上人從還未出家時，就已經體現「敦倫盡份」之品德，他十二歲，為懺悔過去不孝父母，竟每天早晚向父母叩頭認錯，以報親恩，十七歲時母親生病就日夜服侍，還跪了三天三夜為母求藥，這些種種孝行，不禁令人

【50】　六則孝行故事擷取自《白山黑水育奇英─宣化上人事蹟（中國篇）》，宣化上人事蹟委員會新編，2009。

動容嗟嘆，反觀筆者在青少年時期，還正值叛逆，沒有孝敬之行就算了，還不時跟父母頂嘴，想到這裡就慚愧無比。尤其上人家中雖貧困，卻還興辦義學熱心助人，窮困到沒錢為母下葬，於是賒棺葬母，最令人驚訝的事蹟是他實行守孝，就在母墳旁搭茅棚過夜，宣化上人曾經如此自述：

> 我守孝，原本打算餓死在那個地方，什麼時候餓死就算了。餓了幾天，有人看我沒吃飯，就給我送飯去，我才勉強吃一點了。守孝的時候，我吃過草根、樹葉。……我一舉一動都是本著孝念來做的，不是說像某人守孝多少年，我這是無限期的。因為，我時時刻刻都追念我父母，我不敢做錯事；我若做錯事，這就是個不孝的子弟。你問我守孝幾年，我到現在還是一樣在守孝，這是沒有期限的，我也不知道是幾年了！[51]

　　在現代，已經無法聽聞到守孝之事，因此對於現代人這是難以想像的，日夜住在墳墓旁邊，要是沒有修行的清淨之心和至誠的孝心，怎麼有辦法克服那樣的恐懼，更何況他還不顧自身性命，本著就算餓死也不退心的毅力，連草根樹葉都能吃下肚，他如此令人欽佩的孝心與行為，我們現在何人能與他相比呢？說他是現代孝僧的代表實在一點也不為過了。

（三）佛法教化：

　　宣化上人一生大公無私，發願代受眾生一切苦難，將己身一切福樂迴向法界眾生，難行能行，難忍能忍。上人曾撰一聯以明其

---

[51]　宣化，〈守孝無限期〉，《智慧之源》第237期98.1.20，法界佛教印經會，頁1。

志：

> 凍死不攀緣，
>
> 餓死不化緣，
>
> 窮死不求緣；
>
> 隨緣不變，不變隨緣，
>
> 抱定我們三大宗旨。
>
> 捨命為佛事，
>
> 造命為本事，
>
> 正命為僧事；
>
> 即事明理，明理即事，
>
> 推行祖師一脈心傳。[52]

又堅守自出家以來的六大條款：「不爭、不貪、不求、不自私、不自利、不打妄語，利益群生。」[53]

宣化上人一生以慈悲智慧之教化、捨己為人、以身作則之精神，令無數人真誠改過，走向清淨高尚之菩提大道，實則難能可貴，著實為一代高僧。

（四）宣化上人舍利子

宣化上人生前遺願就是荼毗後將舍利分散給世界各地信徒，讓佛法在世界各地得以傳播。他一生不打半句妄語，宣化上人圓寂

【52】 宣化，《宣化上人開示錄（六）》〈抱定三大宗旨〉，台北：法界佛教總會，1986.7.3，頁208。http://www.drbachinese.org/online_reading/dharma_talks/volume6/volume6_93.htm。

【53】 宣化，《宣化上人開示錄（六）》〈法輪無盡〉，台北：法界佛教總會，1986.7.3，頁208。http://www.drbachinese.org/online_reading/dharma_talks/volume6/volume6_93.htm

以後燒出4000多顆舍利子。【54】促發佛教徒在修道上能有更大的信心。在在都是光宗耀祖大孝的展現。

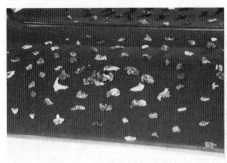

　　圖1.宣化上人圓寂後所燒出的舍利子，數量近4000多顆。（出自《宣化上人舍利子圖冊》）【55】

第四節　結語

　　經過以上孝行事蹟的討論，筆者為虛雲老和尚與宣化上人壯烈和真摯的孝心大為所動，在將《緇門崇行錄》孝親之行分為三類，整理過後，發現不論是父母在世或已逝，古代佛門僧人至誠的孝心都是相同的。

　　父母在世時較能以實際的孝行報答父母，例如第2則母必親供、第10則織蒲供母、第5則荷擔聽學，這三種都是對於母親的實

【54】　百度百科http://baike.baidu.com/view/341475.htm , 2015.4.20。

【55】　《宣化上人舍利子圖冊》http://baike.baidu.com/picture/341475/341475/16179241/a686c9177f3e6709fdcff70739c79f3df9dc557e？fr=lemma&ct=cover#aid=16179241&pic=a686c9177f3e6709fdcff70739c79f3df9dc557e , 2015.4.20。

際孝行，無微不至地照顧和事奉母親，除了親身事奉父母，也還有像第6則鑿井報父，以父親的名義去做好事，令其美名遠揚，並且也是功德一件。

而就算父母已逝，也不改變古德之孝心，他們用各種方式來紀念父母和報恩，像是第8則悟道報父和第11則誠感父骨就是用其真誠的孝心感動天地，第3則居喪不食、第4則泣血哀毀則是表現出不忘父母在其心中鴻如泰山之恩德。

另外，以功德超渡就屬佛門專有的方式，古德紛紛以其修行的功德，回向給父母以報親恩，而且這樣的方式最早可溯源至釋尊還在世的時候，如第1則蘭盆勝會目犍連救母的故事，流傳至中國，中國佛門僧人也用第7則禮塔救母、第12則念佛度母的方式來報恩，都有其真實利益，可見做功德迴向，其感應確實不可思議。

蓮池大師於孝親第四最後為以上12則故事做了一個總結：

> 世人病釋氏無父，而釋氏之孝其親反過於世人，傳記所載蓋歷有明徵矣。今猶有嫉僧如蛇蝎者，則僧之罪也。即可痛恨其罪有三，安享十方之供而不念其親者，一也；高坐舟車而俾其親牽輓如工僕者，二也；割愛出家而別禮他男女以為父母者，三也。願諸世人，毋以此三不才僧而病一切。【56】

由上可見，蓮池大師當時社會的人們，對於佛門僧人已經有「不孝」的批評，認為出家棄父母於不顧，沒有奉養雙親的行為，是為不孝，但若看釋迦摩尼佛傳「為父擔棺」和「忉利天為母說法」等故事，則知道其批評為妄談。蓮池大師最後提出三種被當時世人詬病的僧人，都是因出家後忘失父母恩德，沒有盡到該行的奉

【56】　《緇門崇行錄》，CBETA, X87, no.1627_p358c20-p359a1。

養，蓮池大師之所以會寫《緇門崇行錄》，基於「惟務救時獎而酬佛恩」之動機，想挽救當時佛門出現諸多弊病，可見他對於當時佛門的狀況觀察入微，並且擁有入世積極的人間佛教精神。

　　我們身處現代，已鮮少能聽聞到如古德般壯烈之孝行，因此對於現代人，《緇門崇行錄》裡頭的孝親故事及現代宣化上人的孝行，都是難以想像的，像是日夜住在墳墓旁邊，要是沒有修行的清淨之心和至誠的孝心，怎麼有辦法克服那樣的恐懼，更何況他為了守孝還不顧自身性命，他如此令人欽佩的孝心與行為，我們現在何人能與他相比呢？說他是現代孝僧的代表實在一點也不為過。

　　佛教的孝道內涵包含有「知恩、感恩、報恩」的意義，而中華文化的孝道思想也是如此。而佛教孝親之行又特別注重救度父母，甚至是七世父母，都能解脫輪迴苦海，達到冥陽兩利。而傳統中華文化儒家的孝道，則未能及於此。

　　由《緇門崇行錄》中的〈孝親之行〉與當代高僧宣化上人與虛雲大師的孝親事蹟略舉分析之後，可知古今孝親動機及結果並無二致，只是孝親行為方面會因時代環境變遷而有所不同。

第捌章　忠君之行內涵與其現代實踐典範

　　忠臣出於孝子，忠孝的道理是一致的，只知道有親情，不知道有君恩，乃是自私的行為。書經上說：「一人有慶，萬民咸賴。」有了君主的德政，國泰民安，才能出家，清閒自在地遊於山水林泉下，佛法才得以無礙地傳播，君主的恩惠實在大啊！佛教提倡報四恩，即父母恩、眾生恩、國王恩、三寶恩。其中的國王恩，是指國王統領山河大地，若失正治，則人民無依；若施以正化，則八大恐怖不入其國。以是因緣，得以成就能照、莊嚴、與樂、伏怨、離怖、任賢、法本、持世間、業主、人主等十德。[1]可見忠君的重要，出家人亦不例行。所以蓮池大師《緇門崇行錄》十門的

---

[1]　學愚，《人間佛教 星雲大師如是說、如是行》，香港：中華書局，2011，頁219。

第五門即為「忠君」。

本章將分為三節分別探討蓮池大師撰寫《緇門崇行錄》忠君之行時代背景與「忠君」釋義、《緇門崇行錄》忠君之行內涵、與忠君之行現代實踐典範。

第一節　《緇門崇行錄》忠君之行時代背景與「忠君」釋義

本節將分為兩部分，來探討蓮池大師撰寫《緇門崇行錄》中的〈忠君之行〉的時代背景與忠君的定義解釋。

一、忠君之行時代背景

在明朝當時，禪宗盛行，僧人們多重「行」而輕「德」，為彰顯德行的重要性，補偏救弊，端正僧品而弘揚佛法，這是蓮池大師編寫《緇門崇行錄》的根本用意。至於為何將忠君列入十門崇行的第五門，如下列的分析說明。

（一）僧偏見不識度帝王

蓮池大師認為當時帝王所以不信佛法，不獨是帝王本身的過錯，實在也是講論佛法的人，不能完全闡述發揮佛法的奧妙。有些偏執而自謂秉持正道的世俗僧，他們不知道帝王的不願親近出家人的原因，正是因為他們這種人。正如神龍的變化，不是蚯蚓可以知曉的道理。[2] 原文摘錄如下：

> 帝王之不信佛法，非獨不信者之過，亦論佛法者未盡其妙也。

【2】　明·蓮池大師作；吳錦煌述，《緇門崇行錄淺述》，台北市：佛陀教育基金會，1992，頁82-83。

> 如求那者，義正而語圓，辭善巧而不叛於道，真佛法、世法，
> 通融不礙者矣！雖古良諫議何以加此？彼世僧局偏見而自謂持
> 正，不知使人主不欲親近緇流者，正為此等輩也。神龍變化，
> 非蚯蚓所知，其是之謂歟？[3]

（二）好做佛事不明佛理

明朝販售度牒，僧人素質低劣，好做齋會、法會等佛事，而不明佛理，導致信眾花費很多財力，獲得的只不過是種人天福的有漏因而已。[4]原文摘錄如下：

> 好佛事而昧佛理，糜費雖多，不越人天有漏之因耳。願公此
> 言，豈獨覺世之迷，抑萬代沙門釋子之良藥也。[5]

（三）詩僧不務道業

明朝有號稱『詩僧』的出家人，不務道業，從事品題風月，考究用字造句的優美與否，而對世道人心毫無幫助。字裏行間，洋溢著忠心愛主的熱忱，卻不知實踐。[6]原文摘錄如下：

> 味詩意，忠愛油然，溢於言表，惜後主知而不用，終不免夢裏
> 貪歡之悔耳！彼號為詩僧者，品題風月，敲精推敲，而無裨於
> 世。以此較之，不亦黃金與土之相去耶？[7]

---

[3] 明・蓮池大師，《緇門崇行錄》，CBETA, X87,no.1627_p360b03-05。

[4] 明・蓮池大師作；吳錦煌述，《緇門崇行錄淺述》，台北市：佛陀教育基金會，1992，頁85。

[5] 《緇門崇行錄》，CBETA, X87,no.1627_p360b05-07。

[6] 明・蓮池大師作；吳錦煌述，《緇門崇行錄淺述》，台北市：佛陀教育基金會，1992，頁93。

[7] 《緇門崇行錄》，CBETA, X87,no.1627_p360b80-10。

　　此外，《緇門崇行錄》十門包括忠君之行的目的，則如蓮池大師在該書忠君之行的總論所言，他認為「士君子處在鄉野民間，就要擔憂君主的一切。」[8]出家人沒官職，也沒有諫言的責任而能如此盡忠，誰能說山林之下出世人中沒有像君明臣良，臣子樂於效力，人君之德政興起的美談呢？[9]人類的倫理再也沒有比君王和父母更重要的了，所以蓮池大師前篇列出出家人的孝行，後面接著列出出家人的忠心，來杜絕世俗人說佛教不忠於君主，不孝順父母的譭謗。[10]原文摘錄如下：

> 　　士君子處江湖之遠，則憂其君；僧無官守也，僧無言責也，而盡忠如是，孰謂山林之下無明良喜起之義歟？人倫莫重於君父，吾故前列僧之孝，後列僧之忠，以杜釋氏無父無君之謗。[11]

二、「忠君」釋義

　　忠君：在中國人傳統觀念中，「忠君」和「愛國」基本上就是一回事——因為忠君，所以要愛國。[12]《孝經》總括稱卿大夫之孝為「夙夜匪懈，以事一人」，此處又以「忠君事上」定義「士」當盡之孝道，這已不僅只於類推，而是將父子關係與君臣關係等同來看。

　　忠，是為了利益而強為和處下。不強為就不利。（大禹）寒

---

[8]　范仲淹岳陽樓記：「居廟堂之高，則憂其民；處江湖之遠；則憂其君。」

[9]　書經益稷篇：「股肱喜哉，元首起哉⋯⋯元首明哉，股肱良哉。」

[10]　明・蓮池大師作；吳錦煌述，《緇門崇行錄淺述》，台北市：佛陀教育基金會，1992，頁94。

[11]　《緇門崇行錄》，CBETA, X87, no.1627, p360b03。

[12]　www1.nttu.edu.tw/zuo_zhuan/5-1-11-1.doc

冬臘月經過家門想進去歇息，（但他）克制住了自己。《經下》第82條「處下善於處上」。[13]

　　孟子曾說過：「忠」是有條件的[14]，「統治者」對「被統治者」的尊重，帝王要有效率。在「忠君」思想裡需要有一個正面的團結心。如果是平庸的君主，可能顛倒是非，引奸佞亂臣為心腹，造成影響「忠者不忠」[15]各自為政的情形。明朝羅貫中在《三國演義》裡藉著關羽寫出「忠不違心」這四字來說明，人的良心、良知的一個標準。人們為何要「忠於良心」為的是讓個人有「自主」與「決定」的權利。「忠心」就現代來說，在團體代表心意相通的意思，可以說是「目標」、「意見」能夠相投。不是像在古代由「皇命」來控制人權。這個自覺的思想，因此讓佛教團體融入主流，而且長期地維持僧團的運作。

第二節　忠君之行內涵

　　《緇門崇行錄》忠君之行典範計有11則，跨吳至趙宋朝代近1,400年時間，包括吳、東晉、西晉、劉宋、蕭齊、北齊、唐、劉宋、後晉、趙宋等朝代的忠君典範，朝代分佈較為平均，唐代與劉宋各佔有兩則典範，其他七則大部分分佈在魏晉南北朝，可見亂世較易出現忠君之行。

【13】　2014.11.29 顧如：默家忠於民http://www.weibo.com/p/230418465b94d90102 vcem?pids=Pl_Official_CardMixFeed__4&feed_filter=1

【14】　「忠」的演進與海外佛教團結的時代意義《普門學報》第24期/2004年 11月論文/ http://enlight.lib.ntu.edu.tw/FULLTEXT/JR-MAG/mag205836.pdf 2016/4/29

【15】　同上註。

　　11則忠君之行典範可概分為行善除惡、持素禁殺、譬喻點化與清高不虛四類。第一類行善除惡，包括第1則開陳報應、第2則勸善弭災、第3則規諫殺戮。第二類持素禁殺，包括第4則巧論齋戒、第6則說法悟主、第7則感悟東宮、第8則勸斷屠殺；第三類譬喻點化，包括第5則較論供養、第9則勸修懺法、第11則詠花諷諫，與第四類清高不虛，僅包括第10則受罰不欺。再歸納如下：

　　為便於瀏覽與說明，特製表如下表8。

表8：《緇門崇行錄》忠君之行分類表

序號	典範懿行	姓名	朝代	忠君之行分類				出處與備註
				行善除惡	持素禁殺	譬喻點化	清高不虛	
1	開陳報應	僧會	吳	v				p359a03-11
2	勸善弭災	法曠	晉	v				p359a12-15
3	規諫殺戮	佛圖澄	晉	v				p359a16-b01
4	巧論齋戒	求那跋摩	劉宋		v			p359b02-18
5	較論供養	法願	蕭齊			v		p359b19-c02
6	說法悟主	僧稠	北齊		v			p359c03-08
7	感悟東宮	玄琬	唐		v			p359c09-20
8	勸斷屠殺	沙門明贍	唐		v			p359c21-360a01
9	勸修懺法	曇宗	劉宋			v		p360a02-07
10	受罰不欺	道楷	趙宋				v	p360a08-18
11	詠花諷諫	法眼禪師	後晉			v		p360a19-b03
小結	11			7	3	4	3	1	

一、行善除惡

第一類行善除惡，包括第1則開陳報應、第2則勸善弭災、第3則規諫殺戮，分述如下：

（一）開陳報應

三國末葉吳國建業建初寺康僧會法師（？-280），有一天吳王皓詔見他問他說：「可否說一些有關善惡報應的佛法道理，讓我聽聽？」

會法師回答說：「英明的君主用孝順和慈悲來治理天下，則紅色鳥飛翔（如史記載武王渡河，有火自上復下，至於王座，流為烏鳥，其色赤，其聲魄），壽星出現（壽星，『爾雅』解作角亢二星宿，『史記封禪書壽星祠注』言壽星即南極老人星，見則天下理安），用仁愛和慈悲來教養萬民，則地上湧出甘泉，甜美清涼，產出優良品質的穀類。（周成王時，唐叔得禾，異畝同穎，歸周公於東，周公旅天子之命作嘉禾。）為政善既然有瑞應，為惡亦一樣有惡報。所以暗地裏作惡，雖人不知，鬼神要殺你，作惡明顯昭彰的，人們要殺你。易經稱讚：『積善之家必有餘慶』，詩經上也襃揚君子求福要為善行正，不可走邪惡的路徑。這些話雖然是周公、孔子等儒家聖人的格言，卻也是佛教的明訓。」

皓說：「周公、孔子既已闡明了這個道理，何必再用佛教的理論呢？」

會法師回答說：「周公孔子等儒聖，不想深入去分析這個問題，所以大略地訓示一些；佛的教化不只是講到表面目前的問題，更推而過去未來，精闢微細，所以陳述詳細而完備。聖人惟恐善法

不多，陛下卻嫌煩複，是何道理呢？」

吳王皓聽了，深表贊同。[16]原文如摘錄：

> 吳僧會，吳主皓召而問曰：「佛言善惡報應，可得聞乎？」
>
> 對曰：「明主以孝慈治天下，則赤烏翔，壽星見；以仁慈育萬
> 民，則醴泉冽，嘉禾出。善既有應，惡亦如之。故為惡於隱，
> 鬼得而誅之；為惡於顯，人得而誅之。易稱積善餘慶，詩美求
> 福不回；雖周孔之格言，即佛教之明訓。」
>
> 皓曰：「周孔既明，何用佛教？」
>
> 對曰：「周孔不欲深言，故略示其概；佛教不止淺言，故備
> 陳其詳。聖人惟恐善之不多，陛下以為嫌何也？」皓深然
> 之。[17]

此範例旨在強調英明的君主用孝順和慈悲來治天下，用仁
愛和慈悲來教養萬民。

（二）勸善弭災

晉朝於替青山竺法曠法師（326-402）。有一天簡文帝下書問
候他日常起居安樂，並請教天象出現妖星怎麼辦。曠大師回信說：
「齊景公行仁政，積陰德，本來出現的妖星就消失了，但願陛下也
勤修德政，來防止上天的譴責和降禍吧！貧衲一定竭盡心力為此消
災祈福。」於是和弟子們一齊至誠拜懺，不久妖星就消失了。[18]
原文摘錄如下：

【16】　明‧蓮池大師作；吳錦煌述，《緇門崇行錄淺述》，台北市：佛陀教育
　　　　基金會，1992，頁78-79。

【17】　《緇門崇行錄》，CBETA, X87, no.1627_p359a03-11。

【18】　明‧蓮池大師作；吳錦煌述，《緇門崇行錄淺述》，頁80。

> 晉法曠，簡文帝詔問起居，並咨以妖星，請曠為力。曠答詔
> 曰：「景公修德，妖星移次。願陛下勤修德政以塞天譴；貧
> 道必當盡誠。」乃與弟子齋懺，俄而星滅。[19]

晉朝簡文帝請教曠大師，天象出現妖星要如何處理？曠大師勸文帝要勤修德政，以防止上天的譴責和降禍。可見曠大師之忠君行。

（三）規諫殺戮

晉朝鄴中竺佛圖澄大師（232-349），因後趙王石勒好殺，於是去到石勒那裏。勒問他：「佛道有什麼靈驗的事嗎？」

澄大師知道石勒不大懂道理，對佛法沒什麼信仰，必須先顯一些神通法術來打動他的心，於是拿一個鉢裝水，焚香念咒，不久鉢中生出一株青蓮花來，石勒於是信服。

澄大師就趁勢進諫說：「作國王的人，如力行仁政，德澤布於四海，則出現神龍、瑞鳳、麒麟、靈龜四種靈物，表示吉祥昌隆的國運；若為政不仁，橫行無道，則天上就出現慧星、孛星等妖星，顯示天下災亂將起，國運不祥。星象既然明顯地示現，吉凶福禍隨即而來，善得善報，惡得惡報，這是古往今來所常有的象徵，天人明顯的警告啊！」

石勒聽了非常高興。很多要被殺死的人，因為這樣而得免於死。[20] 原文摘錄如下：

> 晉佛圖澄，以石勒好殺，乃詣勒。勒問：「佛道有何靈驗？」

---

[19] 《緇門崇行錄》，CBETA, X87, no.1627_p359a12-15。

[20] 明·蓮池大師作；吳錦煌述，《緇門崇行錄淺述》，頁81。

> 澄知勒不達深理，宜先動以道術，乃取缽盛水，燒香咒之。須
> 臾，生青蓮花，勒信服。
>
> 澄因諫曰：「夫王者，德化洽於宇內，則四靈表瑞；政敝道
> 消，則慧孛見於上。恒象著見，休咎隨行，斯古今之常征，天
> 人之明誡也。」
>
> 勒甚悅焉，應被誅戮蒙救濟者甚眾。[21]

　　佛圖澄大師力諫作國王的人，力行仁政，德澤布於四海。蓮
池大師盛贊：「嘗怪南北朝多高僧，賢聖出興，不於平世而於亂世
者，何也？良以運厄時艱，民窮物苦，大悲救濟正在斯時耳。所謂
『藥因救病出金瓶』者非耶？」[22]

二、持素禁殺

　　第二類持素禁殺，包括第4則巧論齋戒、第6則說法悟主、第7
則感悟東宮、與第8則勸斷屠殺等，分述如下：

（一）巧論齋戒

　　南北朝時，高僧京師祇洹寺求那跋摩（366-431），是印度罽
賓國的王族出家。南朝宋文帝元嘉八年，跋摩大師來到建業，文帝
請教大師：「寡人想持素並不於非時食，且禁殺生，但我身為一國
之主，掌全國政治，種種拘限，無法滿願，不知怎麼辦才好！」

　　跋摩大師回答：「帝王的修行法和平常百姓有所不同。小百
姓身分賤，名分微，自是應該刻苦耐勞，勤儉修行，帝王擁有整個
天下，掌管所有的百姓，只要說一句仁德的嘉言，官吏和百姓都會
很歡欣，行一仁政，則人神都高興而隨順，雖然用刑而不濫殺生

---

[21]　《緇門崇行錄》，CBETA, X87, no.1627_p359a16-b01。

[22]　同上註，CBETA, X87, no.1627_359a16-b01。

命；雖有征役，而不剝榨人民的勞力，那麼天下就風調雨順，寒熱適當，百穀茂長。這樣的齋戒才是大齋戒，大功德啊！這種不殺生，可算受持不殺戒的極致啊！哪是單放棄吃半天的飯，保全一禽獸的生命，就算是大慈悲大功德了呢！」

　　文帝拍案感歎著說：「世俗人對深遠的佛理迷惑不清，無從信奉，大多是出家人拘泥於出世法而疏於入世的教化；像您所說的這些話，實在是一個開悟明達，解行通天人之際的高僧啊！」於是命令掌職的官吏供養摩大師，全國都崇拜供奉。【23】原文摘錄如下：

> 宋求那跋摩，罽賓國王族也。元嘉八年達建業，帝問曰：「寡人欲持齋不殺，而身主國政，不獲從志，奈何？」
>
> 對曰：「帝王所修與匹夫異，匹夫身賤名劣，應須克己苦躬；帝王以四海為家，萬民為子，出一嘉言則士庶咸悅，布一善政則人神以和，刑不夭命，役不勞力，則風雨時，寒暑調，百穀茂。如此持齋，齋亦大矣！如此不殺，戒亦至矣！寧在輟半日之餐，全一禽之命，然後為弘濟耶？」
>
> 帝撫機歎曰：「俗人迷於遠理，沙門泥於近教，如法師所言，真可謂開悟明達，通天人之際矣！」敕有司供給，舉國宗奉。
>
> 贊曰：「帝王之不信佛法，非獨不信者之過，亦論佛法者未盡其妙也。如求那者，義正而語圓，辭善巧而不叛於道，真佛法、世法，通融不礙者矣！雖古良諫議何以加此？彼世僧局偏見而自謂持正，不知使人主不欲親近緇流者，正為此等輩也。神龍變化，非蚯蚓所知，其是之謂歟？」【24】

【23】　明‧蓮池大師作；吳錦煌述，《緇門崇行錄淺述》，頁83。
【24】　《緇門崇行錄》，CBETA, X87, no.1627_p359b02-18。

求那跋摩認為帝王的修行法是：說仁德的嘉言，行仁政，雖然刑而不濫殺生命，雖有征役，而不剝榨人民的勞力。因此蓮池大師盛讚道：「帝王所以不信佛法，不獨是帝王本身的過錯，實在也是講論佛法的人，不能完全闡述發揮佛法的奧妙啊，像求那尊者談佛法，道理正確而說法圓融委婉，言解善巧而不違背正理，才是真正融通佛法和世法而不相妨礙的人啊！就是古代賢良的諫議大夫，也不過如此。那些固執偏見而自謂秉持正道的世俗僧，他們不知道帝王的不願親近出家人的原因，正是因為他們這種人啊！神龍的變化，不是蚯蚓可以知曉的，正是這個道理啊！」【25】

（二）說法悟主

南朝齊鄴西龍山雲門寺僧稠大師（480-560），昌黎人，二十八歲時到鉅鹿景明寺拜僧實法師為師，剃度出家。

齊文宣帝下詔再三敦請僧稠大師赴建鄴教化群生，大師謝絕不去，於是皇帝親自造訪大師，扶著大師迎入內宮。僧稠大師為文宣帝講論三界（欲、色、無色界）本來空幻，國土亦因妄想而成（楞嚴經：「因空立世界，想澄成國土」），世事無常。及申論四念處法。【26】文帝聽了恍然大悟，驚恐得汗下如雨。於是依大師受菩薩戒，永斷酒肉，放掉打獵用的鷹鷂，廢棄捕魚的網罟及打獵的道具。下令禁止百姓屠殺生畜，每年正、五，九三個長齋月，每月的初八、十四、十五日，和廿三、廿九、三十等六齋日要百姓持齋戒（即八關齋戒，過午不食及不殺生、不偷盜、不妄語、不非梵

【25】　明‧蓮池大師作；吳錦煌述，《緇門崇行錄淺述》，頁84。

【26】　觀身不淨，觀受是苦，觀心無常，觀法無我。

行、不飲酒、不塗飾香鬘、不歌舞觀聽、不眠坐高廣大床）。【27】
原文摘錄如下：

> 齊僧稠，昌黎人，年二十八，投鉅鹿寶公出家。
>
> 齊文宣征之，不就；躬造焉，扶接入內，稠為論三界本空，國
> 土亦爾，世相不常，及廣說四念處法。帝聞，驚悟流汗，因受
> 菩薩戒，斷酒肉，放鷹鷂，去魚畋，禁天下屠殺；月六年三，
> 敕民齋戒。【28】

　　僧稠大師為文宣帝講論佛法，文帝因之受菩薩戒，永斷酒
肉，下禁殺令，施行仁政。實為亙古靡新忠君之行的典範。

（三）感悟東宮

　　唐朝京師普光寺玄琬律師（562-636），弘農華陰人，貞觀
（唐太宗年號）初年，唐太宗因琬大師的戒律德行，朝野都瞻仰，
請他為皇太子和諸王子授菩薩戒。

　　琬大師寫信給太子說：「現在簡略地列出佛經要點四項，希
望您用心奉持。一是『行慈』，要依照『大般涅槃經梵行品』所述
去做人處事，就可以攝受教養百姓，並救濟窮苦。二是『減殺』，
皇太子的東宮平常吃飯，常宰殺烹煮很多生畜；殿下所需要的食
物，要動用很多人力去營辦採購，以至生畜喪命的原因，無不是由
您而起，請您減少殺生，來求長壽吧！三是『順氣』，所謂不殺生
就是『仁』，仁在人體代表肝，肝在五行屬木，木在春陽之時茂
生，殿下是太子，位在四象中的少陽（東宮稱少陽），福居春月。

【27】　明・蓮池大師作；吳錦煌述，《緇門崇行錄淺述》，頁86。
【28】　《緇門崇行錄》，CBETA, X87, no.1627_p359c03-08。

所以請您在春季禁殺斷肉食，以順陽和之氣。四是『奉齋』，就是每年正、五、九三個月（此三月四天王巡視南瞻部洲），及每月六齋日（即每月八、十四、十五、二十三、二十九、三十日，此日諸天眾集會，稱量世間善惡多少，見造善者擁護，見造惡者共嫌毀）持齋。為什麼要這樣呢？因為您目前享受大福報，都靠您過去世積功立德，修行得來的，如您今生更能修積德行，那就更完美，福報就更大了。」

　　皇太子回答：「承蒙師父訓示妙法四項，我會謹慎牢記在心，時時信受奉持，永遠用這四個座右銘去警惕和做事，俾能得到上蒼鬼神在冥冥中的保佑。」【29】原文摘錄如下：

> 唐玄琬，弘農華陰人。貞觀初，帝以琬戒德朝野具瞻，敕為皇太子諸王授菩薩戒。琬致書皇太子曰：「今略經中要務四條，惟願留意。一曰行慈，謂依涅槃梵行之文，含養兼濟。二曰減殺，謂東宮常膳，多所烹宰；殿下以一身之料，遍擬群寮，及至斷命所緣，莫不皆推殿下，請少殺生，以永壽命。三曰順氣，謂不殺曰仁，仁主肝木，木屬春生，殿下位處少陽，請春季禁殺斷肉，以順陽和。四曰奉齋，謂年三齋，月六齋。何者？今享大福，咸資往因，復能進德，彌增美矣！」
>
> 皇太子答曰：「辱師妙法四科，謹當緘之心府，奉以周旋，永藉勝因，用資冥佑。」【30】

　　上述皇太子和諸王子授菩薩戒的修行法：一是「行慈」，二是「減殺」，三是「順氣」，四是「奉齋」。

【29】　明‧蓮池大師作；吳錦煌述，《緇門崇行錄淺述》，頁87-88。
【30】　《緇門崇行錄》，CBETA, X87, no.1627_p359c09-20。

（四）勸斷屠殺

　　唐朝終南山智炬寺僧明瞻大師（559-628），一向博學多聞，懷經世濟民之才。唐太宗聽到了他的名氣，下詔書迎請他入皇宮內，請教他問題。瞻大師廣泛地陳述為政的要領，藉機會說明佛門以慈悲救濟為宗旨的道理。太宗聽了很高興，下令每年三個善月（正、五、九），每月六齋日，一律禁屠殺，自己出巡行幸所在地，都建立寺院。【31】原文摘錄如下：

> 　　唐沙門明瞻，素博學懷抱經濟。太宗聞其名，詔入殿內問之。瞻廣陳政要，因敘釋門以慈救為宗。太宗大悅，下敕年三善月，月六齋日，普斷屠殺，行陣之所皆置寺焉。【32】

　　唐朝明瞻大師的忠君之行，乃為唐太宗述說佛門以慈悲救濟為宗旨，太宗聽了很歡欣，下令每年三個善月（正、五、九），每月六齋日持齋禁殺生。出巡所在地，皆建寺院。

三、譬喻點化

　　第三類譬喻點化，包括第5則較論供養、第9則勸修懺法、第11則詠花諷諫，分述如下：

（一）較論供養

　　南朝齊正勝寺法願大師（414-500），穎州人。齊高帝拜他為國師，盡弟子之禮。齊武帝（高帝之子）繼位，也是對他極為禮敬供奉。

　　有一天太子文惠到寺裏問候願大師，請示願大師說：「我用

【31】　明・蓮池大師作；吳錦煌述，《緇門崇行錄淺述》，頁89。

【32】　《緇門崇行錄》，CBETA, X87, no.1627_p359c21-360a01。

歌舞、奏樂來供養佛菩薩,其福德怎麼樣?」願大師回答:「往昔菩薩用八萬種歌舞音樂來供養佛,尚且不如以至誠清淨心奉行佛法的功德,你今天吹竹管子(簫),打死牛皮(鼓),又算什麼呢?」[33]原文摘錄如下:

> 齊法願,潁川人。高帝事以師禮;武帝嗣興,亦盡禮敬。
>
> 文惠太子嘗往寺問訊,謂願曰:「葆吹清鐃以為供養,其福如何?」願對曰:「昔菩薩八萬伎樂供佛,尚不如至心;今吹竹管子,打死牛皮,何足道哉?」
>
> 贊曰:「好佛事而昧佛理,糜費雖多,不越人天有漏之因耳。願公此言,豈獨覺世之迷,抑萬代沙門釋子之良藥也。」[34]

用八萬種歌舞音樂來供養佛,尚且不如以至誠清淨心奉行佛法的功德,好做佛事,而不明佛理,雖花費很多財力,只不過是種人天福的有漏因而已。因此,蓮池大師盛讚法願法師的忠君之行:「好做佛事(如齋會、法會),而不明佛理,雖花費很多財力,只不過是種人天福的有漏(不究竟)因而已。願公這一席話,不僅是覺醒了世俗人的迷惑,而且是後世出家人的忠言良藥!」[35]

(二)勸修懺法

南朝宋靈昧寺曇宗法師(590-620?),秣陵人,在靈昧寺出家,曾經有一次為宋武帝做天臺六時菩薩五懺悔法(懺悔、勸請、隨善、回向、發願五項,晝夜六時修之),武帝笑著對宗大師說:「寡人有什麼罪過,需您替我拜懺?」

---

[33]　明‧蓮池大師作;吳錦煌述,《緇門崇行錄淺述》,頁85。

[34]　《緇門崇行錄》,CBETA, X87, no.1627_p359b19-c02。

[35]　明‧蓮池大師作;吳錦煌述,《緇門崇行錄淺述》,頁85。

宗大師回答：「昔時虞舜，算是大聖人了，尚且對禹說：『我違背了正道，您當以義理輔正我。』（出書經虞書益稷）商成湯、周武王也都說：『百姓有什麼罪過，都是我作君王一人引起的。』（出商書湯誥、周書泰誓）古代聖王引咎自責，對自己要求嚴格，對別人體諒，實在是用以作世間的模範啊！皇上和古代聖人一樣賢明，行聖王之道更要謙虛，怎可和其他聖王不同，而不責備自己呢？」宋武帝聽了非常贊同。【36】原文摘錄如下：

> 宋曇宗，秣陵人，出家靈昧寺。嘗為武帝行菩薩五悔法，帝笑謂宗曰：「朕有何罪，而為懺悔？」
> 宗對曰：「昔虞舜至聖，猶云『予違汝弼』；湯王亦云『萬姓有過，在予一人。』」聖王引咎，蓋以軌世，陛下齊聖往古，履道思沖，寧得獨異？」武帝善之。【37】

宋曇宗大師為宋武帝做天台六時菩薩五懺悔法，善巧誘導武帝自覺古代聖王引疚自責，嚴己利人，行聖王之道更要謙虛。是另類的忠君之行。

（三）詠花諷諫

五代後晉南唐（南唐被宋太祖貶國號曰「江南」）李後主有一天召見金陵清涼院大法眼文益禪師（885-958）入內宮。當時牡丹花盛開著，後主求法眼禪師為牡丹作一首詩，大師於是頌詠出：

「穿著珍貴的毛衣，對的芬芳的花叢，這種富貴的景象和氣氛，和一般人大大地不同。但是人生歲月無情，好景不常，頭髮從

【36】　明・蓮池大師作；吳錦煌述，《緇門崇行錄淺述》，頁89-90。
【37】　《緇門崇行錄》，CBETA, X87, no.1627_p360a02-07。

今天開始會漸漸的白了，花兒看來也會不如去年的豔紅。牡丹花的美豔伴隨著早晨的露珠，更加嬌媚，但是朝露很快隨旭日而消失，花兒也日漸會枯萎，牡丹花的馨香隨著晚風吹送，更加清香，但晚風遠去，花香也漸飄零；由此看來，何必要等到花謝凋落，才體會諸行無常，萬法本空的道理呢？」李後主慨然歎息，頗能領悟這詩裏諷刺他侈華沈迷的意義。【38】原文摘錄如下：

> 後晉江南李後主召法眼禪師入內庭。時牡丹盛開，主索詩，師乃頌云：
>
> 「擁毳對芳叢，繇來迥不同；發從今日白，花是去年紅。豔異隨朝露，馨香逐晚風；何需待零落，然後始知空？」主歎悟諷意。
>
> 贊曰：「味詩意，忠愛油然，溢於言表，惜後主知而不用，終不免夢裏貪歡之悔耳！彼號為詩僧者，品題風月，敝精推敲，而無禆於世。以此較之，不亦黃金與土之相去耶？」【39】

蓮池大師盛讚法眼禪師語：「細細地品味這首詩的意境，覺得字裏行間，洋溢著忠心愛主的熱忱，可惜李後主知道這個道理卻沒有如實地奉行改過，最後仍免不了亡國，後悔自己在如夢的人生裏貪著歡樂，不知覺醒。（李後主『浪淘沙』詞，有『夢裏不知身是客，一餉貪歡。』之句）那些號稱『詩僧』的出家人，不務道業，從事品題風月，考究用字造句的優美與否，而對世道人心毫無幫助。和法眼禪師的這首詩比起來，不就是糞土和黃金比，相差很

【38】 明‧蓮池大師作；吳錦煌述，《緇門崇行錄淺述》，頁92-93。

【39】 《緇門崇行錄》，CBETA, X87, no.1627_p360a19-b03。

遠嗎？」【40】人生歲月無情，好景不常，花兒日漸會枯萎，花香也漸飄零，何必要等到花謝凋落，才體會諸行無常，萬法本空的道理呢？

四、清高不虛

第四類清高不虛，僅包括第10則受罰不欺。探討如下：

（一）受罰不欺

宋朝東京天寧芙蓉道楷禪師（1043-1118），沂水人，得悟心法後，極力宏揚曹洞宗的宗風。宋徽宗崇甯年間，皇帝下書令住持東京（又名汴京即今開封）淨因寺。宋徽宗大觀年中，遷到天甯寺，皇帝派遣使者賜大師紫衣（唐宋皇帝賜高僧以紫色僧衣），封號定照禪師。楷禪師上表推辭不接受。皇上又命令開封府尹李孝壽親自去表明朝廷褒揚推崇的意思，然而楷大師仍堅持不接受。

因此觸怒了皇上，命執法官吏要辦楷法師，執法官知道楷禪師一向忠誠，於是問他說：「長老看來形貌枯瘦憔悴，有病嗎？」

楷禪師回答：「沒病。」

官吏說：「您回答說有病，就有理由可以免去懲罰。」

楷大師說：「我怎敢詐騙說有病來免除罪罰呢？」

官吏聽了歎息不已，終於受罰，被貶到山東淄州，看到大師被流放的人莫不痛哭流涕。而楷大師神色自若，若無其事。到了淄州租房而住，學者更加親近，人數也更多。隔一年後，皇帝下令可自由到任何地方。於是建茅庵位於芙蓉湖（江蘇武進縣東，無錫縣西北，今稱芙蓉圩）上。【41】原文摘錄如下：

【40】　明‧蓮池大師作；吳錦煌述，《緇門崇行錄淺述》，頁93。
【41】　同上註，頁91。

　　宋道楷，沂水人。得法後，大揚洞上之風。崇寧中，詔往東京
淨因。大觀中，徙天寧，上遣使賜紫衣，號定照禪師，表辭不
受。上復令開封府尹李孝壽，躬諭朝廷褒善之意，而楷確然不
回。

　　上怒，收付有司，有司知楷忠誠，問曰：「長老枯瘁，有疾
乎？」

　　對曰：「無疾。」

　　有司曰：「言有疾，即法免罰。」

　　楷曰：「豈敢詐疾而求免罪遣乎？」

　　吏太息，遂受罰，編管淄州，見者流涕；楷神色自若。至州僦
屋而居，學者益親。明年，敕放自便，乃庵於芙蓉湖中。【42】

　　蓮池大師盛讚道楷禪師的忠君之行道：「榮華功名降臨己身
而能辭卻，是人人難以做到的，辭拒而受懲罰，受罰而不欺誑求
免，可以說更是難中之難了。忠良傳記中，怎能沒有這一則呢？所
以記載下來做世上出家人的借鑒。」【43】

第三節　忠君之行實踐典範
──星雲大師

　　本節忠君之行的現代實踐典範，舉台灣星雲大師為代表，介
紹如下：

　　星雲大師之忠君行將分為生平事蹟、愛國──關心政治、與
政治人物往來、與致力兩岸和平四項來探討其忠君之行。

【42】　《緇門崇行錄》，CBETA, X87, no.1627_p360a08-18。

【43】　明·蓮池大師作；吳錦煌述，《緇門崇行錄淺述》，頁92。

一、生平簡介

星雲大師（1927年8月19日－），12歲出家，江蘇省江都縣（今揚州市）人，為臨濟宗第四十八代傳人，同時也是佛光山開山宗長、國際佛光會的創辦人。現任國際佛光會世界總會長、世界佛教徒友誼會榮譽會長。

1949年初遷居臺灣。曾主編《人生》月刊、《今日佛教》、《覺世》旬刊等佛教刊物。1967年創辦佛光山，提倡「人間佛教」，致力推廣文化、教育、慈善等事業，先後在世界各地創設寺院道場達200所以上、佛教學院16所，並創辦普門中學、南華大學、佛光大學、美國西來大學推廣社會教育，及創辦人間福報、人間衛視。1985年卸下佛光山宗長一職，1992年創辦國際佛光會，國際佛光會於2003年起被聯合國非政府組織列為正式成員。

二、愛國──關心政治

星雲大師藉由佛光山與國際佛光會，透過教育、文化、慈善與共修活動，來安頓人心、淨化社會、富強國家、以促進世界和平，展現其愛國的情操。1962年星雲大師組「金門前線勞軍團」，赴金門宣慰三軍將士。2000年，星雲大師榮獲國家公益獎，肯定大師對國家、社會及佛教的貢獻。為護民護國，1998年4月恭迎西藏佛牙與2002年2月22日-3月31日恭迎西安法門寺佛指舍利回台供奉。[44] 自1992年成立國際佛光會，被推為世界總會會長，於五大洲成立173個協會，成為中國人在國際間最大社團，為台灣在全球五大洲發聲發光、造福群倫。2002年星雲大師率團至中南半島慈善

---

[44] 佛光山宗委會（2007），《佛光山開山四十週年紀念特刊 6 國際佛光會》，頁77-80。

弘法之旅,捐贈一千五百輛輪椅給寮國、柬埔寨、緬甸與越南及新加坡各個慈善機構。輪椅捐贈後來遠至巴西、南非等國。

　　除宗教領袖身份外,星雲大師也是中國國民黨黨員,曾任中國國民黨黨務顧問、中央常務委員、中央評議委員。【45】1982年,榮獲華夏參等獎章。【46】1986年,榮獲中國國民黨頒與「功在黨國」匾額乙面,與中華民國二等卿雲勳章。1995年5月獲內政部、外交部壹等獎章。1997年,榮獲中華民國內政及外交雙料壹等獎章。1998年,72歲壽辰,連戰副總統致贈「吾黨之光」壽匾祝賀。2004年星雲擔任「中華文化復興運動總會」宗委會主委,每年在台北國父紀念館舉行「愛與和平音樂祈福大會」。

　　星雲大師倡導「地球人」思想,對歡喜與融和、同體與共生、尊重與包容、平等與和平等理念多所發揚。因此,大師除屢獲國家各級政府頒獎表揚外,國際上亦德風遠播,一九九五年獲全印度佛教大會頒發佛寶獎。2000年12月第二十一屆世界佛教徒友誼會上,泰國總理乃川先生頒贈「佛教最佳貢獻獎」。2001年10月前往美國紐約「911事件」地點為罹難者祝禱;回台後,同年12月,受邀至總統府以「我們未來努力的方向」發表演說。2002年起每年暑假在佛光山舉辦「國際青年禪學生活營」,帶動全世界三、四十個國家的千位青年,到台灣佛光山參與禪學生命營的體驗與環島旅遊,以及學術文化交流等的盛況。2006年,星雲大師榮獲美國共和黨亞裔總部代表布希總統頒贈「傑出成就獎」。2007年,榮

【45】　星雲,〈星雲大師與當代「人間佛教」〉,《普門學報》第35期/ 2006年9月。

【46】　維基百科,https://zh.wikipedia.org/wiki/%E9%87%8B%E6%98%9F%E9%9B%B2, 2016.9.17。

獲西澳Bayswater市政府頒贈「貢獻獎」。2013年3月30日，榮獲鳳凰衛視聯合兩岸三地的十餘家華文媒體共同主辦的「世界因你而美麗——影響世界華人盛典2012-2013」-「影響世界華人終身成就獎」。【47】

　　透過國際佛光會中華總會響應環保，加入廢紙回收運動，透過群力合作，種植二千萬棵樹木在台灣；配合政府積極投入反毒運動、國際救援、賑災；佛光會更舉辦世界傑出青少年選拔比賽、國際青少年和兒童夏令營，為造就國家未來棟樑付出了許多努力。【48】

三、與政治人物往來

　　佛光山已成為台灣佛教重鎮，接引來自世界各地的佛教徒，也接引著非佛教徒的台灣政要與歷屆總統。如蔣經國先生擔任行政院長時，曾於1970年、1973年、1976年三度上佛光山，1978甫就任總統即四度來山參訪，並於翌年在總統府接見星雲。【49】繼任的總統李登輝及陳水扁，也數度上佛光山向星雲請益。【50】

　　此外，歷任副元首謝東閔、連戰、呂秀蓮；院會首長、各部會首長、軍方將領，乃至地方官員，及各政黨主席等，亦數度前

【47】　維基百科，https://zh.wikipedia.org/wiki/%E9%87%8B%E6%98%9F%E9%9B%B2, 2016.9.17

【48】　國際佛光會中華總會 2015.4.4 https://www.google.com.tw/?gfe_rd=cr&ei=mEsfVdywHO7UmQXj6oAQ#q=%E5%9C%8B%E9%9A%9B%E4%BD%9B%E5%85%89%E6%9C%83%E4%B8%AD%E8%8F%AF%E7%B8%BD%E6%9C%83

【49】　佛光山宗委會，《佛光山開山四十週年紀念特刊 7 國際交流》，2007，頁123。

【50】　同上註，頁123。

來佛光山，向星雲請益，有些甚至成了星雲的皈依弟子。【51】台灣外交部官員亦時常帶領外賓上山參訪，促進國際間的聯誼交流與認同，使佛光山成為國際佛教聖地、國際交流的重鎮。【52】

　　1990年星雲大師赴香港紅磡體育館講演之餘，會見特區政府律政司梁愛詩司長。【53】其他如馬來西亞前任首相馬哈迪、越南文化部長梅壽傳、【54】新加坡總理李光耀伉儷曾至佛光山會見大師；【55】在中南美洲地區，巴西如來寺於1992年創建後，即經常賑濟孤老貧苦，收養貧困兒童佛光之子等社會福利工作，造福當地居民，贏得無數國際友誼，使得中南美洲各國元首來台後，紛紛到佛光山取經。【56】1995年宏都拉斯第一位女性副總統荷瑞薩諾率該國政界蒞訪佛光山。1999年中美洲薩爾瓦多總統佛洛瑞斯、哥斯大黎加總統費雪、多明尼加副總統斐迺代司、貝里斯副總理布里仙諾等四國元首政要，由行政院長蕭萬長陪同參訪佛光山。其後，巴拉圭共和國總統鞏薩雷斯，以及關島總督顧提瑞，斯哥斯大黎加總統白契科造訪佛光山台北道場。南美洲的邦交國尼加拉瓜總統博拉紐、瓜地馬拉總統波狄優，也相繼到佛光山訪問。【57】

　　自1993年起，梵蒂岡頻頻與佛光山互動交流，促成1995年，教廷宗教協談委員會假佛光山舉辦「第一屆天主教與佛教國際交談

【51】　佛光山宗委會，《佛光山開山四十週年紀念特刊 7 國際交流》，2007，頁124。。
【52】　同上註。
【53】　同上註，頁127。
【54】　同上註，頁126。
【55】　同上註。
【56】　同上註，頁129。
【57】　同上註，頁129。

會議」，有美、日、泰、義、西、台等，近十國兩教代表與會對談。1996年星雲大師應邀於馬來西亞裟亞南露天體育館主持八萬人弘法大會。身為回教徒的首相馬哈迪，當場捐款馬幣五萬元做為贊助經費。【58】1996年美國副總統高爾不僅數度造訪西來寺，更不遠千里專程到高雄佛光山向大師請益。【59】1997年與天主教教宗若望保祿二世及西藏佛教領袖達賴喇嘛多次交換意見，促進世界和平；從此，佛光山與羅馬教廷的往來日趨密切，如1997年與1999年，由教廷分別舉辦的「世界宗教和平會議」與「佛教與基督教對名句與靜默的實踐」，都有邀請佛光山代表參加。【60】1998年星雲大師前往星馬弘法，與首相馬哈迪晤談，為其擔任首相十八年來，首次接見的外國宗教人士。【61】2003年和2006年，星雲大師先後拜訪智利聖多瑪斯大學，獲頒榮譽博士學位，並舉行佛學講演，拜訪聖地牙哥MR. Joaquin Lavin，參觀、拜會巴西國會議員等。2006年6月21日，星雲赴梵蒂岡與教宗本篤十六晤面，希望透過世界宗教領袖的連結，共謀世界和平。【62】泰國總理乃川頒贈星雲「佛教最佳貢獻獎」【63】

　　在其他地區，1990年澳洲臥龍崗市長奧得門·亞開爾，專程至台北國父紀念館聆聽星雲講經，並捐地二十六畝建南天

【58】　佛光山宗委會，《佛光山開山四十週年紀念特刊 7 國際交流》，2007，
　　　頁104。
【59】　同上註，頁128。
【60】　參閱上註，頁84。
【61】　同上註，頁104。
【62】　參閱上註，頁87。
【63】　同上註，頁129-130。

寺。【64】2003年南非布朗賀斯特市議員漢尼‧幸尼科博士飛抵台灣佛光山，捐獻三公頃土地建南華寺。【65】同年，馬拉威總統夫人莫魯士女士親臨佛光山，感謝南華寺在該國的人道關懷。【66】

四、致力兩岸和平

　　在兩岸關係和緩，開放探親旅行之後，星雲大師開始至中華人民共和國進行訪問及弘法。星雲大師是中華民國佛教界代表人物。中共官員，如前國台辦主任陳雲林等人，在訪問台灣時，必定前往探訪，與星雲法師進行會談。1989年星雲組「國際佛教促進會中國大陸弘法探親團」，中國國家主席楊尚昆、政協主席李先念，以及國務院總理朱鎔基，都專程與星雲大師晤談，【67】以表彰星雲大師對世界佛教與兩岸和平的努力與貢獻。

　　2002年元月與大陸總書記江澤民達成佛指舍利來台協議，以「星雲牽頭，聯合迎請，共同供奉，絕對安全」為原則，後組成「台灣佛教界恭迎佛指舍利委員會」至西安法門寺迎請舍利蒞台供奉三十七日，寫下兩岸宗教交流新頁，也為兩岸和平交流跨入新的里程碑。

　　2004年佛光山梵唄讚頌團與中國佛教協會共同組成「中國佛教音樂展演團」，做國際間的巡迴演唱。2005年星雲大師參加中國海南省三亞市「海峽兩岸暨港澳佛教圓桌會議」；2007年星雲大師「覺有情—星雲大師墨跡巡迴展」應邀至揚州博物館展覽；2009

【64】　佛光山宗委會，《佛光山開山四十週年紀念特刊 7 國際交流》，2007，
　　　　頁131。
【65】　同上註。
【66】　同上註。
【67】　同上註，頁122。

年4月代表台灣佛教界與大陸同步舉行世界佛教論壇，慈濟、法鼓山、華梵大學等台灣各寺聯合協辦。2013年至2015年，連續三年在佛陀紀念館舉辦中國文物展，以及這期間每年農曆年節的民俗表演等。2016年在台海量兩岸關係陷入低朝時，帶領150人佛教團體代表參訪大陸。

　　星雲大師忠君之行，除了表現在上述的愛國關心政治、與政治人物往來、與致力兩岸和平外，星雲大師關懷台灣社會與民主的思路，又藉助其筆下精宏的功力，撰寫《慈悲思路・兩岸出路：台灣選舉系列評論》【68】一書，教導大家認識政治與選舉，以及如何選賢與能。

第四節　結語

　　封建社會，每個老百姓對君王應守忠君之本分，尤其德高望重的修行人更學會如何忠君愛國。然而，二十一世紀的今天，民主代替了專制，人民成為國家的主人，因此，所謂報國王恩，即是報國家恩、眾生恩、人民恩，用實際行動服務人類大眾，忠君愛國就是愛人民、愛國家。正如大師說：「忠的含義，就是專注、不二、完成、圓滿的意思：能夠專注不二，不計成敗地竭盡自己的忠誠，完成自己的責任，當下即已圓滿忠貞之行。所以所謂『盡忠』，並不是要我們捨棄生命，做無謂的犧牲，只要每個人都能站在個人的崗位上，把份內的工作做好，盡到本份應盡的責任，就是盡

【68】　趙無任，《慈悲思路・兩岸出路：台灣選舉系列評論》，天下文化出版公司，2015。

忠。」【69】星雲大師重新詮釋了傳統忠君愛國思想，把忠擴展到社會、家庭中的各種關係之中。家庭婦女把家庭打掃的乾乾淨淨、有條不紊，這就是對家庭的盡忠；每一個人都能努力工作、不偷懶、不取巧、不貪污，這就是對團體與社會的盡忠；所有佛教徒都能奉行佛法，淨化人心，改善社會風氣，防止國家暴力，使民風敦厚，這就是對國家民族的盡忠，也就是奉獻國家和服務社會。【70】

　　本章以中國佛教的星雲大師做為忠君之行的代表，實當之無愧，堪媲美於《緇門崇行錄》中自吳迄宋朝歷代的11則忠君典範行善除惡、持素禁殺、譬喻點化與清高不虛四類特質，但更有人間佛教的務實性、人間性與現代意義。

【69】　星雲，〈人間佛教的藍圖〉，《普門學報》，2001年第五期，頁26。
【70】　學愚，《人間佛教　星雲大師如是說、如是行》，香港：中華書局，2011，頁219。

第玖章　慈物之行內涵與其現代實踐典範

自然的山河大地是我們賴以生存的依報環境，我們仍是還在生死輪迴的六道眾生，六道眾生包含天、人、阿修羅、畜生、地獄及餓鬼，未了生死前，依據平時造作的善惡業力，決定我們趣向六道的那一道，故六道又稱為六趣。人有可能來自畜生道，也有可能投生到畜生道，這麼說畜生有可能都是我們的親友與同袍了。如此就更需要愛護動物、慈心不殺了。

慈就是仁心，仁：仁愛。對人親善，進而對生物愛護，為萬善的根本。慈有兩種的意義，一是救濟貧窮，拔除痛苦；二是戒除殺生，並且還要放生；這是積德累功的本，也是做善人的根！《大乘入楞伽經》卷六云：「凡殺生者多為人食，人若不食，亦無殺

事，是故食肉與殺同罪。」[1]《楞嚴經》卷四云：「貪愛同滋，貪不能止，則諸世間卵、化、濕、胎，隨力強弱，遞相吞食，是等則以殺貪為本，以人食羊，羊死為人，人死為羊。如是乃至十生之類，死死生生，互來相噉，惡業俱生，窮未來際，是等則以盜貪為本。汝負我命，我還汝債，以是因緣，經百千劫，常在生死。」[2]《大般涅槃經》卷四說：「善男子。從今日始不聽聲聞弟子食肉。若受檀越信施之時。應觀是食如子肉想。」[3]不殺名善，人若是不殺生，愛護動物的生命，以及放生布施食物，就會得到長壽的果報。可見佛陀臨終遺囑應吃素持齋。孟子《盡心上篇》亦云：「親親而仁民，仁民而愛物。」[4]意指君子應該用愛護的心態去對待自然界的花草與動物，不應該用待人處事的仁德去對待它們。可見凡是積功累德的善人，不但是親親而仁民，尤其是他的慈心，遍及到了萬物。不再殺生機後，慈物心漸滋長，自然享福壽。

《大方廣佛華嚴經》〈普賢行願品〉說：「若是能夠使得眾生歡喜，則一切如來都會歡喜啊！這是什麼原因呢？這是因為諸佛如來，以大悲心為根本的緣故。因為眾生的緣故，而生起了大悲；因為大悲的緣故，而生起了菩提心，因為有了菩提心的緣故，才能夠成就正覺。對於眾生來講，最愛的就是自己的身命了；對於諸佛而言，眾生就是他們的最愛啊！所以能夠救眾生的身命，則能夠成

---

[1] 實叉難陀譯，《大乘入楞伽經》，《大正藏》冊17，no.672_p624a10-11。

[2] 唐·般剌蜜帝譯，《楞嚴經》，《大正藏》冊19，no.945_p120b06-10。

[3] 宋·慧嚴，《大涅槃經》卷四，《大正藏》冊12，no.375_p626a07-08。

[4] 楊樹達，《論語疏證——訓解字義、說明文句、發明學》，2012。https://www.douban.com/group/topic/31174455。

就諸佛的心願啊！」從這裡我們可以看出來，諸佛菩薩千言萬語，無非不是在教人救拔眾生的痛苦；而邪魔外道千言萬語，無非不是在教人吃眾生的肉啊！所以我們知道勸人放生，則是啟發了人的慈悲心；這就是永劫常樂的善因啊！而勸人殺生，則是啟發了人的殘忍心；而為永劫遭受怨仇罪孽的根本啊！所以同樣是一句話，可以造福，也可以造禍，所以我們講話，怎麼可以不謹慎呢？【5】

　　仁、義、禮、智是人的四端，而以仁為首。慈、悲、喜、捨是佛的四心，以慈為先。若無仁慈心，雖博學多聞，神通三昧，都是魔業罷了。目前環保意識抬頭，提倡素食養生，推廣放生護生、實施全民健保等，都是仁民愛物的現代表現。可見慈物是古今皆然受肯定的德目。

第一節　《緇門崇行錄》慈物之行時代背景與「慈物」釋義

　　本節將分為兩部分，分別探討蓮池大師撰寫《緇門崇行錄》慈物之行的時代背景，與「慈物」的界定。

一、《緇門崇行錄》慈物之行時代背景

　　明代早期，社會風氣比較節儉。嘉靖以後，由於商品經濟的發展，社會風氣轉向浮華與奢靡，商人的地位也明顯提高【6】。在衣食住行上，明代的茶酒文化十分發達，民間盛行飲酒之風，有酒

【5】　唐・般若譯，《大方廣佛華嚴經普賢行願品》卷40，《大正藏》冊10，no.293。http://www.cd.org.tw/becute/big5/tai/tai_18.htm。

【6】　陳支平，〈明代后期社會經濟變遷的歷史思考〉拙風文化網http://www.rocidea.com/roc-62.aspx。

自然有肉，而無視於動物的生命。正如蓮池大師在《緇門崇行錄》「護鴨絕飲」慈物行所言：「至人之視革囊，夢幻泡影耳。苟有利於眾生，則棄如涕唾。」【7】

　　蓮池大師，因此曾經作了一篇戒殺的文章勸化世人，他說：「每個人都愛護自己的生命，而動物也是一樣的貪生怕死；所以怎麼可以殺牠們的身體，來滿足我們的口腹之欲呢？殺生的時候，或是用利刀剖開了牠們的肚子，或是用尖刀刺穿了牠們的內臟；或是剝牠們的皮，或是刮牠們的鱗；或是割斷了牠們的喉嚨，或是劈開了牠們的外殼；或是用滾湯活活的煎煮鱉鱔，或是用鹽酒生醃了螃蟹和蝦子。可憐啊！牠們遭受到如此大的痛苦，卻是無處可以伸冤啊！而且這種的極苦，實在是難以忍受啊！人們造下了殘殺生靈這種彌天的罪業，與被他們所殺害的生靈，因此而結下了萬世的血海深仇。一旦無常到來，就要立即墮入地獄，在地獄中受到鑊湯、爐炭、刀山、劍樹、種種的苦刑啊！等到地獄的罪苦受完了之後，仍然必須要投生作畜生，來償還以往殺生食肉的命債啊！還完了命債，再投生為人；則是多病而且早死；因此我今天在此哀告世人，普遍的勸導大家要戒殺；並且更要隨著自己的能力來放生，加持念佛，這樣不但可以增加自己的福德，也必定能夠隨著自己的願望往生極樂世界；永遠脫離了六道輪迴的苦海，普度眾生，功德無量啊！」【8】

　　除了提倡戒殺之外，蓮池大師進一步提倡護生，尤其對病患的照顧與愛護，以勸誡當時社會大眾嫌棄病人的漏病。如其在《緇

【7】　《緇門崇行錄》，CBETA, X87, no.1627_p360b20-24。

【8】　蓮池大師，《戒殺文》http://www.cd.org.tw/becute/big5/tai/tai_18.htm。

門崇行錄》「看疾遇聖」慈物行所言：「佛言：吾滅度後，好供養病人，以中多賢聖故也。今重雲所遇，與悟達因緣正相似。古今類此甚多，姑出一二，以為嫌棄病人者勸焉。」【9】

　　蓮池大師在《緇門崇行錄》的序中，提到撰寫此錄乃因深感末法時期，緇門中有許多弊端，遂收集古德之十種善行，表達了僧眾應具備之德，其中之一為慈物之行。他認為前一種「忠君」之行；忠盡於上交，而惠乏於下及，則兼濟之道虧，故受之以「慈物」；慈近於愛，愛生著，出世之礙也，故受之以「高尚」……。【10】此處慈物之行含蓋了上述慈的兩種意義，救濟貧窮拔除痛苦，與戒除殺生，並且還要放生護生。亦可見《緇門崇行錄》十門德行的次序是有其前後的必然性與邏輯性。

二、「慈物」釋義

　　「慈」—依據字典的解釋，含有「善、愛、仁」的意思；「物」—指人以外具體的東西「事物」。談到慈悲，大家總會想到佛教，《大智度論》卷二十七：「慈悲是佛道的根本。」「大慈，與一切眾生樂；大悲，拔一切眾生苦。」【11】，《觀無量壽經》：「佛心者，大慈悲是，以無緣慈攝諸眾生。」【12】因此，佛教的三藏十二部雖然有無量的法門、教義，皆以慈悲為本。佛經上說：一切佛法如果離開慈悲，則為魔法，尤其是大乘佛教的菩薩道，就是

【9】　《緇門崇行錄》，CBETA, X87, no.1627_p361b15-17。

【10】　同上註，CBETA,X87,no.1627_p352a13-b2//Z 2B:21_p400a10-b5//R148_p799a10-b5。

【11】　姚秦・鳩摩羅什譯，《大智度論》，CBETA,T25,no.1509_p256b15。

【12】　劉宋・畺良耶舍譯，《佛說觀無量壽經》，CBETA,T12, n0365_p343c02。

慈悲精神的實踐與完成。經上說：菩薩因眾生而生大悲心，因大悲心而長養菩提，因菩提而成就佛道。所以，佛典解釋，慈悲的意義是：

慈：願給一切眾生安樂叫做慈。

悲：願拔一切眾生痛苦叫做悲。

慈悲心的延申，即是「慈悲喜捨」四無量心。《俱舍論》二十九：「無量心，一慈，二悲，三喜，四捨。言無量者，無量有情為所緣故，引無量福故，感無量果故」。【13】如果把「慈悲」轉換為現代通俗的說法，可以歸納出下列之意涵：

（一）慈悲，就是尊重生命；慈悲，就是共存共榮。

（二）我們對他人產生一種真正的關懷，並且勇於承擔起給予他們幸福、拔除他們痛苦的責任，這種關懷和愛便是慈悲。

（三）對別人的遭遇要有「不忍」的感受，「己所不欲，勿施於人」即是慈悲心。換句話說，也就是孟子所說的「惻隱之心」。

第二節　慈物之行內涵

細讀〈慈物之行〉的17則典範內容：1.忍苦護鵝；2.護鴨絕飲；3.贖養生命；4.悲敬行典；5.買放生池；6.割耳救雉；7.濟貧詣官；8.躬處癩坊；9.口吮腹癰；10.惠養群鼠；11.氈被畜狗；12.穢疾不嫌；13.看疾遇聖；14.行先執帚；15.贍濟乞人；16.施戒放生；17.看病如已。蓮池大師應是在說明，修行人具有「慈悲」之心，

【13】　世親造，玄奘譯，《阿毘達磨俱舍論》卷29，CBETA，T29，no.1558_
　　　p150b20。

而顯現出來的「作為」。

　　慈物之行共有17則典範，跨佛世迄宋朝1,200年期間，以唐代9則佔近5.3成為首。17則典範可分為三類，即慈愛動物、恭敬誠心、與病患不厭。第一類慈愛動物有第1則忍苦護鵝、第2則護鴨絕飲、第3則贖養生命、第5則買放生池、第6則割耳救雉、第7則濟貧詣官、第10則惠養群鼠、第11則氈被畜狗、第14則行先執帚、與第16則施戒放生等10則，佔最多。第二類恭敬誠心包括第4則悲敬行施、與第15則贍濟乞人兩則。第三類病患不厭，包括第8則躬處癘坊、第9則口吮腹癰、第12則穢疾不嫌、第13則看疾遇聖、第17則看病如己等5則。如下表9。

表9：《緇門崇行錄》慈物之行分類表

序號	典範懿行	姓名	朝代	慈物之行分類			出處與備註
				慈愛動物	恭敬誠心	病患不厭	
1	忍苦護鵝	比丘	佛世	v			p360b10-15
2	護鴨絕飲	僧群	晉	v			p360b16-24
3	贖養生命	法朗	陳	v			p360c01-06
4	悲敬行施	靈裕	隋		v		p360c07-12
5	買放生池	智者大師	隋	v			p360c13-18
6	割耳救雉	智舜	隋	v			p360c19-24
7	濟貧詣官	普安	唐	v			p361a01-07

序號	典範懿行	姓名	朝代	慈物之行分類			出處與備註
				慈愛動物	恭敬誠心	病患不厭	
8	躬處癘坊	智巖	唐			v	p361a09-14
9	口吮腹癰	志寬	唐			v	p361a15-22
10	惠養群鼠	慧意	唐	v			p361a23-b01
11	氈被畜狗	智凱	唐	v			p361b02-05
12	穢疾不嫌	道積	唐			v	p361b06-10
13	看疾遇聖	智暉	唐			v	p361b11-17
14	行先執帚	慧斌	唐	v			p361b18-21
15	贍濟乞人	曇選	唐		v		p361b22-c02
16	施戒放生	永明延壽	五代	v			p361c03-07
17	看病如己	高菴	宋			v	p361c08-16
小結	17		7	10	2	5	

一、慈愛動物

　　第一類是對動物的愛心有第1則忍苦護鵝、第2則護鴨絕飲、第3則贖養生命、第5則買放生池、第6則割耳救雉、第7則濟貧詣官、第10則惠養群鼠、第11則氈被畜狗、第14則行先執帚、與第16則施戒放生等10則。這類的故事最多，是對於動物的愛心，為了保

護別的生命（動物）的生命，連自己的生命有時會捨去。你說值不值得？當然值得。為什麼？為了愛心嘛！其實愛心是給自己的。因為愛心就是愛自己的心啊！分述如下：

（一）忍苦護鵝

佛在世時，有一個比丘到珍珠店去乞食。當時珍珠師傅剛好在為國王穿珠鏈，比丘來乞食，他就把珍珠放著進去拿食物，可是珍珠沒放牢，滾到地上去了，他家裏養的一隻鵝剛巧進來，把珍珠吃了。珠師拿食物出來供養比丘，發現珍珠不見了，認為是比丘偷拿去了，比丘怕鵝被殺，所以既不承認，也不否認，任由珠師捶打，打到流血在地，那只鵝又來舐血，珠師怒氣未消，遷怒在鵝身上，把鵝也打死了。比丘不禁悲傷流淚，珠師奇怪，於是問他何以被打不哭，鵝死反而哭？比丘因鵝既已死，遂告訴他原由，珠師聽了大受感動，向他恭敬禮拜求懺悔。【14】原文摘錄如下：

> 佛世，有比丘乞食珠師之門。時珠師方為王穿珠，置珠取食，而珠偶墮地，鵝吞之。珠師與比丘食，視珠不見，疑比丘竊之也。比丘欲護鵝，故任其捶擊，至於流血，鵝來舐血，珠師移怒，並擊鵝殺之。比丘不覺悲淚，珠師怪焉，乃語之故。感悟珠師，懺悔作禮。【15】

（二）護鴨絕飲

【14】　明・蓮池大師作；吳錦煌述，《緇門崇行錄淺述》，台北市：佛陀教育基金會，1992，頁95-96。

【15】　《緇門崇行錄》，CBETA, X87, no.1627, p360b10-15。

　　晉朝霍山僧群【16】法師（生卒年不詳），清貧而守氣節，在羅
江縣的霍山中搭一個茅棚住。山在海中，山上有一塊直徑數丈的大
石頭，石頭上有清泉流出，清冷香甜。茅棚和大石中間隔一條深
溝，上有獨木橋，可以走過去汲水。後來有一隻野鴨子，折了翅膀
飛不起來，停棲在獨木橋上。群大師要去打水，看見野鴨折翅停占
了獨木橋，擬用錫杖撥開它，但又怕它掉下山溝喪生，於是回來，
不去汲水，因沒喝水而死了。【17】原文摘錄如下：

> 晉僧群，清貧守節，庵於羅江縣之霍山。山在海中，有石盂逕
> 數丈，清泉冽然。庵與石隔小澗，獨木為橋，緣之汲水。後
> 一鴨折翅在橋，群欲舉錫撥之，恐傷鴨，還不汲水，絕飲而
> 終。【18】

　　上述為了保全動物的生命而不顧自己，再沒有比這樣更慈
悲、更偉大的救濟了。就像釋迦牟尼佛在因地修菩薩行時，割肉餵
鷹，捨身餵虎，此種捨己為人的心懷，豈是貪戀四大假合身的凡夫
所能憶想。【19】

（三）贖養生命

【16】　唐懷信述，《釋門自鏡錄》卷2：「釋僧群，未詳何人，清貧守節，蔬食
　　　誦經，後居霍山，山孤在海中，上有石盂。徑數丈許。水六七尺。常有清
　　　流。古老相傳。群仙所居。飲水不飢。因絕粒。群庵舍與盂隔小澗。常以
　　　一木為梁。由之汲水。後時忽有一折翅鴨。舒翼當梁頭就唼。群欲即舉錫
　　　杖撥之。忽憶少年時經折一鴨翅。自驗以為見報。乃絕飲而終。臨終向
　　　人具說而已。支遁字道林。俗姓關。陳留人也。少出家神俊超悟千載唯
　　　一。」CBETA, T51, no.2083_p813c15-24。

【17】　明・蓮池大師作；吳錦煌述，《緇門崇行錄淺述》，頁96。

【18】　《緇門崇行錄》，CBETA, X87, no.1627, p360b16-24。

【19】　參閱明・蓮池大師作；吳錦煌述，《緇門崇行錄淺述》，頁97。

　　南朝陳時，揚都興皇寺法朗法師（507-581），徐州沛縣人。跟大明寺寶志禪師學禪，對於戒律、論藏也很精通，名揚京城，聽講的人很多。他所得到的布施供養（檀是檀那檀越或施主，櫬是施主供養的錢），都用來造經像、塔寺，救濟窮困危急的人。看到生畜就買回來養著。所以鵝、鴨、雞、狗……等充滿整個房子。這些生畜看朗大師睡覺休息時，都安靜不出聲，朗大師探望它們時，都一齊鳴叫著，比吹螺打鼓還大聲。難道是對朗大師感恩激動所致嗎？[20]原文摘錄如下：

> 陳法朗，徐州沛縣人。就大明寺寶志禪師學禪，精律論，譽動京畿，聽侶雲集。所得檀櫬，用造經像、塔寺，濟給窮厄。見諸生命，即買歸畜之。鵝、鴨、雞、犬，充房內，見朗寢息，皆寂無聲；遊觀之時，群起鳴吠，喧於鼓吹，亦懷感之致歟？[21]

（四）買放生池

　　隋朝國師天臺山國清寺智者大師（智顗，538-597），住在臨海一帶的地方，每天看見老百姓捕魚為謀生職業，魚網相連四百多里，江中設捕魚的竹牆，及溪裏築的捕魚孔堰，大小不下六十餘所。智者大師看了心中相當不忍，於是把自己所得的供養金，買海曲（今山東日照縣西）地方作大放生池，並上表奏陳當時的陳後主。陳後主於是下令禁止在該地區捕魚，為此事立石碑紀念，命國子祭酒（古最高學府叫國子學，北齊叫國子寺，隋改寺為學，煬帝

【20】　明‧蓮池大師作；吳錦煌述，《緇門崇行錄淺述》，頁97-98。

【21】　《緇門崇行錄》，CBETA, X87, no.1627, p360c01-06。

又改學為監，祭酒是功高名著者官名）徐孝克作碑文，文辭悲愴淒涼，看到的人都哀傷感動而有所領悟。【22】原文摘錄如下：

> 隋智者大師，居臨海，日見民以漁為業，罶網相連四百餘里，江溪梁六十餘所。心憫之，乃以所得櫬施，買海曲為放生池，表聞陳主。陳主下敕禁採捕。因為立碑，詔國子祭酒徐孝克為文。辭甚悽楚，覽者悲悟，多感化焉。【23】

（五）割耳救雉

隋朝趙郡障洪山智舜法師（533-604），趙州人。有一次北遊贊皇許亭山，便在這山上建茅棚住了下來。有一天一個獵人追雉（雉俗名野雞），野雉飛入舜大師房內，舜大師苦苦相勸，求他放了一條生命，獵人不聽，定要抓雉，於是舜大師割下自己的耳朵給獵人，用以代野雉生命，獵人看了大吃一驚，遂感悟自己的罪業，終於放棄弓箭、獵鷹等獵具，決定不再打獵。因此感動了幾個村子的人，自動放棄打獵。舜大師每次看到貧困的人，都流淚滿面，脫自身的衣服給他們取暖，分自己的糧食給他們吃，這樣無所不至地慈悲濟世。【24】原文摘錄如下：

> 隋智舜，趙州人，北遊亭山，庵其中。有獵者逐雉，雉入舜房，舜苦勸勉，不聽，因割耳與之，獵人驚悟，投弓放鷹，數村舍其獵業。每見貧餒，流淚盈面，解衣減食，無所不至。【25】

【22】　明‧蓮池大師作；吳錦煌述，《緇門崇行錄淺述》，頁99。
【23】　《緇門崇行錄》，CBETA, X87, no.1627, p360c13-18。
【24】　明‧蓮池大師作；吳錦煌述，《緇門崇行錄淺述》，頁100。
【25】　《緇門崇行錄》，CBETA, X87, no.1627, p360c19-24。

　　由上述智舜法師的德行，證實了孟子：「至誠而不動者未之有也。」【26】

（六）濟貧詣官

　　隋朝京師郊南逸僧普安法師（569-?），京兆涇陽人。北周武帝建昌三年滅佛教，令僧尼還俗，普安法師躲到終南山的梓谷隱居，勤修苦行，不把身體形骸掛在心上，有時裸露著身子，躺在草叢中，讓蚊蟲吸咬，布施身血，有時躺在雜亂的屍體群中，想用自己的身體布施給虎豹吃。當時政府公告重賞，如捉到並呈送一個出家僧人，賞賜絲綢十段。有一個人要來捉拿安大師去領賞，安大師欣然的安慰他說：「我看您貧窮煎迫，也正想幫忙讓您有所收穫，現在我弄些食物給您吃，吃完了和您一道入京城去，讓您領賞。」到了京城，皇帝看了卻說道：「我國目前國法嚴厲，不准民間有出家人，你更加嚴厲了，不准出家人住到山裏去，那麼要叫他們到哪裏去呢？」於是放安大師回山上。【27】原文摘錄如下：

> 唐智巖，丹陽曲阿人。智勇過人，為虎賁中郎將，漉囊掛於弓首，率以為常。後入浣公山，依寶月禪師出家。昔同軍戎刺史嚴撰、張綽等，聞其出家，尋訪之，見深山孤寂，謂曰：「即將癲耶！何為在此？」嚴曰：「我癲欲醒，君癲正發。」往石頭城癩人坊為其說法，吮膿洗穢，無不曲盡。永徽中，終於癩所，顏色不變，異香經旬。【28】

【26】　參閱明・蓮池大師作；吳錦煌述，《緇門崇行錄淺述》，頁100。

【27】　同上註，頁101。

【28】　《緇門崇行錄》，CBETA, X87, no.1627, p361a01-07。

（七）惠養群鼠

唐朝襄州景空寺慧意法師（生卒年不詳），將缽中吃剩的食物，用來餵禪房內的老鼠，他房內有百多隻老鼠，都很乖馴地親近他，搶著來吃食物。患病的老鼠，他就用手撫摸它。【29】原文摘錄如下：

> 唐慧意缽中之餘，飼房內鼠。有鼠百餘，皆馴狎，爭來就食。
> 其病者，以手摩捋之。【30】

（八）氈被畜狗

唐朝越州嘉祥寺智凱法師（538-597），丹陽人，常開講三論（中論，百論，十二門論）。唐太宗貞觀元年，住持浙江餘姚縣的小龍泉寺。當時越地（餘姚為古之越國）的習俗，家裏狗生小狗，多半遺棄在路上。凱法師憐憫它們，收集起來飼養，愈來愈多，多到三十、五十隻，用獸毛織成的被子給小狗睡，不嫌它們骯髒。【31】原文摘錄如下：

> 唐智凱，丹陽人，常講三論。貞觀元年，住餘姚縣小龍泉寺。
> 越俗，狗生子，多捐棄道上。凱憐之，收聚養育，乃至三十、
> 五十，氈被與臥，不嫌污穢。【32】

（九）行先執帚

【29】 明‧蓮池大師作；吳錦煌述，《緇門崇行錄淺述》，頁104。
【30】 《緇門崇行錄》，CBETA, X87, no.1627, p361a23-b01。
【31】 明‧蓮池大師作；吳錦煌述，《緇門崇行錄淺述》，頁105。
【32】 《緇門崇行錄》，CBETA, X87, no.1627, p361b02-05。

唐朝京師弘福寺慧斌（ㄅ一ㄣ）法師（573-645），兗州人（屬今山東省）。博覽窮究經論，後來專修禪定。發心以慈悲救濟眾生為己任，每到了夏天，（生物繁茂之際。）走路怕踏傷了微小的蟲蟻，所以在踏出腳步之前，先拿掃帚輕掃地面，以免殺生。一得到供養的財物，就秘密地去做布施利人的事，雖做了種種的善事，還告誡人切莫泄漏給人知。【33】原文摘錄如下：

> 唐慧斌，兗州人。博窮經論，後專靜慮。以慈救為務，每夏步行，恐傷微蟲，執帚先掃。隨得利養，密行檀惠；種種善事，仍戒勿泄。【34】

（十）施戒放生

在五代杭州慧日永明延壽智覺禪師（904-975）【35】，居住永明寺十五年，剃度了一千七百多個弟子，後入天臺山為眾授戒，約萬餘人得戒；大師常為七眾（指比丘、比丘尼、式叉摩那尼、沙彌、沙彌尼、優婆塞、優婆夷）授菩薩戒，夜晚作瑜珈焰口施食鬼神，並常放生。晝夜六時（晝三時夜三時合為六時，晝三時指即日、中日、後日；夜三時即初夜、中夜、後夜）精進地修持，功課之外閑餘時，就誦法華經，一輩子共誦了一萬三千部。宋太祖開寶八年十二月二十六日，燃香向大眾告別，盤腿（跏趺）端坐著而圓寂

【33】　明·蓮池大師作；吳錦煌述，《緇門崇行錄淺述》，頁108。

【34】　《緇門崇行錄》，CBETA, X87, no.1627, p361b18-21。

【35】　南宋·普濟編輯，《五燈會元》：「餘杭王氏子。總角之歲。歸心佛乘。既冠不茹葷。日唯一食。持法華經。七行俱下。纔六旬。悉能誦之。感群羊跪聽。」，CBETA, X80, no.1565_p211 a4-6 // Z 2B:11_p183 d18-184a2 // R138_p366 b18-367 a2。

了。【36】原文摘錄如下：

> 五代永明壽禪師，居永明十五年，度弟子千七百人，入天臺，
> 度戒萬餘人，常與七眾授菩薩戒，夜施鬼神食，放諸生類。六
> 時行道，餘力誦法華經一萬三千部。開寶八年十二月二十六
> 日，焚香告眾。趺坐而逝。【37】

二、恭敬誠心

第二類恭敬誠心包括第4則悲敬行施、與第15則贍濟乞人兩
則。有恭敬人之心，也都會被人所恭敬，如下兩個故事很值得我們
學習。

（一）贍濟乞人

唐朝曇選【38】法師（生卒年不詳），高陽人，住在興國寺。生
性慈善，喜好救濟別人。從不積蓄財物。購置了一個大鍋，把自己
及乞丐們乞食所得一併放到裏面，煮成濃稀飯，叫他們排列坐好，
親手替他們盛粥。看到穿著破爛的衣服，容貌消瘦的，都會憐憫地
流下淚來，悲憨難過之情無法克制。選大師自己也和他們同在一起
吃稀飯。這樣經過了很多年。【39】原文摘錄如下：

> 唐曇選，高陽人，居興國寺。性好慈濟，財物不積。置巨鑊，
> 並乞人所得食，總為饘粥，列坐群乞，手自斟酌。見其藍縷，
> 形容消瘦，憐憫墮淚，悲不自勝。己亦同群受粥而食，遂及多

【36】　明‧蓮池大師作；吳錦煌述，《緇門崇行錄淺述》，頁109。

【37】　《緇門崇行錄》，CBETA, X87, no.1627, p361c03-07。

【38】　《續高僧傳》卷24：「釋曇選，姓崔，高陽人。神慧譎詭不偶時俗。雖
博通經術。而以涅槃著名。」CBETA, T50, no.2060_p.641a18-19。

【39】　明‧蓮池大師作；吳錦煌述，《緇門崇行錄淺述》，頁108-109。

載。【40】

（二）悲敬行施

隋朝相州演空寺靈裕法師（518-605），定州鉅鹿人，十五歲時到趙郡應覺寺出家。博學多才，精通經藏和論藏，名聞海外。他在布施的時候，慈悲又恭敬。惠贈袈裟給其他和尚，數量超過千件；病苦來求醫療的，供給醫藥更是不計其數。只要得到好吃的東西，一定先供養大眾僧，雖對生畜，亦不呵斥吐唾它們。甚至在指責或詢問幼童，或申誡約束自己的徒弟時，都自稱自己的姓名，稱對方為「仁者」，苦口婆心，懇切告誡，聽的人都會感動得流下淚來。【41】原文摘錄如下：

> 隋靈裕，定州鉅鹿人，十五投趙郡應覺寺出家。博通經論，名藉海外，其行施也，悲敬兼之，惠袈裟數過千領；疾苦求療者，醫藥無算。但得厚味，必先奉僧；雖禦畜類，未嘗呵唾。乃至責問童稚，誡約門人，自稱己名，號彼仁者，苦言懇切，聞者流淚焉。【42】

三、病患不厭

第三類病患不厭，包括第8則躬處癘坊、第9則口吮腹癰、第12則穢疾不嫌、第13則看疾遇聖、第17則看病如己等5則。對患病的人不會厭惡，其實生、老、病是人生必經之路，每個人都會遇到的，所以不要害怕看到病人，如同下面幾個典範故事，教導我們如

【40】　《緇門崇行錄》，CBETA, X87, no.1627, p361b22-c02。

【41】　明・蓮池大師作；吳錦煌述，《緇門崇行錄淺述》，頁98。

【42】　《緇門崇行錄》，CBETA, X87, no.1627, p360c07-12。

何看待病人。

（一）躬處癘坊

　　唐朝丹陽智巖法師（生卒年不詳），丹陽曲阿人，機智和武勇都超越常人，年青時當虎賁中郎將（帝王衛官）。常把濾水囊掛在弓頭（濾水去蟲方飲之，以防殺生），習以為常。後來到浣公山，皈依寶月禪師出家。以前和他在軍隊的同事睦州刺史嚴撰、衢州刺史張綽等人，聽說他出家了，一齊去尋訪他，見他住在深山裏，孤獨寂寥，對他說：「將軍！莫非你是發瘋了嗎？怎麼會住到這個人煙絕跡的山上來！」嚴大師說：「我的沈迷和瘋癲就快覺醒了，而你們正沈迷著世俗的功名利祿，瘋瘋癲癲、糊糊塗塗地過日子啊！」後來嚴大師到石頭城癘人區（長惡瘡疥者或麻瘋病人住的地方），為他們演說佛法，還為他們吸膿水，洗滌髒的瘡口和衣物，體貼入微，樣樣周到。唐高宗永徽年中，在癘人街圓寂，死後面貌容色都沒改變，周遭散發著特殊的香味，十幾天才消失。【43】原文摘錄如下：

> 唐智巖，丹陽曲阿人。智勇過人，為虎賁中郎將，瀘囊掛於弓首，率以為常。後入浣公山，依寶月禪師出家。　昔同軍戍刺史嚴撰、張綽等，聞其出家，尋訪之，見深山孤寂，謂曰：「即將癲耶！何為在此？」嚴曰：「我癲欲醒，君癲正發。」往石頭城癘人坊為其說法，吮膿洗穢，無不曲盡。永徽中，終於癘所，顏色不變，異香經旬。【44】

【43】　明·蓮池大師作；吳錦煌述，《緇門崇行錄淺述》，頁102-103。
【44】　《緇門崇行錄》，CBETA, X87, no.1627, p361a09-14。

（二）口吮腹癰

　　唐朝蒲州仁壽寺智寬法師（《續高僧傳》作志寬）（565-643），蒲州河東人，經常讀誦維摩詰經及戒本，感召天神圍繞房屋，讚禮護法。寬法師秉性慈悲寬懷，樂意幫助病人，不論出家人或在家人，離他遠或近，如有患病而沒人醫療的，就用車子把病人載來自己的房中，親自照顧料理一切。曾有一個病人，腹部長了一個瘡疽，膿脹在內流不出來，寬大師竟用口吸吮膿出來，這個病人終於因此而痊癒。後來土匪嫋感作亂，藉故捕捉寬大師，將他流放到四川，大師對於送行的宴會、錢財、衣物、布匹等，一概不接受，只帶著一隻驢子，載著經書前去。路上遇到一個僧人號寶遑的，腳受傷無法走路，躺在路旁，寬大師讓他乘驢子，自己擔負經典。當時農作物歲收不好，人民糧食缺乏，寬大師用一點米煮稀飯，彼此充饑，又脫下自己的衣服給他穿，有時將自己的食品完全讓給他，有時減少自己的食物等，含著悲愍的心，勸導教化他念佛求生淨士。[45]原文摘錄如下：

> 唐智寬，蒲州河東人。常誦維摩經及戒本，感天神繞房。性慈惠，好瞻病人，不計道俗及路遠近，無人治者，即輿來房中，躬自經理。有患腹癰，膿不能出；口吮之，遂獲痊可。後嫋感作逆，事逮寬，配流西蜀，祖餞財帛悉不受，唯以一驢負經。路逢僧寶遑者，足破臥道旁，捨驢與乘，自擔經籍。時逢歲儉，煮麋粥以飼饑，又解衣衣之，或割或減，銜哀勸化，導彼念佛。[46]

【45】　明‧蓮池大師作；吳錦煌述，《緇門崇行錄淺述》，頁103-104。
【46】　《緇門崇行錄》，CBETA, X87, no.1627, p361a15-22。

（三）穢疾不嫌

　　唐朝益州福感寺道積法師（557-627），四川人，住持益州福感寺。積法師秉性仁慈，有患惡瘡病的，全身長膿又爛成一個洞一個洞的，臭氣非常濃厚，聞到的人都掩起鼻子，積法師供應他衣食，行為的表現和內心一致，絕不是故意裝成泰然自若的樣子。甚至有時和患者用同一食器，同桌吃飯，幫他們補衣服、洗衣服。有人問他，怎能忍受這種環境和生活。積法師回答說：「喜愛清潔乾淨，厭惡臭味污穢，這是分別心理的作怪，我是一個修行人，為要了生脫死，就要能克服七情六欲，我豈真能修到如如不動的平等智嗎？只不過利用這個環境來磨煉我的身心罷了。」【47】原文摘錄如下：

> 　　唐道積，蜀人，住益州福感寺。性慈仁，有癩疾者洞爛，穢氣鬱勃，聞者掩鼻。積為之供給，身心不二；或同器食，時與補浣。人問之，答曰：「清淨具穢，心憎愛也，吾豈一其神慮耶？寄此陶煉耳！」【48】

（四）看疾遇聖

　　唐朝洛陽中灘浴院智暉禪師（生卒年不詳，704撰刻修禪要訣），住持京兆重雲寺。創建了一個道場號「溫室院」，供給十方僧侶洗浴，布施用水及醫藥。有一個比丘患了麻瘋症，眾人都厭惡他，不敢接近。暉禪師照常幫他洗擦身體；洗了不久，突然有股奇異的光明和香味從這麻瘋比丘身上出現，暉禪師正感到奇怪驚訝，

【47】　明‧蓮池大師作；吳錦煌述，《緇門崇行錄淺述》，頁105-106。
【48】　《緇門崇行錄》，CBETA, X87, no.1627, p361a15-22。

這位比丘就消失不見了。【49】原文摘錄如下：

> 唐智暉，住重雲，創溫室浴僧，施水給藥。有比丘白癩，眾惡
> 之，暉與摩洗如常；俄有神光異香，方訝之，忽失所在。【50】

（五）看病如己

宋朝南康軍雲居寺高庵善悟禪師（960-1279），住持雲居寺，
一聽到有出家人病重，被移到延壽堂（又名涅槃堂、無常院、如意
寮等，為病僧入滅之處也），就歎息不已，好像是自己生病一樣。
早晚去問候他們，親自料理飲食，煎煮藥物。藥物都自己先嘗嘗
看，沒有毒性或副作用，才安心地拿給病人服用。天氣稍冷了，就
關心地撫他的背，說：「衣服是不是穿得太少了？」天氣熱了，就
察看他的臉色，問：「是否太熱了？」甚至命終圓寂的，不管他有
錢沒錢，常住（僧是流動的，道場是永久的，所以叫常住）都照禮
數津貼送終。【51】原文摘錄如下：

> 宋高庵住雲居，聞衲子病，移延壽堂，咨嗟歎息，如病在己。
> 旦夕問候，躬自煎煮，不嘗不與食。或天稍寒，撫其背曰：
> 「衣不單乎？」或暑，察其色曰：「莫太熱乎？」乃至命終
> 者，不問彼有無，常住以禮津送。【52】

凡是當住持的，應效法高庵善悟禪師的德行與看住眾病如己
的作風。

【49】　明・蓮池大師作；吳錦煌述，《緇門崇行錄淺述》，頁106。
【50】　《緇門崇行錄》，CBETA, X87, no.1627, p361b11-17。
【51】　明・蓮池大師作；吳錦煌述，《緇門崇行錄淺述》，頁110。
【52】　《緇門崇行錄》，CBETA, X87, no.1627, p361c08-16。

四、小結

平等是沒有分別，沒有上下，人人都有佛心。天生我才必有用，自古行行出狀元，生命原來本同源，何必區分貴與賤，冤親一如無分別心行平等並不難。每個人都有它本能的才幹，不一定人人都是萬能，但是有各自的優點與專長。只要興趣學習就懂的更多，更成熟。不管你做什麼行業，做好這個就是出名了。生命原本就有相同的起源。在六道輪迴，有無量無數的生命，有各自形態不同。然而同樣是人類，同樣有一個頭，人的依報是相同的，都是人，都在地球上。但是不同的正報，每個人都不同。每個人的心態也不同，所以佛陀教導我們，必須調整自己的心，人與人之間不要分高低，也不要分貴賤。其實我們每個人的食衣住行所需的各項，都不是自己能獨立創造的，需要很多人同心協力的付出。所以，每個人都要依靠別人而生活，同時也為別人提供生活所需。因此，還有什麼貴賤，冤親之分呢？

第三節　慈物之行之現代意涵

本節將依上一節慈愛動物、恭敬誠心、與病患不厭三類分法，分述各則慈物之行的現代意義如下：

一、慈愛動物：有第1則忍苦護鵝、第2則護鴨絕飲、第3則贖養生命、第5則買放生池、第6則割耳救雉、第7則濟貧詣官、第10則惠養群鼠、第11則氈被畜狗、與第14則行先執帚等9則，分述如下：

（一）忍苦護鵝：主要呈現的是忍辱護鵝。很多人都能尊重生命，有同情心，但要他犧牲自我，維護別人，就做不到了。而這

位比丘為何能做到？值得深思！這說明一個人的修持已達到了「無我」、「平等心」，自他不二，沒有分別心，到了菩薩境界。所以，菩薩的慈悲心一旦起用，可以忍辱、犧牲自我，造福眾生。

（二）**護鴨絕飲：**故事描述一位法師，為了怕傷害折翅鴨的生命，而不能過橋汲水，導致沒水喝而自己死了。凡夫的天性是自私的，只要我能活下去，什麼事都幹得出來，甚致於去傷害他人。只有高度修養的人，才能克服自己的自私。這位法師的境界是菩薩，即尊重生命又「無我」，所以自己犧牲了。

（三）**贖養生命：**故事重點描述，一位法師的慈、悲、喜、捨，所得之供養，除了造經像、塔寺、濟貧之外，還贖養生畜。而那些牲畜，也通靈性，善體人意。

人要活，其他的動物也要活。其實人也是動物之一，除了外表形式不同之外，本質是同樣的。所以，我們應該尊重生命、共生共榮。

（四）**買放生池：**故事重點：智者大師，住臨海一帶，因見魚民所設的魚網、魚牆相連百里，起了悲憫之心。於是購買一個地方作大放生池，並奏請皇帝，禁止在該區捕魚，立碑紀念。這是「尊重生命、共生共榮」的具體表現，值得現代人省思。現今人類貪得無厭，向自然界採捕還不夠，還專門伺養生命再來殺害，如果長得不夠快，就餵賀爾蒙……背後動機都為自己的利益。人無悲憫之心，為了自私利益，互相殘害也就不足為奇了。

天地萬物是一體，都是能量的波動，現代量子物理學家已證實。傷害萬物，最終受害的還是人類自己，人若不懂得與自然和諧共處，不剋制人性自我的貪婪欲望，終將自我毀滅。

　　（五）割耳救雉：故事重點：智舜法師為了求獵人放過一隻野雞，獵人不肯，於是智舜法師割下自己耳朵給獵人，代替野雞生命，因此感化了獵人。

　　旨在說明人的至誠之心可以感化人。教導我們為人、處事、修道、行道，都離不開「誠」字，所以「至誠感通」。

　　（六）濟貧詣官：故事重點：普安法師，忘身，把自己的身體佈施給蚊蟲，或佈施給虎豹。有人把他捉拿去領賞，安大師沒有對這個人生嗔恨心，也準備作身佈施。

　　現代社會把人佈施給蚊蟲、虎豹的事，是不可能而且沒必要。但故事精神，告訴我們，一位修養極至之人，可以為了大眾謀利，而忘掉自己，奉獻自己的生命。肯犧奉獻的人，往往感召來意想不到的福報。

　　（七）惠養群鼠：故事重點：慧意法師，飼養老鼠，百餘隻老鼠乖馴地親近他，鼠有病，他就用手撫摸它。這故事是告訴我們，人們應當愛護動物，尊重生命，不分彼此，共生共榮。

　　（八）氈被畜狗：故事重點：智凱法師收集飼養流浪狗，到後來多到三十、五十集，用毛織的被子給狗睡，不嫌髒。這故事也是告知，人們應當尊重生命，不分彼此，共生共榮。

　　（九）行先執帚：故事重點：慧斌法師，每到夏天，走路怕踏傷蟲蟻，在踏出腳步前，先拿掃帚輕掃地面，避免殺生。且他布施行善不欲人知。這故事告知人們，尊重生命，共生共榮。布施行善事之後，無須張揚，不放在心上，一切行為都是自自然然的。

　　（十）施戒放生：故事重點：說明永明延壽禪師，持戒、施食、放生及度化眾生。他日夜精進修行，臨終時燃香向大眾告別，

跏趺端坐而圓寂了。持戒是修行之本，放生是滋長慈悲心，沒有持戒不會得定，沒有定不會生出真正的智慧。有了戒定慧，再加上精進念佛，達到生死自在，永明壽禪師給我們做出典範。

　　二、恭敬誠心：包括第4則悲敬行施、與第15則贍濟乞人兩則。分述其現代意涵如下：

　　（一）悲敬行施：這篇是出家人，慈悲喜捨的故事，他在布施的過程中，所持的是恭敬心、謙和的心，完全沒有傲慢心。許多人佈施，都存有慢心，心理有我是「施者」，他是「被我施者」，自我崇高的心理。這故事告知世人，一個有真正修養的人，他布施之後是三輪體空。他認為這是生為人，本份應為之事。

　　（二）贍濟乞人：故事重點：曇選法師，不蓄積財物，把自己與乞丐所得之食物，一起煮粥，共同分享，苦樂同擔。這則故事表達出，同舟共濟的精神，不為一己之私而蓄財，具有共產主義之理想。

　　三、病患不厭：包括第8則躬處癘坊、第9則口吮腹癰、第12則穢疾不嫌、第13則看疾遇聖、第17則看病如己等5則。

　　（一）躬處癘坊：故事重點是說：一位曾經是殺人的「將軍」，出家覺悟後，跑到惡瘡或麻瘋病人居住地方，為他們演說佛法和治病，最後死在該地，但容顏不變，還有異香。這個故事告訴我們，人沒有覺悟前，被名利牽著鼻子走，糊裡糊塗的過活。覺悟後，這個人可以忘我、行善、利他，行菩薩道。而且，往生後是到了好地方。

　　（二）口吮腹癰：故事重點：智寬法師慈悲的照顧病患，曾有一個病人，腹部長瘡，膿脹在內流不出來，他竟用口吸吮膿出

來，把病人治癒。後來土匪作亂，他被流放四川，大師對於送行的財物等，一概不受，只帶著驢子，載著經書前去。

路上遇到僧人受傷，大師讓他乘驢子，自己擔負經書。遇歲收不好，他將自己的衣物、食品，和民眾分享，且教化民眾，念佛求生淨土。

對於病患的瘡膿，以現代科技是不需要用口吸吮膿，但故事是說明法師的慈悲精神，願意冒著自己感染疾病的危險去救人、助人。而且遇事時，他能不貪著身外之物，還隨緣的照顧別人，度化眾生。是真正的看破、放下了。

（三）**穢疾不嫌**：故事重點：道積法師，照顧患惡瘡的病人，雖然病患身上臭氣難聞，他卻以平常心來照顧病人的飲食起居。他把這些惡境做為自己修持磨煉的境界。這個故事說明，人的愛憎分別，是人自己的心理作用。修行人達到乾淨、污穢沒有兩樣的境界，心理如如不動，那就是平等智了。

（四）**看疾遇聖**：故事重點：智暉禪師創建「溫室院」，供十方僧侶沐浴、布施水、醫藥。有一比丘患麻瘋病，眾人都嫌，只有暉禪師照常幫他擦洗，不久有神光、香味出現，正感到驚呀時，這位比丘不見了。這故事提醒人們，不可嫌棄病人，不可以外表來評價人，有許多人其貌不揚或者一時困厄、失意、生病顯現落魄表相。在這些人中，可能就隱藏著聖賢之人，也許有一天他會成為你生命的貴人。

（五）**看病如己**：故事重點：高庵善悟禪師身為住持，僧人病重被移至延壽堂，他都親自問候、料理飲食、煎藥。施藥必定親嘗，並且對病人噓寒問暖，對於命終圓寂者，不管他有錢沒錢，都

按禮數送終。古人都吃中藥，端藥給病人吃前可以先嘗，但是現代人大多數吃西藥，就不能先嘗。不過，故事的精神是在教導人們，應效法禪師「人溺己溺、人飢己飢」的慈悲作風。

第四節　慈物之行現代實踐典範
——淨空法師與證嚴法師

本節慈物之行的現代實踐典範，將舉淨空法師與證嚴法師做代表，分述如下：

一、現代實踐典範—淨空法師

本小節將分為淨空法師生平簡介、建國君民教學為先、推動多元弘法事業、提倡聖賢品德教育等四項來說明淨空法師的慈物之行。

（一）生平簡介

淨空法師，法名覺淨，字淨空，1927年出生於中國安徽省廬江縣，俗名徐業鴻。因戰亂、貧困及家人流離失所，於1949年旅居台灣。五四年先後追隨一代大哲桐城方東美教授、藏傳高僧章嘉呼圖克圖與儒佛大家濟南李炳南老教授，學習經史哲學以及佛法十三年，而於佛教淨土宗著力最

多。1959年，於台北圓山臨濟寺剃度。之後於台北市景美景中街華藏佛教圖書館講經十餘年。多年來在全世界各國家和地區設立淨宗學會。【53】

（二）提倡聖賢品德教育

為堅實倫理、道德、因果、宗教、科學的聖賢教育基礎，淨空法師特於2006年在澳洲昆士蘭省購買建校土地，希望建校培育世界各宗教及優秀傳統文化的師資。以儒之《弟子規》、道之《太上感應篇》與佛之《十善業道》的教誨為扎根教育，戒律基礎，要求全體師生百分之百落實此三門課程。因此三科，不僅是儒釋道三家學術的基礎，實為聖賢「仁慈博愛、誠敬謙和」教育之大根大本。尤於今日社會，唯有深明因果教育，才能真正自利利他，自度度他。若不明因果，縱然學習倫理、道德教育，亦容易流於表面，徒具形式。故安士先生云：人人皆明因果，天下大治之道也；人人不明因果，天下大亂之道也。若非切實履行，世出世間所有德行學問僅如空中樓閣，自行化他均難真實成就。

二十世紀英人湯恩比博士曾說：「欲解決二十一世紀的社會問題，唯有孔孟學說與大乘佛法。」法師多次參加國際和平會議的經驗，深切認識，唯有建立和諧社會示範區，才能使世人明白肯定「人性本善」，告知世人「和諧是可以落實的」。於是，法師秉持著「但開風氣不為師」的處世原則，於家鄉安徽廬江縣湯池鎮建立「文化教育中心」，培養倫理道德教育的師資，展開小鎮全民倫常

【53】 維基百科，釋淨空，https://zh.wikipedia.org/wiki/%E9%87%8B%E6%B7%A8%E7%A9%BA。

教育。老師們經過二個月的密集學習，下鄉上課，短短三、四個月內，已協助鎮中四萬八千居民，道德水平顯著提升，民風純樸，好禮知義。地方領導與百姓深刻體會「『和諧社會、和諧世界』不是口號」！

　　一生致力於宣揚神聖倫理道德教育的淨空法師，以「團結宗教、族群為世界和平的基礎」之理念，深深感動了全世界無數各行各業的志士仁人。聯合國教科文組織有鑑於此，特於2006年十月，以教育與和平為前提，誠邀老法師於法國巴黎總部，進行為期三天的「2550年歡慶衛塞節活動」，多方闡揚「宗教是可以團結的」、「人民是可以教得好的」、「聖賢傳統文化教育於現代社會仍深具實用」等重要理念。此次慶典，有來自全世界192國的駐法使節、團體代表、聯合國教科文組織秘書長以及法國重要官員共襄盛舉，對全球宗教人士與愛好和平者而言，實為一次意義深遠的重要活動。【54】

　　簡言之，「真誠、清淨、平等、正覺、慈悲，看破、放下、自在、隨緣、念佛」是淨空法師立身處世不變的原則。「仁慈博愛」，「修身為本、教學為先」是他講經教學純一的主旨。「誠敬謙和」、「普令眾生破迷啟悟、離苦得樂」則為其生命中真實的意義。可見淨空法師重視因果、倫理道德，一生仁慈博愛對慈物的重視。

（三）慈物之行與淨空法師行儀對照

【54】　「認識淨空老法師—法師簡介」http://www.amtb.tw/jklfs/jklfs.asp?web_choice=1。

　　《緇門崇行錄》作者，蓮池大師，特別強調：「事道」，以德行為本。他說：「人道未全，焉知佛道？即使利根多慧，而慧彌多，障彌重，將安用之？」這是真知灼見，從古至今凡是修道有成就者，那一個不是德行兼備。德行，也就是戒律，沒有戒不會得定，沒有定也不會產生真慧。與淨空法師推動的聖賢品德教育相呼應。

　　蓮池大師認為慈物是修道人的行為標準風範之一。不過，蓮池大師是中國明朝時代的高僧，距今已經四百餘年；那個時代是農業社會和今天科技文明的工商業社會，主客觀的環境有很大的差異，所以他所例舉故事的內容，我們應用在現今的社會，應該注意的是故事它背後的精神。所謂慈悲之行，貴在尊重生命，共生共榮。對照、分析淨空法師的行儀，其慈物之行特別展現在如下兩項：

　　1.仁慈博愛：團結九大宗教，和諧社會示範區─湯池小鎮的奇蹟，就是「仁慈博愛、誠敬謙和」的具體實踐。【55】

　　2.尊重生命：盧江湯池「和豐園」農業實驗：栽種的蔬果完全，不用化肥農藥。最特別之處是為昆蟲準備的專用餐廳，即蟲仔的「特色餐廳」。【56】體現出尊重生命眾生平等，萬物有情，人與自然和諧，共生共榮的精神。

二、現代實踐典範─證嚴法師

　　本小節將分為證嚴法師生平事蹟、慈濟功德會、創立醫院、

【55】　湯池小鎮《弟子規》和諧示範鎮奇蹟／淨空法師團結九大宗教　網址：http://blog.udn.com/bluest1937/3562154，2015年，3月。

【56】　盧江中華文化教育中心，www.topikpopuler.com/video-GdNZ7qpVVJk.html, 2009.8.5。

人文教育等四項來說明證嚴法師的慈物之行。

（一）生平事蹟

證嚴法師（1937年5月14日-），俗名王錦雲，法名證嚴，字慧璋，出家前自號靜思，生於日治臺灣臺中州大甲郡清水街（今臺灣臺中市清水區），臺灣佛教比丘尼，慈濟功德會的創辦者，其信徒多稱其為證嚴上人或師公上人。1963年於印順法師門下出家，後返回花蓮縣秀林鄉佳民村的普明寺苦修，被村民稱為「農場師父」。

1966年於花蓮縣創立佛教克難慈濟功德會，為慈濟基金會之前身。1986年創建花蓮慈濟醫院。1989年再創設慈濟護理專科學校。1991年，獲得麥格賽賽獎社會領袖獎。2003年，總統陳水扁頒贈二等景星勳章。2011年，獲時代雜誌（TIME）選為2011年年度全球百大最具影響力人物之一。[57] 2012年，馬來西亞檳城州元首授予她拿督斯里榮譽勳銜。

（二）慈濟功德會

1966年證嚴法師於臺灣花蓮，以克己、克勤、克儉、克難的精神創立慈濟，初期與五位弟子，每人每天增產一雙嬰兒鞋，三十位家庭主婦每天省下五角錢，投入竹筒裡，開始慈善濟貧的工作。

功德會創立初期，證嚴法師與幾位信徒在普明寺做手工，發放救濟品。後慈濟開始發展，普明寺的空間漸漸地越來越無法容納參加法會的信眾，釋證嚴的母親前來援助，購下一甲五分的地，並建起一間大殿，釋證嚴稱其為靜思精舍。由1968年起，三十一歲的

【57】 The 2011 TIME 100 - Dharma Master Cheng Yen. Time. 2011-04-21 [2011-05-05].。

釋證嚴便逐漸興建精舍、廂房、寮房、辦公室等，歷經十多次增建，規模已十分龐大。

功德會初期，證嚴在當地會員的協助規劃之下，發行「慈濟月刊」，開始建立「慈濟委員」、「慈誠」制度。四十幾年來，慈濟的志業，由慈善而醫療、教育、人文；從偏遠的花蓮一隅開展至全球五大洲，已有四十七個國家設有分支會或聯絡處，迄今援助過七十一個國家地區，慈濟人以感恩心，付出無所求，為每一位受難者真誠關懷與膚慰。慈濟功德會，今時全名財團法人中華民國佛教慈濟慈善事業基金會，主要的領導人包括釋證嚴的胞弟弟王端正，年捐款收入高達台幣90多億。【58】

（三）創立醫院

1966年，「一灘血」事件與「三修女」的來訪，成為了推動醫療志業的助力。1978年，證嚴罹患心絞痛，認為「人命在呼吸間」，認為慈濟功德會沒有長久支持的資源。1979年，證嚴舉辦多次義診，也因十多年來的慈善志業，發現「貧病相依」、「因病而貧」，認為臺灣東部（花東）地區長期缺乏醫療資源，下令在慈濟委員聯誼月會上，發起建立「佛教慈濟綜合醫院」。發布消息後，然因花費太高，起初不得眾人支持。證嚴於各地奔波募款，受到一些社會人士及政府單位支持，歷經當時林洋港、宋長志、李登輝、吳水雲縣長等人協助，解決用地問題。1984年4月24日，於花蓮市區原花蓮農工牧場土地動工。1986年8月17日正式完工，隔年又展

【58】 維基百科 釋証嚴https://zh.wikipedia.org/wiki/%E9%87%8B%E8%AD%89%E5%9A%B4 2016.9.17。

開第二期工程。證嚴後聘請前故臺大醫院副院長杜詩綿、原臺大醫院復健科主任曾文賓負責籌劃工作，並相繼出任花蓮慈濟醫院院長。【59】

（四）教育人文

醫院建院完成後，醫院有硬體而無軟體——即醫療人員，便逐步推展教育工作，建立慈濟護專、慈濟醫學院。而護專、醫學院後來相繼改名為慈濟技術學院（2015年改制為慈濟科技大學）、慈濟大學。而除臺灣本土社會救濟外，進而從事資源回收的環保工作，推展中國大陸賑災、國際賑災等工作。於海外建立慈濟人據點、分會，要求慈濟人能懷著「取之於當地，用之於當地」、「頭頂別人的天，就要回饋當地」等理念，在全球各地推動四大志業八大法印，也得到許多當地人的肯定。1991年中國大陸華中、華東水患，證嚴認為災情嚴重，便發起街頭募款、勘災、救災等工作。【60】

由上述可見證嚴法師成立的慈濟功德會，透過資源回收環保工作籌幕慈善教育基金，積極投入國際賑災，處處展現其惜福愛物的美德，本章推舉其為慈物之行的現代實踐典範當之無愧。

第五節　結語

淨空法師不僅對漢傳佛教的淨土宗貢獻非常大，他對中華傳

【59】　維基百科 釋証嚴https://zh.wikipedia.org/wiki/%E9%87%8B%E8%AD%89%E5%9A%B4 2016.9.17。

【60】　同上註。

統文化儒、釋、道的學說亦大力推廣，運用影音設備，網路，衛星電視，贈書、贈法寶光碟……等，推行全民教育。他的善舉，受惠者數以萬計，僅就中國大陸估計有數百萬人因為受到他的教化，斷惡修善，改變了人生。許多人依靠淨空法師而趨入佛門！許多人依靠淨空法師而精進念佛！淨空法師的弟子裡又有很多人臨終顯現往生跡象！

筆者不敢肯定淨空法師就是什麼果位，但是他確實具足善知識所需要具備的條件：廣大的菩提心，行儀堪稱世人的模範，普通人沒有這樣的能力。譬如，在新加坡團結九大宗教和諧社會示範區─湯池小鎮「仁慈博愛、誠敬謙和」的具體實踐，大陸盧江縣湯池鎮的有機農業實驗感人實績，之後2009年在馬來西亞馬六甲成立漢學院，2012年在台灣屏東潮州鎮成立中華傳統文化教育中心示範基地。其教育的宗旨，是打造和諧、富有道德涵養、互相尊重的社會，以維持社會安定，確保國家在進步的同時，能在道德倫理的守則下，取得穩健發展。淨空法師所成就的功業，皆是因為確實地落實「慈悲喜捨」四無量心，所感招來的無量福、無量果。

淨空法師他不空談佛學理論，真正去效法釋迦牟尼佛的精神，是最令人尊敬之處。他講經教學、身體力行，為了崇高的目標把自己的身心全部投入，做出了活的榜樣，讓別人感受，讓別人欣賞，讓別人讚嘆！然後在無形中受他精神的感召，受他的影響，也照他的活榜樣去實踐履行。

證嚴法師成立慈濟功德會，除對臺灣本土做社會救濟外，進而從事資源回收的環保工作，推展中國大陸賑災、與國際賑災等工作，是當代活生生的慈物之行的典範。

　　淨空法師與証嚴法師兩位的慈物之行，都為解決生態環境遭污染破壞的問題，具有關心環宇的時代意義。與《緇門崇行錄》17則慈物之行三類特質完全相應，即慈愛動物、恭敬誠心、與病患不厭。可見慈物的美德，不受時空遞變的影響，其重要性反而與日俱增。

第拾章　高尚之行內涵與其現代實踐典範

　　人不同於畜生最大區別，乃是作為人，應具有高尚的品質和崇高的道德理想，要想達到高尚的道德境界，需要長久不斷地磨練自己的心性，修正自己的行為，而這些高尚品質的修煉和提升之始乃是基於反省。世間上的人，不管他是何種層次任何階級或什麼身份的人，都可被歸為比較低級卑劣和具高尚品質這二類。前一種人的行為只是憑著自己本能和習氣的衝動而隨意行事，他們這種處世方式就好像與動物沒有什麼區別一樣；而後一種人則是具有很強的自我反省能力，他們不管是說話還是做任何事情，都有一套是非善惡取捨的行為準則來約束自己，並時時以正知正念來反觀自己的心靈，這就是那種志行高潔之士。追求高尚行為的人總會擁有快樂，而卑劣的人則是痛苦纏身，現在和將來都會有許多不順心如意的事

跟隨著自己。【1】

　　高尚之行的利益，在《佛說戒消災經》、《灌頂三歸五戒帶佩護身咒經》、《十善業道經》、《三歸五戒慈心厭離功德經》、《優婆塞戒經》、《梵網經》等佛經中亦都有關於心念和戒行高尚而蒙受善神護佑的記載。《灌頂三歸五戒帶佩護身咒經》的第七頁除了敘述：受持五戒，有二十五位神王隨身護佑（守在房宅門戶上面），使他萬事吉祥，免於邪神惡鬼的侵害。【2】

　　佛教初傳中國，主要是引進、並翻譯佛經作為主要內容的。翻譯經典，就是跟統治者、皇帝們、諸侯們信仰佛教有關，依靠國力創造佛教的譯經事業。

　　以後來的「南北朝」時期，不少帝王虔誠地崇拜、信仰佛教，翻譯了大批量的佛經。由於官方的支持，佛教徒和佛教學者的數量也空前地增長。佛教傳進中國來，就把這一種情況描述為「居士」，簡單說，就是「德高望重」的人——有高尚的道德、有豐碩的學問，這樣的人就稱之為「居士」。【3】可見佛教非常強調在家修行的居士需擁有高尚的品德行為，更何況是出家為人師表的僧人？

　　因此，蓮池大師能在收錄撰寫《緇門崇行錄》時，將高尚之行的典範納入該書中，作為僧眾修行十德目之一。該書所錄高尚之行，多指遠離名利、無懼死亡、歸隱入山的隱逸之士。

　　在進入本章主題探討18則《緇門崇行錄》高尚之行的內容

【1】　索達吉堪布，《佛教科學論》，http://boruo.goodweb.cn/books/0021.htm
【2】　心行高尚，善神護佑repentance2015.pixnet.net/blog/.../189857755-2016.11.2
【3】　http://169.55.0.235/bbs/forum.php？mod=viewthread&tid=3593&extra=&page=26 2012.12.7

前，有必要先瞭解蓮池大師收錄高尚之行的時代背景，並釐清「高尚」的定義。

第一節　《緇門崇行錄》高尚之行時代背景與「高尚」之界定

本節將分為兩部分，分別探討蓮池大師收錄高尚之行的時代背景，與「高尚」一詞的界定。

一、「高尚」之行撰寫的時代背景

蓮池大師深嘆末法僧眾業深垢重，教綱衰滅，戒律鬆弛，因此大師策厲清規，闡揚戒律精義和梵行。同時為了拯救末世時弊，整頓當時僧風，道業不修好，而降低自己的人格去求榮華富貴，給出家人丟臉！可見蓮池大師撰寫高尚之行的時代背景，主要是當時僧人素質低落，或有貪名嗜利、或好趨炎附勢、庸庸碌碌，不在道業上精勤，忘失上弘下化之大任。約可分為如下四項說明：

（一）**僧人不明來生果**：今生持戒修福的僧人，如果未明心見性，願力又微薄，又不求生淨土，這種人來生多感富貴的果報，也多為富貴榮華迷惑，或甚至造惡業而墮落三途的。另有出家人看見富貴顯達的人，心生慕羨，希望能和他一樣的；也有出家人看見富貴顯達的人，心生厭惡，好像很不齒的。殊不知其前生就是像你這樣苦行修福的出家人，何必羨慕呢？另一方面你只知道厭惡他，而不知道，你的苦行果報，來世會作像他一樣有名利有地位的官人。【4】蓮池大師特舉「冒死納僧」的唐代法沖法師，與「屢征

【4】　明‧蓮池大師作，《緇門崇行錄》，CBETA,X87,no.1627_p0363c04。

不就」的唐朝慈藏法師寧願持戒一日而死，不願破戒苟活一生的崇高僧格為高尚的榜樣。

（二）**僧人好古惑真如：**明末僧人耽溺於塵名浮利中，享受豐厚物質而腐蝕道心，沉迷過高名譽而扼殺慧命。蓮池大師特舉「避寵入山」的晉朝道恆法師，「力辭賜紫」的五代恒超法師，與「袖納薦書」的宋朝雪竇顯禪師自稱雲水行腳僧人，從不祈求世間名利虛華，更拒絕那些達官貴人的推薦信函為高尚的典範。

（三）**僧人未盡護法責：**蓮池大師認為僧人有保護寺產、弘揚正法與維護獎勵出家人三項責任。然而明末出現寺產被人強佔，光向權貴人化緣等現象；說法著作，充斥妄見邪說，或淺見偏見；不親近供養正知正見，腳踏實地，嚴守戒律，行持厚重，真參實學，有學問智慧的僧人；反而尊敬供養虛有外表內無德學，親近攀緣富貴人家的假參禪人。[5] 蓮池大師特舉「不享王供」的姚秦佛陀耶舍法師為高尚的典範。

（四）**僧人忘失初發心：**明末販賣度牒，吸引大量良莠不齊的僧人，這些僧人剛出家時有一股初發的道心，日子一久，就被名利因緣所污染，接著又建造宮室，修飾穿著，買地置產，收養徒弟奴僕；多積蓄金錢，致力於俗家事，好攀緣，淪為世俗僧，和世俗人沒兩樣。[6] 蓮池大師特舉「眾服清散」的晉朝慧永法師與「不結貴遊」的梁朝智欣法師等為高尚的楷模。

故《緇門崇行錄》以「崇行」為名，其「十門」中又再列出「高尚」之行，可見崇高之行對於一個出家人是何等的重要了！該

---

[5]　明·蓮池大師作，《緇門崇行錄》，CBETA,X87,no1627_p362c6-8。

[6]　同上註，CBETA,X87,no1627_p362c9-12。

錄中〈高尚之行〉對所以需要有「高尚」之行的說法如下：

> 高尚是，則忠君者非歟？是不然，顧所守何如耳！道充於岩
> 穴，而名聞於廊廟，上度吾君，下度吾民，非弘法利生之正務
> 乎？獨惜大道不立，而枉己以求榮者，貽釋子之羞也！噫！
> 為僧者誠以道自重，使國王大臣聞天下有樂道忘勢之僧而歎
> 之、羨之，其忠亦多矣！豈必面陳獻替，而後為忠乎？吾是以
> 知南陽寵逮七朝，無業力辭三詔，遇不同，而其道同，其忠
> 同。【7】

此處所謂的「高尚」是指面對君王的禮遇、世間名聞利養
等，僧眾應自重自愛，以修道為要務，才能保有僧格，切莫為此忘
失自己的道業，否則到頭來只有委屈求全，使僧格掃地罷了！如此
能使國王、大臣知道天下還有樂於修道，而摒棄名利的僧人，這樣
與「忠君」之行並不會互相違背，因為學養深厚的人，在適當的時
機因緣之下，同樣可以上度君主，下化百姓，何必要面對呈述、獻
納善言才叫做「忠」呢？

二、「高尚」釋義

「高尚」的「高」，有超越一般水準的、等級在上的、優
良【8】之意；「尚」則為尊崇、仰慕。【9】高尚指品行清高、清雅
不俗。【10】指脫離了一般情趣的行為，或指脫離了人性中劣根性
的，具備樸實、大度、英勇、真誠、清廉等的優秀品德和美好情

【7】　明‧蓮池大師作，《緇門崇行錄》，CBETA,X87,no1627_p363c5-12。
【8】　《教育部重編國語辭典修訂本》，〈網路版〉，http://dict.revised.moe.edu.
　　　tw/，2015/6/10。
【9】　同上註。
【10】　同上註。

操。【11】簡之，「高尚」一詞有保持高潔【12】、高潔的節操【13】等涵義。

《高僧傳》云：「謂出家者，能遁世以求其志……遁世則宜高尚其迹。」【14】也就是出家人的志向非在世俗中求，其言行應保持高潔。既已出家，便是出離世俗塵勞，對於世間名聞利養無所欲求。

雲棲袾宏在《緇門崇行錄》的序中，提到撰寫此《錄》乃因深感末法時期，緇門中有許多弊端，遂收集古德之善行，並分為「十門」記載，其中表達了僧眾應具備之第七項「高尚」美德：茲因第六大類『慈物』之慈和愛很接近，出家人易產生愛染，是修道的一大障礙，所以第七大類叫『高尚』。但高尚不是要孤芳自賞，遠棄眾生，一方面還期望修行人能先充實自己，功夫高深了自然才學德行的光芒就四射，所以以第八大類叫『遲重』。摘錄如下：

> 錄其要者，以十門羅之。何者？離俗染之謂僧，故「清素」居其首；……故受之以「忠君」；忠盡於上交，而惠乏於下及，則兼濟之道虧，故受之以「慈物」；慈近於愛，愛生著，出世之礙也，故受之以「高尚」；「高尚」非潔身長往而捨眾生也，欲其積厚而流光，故受之以「遲重」；……。十行修而德

【11】　梁·慧皎撰，《高僧傳》，CBETA, T50, no.2059。http://baike.sogou.com/v697511.htm，2015/6/10。

【12】　《易經·蠱卦》：「不事王侯，高尚其事。」《後漢書·黨錮傳·李膺》：「天下士大夫皆高尚其道，而污穢朝廷。」

【13】　《晉書·隱逸傳·陶潛》：「潛少懷高尚，博學善屬文，穎脫不羈，任真自得，為鄉鄰之所貴。」宋范仲淹《贈方秀才楷》詩：「高尚繼先君，嵓居與俗分。」

【14】　《高僧傳》，CBETA, T50, no.2059_p360c22-24。

備，則任法之器也。【15】

　　由此「十門」可看出袾宏所謂的「崇行」是認為：出家人不但要刻苦自勵以端正行儀，更應該要志行高潔，也就是修行者的內外，皆要保有高尚的節操，方得堪任法器。作者在總論提到「上錄忠君。此紀高尚。高尚是則忠君者非歟。」可以說忠君是利他的行為，高尚是自利的行為，修行本來就是要能自利，兼顧利他，自利的高尚行是具備清高的德操，在人格、操守、風度等等，言行準則和規範達到很高的境地，才稱為「道德品質高雅」的人，而忠君的利他行是能為他人付出，廣行菩薩道的實踐性，兩者不相衝突，但是要利他之前，自利要先穩固，先做到道德能行持清高的人，才能在利他行菩薩道的路不會迷失於名與利。

第二節　高尚之行內涵

　　在雲棲袾宏《緇門崇行錄》中的高尚之行共有18則，縱跨東晉至宋朝，依其特質屬性可分為志節清高、不攀俗緣、衛護僧格、避納王供等四類。依序比例為4：3：6：5，以衛護僧格屬性6則佔最高比例，其次依序為避納王供佔5則，志節清高佔4則，不攀俗緣佔3則。可見雲棲袾宏至為推崇衛護僧格之高尚行了。為易於瀏覽，特製表10以利說明如表後：

【15】　明・蓮池大師作，《緇門崇行錄》，CBETA,X87,no1627_p352a13-b2//Z 2B:21_p400a10-b5 //R148_p799a10-b5。

表10：《緇門崇行錄》高尚之行分類表

序號	典範懿行	姓名	朝代	高尚之行分類				備註
				志節清高	不攀俗緣	衛護僧格	避納王供	
1	避寵入山	道恒	晉			v		
2	眾服清散	慧永	晉	v				
3	不享王供	佛陀耶舍	姚秦				v	
4	駕不迎送	僧稠	齊			v		
5	不結貴遊	智欣	梁		v			
6	不引賊路	道悅	隋	v				
7	屢徵不就	慈藏	唐			v		新羅人
8	寧死不起	道信	唐			v		
9	三詔不赴	無業	唐			v		
10	詔至不起	懶融	唐			v		
11	冒死納僧	法沖	唐	v				
12	不赴俗筵	韜光	唐		v			
13	不受衣號	全付	後唐				v	
14	力辭賜紫	恒超	五代				v	
15	不樂王宮	貞辨	後唐				v	

序號	典範懿行	姓名	朝代	高尚之行分類				備註
				志節清高	不攀俗緣	衛護僧格	避納王供	
16	袖納薦書	雪竇重顯	趙宋	v				
17	棄書不拆	武寧慧安	宋		v			
18	對使焚缽	懷璉	宋				v	
小結		18	9	4	3	6	5	

　　下面將依《緇門崇行錄》高尚之行四項分類屬性，依序說明探討之。

一、志節清高

　　在18則高尚之行中，第2則眾服清散、第6則不引賊路、第11則冒死納僧、與第16則袖納薦書等4則，歸納為志節清高類型。分別說明如下：

（一）眾服清散

　　晉朝廬山慧永法師（331-414），和慧遠大師同住在江西省的廬山蓮社。鎮南將軍何無忌鎮守江西九江，有一次在虎溪宴會，邀請慧永及慧遠兩位大師駕臨。遠大師隨從有一百多位，個個端莊嚴肅，彬彬有禮；而永大師穿著縫縫補補的舊僧衣和草鞋，手拿著錫杖，持著缽盂，從松下飄然而到，神氣自如。無忌告訴眾人說：「永大師清高飄逸的風格，較之遠公有過之而無不及。」【16】原文

【16】　明‧蓮池大師作；吳錦煌述，《緇門崇行錄淺述》，台北市：佛陀文教基金會，1992，頁115。

摘錄如下：

> 晉慧永，與遠公居廬山，鎮南將軍何無忌守潯陽，因集虎溪，
> 請永及遠。遠從者百餘，端肅有序；永衲衣草履，執錫持缽，
> 松下飄然而至，神氣自若。無忌謂眾曰：「永公清散之風，乃
> 多於遠師也。」
> 贊曰：「遠師從者百餘，皆蓮社英賢耳，而何公尚抑揚如是；
> 今僧畜奴僕，張蓋荷篋，趨蹌於豪貴之門，而求與為伍，何公
> 見之，又當如何耶？」[17]

　　晉朝慧永法師表達一個出家人的行持，重要的不在於外表多
麼端莊、跟隨的弟子有多少，而是在於個人行持風範的自然展現。
但是，並非表示外在的威儀不重要，此段事蹟的描述是有其時代背
景的因緣。如贊所述，當時許多出家人畜奴僕、打著傘、擔著箱
子，忙著向豪貴之門攀緣。即使像慧遠大師這樣有聲望的人，所領
導的弟子德才兼備，和穿著簡陋的慧永法師比起來，何無忌都還認
為後者清高的風範超越前者，更何況是那些經常與權貴為伍的僧人
呢？

（二）不引賊路

　　隋荊州青溪山道悅法師（生卒年不詳），遇到朱粲造反，即
使生命受到威脅也不畏懼，毫不苟且偷生，朱粲被他的崇高的志節
所感化，因而將他送回寺院。原文摘錄如下：

> 隋道悅，荊州人，常持般若。住玉泉，值朱粲反，入寺求糧，
> 又欲加害。悅殊無所懼；放令引路，悅行數步，坐於地曰：

---

[17]　明‧蓮池大師作，《緇門崇行錄》，CBETA,X87,no1627_p0362a05-12。

「吾沙門也，非引路之人，浮幻形骸，任從白刃。」粲奇其高尚，因送還寺。[18]

道悅法師能有這樣的矜持，或許是因為常誦持《般若經》，對於般若空義的體會很深，將法義融入到生命當中了，所以當他面臨生命危險時，能夠從容自如，無所畏懼。

（三）冒死納僧

唐朝袞州法集寺法沖法師（587？-665），隴西成紀人。唐太宗貞觀初年，下令私自度人出家的要重辦（處死刑）。當時嶧陽山有很多沒有國家發給度牒（可出家的證可文件）而出家的僧人，沖大師都收留他們，但因人多，糧食缺乏。沖大師於是去拜訪州長，告訴州宰說：「我來承擔被處死的責任，您只管布施糧食，好讓出家人安心辦道，終會獲得福報和三寶的加被。」州長非常讚喜他的志氣，冒著甘犯法律的危險來救濟他們。[19]原文摘錄如下：

> 唐法沖，隴西成紀人。貞觀初，敕私度者處以極刑。時嶧陽山多逃僧避難，資給告匱，沖詣州宰，告曰：「如有死事，沖身當之，但施道糧，終獲福佑。」宰嘉其志，冒網周濟焉。[20]

唐代朝廷下令私度者要處極刑，但法沖法師卻仍犯法，收留許多沒有度牒的僧人，而且還為他們求取糧食，希望大家能安心辦道。法沖冒死納僧的態度，從其發心而言，是值得嘉許的。由於唐貞觀初，太宗有意貶抑佛教，故下此命令。法沖是站在護衛佛教的

---

[18]　明·蓮池大師作，《緇門崇行錄》，CBETA,X87,no1627_p0362b03-07。

[19]　明·蓮池大師作；吳錦煌述，《緇門崇行錄淺述》，頁124-125。

[20]　《緇門崇行錄》，CBETA, X87,no1627_p0362c09-13。

立場上這麼做，並非刻意要觸犯法律；而州宰之所以願意冒犯法律救濟他們，是因看到他為了安僧辦道而願意自我犧牲，感動於法沖有這樣的志氣，因此，自己也願意犯法來救濟他們。

（四）袖納薦書

宋朝明州雪竇重顯禪師（980-1052），在隨州智門祚公（光祚禪師）處得印證心法，豁然了悟。（顯首造智門祚，即申問曰：「不起一念云何有過？」門召近前，擊以拂子，方擬陳詞，又忽擊之，遂豁然開朗，無可言說。）有一天顯大師打算到錢塘江一帶（錢塘江以南為浙東，以北為浙西，合稱兩浙）行腳參方，學士曾公對他建議說：「您到靈隱寺去吧，靈隱寺在錢塘是天下名勝地，靈隱寺的住持珊禪師是我的老友。」並寫了一封推薦顯大師的信給他帶去。

顯大師到了靈隱寺，默默無聞地隨大眾修行，過了三年，有一天曾公剛好奉命出使浙西，順道去拜訪顯大師，到了靈隱寺，問起重顯法師，沒一個人曉得，當時寺內有一千多個僧人，曾公命官差檢查床頭掛單名冊，才找到顯大師。曾學士問顯大師，以前給他的那封推薦書信拿到哪里去了，為什麼沒拿出來，顯大師從袖中拿出那封信，還封得好好的，沒打開過。並且說：「曾公的好意和關懷，我是非常感激，但像我這行腳的雲水僧人，對世間名利沒什麼祈求，怎敢祈望由您的推薦而聞達呢？」曾公大笑，珊禪師因為這樣，對顯大師另眼相看。[21]原文摘錄如下：

> 宋雪竇顯禪師，得法於智門祚公。將遊兩浙，學士曾公謂曰：

【21】　明‧蓮池大師作；吳錦煌述，《緇門崇行錄淺述》，頁130-131。

> 「靈隱天下勝處，珊禪師吾故人。」附書薦顯。
>
> 顯至靈隱，陸沈眾中三年，俄曾公奉使浙西訪顯，靈隱莫有
> 知者。時僧千餘，使吏檢籍，乃得顯。問向所附書，出諸袖
> 中，封緘如故。曰：「公意勤，然行腳人於世無求，敢希薦達
> 哉！」曾公大笑，珊以是奇之。【22】

　　宋代重顯禪師確實是一位不求聞達於天下的行者，即便已於
智門祚公處得法，又得學士的薦書，還能默默地在眾中沉潛，心無
所求。可見他氣度不凡，是真參實修的修行者。

二、不攀俗緣

　　在18則高尚之行中，第5則不結貴遊、第12則不赴俗筵、與第
17則棄書不拆等3則，可歸納為不攀俗緣類型。分別說明如下：

（一）不結貴遊

　　南朝梁朝鍾山宋熙寺智欣法師（445-506），丹陽建康人，以
講經義解，名聞國內。齊武帝永明末年，太子時常駕臨東田（京城
東部郊外之田，古時每年春初由皇帝主持開耕典禮），屢次到寺裏
來拜謁欣大師，大師因此推託自己有病，謝絕會客，隱居在鍾山
（南京市東），悠然自得其樂。不和富貴中人交往，風格清高，大
異常人。從不積蓄，供養的錢財都拿去修建寺院。【23】原文摘錄如
下：

> 梁智欣，丹陽人，以經義名海內。永明末，太子時幸東田，數
> 進寺。欣因謝病鍾山，晏然自得，不與富貴遊往，孤回絕人。

【22】　明‧蓮池大師作，《緇門崇行錄》，CBETA,X87,no1627_p0363a-b09。
【23】　明‧蓮池大師作；吳錦煌述，《緇門崇行錄淺述》，頁118-119。

凡櫬施不蓄，為構改住寺云。[24]

梁智欣法師以講經義解名聞國內。當時太子雖常到寺院拜訪，但智欣往往以病推託，並且不與富貴中人交往，也不積蓄錢財，人家供養的錢都拿去建寺，是個絲毫不慕名聞利養的僧人。

（二）不赴俗筵

唐朝韜光禪師（？-821-？），搭茅棚在靈隱山西峰淨修。杭州刺史白居易準備飯菜供養，寫了首詩邀他來應供。韜光大師回了一首偈子給白居易，謝絕他的邀請，偈中有「熱鬧繁華的城市，實在不是我們出家人去的地方，去了恐怕那在金玉堂前歌啼婉轉的黃鶯，也會嚇得飛跑了。」的句子，他的風格是如此的高超。[25]原文摘錄如下：

> 唐韜光禪師結茆於靈隱西峰。刺史白居易具飯，以詩邀之。光答偈不往，有「城市不堪飛錫到，恐驚鶯囀盡樓前」之句，其高致如此。
>
> 贊曰：「有古德辭朝貴招宴偈云：『昨日曾將今日期，出門倚杖又思惟；為僧只合居山谷，國士筵中甚不宜。』與韜光高致先後如出一轍。噫！斯二偈者，衲子當朝暮吟詠呆一過始得。」[26]

唐朝韜光禪師秉持修行者的操守，不赴刺史設筵，可見他不應官宦之邀、不貪俗世供養的高超性格。

【24】　明‧蓮池大師作，《緇門崇行錄》，CBETA,X87,no1627_p0362a23-b02。

【25】　明‧蓮池大師作；吳錦煌述，《緇門崇行錄淺述》，頁125-126。

【26】　《緇門崇行錄》，CBETA, X87,no1627_p0362c14-21。

（三）棄書不拆

宋朝武寧延恩寺慧安禪師（或作法安禪師）（582-709？），和東京法雲寺圓通法秀（外號鐵壁禪師，一作鐵面禪師）禪師同拜參越州天衣義懷禪師座下。後來安禪師居住在武寧的荒村破院中，孤單一人過了三十年。而圓通秀禪師應皇帝的詔聘住持法雲寺，光芒四射，四方歸依。後來寫信給安大師要推薦他，安大師看都不看就丟棄了。在旁的侍者問為什麼丟棄信，安大師說：「我起先以為秀大師精闢高超，現在才知道他是個呆子。出家人應該古塚（墓）裏或樹下，隨處安身，力求了生脫死，彷彿急著挽救自己被殺頭的危機，今不致力修行，卻無緣無故在大都市中四通八達的大街頭蓋大房子，養數百個閑著沒事做的人，這樣等於既醒過來還睜著眼，拉尿在床上一樣，我還有什麼好對他說的呢？」[27] 原文摘錄如下：

> 宋武甯慧安禪師，與圓通秀鐵壁同參天衣。安居武寧荒村破院，單丁三十年。而圓通應詔居法雲，威光烜然；後以書致安，安不拆而棄之。侍者問故，安曰：「吾始以秀有精彩，今知其癡也。出家兒塚間樹下，辦那事如救頭然，無故於八達衢頭架大屋，養數百閑漢，此真開眼尿床，吾何復對哉？」[28]

出家人的本分應在道上用功，精進修行，而非在名利上追逐。宋代武甯慧安禪師之所以丟棄法秀禪師的書信，並批評他的作風，大概是當時有許多僧人終日趨於名聞利養、趕經懺，成了瞎忙的俗漢，因此才刻意說這些重話吧！

【27】 明・蓮池大師作；吳錦煌述，《緇門崇行錄淺述》，頁132。

【28】 明・蓮池大師作，《緇門崇行錄》，CBETA,X87,no1627_p0363b10-19。

三、衛護僧格

在18則高尚之行中，第1則避寵入山、第4則駕不迎送、第7則
屢征不就、第8則寧死不起、第9則三詔不赴、第10則詔至不起等6
則，可歸納為衛護僧格類型。分別說明如下：

（一）避寵入山

晉朝長安道恒法師（345-417），後秦（即姚秦）主姚興屢次
下詔逼他還俗從政，輔佐治理天下，（因恒法師多所兼通，學該內
外，姚興以其神氣俊朗，有經國之才，故逼令還俗助振王業。）恒
法師每次都推辭不受。費了很多的麻煩，與之周旋，終於得免。於
是感歎地說：「古人有一句話說：『能增益我的錢財的，必然會損
傷我的精神；能增長我的名望的，可能會造成我的殺身之禍！』」
於是隱居於山谷間，以草木果實養色身，以禪悅為食養慧命，終生
不出山。【29】原文摘錄如下：

> 晉道恒，秦主姚興逼以易服輔贊，屢辭不允。殆而獲免，乃歎
> 曰：「昔人有言：『益我貨者損我神，生我名者殺我身。』」
> 於是竄影巖壑，草食味禪終身焉。【30】

晉朝長安道恒法師為了避開皇帝的恩寵，而入山隱居，表明
了對出家身份的堅持，以及不慕名聞利養的節操。

（二）駕不迎送

南朝齊鄴西龍山雲門寺僧稠禪師（479-560），齊文宣帝常常
率領左右隨從及侍衛來寺拜訪請教，稠大師一向都靜坐在小房子

【29】　明‧蓮池大師作；吳錦煌述，《緇門崇行錄淺述》，頁114。
【30】　明‧蓮池大師作，《緇門崇行錄》，CBETA,X87,no1627_p0362a02-04。

裏，不去迎接也不送行；他的弟子勸他對皇帝要屈躬去迎送，稠大師回答說：「往昔賓頭盧尊者出迎優填王七步，致使他七年失國。我實在德行不夠，是比不上賓頭盧尊者，但不敢破壞出家人尊貴的形相，只希望皇帝因恭敬三寶而獲得福報罷了。」天下人對大師清高的德操更加崇仰，號稱他為稠禪師。【31】原文摘錄如下：

> 齊僧稠，文宣帝常率羽衛至寺，稠宴坐小房，了不迎送；弟子諫之，稠曰：「昔賓頭盧迎王七步，致七年失國；吾誠德之不逮，未敢自欺形相，冀獲福與帝耳。」天下號為稠禪師。【32】

僧稠對帝王不迎送的態度，看似自命清高，其實是站在維護僧格的立場而做的。出家人既已放下世俗塵勞，對於富貴功名本不希求，身處世俗，但心已超脫於世俗，若僧稠為了迎合帝王，豈不是自降清淨的僧格嗎？

（三）屢徵不就

唐朝新羅國（新羅國即今韓國）的大僧統慈藏法師（生卒年不詳），常暗地裏勤修佛法，於是有顯著的感應，眾人皆心悅誠服。國王每次詔他入宮，他都不去，國王很生氣，命令把他關在山裏的監牢，準備親手將他殺死。藏大師對使者說：「我寧願持戒一日而死，不願破戒苟活一生。」使者聽了很感動，不忍心殺他，具實表奏國王，國王終於感動佩服而赦免他。【33】原文摘錄如下：

> 唐慈藏，新羅國人。冥行顯被，物望所歸。屢徵不就，王大

【31】　參閱明・蓮池大師作；吳錦煌述，《緇門崇行錄淺述》，頁117-118。

【32】　明・蓮池大師作，《緇門崇行錄》，CBETA,X87,no1627_p0362a18-22。

【33】　明・蓮池大師作；吳錦煌述，《緇門崇行錄淺述》，頁120。

> 怒，敕住山所，將加手刃。藏曰：「吾寧持戒一日而死，不願
> 一生破戒而生。」使不忍殺，具以上聞，王歎服焉。[34]

唐代慈藏法師為了堅守出家人的本分，不但對於國王的徵召無所動心，更已將生死置之度外。而慈藏法師的「吾寧持戒一日而死，不願一生破戒而生」，實可做為現代出家人的自我警惕。

（四）寧死不起

唐朝蘄洲雙峰山道信禪師（580-651），乃禪宗四祖，住持黃梅（今湖北省）雙峰寺三十多年，唐太宗貞觀年中，三次下詔，命令他到京師來，一瞻風采，四祖都託病推辭不去。皇帝命令使者，如果再不入京，就要砍四祖的頭。四祖伸出脖子等使者來砍，毫無畏懼。使者把這件事回奏皇帝，唐太宗慨歎不已，終於不再為難四祖，並且頒賜名貴的絲綢給他，滿足他遁隱山林的志趣。[35] 原文摘錄如下：

> 唐四祖道信大師，住黃梅三十餘載。貞觀中，太宗三詔，令赴
> 京師，並以疾辭。帝敕使者，若更不起，當取其首。師引頸受
> 刃，使以聞，太宗嗟歎，賜珍帛以遂其志。[36]

唐代道信禪師和慈藏法師一樣，心只在道上用功，不因皇帝徵召而改其志。臨死而無懼，這是過去的隱士所比不上的，可見其志節之崇高呀！

（五）三詔不赴

---

[34] 明·蓮池大師作，《緇門崇行錄》，CBETA,X87,no1627_p0362b09-11。

[35] 明·蓮池大師作；吳錦煌述，《緇門崇行錄淺述》，頁120-121。

[36] 《緇門崇行錄》，CBETA, X87,no1627_p0362b13-18。

　　唐朝汾州開元寺無業禪師（760-823），陝西雍州人。唐穆宗派遣左街僧錄靈準帶著詔書前去請他入京。無業大師笑道：「貧道沒什麼德行，很慚愧地老是麻煩皇上來敦請，這次我不再拒絕，您先走，我隨後就到。」於是沐浴身體，敷設座位上座，告訴他的門徒們說：「你們眼見、耳聽、身觸感覺、意識知道的根性，是永不磨滅的，和太虛空一樣無窮無盡。外在的一切現相，只是六根攀緣六塵，產生的虛妄空幻的六識，萬法唯識，緣起性空，自性本體是一塵不染，周遍法界的，只要了明一切唯心，滅除妄念分別，則一切境界猶如虛空。眾生因無明不悟，被外在境界迷惑，隨波逐流，在三界六道輪迴，展轉無有盡期。如能照我上述的，常能了悟一切如夢如幻，無一法可分別和執著的，就是諸佛安心處，即是契合諸佛心法了。」說完了，就端正坐著，到了中夜分就圓寂了。靈準回京，把這件事表奏皇上，皇帝非常欽佩感歎，追封他為大達國師。無業大師處在唐憲宗和唐穆宗兩個朝代，受三次（憲宗兩次，穆宗一次）皇帝的詔請，都拒絕不去。【37】原文摘錄如下：

> 唐汾州無業禪師，陝西雍州人。穆宗遣左街僧錄靈準齎詔起之，師笑曰：「貧道何德？累煩人主，爾先行，吾即往矣！」遂沐浴敷座，告門人曰：「汝等見聞覺知之性，與太虛空同壽。一切境界，本自空寂，迷者不了，即為境惑，流轉不窮。常了一切空，無一法當情，是諸佛用心處。」言訖，端坐，中夜而逝。準回奏，帝大欽歎，賜諡大達國師。師處憲、穆兩朝，凡三詔不赴。【38】

【37】　明·蓮池大師作；吳錦煌述，《緇門崇行錄淺述》，頁122-123。
【38】　明·蓮池大師作，《緇門崇行錄》，CBETA,X87,no1627_p0362b19-c02。

　　唐代無業禪師大概是一位謹言慎行的人吧！不但不赴皇帝的詔請，第三次更是巧妙的拒絕，並藉機以身教、言教來教育門徒，表明其心對於世間名聞毫無所求、無所執，也讓徒弟能明白當於何處用心。

（六）詔至不起

　　唐朝潤州牛頭山法融禪師（593-657），隱居南京牛頭山（牛首山），皇上得知他的名聲，派遣使者，召他入宮相見，使者到牛頭山的時候，融大師剛好坐在地上，燒牛糞，烤芋頭，撿燒熟的芋頭吃著。天氣寒冷鼻涕左右流了滿臉。使者說：「皇帝有詔令來了，尊者暫且起身聽聖旨。」融大師仍舊注視著芋頭而不理睬他。使者笑道：「您的鼻涕流到臉頰上來了。」融大師說：「我哪有閒工夫為世俗人擦鼻涕呢！」皇上聽了這件事，歎為稀有，於是重重地賞賜他、表揚他。【39】原文摘錄如下：

> 唐懶融隱金陵牛首山，上聞其名，遣中使召見。使至融方坐
> 地；燃牛糞火，拾煨芋而食，塞涕交頤。使云：「天子有詔，
> 尊者且起。」融熟視不顧。使笑云：「涕及頤矣！」融曰：
> 「我豈有工夫為俗人拭涕耶！」
> 上聞而歎異，仍厚賜旌之。【40】

　　唐代懶融禪師展現出禪者的灑脫自在，不矯情、不做作，即便皇帝賜與再好的獎賞或封號，他也不會在乎。

四、避納王供

【39】　明‧蓮池大師作；吳錦煌述，《緇門崇行錄淺述》，頁123-124。

【40】　明‧蓮池大師作，《緇門崇行錄》，CBETA,X87,no1627_p0362c03-08。

在18則高尚之行中，第3則不享王供、第13則不受衣號、第14則力辭賜紫、第15則不樂王宮、第18則對使焚缽等5則，可歸納為避納王供類型。分別說明如下：

（一）不享王供

姚秦長安佛陀耶舍大師（約4-5世紀）住在姑臧（今甘肅省轄）時，秦主姚興派遣使者去禮請他，並贈送他很多貴重的禮物，但耶舍大師都不收。到了長安，姚興親自出來迎接，特別建立新的官署在逍遙園的賓館中。給他的飲食、衣服、臥具、醫藥等四事供養都不接受，到了食飯之時才吃一餐（即日中一食），供養他的衣服、臥具堆滿三個房間，他從來不去注意它們，姚興於是將它們賣了，把所得用在建造城南的一座寺。[41] 原文摘錄如下：

> 姚秦佛陀耶舍在姑臧，秦主興，遣使聘之，厚贈不受。既至，興自出迎，別立新省，館於逍遙園中。四事供養亦不受，時至分衛，一食而已。衣缽臥具盈屋三間，不以介意，興為貨之，造寺城南云。[42]

姚秦時代佛陀耶舍能受到君王的禮遇、得到厚重的供養，可見他在當時應該是譽滿天下的僧人吧！但他卻不因此而自視甚高，對於供養也不屑一顧，展現出修行者不好利養的崇高風範。

（二）不受衣號

唐朝越州清化院全付禪師（761-827），吳郡昆山人，拜謁袁州仰山南塔光湧禪師，於應對言語中，「深認仰山之勢，頓了直下

【41】　明‧蓮池大師作；吳錦煌述，《緇門崇行錄淺述》，頁116。

【42】　明‧蓮池大師作，《緇門崇行錄》，CBETA, X87, no1627_p0362a13-17。

之心」（宋高僧傳），之後住持鴿湖山清化禪院。忠憲王錢氏派遣
使者頒賜紫袈裟，付大師呈上表章極力推辭。使者再去，付大師又
推辭說：「我不是假裝謙讓的，我是怕後來的人，為了滿足自己名
利的欲望而學我接受頒賜啊！」後來不久，忠憲王又頒賜他尊號純
一禪師，付大師仍堅持不接受。【43】原文摘錄如下：

> 唐全付，吳郡昆山人。見南塔湧禪師頓明心地，後住清化禪
> 院。錢忠憲王遣使賜紫袈裟，付上章力辭；使再往，又辭曰：
> 「吾非飾讓也，恐後人效吾而逞欲也。」尋賜號純一禪師，復
> 固辭不受。【44】

　　唐代全付禪師擔心後人會為了滿足名聞的欲望，而輕易接受
皇帝頒賜紫袈裟，遂以身作則，不受衣號的供養。這樣看似為了樹
立榜樣，實則可見其對於外在的名聞毫不動心，故以此為藉口，推
辭衣號供養。

（三）力辭賜紫

　　五代後漢棣州開元寺恒超大師（876-949），范陽人，住錫開
元寺，講演經論二十多年。前後任的州牧使臣等，仰慕大師而來投
拜帖名片求見的很多，大師都命童子（侍者）收起名片，很少和他
們會面對答。當時郡守李公素來敬佩大師，想上章表奏皇帝，頒賜
紫袈裟給大師，大師寫了一首詩制止他，詩中有「我誓願傳佈法、
講經論而終老，不想沾染世俗的名利而苟活」的句子。李公再次派

【43】　明‧蓮池大師作；吳錦煌述，《緇門崇行錄淺述》，頁126。
【44】　明‧蓮池大師作，《緇門崇行錄》，CBETA,X87,no1627_p0362c22-
　　　363a02。

人去勸勉大師接受，超大師堅持不變，而且說：「您再來勸我，我就逃到盧龍（今河北省永平府）塞外去了。」

　　宰相瀛王馮道知道了他的德名，寫信去和他結交問候，超大師回信說：「貧僧早年捨棄父母，立志修行，主要是希望彌勒菩薩的垂愛，命終能往生兜率內院聽法，沒想到浪傳虛名，傳到了您宰相的耳中。我修道人並不重視世上虛幻不實的名利啊！」馮公看了更加尊重他，上表奏明朝廷，後漢高祖硬賜給他紫袈裟。圓寂那天，眾人都聽到天樂滿空，這是往生兜率內院的證明啊！【45】原文摘錄如下：

> 五代恒超，范陽人。止開元寺，講經論二十餘年，前後州牧使臣投刺求見者，令童子收刺，罕所接對。時郡守李公欲奏賜紫衣，超辭以詩，有「誓傳經論死，不染利名生」之句。李公復令人勸勉，超確然不拔，且曰：「而復來，吾在盧龍塞外矣！」
>
> 相國瀛王馮公聞其名，修書通好，超曰：「貧道早捨父母，克志修行，本期彌勒知名，不謂浪傳宰輔，豈以虛名浮利留心乎？」馮公益重之，表聞於朝，強賜紫焉。卒之日，天樂盈空，蓋生兜率之明驗也。【46】

　　五代恒超大師一句「誓傳經論死，不染利名生」，表明其一點都不重視世上虛幻不實的名利。無奈的是，他仍硬是被賜予紫袈裟，對恒超大師而言，彷彿是僧格被玷汙一樣的難受啊！他高風亮節的操守，實在是無可侵犯，更能夠使那些喜歡巴結權貴之門的熱

【45】　明‧蓮池大師作；吳錦煌述，《緇門崇行錄淺述》，頁127-128。
【46】　明‧蓮池大師作，《緇門崇行錄》，CBETA，X87,no1627_p0363a03-15。

衷冷靜下來，可以使沈醉於名利的人覺醒了。

（四）不樂王宮

五代後唐定州開元寺貞辨法師（生卒年不詳），中山人，刻苦修道，常刺血寫經。當時並州（山西省太原大同地方）不容外來的僧侶居住，辨大師於是到野外，隱居在古墓中，有一天武皇帝打獵出遊，辨大師剛出墓要去城裏講經，看見旌旗人馬，趕緊縮身躲入墓中，被武皇發現抓到，問他為何在這種地方，並且檢查他的墳墓居室，但見草敷的座位，桌上筆硯，經典的疏鈔很多，於是生大敬佩，帶他回宮中供養。曹太后非常敬仰尊重他。辨大師有一天告訴太后說：「我的本志主要在修學佛法，久住在宮中，有如被手鐐腳銬的關在牢裏一樣。」武帝於是放他自由。[47]原文摘錄如下：

> 後唐貞辨，中山人，刻苦修學，刺血書經。時並州不容外僧，辨出野外，隱身古塚中。武帝畋遊，辨方出塚，見旌旗騎乘，還入塚穴。帝擒之，問故，檢塚中，則草座案硯疏鈔羅布，遂命入府供養。曹太后深加仰重。辨訴於後曰：「本以學法為重，久在王宮如桎械耳。」帝乃縱其自繇。[48]

一般人若受到皇帝的禮遇，往往會安於宮中浮華、安逸的生活。然唐代貞辨法師一心在佛道上用功，對於宮中的供養反而感到不自在，可見他確實是個不慕榮利、不貪安逸的僧人。

（五）對使焚缽

宋朝明州育王山懷璉禪師（1009-1090），漳洲人，宋仁宗皇

---

[47]　明・蓮池大師作；吳錦煌述，《緇門崇行錄淺述》，頁129。

[48]　明・蓮池大師作，《緇門崇行錄》，CBETA，X87，no1627_p0363a16-22。

佑年間，召他到化城殿開示佛法，相當滿意，賜號叫大覺禪師。璉
大師持戒很嚴謹，皇帝有一次派遣使者送龍腦香木做的缽盂給璉大
師，大師當著使者面前把缽燒掉了，說道：「學佛的人要穿樸素的
衣服，用瓦作的缽吃飯，這個龍腦木缽太高貴奢華，不如法，不可
以使用（用了便犯戒）。」使者回去將這件事奏明皇帝，皇上聽了
讚歎不已。【49】原文摘錄如下：

> 宋懷璉，漳州人。皇佑中，召對化城殿稱旨，賜號大覺禪師。
> 璉持律甚嚴，上嘗遣使賜龍腦缽盂，璉對使焚之，曰：「吾法
> 以壞色衣，以瓦缽食；此缽非法，宜無所用。」使回奏，上嘉
> 歎久之。【50】

　　宋代懷璉禪師的作風非常爽快，當著使者的面將缽給燒了，
展現出對於利養名聞絲毫無所貪戀之心，實在令人欽佩。而宋英宗
也很有度量，聽到自己的好意被焚毀不但沒有生氣，反而還讚歎懷
璉禪師的態度，可謂是禪門佳話啊！

　　由上可知，《緇門崇行錄》中所記載的「高尚之行」比較偏
向以出世的態度面對，這是有其時代背景的因緣使然。由於明代的
佛教受到政令影響，鼓勵僧人入山林修行，尤其當時太祖的政策是
將佛教分為禪、講、教三派，令有行持的禪僧離群索居、有教理研
究的講僧遠離大眾，而與民眾接觸大多是執行經懺禮儀的教僧。再
者如〈序〉所言，當時有許多僧人往往追名求利，忘失本分，蓮池
大師不忍見佛教衰敗，遂列舉古德行誼，以作為僧人自鑑。

　　然當今社會已不如過去封閉，所謂「高尚之行」必須調整為

【49】　明‧蓮池大師作；吳錦煌述，《緇門崇行錄淺述》，頁133。

【50】　明‧蓮池大師作，《緇門崇行錄》，CBETA,X87,no1627_p0363b21-c03。

適合現代社會的方式來實踐，故以下列舉當代高僧之行，作為今昔對照，亦可作為今人之參考。

第三節　高尚之行現代實踐典範 ——越南一行禪師與星雲大師

本節將舉越南一行禪師與台灣佛光山開山星雲大師做為當代「高尚之行」的典範代表，分別探討其生平、略舉其「高尚之行」、再比較其與《緇門崇行錄》高僧「高尚之行」的同異。

一、越南一行禪師之高尚行

本小節將分為生平事蹟、反戰運動、建立相即共修團、修行法門與著書，來探討一行禪師之高尚行。

（一）生平事蹟

釋一行禪師（ThíchNhấtHạnh，1926年10月11日-），越南人，是現代著名的佛教禪宗僧侶、詩人、學者及和平主義者。參與佛教（Engaged）主要的提倡者，亦有譯作人間佛教或入世佛教，意指佛教徒應該努力將他們內在的禪定體驗與佛法教義應用在社會、政治、環保、經濟之上，並且主動反抗不公義的事物。

16歲那年他在順化市慈孝寺出家，皈依真寔禪師。從中越「報國寺」佛學院畢業後，一行禪師隨即接受了越南大乘佛教及越南禪的訓練，1949年受具足戒成為比丘，為臨濟禪宗第42代暨越南了觀禪師第8代傳人。【51】

【51】 Nhu, Quan.，〈一行禪師的和平運動〉摘自《越南入世佛教：1963-1966年的浴血抗爭》，Giao Diem si 2002。

　　1956年，一行禪師被提名為「越南統一佛教會」出版刊物《越南佛教》的總編輯。隨後幾年，他陸續成立了Lá Bối出版社、西貢的萬行佛教大學，以及一組中立的佛教維和團隊-青年社會服務學院（縮寫為SYSS），旨在進入鄉間建立學校、醫療診所、協助重建村莊，安置因為戰爭而無家可歸的人。【52】

（二）反戰運動

　　1960年，一行禪師得到普林斯頓大學提供的獎學金，赴美攻讀宗教比較學，之後又在哥倫比亞大學教授佛學課程，並持續推動反戰運動，希望美軍能退出越南。那段期間他也精讀了法文、中文、梵文、巴利文和英文。

　　1963年，他回到越南協助他的同胞僧眾推動反暴力和平運動。

　　1966年，他在美國創立相即共修團（The Order of Interbeing），建立十四項正念練習的課程。

　　1967年，美國黑人民權領袖馬丁‧路德‧金提名他為諾貝爾和平獎候選人。

　　1969年，一行禪師代表佛教和平使節參與巴黎和平對談。

　　1973年，簽署巴黎和平協約，越南政府取消了他的護照，拒絕讓他回到越南，一行禪師被迫流亡到法國，長居法國南部多爾多涅省的「梅村禪修中心」，直迄2005年才首度獲准回國參訪。【53】1976年到1977年間，大量越南船民流亡海外，一行禪師領

【52】　一行禪師，〈宗教和倫理〉，BBC. [2013-06-16].。
【53】　Johnson, Kay,〈漫漫回家路〉《時代亞洲雜誌》（線上版），2005年1月16日。

導了救援活動，希望幫助那些流亡至泰國灣的越南船民。

　　一行禪師，當今世界上最偉大的心靈導師，全世界最具影響力的禪宗僧人，一生都在傳播貼近普通人的「生活佛法」，傳遞正念生活之道，同時宣揚非暴力的和平理念。

　　1982年，一行禪師在法國南部建立「梅村」禪修道場，近30年來，在歐洲和北美也建立了多個「正念靜修中心」。

（三）建立相即共修團

　　1966年一行禪師創立了接現同修。他率領僧俗二眾，教導五項正念修習和菩薩14戒。

　　1969年，一行禪師在法國創立了統一佛教會（非屬越南統一佛教會）。

　　1975年，他成立了甘藷禪修中心。該中心持續擴增，到了1982年，他和同寮真空法師創建梅村禪修中心-一所位處南法多爾多涅省的精舍暨禪修中心。統一佛教會是法國梅村、紐約藍崖寺、Pine Bush的正念生活社群、統一佛教會、加州鹿野苑寺、密西西比貝茨維爾的木蘭村，以及德國瓦爾德布勒爾的歐洲應用佛學研究所等機構的合法監管單位。

　　他也在越南建立了兩座寺院，一間在順化市附近慈孝寺原址，一間是中部高地的般若寺。一行禪師及接現同修也在美國建立了寺院和佛法中心。這些寺院一年泰半時間都對外開放，並持續為俗家眾提供禪修課程。接現同修也為特定的俗眾團體辦理禪修活動，諸如家庭、青少年、榮民、演藝人員、國會議員、執法人員及

有色人種等。【54】

此外，一行禪師還分別在2005年和2007年於洛杉磯帶領和平遊行。【55】

2014年，與聖公宗、天主教、正教會的主要領導人，以及猶太教、穆斯林、印度教和佛教領導人聯署承諾對抗現存的奴隸制；他們簽署的聲明，呼籲在2020年前消弭奴隸制及人口販子。【56】2015年，獲得和平於世獎。

（四）修行法門

一行禪師的法門結合了各禪宗教派的教導和大乘佛教傳承的洞見、上座部佛教的方法，以及西方心理學的觀點，蘊生為現代化的禪修方法。禪師用「互即互入」（interbeing）一詞來詮釋般若經，乃源於華嚴宗的思想，可做為禪宗的哲學基礎。【57】

（五）著作

一行禪師的著作等身，已出版上百本書，包括40多本英文書。

「他的教導，對於我們的繁忙的生活以及人類本位主義的理解方式來說，是一劑至關重要的解毒藥。」——行禪師著作的英文

【54】　Bures, Frank (2003)，〈禪及執法的藝術-基督教科學箴言報〉Csmonitor. com.2013-06-16.。

【55】　佛教頻道「一行禪師在緬甸」，11/5/2007 Buddhistchannel.tv. 2007-10-20, 2013-06-16。「方濟各及其他宗教領袖連署對抗奴隸制」，哈芬登郵報。

【56】　「方濟各及其他宗教領袖連署對抗奴隸制」，哈芬登郵報。.

【57】　Williams, Paul，《大乘佛教：教義基礎》二版，Taylor & Francis，1989，頁144。

編輯阿諾德・卡特勒（Arnold Kotler）

　　代表作：《佛陀傳：全世界影響力最大的佛陀傳記》

　　其他著作：《見佛殺佛》（Zen keys）、《活的安詳》（Being peace）、《太陽我的心》（The Sun My Heart）、《行禪指南》（A Guide to Walking Meditation）、《正念的奇蹟》（The Miracle of Mindfulness）、《般若之心》（The Heart of Understanding）、《佛之心法》（The heart of the Buddha's Teaching）、《生命的轉化與療愈》（Transformation and Healing）、《當下一刻、美妙一刻》（Present Moment, Wonderful Moment）等。

（六）小結：

　　一行禪師一生心繫眾生的生存、平等、自由，不斷地透過國際單位、青年組織、佛教團體、共修力量、著書立說等，來達到反戰與世界和平的目標。一生所做都是為促進人類內在心靈的安祥平靜、外在世界的和平自由，即使遇到當時越南政府的打壓迫害，流亡法國。一行禪師仍堅持不退其傳遞正念生活之道，與宣揚非暴力的和平理念。其一生所做所行是何等堅忍高尚？

二、星雲大師之高尚行【58】

　　本小節將分為生平簡介、高尚之行略舉，來說明佛光山開山星雲大師的高尚之行。

（一）生平簡介

　　星雲大師為中國江蘇江都人，生於1927年；1938年於南京栖

【58】　本節原稿為目前就讀佛光大學佛教學所的研究生釋知如所撰寫，業經筆者重新改寫。

霞山禮志開上人披剃；1949年來台，擔任「台灣佛教講習會」教務
主任及主編《人生》雜誌。1953年任宜蘭念佛會導師；1957年於台
北創辦佛教文化服務處；1964年建設高雄壽山寺，創辦壽山佛學
院；1967年於高雄開創佛光山，樹立「以文化弘揚佛法，以教育培
養人才，以慈善福利社會，以共修淨化人心」之宗旨，致力推動
「人間佛教」。

（二）高尚之行略舉

星雲大師的高尚行，可分為問政不干治、不受厚供、購地建
寺不沾湖光、與什麼都是我的，什麼都不是我的等四點，分別摘錄
說明之。

1.問政不干治：摘錄《星雲日記》與《貧僧有話要說》相關內
容如下：

（1）《星雲日記》一九九五年十一月十二日星期日

星雲大師對政治的看法，是保持「問政不干治」的態度。他
認為僧人參政並非成就，不值得沾沾自喜、引以為傲，反倒是佛教
墮落的開始。有六點理由：

a.僧格的淪喪：臺灣惡質的選舉文化，競選期間，各方毫無禁
制的詆毀謾罵，出家人豈非自取其辱。政見場上互相惡鬥，拉票動
員之惡況更甚於此。一場選舉下來，出家人歷經對手的醜化，以及
媒體惡意的修理之後，給人的觀感再也不是脫俗超塵，而是俗不可
耐的模樣。

b.教內本各有各的政治立場，若不參選，則無紛爭情事產生，
一旦介入，則鬥爭分裂便起。從此不但僧眾不能和合，在家居士也
因各擁其主而分裂了。

c.成為有政治野心者的榜樣：有政治企圖心的人，就可以有樣學樣，平時多辦大型的法會、講座，猛打知名度，廣攬信眾，依此模式，逕登政壇，在名利之外，更開權位之路。如此佛教就很難單純，清濁亦難分辨了，真發心弘法利生的法師更多了一層障礙。

d.不會有什麼作為的：有些事情不是出家人理得來的。好比「火雞肉是否應該開放進口？」你是贊同，還是反對呢？現今的政治生態，不結合財團，不結合黨派，靠單打獨鬥很難發揮功能。政治角力場中，實非我出家人立足之地。

e.經上只見發心菩薩，捨王位出家修行，終成佛道，救度無量無邊的眾生，釋迦世尊如此，《法華經》所載者亦比比皆是。《無量壽經》中，阿彌陀佛因地棄國捨王位出家修行，號法藏比丘。出家之後，回頭搞政治權位，在經中是不曾見的。

f.政治自有在家居士乃至轉輪聖王處理，出家師父若關心政治，應該從好好教化在家弟子著手，支持深信因果的優秀居士去從事，仍然可以利益眾生，造福國家社會，甚至興盛佛教。【59】

（2）《貧僧有話要說》十六說——我主張「問政不干治」

大師認為政治，不是什麼不好，有名的政治家，像英國的邱吉爾、美國的林肯、羅斯福、德國前總理柯爾，他們為國家服務，為人民謀求福利，功在人間。也有一些政客利用權力，圖私為己，國家、人民都不放在心上，當然就不可以稱道了。【60】

a.政治和尚　百思不得解：從沒參加過什麼政治運動的大師對

【59】　星雲大師，《星雲日記》一九九五年十一月十二日星期日，佛光文化事業有限公司，民86，頁35-39。

【60】　星雲大師，《貧僧有話要說》，福報文化股份有限公司，2015，頁216。

自己被稱為「政治和尚」，百思不得其解。大師認為自己是出家人，「本來無一物，何必惹塵埃」呢？

　　b.貧僧建言　獻策給國家：當大師二十三歲到了台灣，一、兩年後，那時，國民黨有「黨國元老」之稱的李子寬老居士，極力推薦加入國民黨，後來一、二十年當中，沒有參與什麼會議，偶而，在鄉村弘法布教，讓警察知道大師是國民黨黨員，確實也得到方便不少。在一九八六年，國民黨召開「三中全會」，應蔣經國總統之邀，在會中發表講說，為對當時的國家社會有所貢獻，大師提出三點建議：

　　c.政府開放　到大陸探親

　　第一，希望政府開放，讓台灣的大陸人士能回到大陸去探親。

　　第二，希望國民黨要開放，不要只有一黨專政。

　　第三，希望讓佛教來辦一所大學。

　　第四，希望國家要發展體育。

　　d.關懷社會　佛教徒責任：政治我們可以不參與，但是對於社會的關懷、人民的富樂，佛教徒不能置之度外。

　　e.殘忍批評　是真自由？：大師這一生，雖不想做官，也不想做民意代表，但對於社會的公平公義，有時候不能不參與意見。故非常不認同台灣媒體的一些人士，動不動就批評「出家人還要干預社會？還參與政治？還要表達意見？」殊不知出家人要當兵，也繳稅，出家也沒有出國，為什麼不可以關心國事呢？

　　F.不依國主　則佛法難立：佛教與政治是互惠的，佛教擁護國家，兩相受利。但是到了道安大師的弟子廬山慧遠大師，曾在〈沙

門不敬王者論〉裡說過：「袈裟非朝廷之服，缽盂豈廟堂之器？」這也只是說明：宗教要超越政治。

　　g.官員一時　和尚是一生：有一些所謂有修行的聖賢，他們對於世間俗事不願意聞問，所謂「不在三界內，超出五行中」，但是每個時代都有不同的文化，當佛教在衰微危急之秋，如果說不再服務社會、關心時勢，不是要自取滅亡了嗎？

　　大師雖沒有像慧遠大師「沙門不敬王者」，但是，大師和王者、政要來往都毫無所求。因為大師有其人格、想法和原則，所謂「大丈夫達則兼善天下，不達則獨善其身」，等於佛陀「有緣佛出世，無緣佛入滅；來為眾生來，去為眾生去」。

　　h.一生不變　我是中國人：台灣，從專制的時代，到現在實施自由民主的制度，這是很可貴的；可惜，制度雖好，思想觀念不改變，削足適履的自由民主，總有一些不合時宜。大師覺得為政之道，是要包容、和平、尊重、平等，造福全民；所謂中華文化中，「王道」比「霸道」重要。【61】

　　2.不受厚供：

　　（1）〈黃金不動道人心──談我不為金錢誘惑的想法〉《百年佛緣‧生活篇2》：

　　大師一生不做佛事、不做經懺，只做講經弘法的工作。大師認為：只要有心，恭敬佛教，心意虔誠，比金錢重要。【62】

　　（2）〈我與民意代表們〉《百年佛緣‧社緣篇1》

【61】　《人間福報‧A3特輯》2015.04.27。
【62】　星雲，《百年佛緣‧生活篇2》，佛光出版社，2013，頁242-243。

大師堅持台灣選舉的金錢利益，絕對不沾光！【63】

3.購地建寺　不沾湖光

（1）〈我建佛光山的因緣〉《百年佛緣‧道場篇1》

凡事都要因緣具足，如同佛陀講經要「六成就」，而大師的因緣、大師的六成就在哪裡呢？在諸多條件不具備的時候，大師的心願並沒有減半，先在高雄壽山公園裡建了一間壽山寺，並辦起佛學院。由於空間不足，欲另覓處所時，原想於圓山飯店這一塊地做為佛教學院的院址。但簽約時，耳聞學生說以後蔣總統到澄清湖來，必然也會到我們的學院來參觀了。他們一聽，心想：難道佛學院一定要沾澄清湖的光才能發展嗎？心念一轉，大師立刻改變主意，決定要由自己創造因緣條件，讓有緣的人自然來到這個地方。後來就找到佛光山現址。【64】

4.什麼都是我的，什麼都不是我的

所謂「國家興亡，匹夫有責」，大師雖然「出家」，但並沒有「出國」，因此從不放棄國民應盡的義務，政府舉行選舉去投票；中央邀請在全國大會上出席說話的時候，挺身建言；甚至作不請之友，為紓解兩岸緊張關係而穿針引線，為拓展國民外交而周遊海外。但是大師不逢迎達官顯要，也不攀緣權親貴戚，大師認為：「國家社稷是我的，所以我必須盡忠職守，而功名富貴是過眼雲煙，並不是我的，何必汲汲追求。」【65】

比對《緇門崇行錄》18則高尚行典範與當代星雲大師的高尚

【63】　星雲，《百年佛緣‧社緣篇1》，佛光出版社，2013，頁109-110。

【64】　星雲，《百年佛緣‧道場篇1》，佛光出版社，2013，頁18-20。

【65】　星雲，《往事百語‧一半一半4》，佛光文化事業有限公司，1999，頁102。

之行如下表10-1

表10-1：古今高尚之行對照表

	古德	星雲大師
同	1、維護僧格，重視行誼、以修道為己務 2、不受厚供，不受名聞利養誘惑 3、不攀俗緣 4、護法衛教	
異	出世的高尚： 1、避見帝王 2、不問政、不干政 3、不問世事	入世的高尚： 1、與總統見面 2、問政、不干政 3、關心時事

　　由上表10-1《緇門崇行錄》18則高尚行典範與當代星雲大師
的高尚之行的比對，維護僧格，重視行誼、以修道為己務；不受厚
供，不受名聞利養誘惑；不攀俗緣；護法衛教四點是相同的。古今
高尚行不同處在於古德避見帝王、不問政也不干政、不問世事，屬
出世的高尚。而當代高尚行代表的星雲大師推崇人間佛教，與總統
見面、問政不干政、並關心時事，屬入世的高尚。

第四節　結語

　　讀了《緇門崇行錄》中的古德典範，使人衷心敬佩他們的風
範：克己復禮、溫和謙恭、儉約淡泊、行人所不能行、忍人所不能
忍、勇猛精進、常樂我淨、寂靜自在！現時值末法時期，雖然人心
不古，正法衰微，但是只要佛門四眾，奮發圖強，力挽狂瀾，仍然
可創造一片中興氣象。此書不止是出家緇門的好榜樣，也是在家素
門修行的座右銘！

　　時代背景的不同，僧人在修道的實踐上亦會隨著當代的情況而改變，但中心思想與準則是相同的。如僧人以修道為要、不追求外在的享受、不鑽營名聞利養等。只是古人以出世的態度面對，而當今以入世的精神來實踐。因此，所謂「高尚之行」重視的是僧眾能秉持內在的高潔，維護僧格，不隨波逐流，而非外在的表現形式而已。

　　從高尚之行篇了解到「道德修養」的重要性，原來這是可以從孩童教導做起，讓他們知道德行的重要，在成長過程也是教導不能間斷，直到學佛接觸佛法了，透過佛七、禪七安穩心靈，尋找到自己要修行的理念，一邊學習佛教學識深入佛法，培養自己德行，謹慎行持自己的身、口、意三業，把做人基本的道德守好，然後心念要不斷反省遠離名利，訓練無懼死亡的精神，再經由佛學的熏習，強化佛法修持的用功，培養對修行的信心與毅力，如星雲大師著作《往事百語一》〈有永遠休息的時候〉所說：「在真參實學中，顯發自性的光芒；在志行堅固中，流露悲願的力量。」【66】這必須經過許多年的磨練，像蓮池大師、虛雲老和尚及高僧傳的大師們，都是經過堅毅的粹鍊，才能慢慢顯發修行人的道風，也才會產生高尚的氣息。

【66】　星雲，《往事百語‧心甘情願1》，佛光文化事業有限公司，1999，頁89。

第拾壹章　遲重之行內涵與其現代實踐典範

　　《緇門崇行錄》為明朝蓮池藕益大師所編輯的專書，內容大部份出自《新修科分六學僧傳》，也有少部份《高僧傳》、《續高僧傳》、《法華傳記》、《大光明藏》、《新修往生傳》、《景德傳燈錄》、《聯燈會要》、《五燈會元》、《錦江禪燈》、《繼燈錄》、《沙彌律儀要略述義》、《沙彌律儀毗尼日用合參》、《神僧傳》、《補續高僧傳》、《宋高僧傳》、《角虎集》、《禪苑蒙求瑤林》……等，一共分為十大類，其中第八類遲重之行則出自《闢妄救略說》、《新修科分六學僧傳》、《佛祖綱》、《聯燈會要》、《汾陽無德禪師語錄》、《釋鑑稽古略續集》、與《五燈全書（第34卷-第120卷）》等，主要說明僧眾在修行過程中，切勿仍在才疏學淺時，即急忙要度眾生、或是貪著名聞利養，務必經過沉

潛薰陶冶鍊之後才能成就大器。

　　「遲重之行第八」主要延續「高尚之行第七」，提醒僧人們切勿自視清高，保有高尚風節外仍需廣博多文，開悟見性後還需謹言慎行、潛光隱德。正如蓮池大師在《緇門崇行錄》的序中，提到撰寫此《錄》乃因深感末法時期，緇門中有許多弊端，遂收集古德之善行，並分為「十門」記載，表達了僧眾應具備之德，其中之一即為「遲重之行」，摘錄如下：

> ……慈近於愛，愛生著，出世之礙也，故受之以「高尚」；「高尚」非潔身長往而捨眾生也，欲其積厚而流光，故受之以「遲重」；「遲重」而端居無為，不可也，故受之以「艱苦」……[1]

　　可見前一章所談的「高尚」之行的高尚不是要孤芳自負，遠離眾生，還期望修行人能先充實自己，功夫高深了自然才學德行的光芒就四射，所以第八大類叫『遲重』，是本章主要探討的緇門崇行的重要德目。

第一節　《緇門崇行錄》遲重之行時代背景與「遲重」之界定

　　本節將分為兩個部分，分別探討蓮池藕益大師收錄遲重之行的時代背景，與「遲重」一詞的界定。

一、遲重之行撰寫的時代背景

　　從《緇門崇行錄》第八門十則遲重之行的典範中，可略窺蓮

---

[1]　《緇門崇行錄》，CBETA,X87,no1627_p352a13-b2。

池大師收錄遲重之行典範的深意，乃針貶明朝當時的僧眾所犯的三種普遍現象—厭惡叢林共住、新出家強出頭、與偽稱靈異惑眾，分別說明如下：

（一）厭惡叢林共住

蓮池大師鑒於古德都是在大悟之後才能夠獨行獨坐，而明朝佛門初學者，尚在初學未開悟階段，卻厭惡叢林大眾式的生活，遠離善知識，獨自一人又孤陋寡聞，如何得道？故舉第7則久處深山的無聞聰禪師為典範，以勸誡當時的僧眾，原文摘錄如下：

> 贊曰，獨行獨坐於大悟之後，亦遁跡南泉意也，彼初心未悟，而乃厭叢林畏大眾離知識，索居孤陋，不亦謬乎。」[2]

（二）新出家強出頭

蓮池大師感嘆當時年輕一輩的僧人，只有一點點才能就想要急於入世度眾，卻不知揠苗助長反成枯草，故舉第8則八請不赴的宋汾陽無德禪師典範，教誡當時年輕的僧眾，修行開悟要像自然瓜熟蒂落，揠苗助長反成枯草。如原文所示：

> 歷觀諸大老得法之後，率多韜光鏟彩，時至乃彰，而此老八請不赴，其祕重尤甚，厥後宗風大振，非源深流長歟，今少年負一能，皇皇乎出世之恐後也，亦錯矣，縱然生摘得，終是不馨香，衲子宜時以自警。[3]

（三）偽稱靈異惑眾

---

[2] 《緇門崇行錄》，CBETA, X87, no.1627_p364b6-12。

[3] 同上註，CBETA, X87, no.1627_p364b13-21。

　　蓮池大師慨嘆明朝當時修行人沒有靈異的證量，卻偽稱有靈異來妖言惑眾，故舉第3則後唐善靜不宣靈異的修行過程，自己所以能有靈異事蹟乃是其修行功德證量所致，但其不外顯的態度實則有其謙遜之涵養內德。如原文所示：

> 贊曰，古人獲靈異而祕重不宣，今人無靈異而偽稱惑眾，心事蓋霄壤矣，聖益聖，愚益愚，又何怪乎？」【4】

　　下面在進入探討遲重之行典範的內容前，需先為「遲重」一詞做界定。

二、「遲重」釋義

　　「遲重」由遲與重兩字組成。遲的基本解釋：chí慢，緩：遲緩、遲笨、遲鈍、遲疑、遲重（zhòng）、遲滯。晚：遲到、遲暮、遲早、推遲、延遲。【5】上述單就「遲」字來解釋，顯然具有負面的意涵。重的基本解釋：重 zhòng分（fèn）量較大，與「輕」相對：重負、重荷、重量（liàng）、重力、舉重、負重。程度深：重色、重病、重望、重創。【6】單就「重」字來解釋，顯然兼具有正面與負面的意涵。

　　若依「遲重」兩個連字字面解釋：擔負重物速度自然無法快，當然抵達目的地就必然會遲到。在《緇門崇行錄》所謂的「遲重」之行，所要彰顯的則是正面意涵：謹慎穩重，不浮躁。【7】正如蓮池大師在其自序中所言：「遲重之行第八」主要延續「高

【4】　《緇門崇行錄》，CBETA, X87, no.1627_p364 a5-11。

【5】　在線新華字典http://xh.5156edu.com/html3/4704.html 105.6.29。

【6】　同上註。

【7】　漢陸賈《新語‧輔政》：「躁疾者爲厥速，遲重者爲常存。」」

尚之行第七」，「『高尚』非潔身長往而捨眾生也，欲其積厚而流光。」【8】

第二節　遲重之行內涵

　　《緇門崇行錄》遲重之行共有10則典範，跨唐迄明代約700年期間，唐、後唐、宋、元、明歷代典範比例為3：1：3：2：1，以唐代與宋代典範各有3則為首。在《緇門崇行錄》十門典範中，遲重之行十則典範屬較晚期。這十則典範可分為三類，即慧解為先、沉潛心性、與涵養內德。第一類慧解為先僅有第9則重法隱山。第二類沉潛心性包括第4則混跡樵牧、第5則事皆緣起、第6則歷年閉戶、第7則歷年閉戶、第8則八請不赴、與第10則廢寺隱居等六則。第三類涵養內德，包括第1則傳法久隱、第2則十年祕重、與第3則不宣靈異等三則。如下表11。

表11：《緇門崇行錄》遲重之行分類表

序號	典範懿行	姓名	朝代	遲重之行分類			備註
				慧解為先	沉潛心性	涵養內德	
1	傳法久隱	慧能大師	唐			v	p363c14-21
2	十年祕重	桂琛	唐			v	p363c22-364a04
3	不宣靈異	善靜	後唐			v	p364a05-11

【8】　同註1。

序號	典範懿行	姓名	朝代	遲重之行分類			備註
				慧解為先	沉潛心性	涵養內德	
4	混跡樵牧	南泉普願	唐		v		p364a12-22
5	事皆緣起	神鼎洪諲	宋		v		p364a23-365a02
6	歷年閉戶	雲蓋守智	宋		v		p364b03-05
7	久處深山	無聞思聰	明		v		p364b06-12
8	八請不赴	汾陽無德	宋		v		p364b13-21
9	重法隱山	法聞	元	v			p364b22-c05
10	廢寺隱居	傑峰世愚	元		v		p364c06-11
小結	10			4	1	6	3	10

一、慧解為先

第一類慧解為先僅有第9則重法隱山，略述如下：

重法隱山—道心堅定，身負重任，演教弘宗

元朝燕都普慶寺法聞法師（？-1317），七歲出家。後跟廣溫大師學法華經、般若經、唯識、因明論及四分律。溫大師告訴聞法師要自重，將來要擔起弘揚佛法的重任，且來日方長，前程唯艱；一股希望都寄託在聞法師身上。聞法師在佛像前燒灼肌膚，燃炙手指，刺血寫經等供佛，以表明對佛法的尊崇。接著隱居五臺山，六

年不出門，五千卷的大藏經，讀了三遍。皇帝的國師驚歎著說：
「漢人也有這麼高明的和尚啊！」

不久西安王延請他在西安城南義善寺開講座，皇帝聽到了他
的德名，召見他到皇宮，命他住到大原教寺，封他銀章一品的頭
銜；很多求戒的人從他受戒。元仁宗延佑四年三月二十日端坐而
逝。[9]原文摘錄如下：

> 元法聞，七歲出家，後從溫公學法華・般若・唯識・因明及四
> 分律，溫公謂聞任重道遠，託以弘傳之寄，聞對佛像灼肌燃指
> 刺血書經以彰重法，遂隱五臺山，不踰閫者六載，讀藏教五千
> 卷者三番，帝師嘆曰，漢地乃有此僧耶，尋以安西王命開講筵
> 義善寺，天子聞而徵之至闕，詔居大原教寺，賜銀章一品，求
> 戒者皆從受焉，延祐四年三月二十四日坐逝。[10]

元朝法聞法師曾經研習過法華、般若、唯識、因明及四分
律，通達經律論三藏，曾經燃指、刺血寫經表示對於法的殷重，後
來隱居於五臺山，之後受王命故在義善寺開講法筵。法聞法師一生
解行並重，演教弘宗，實是遲重有端值得效法的典範。

二、沉潛心性

第二類沉潛心性包括第4則混跡樵牧、第5則事皆緣起、第6則
歷年閉戶、第7則久處深山、第8則八請不赴、與第10則廢寺隱居等
六則。分述如下：

（一）混迹樵牧—密行成就如羅睺羅

---

[9] 明・蓮池大師作，吳錦煌居士白話淺述，《緇門崇行錄淺述》，台北市：
　　佛陀文教基金會，1992，頁152-153。

[10] 《緇門崇行錄》，CBETA, X87, no.1627_p364b22-c5。

　　唐朝池州南泉院普願禪師（747-834），鄭州新鄭人，依密縣大隈山大慧禪師剃度受業，後在江西馬祖道一禪師處得悟妙法，乃明心地，韜光隱晦，不露才華和道行，看起來像啞巴一樣。

　　唐德宗貞元十年，掛單（住）在池陽縣南泉山。穿蓑衣，戴草笠去牧牛，混跡在樵夫和牧童之間，開山種田，三十年沒下南泉山。

　　唐文宗太和年間，池陽太守和宣撫使陸公、護軍彭城劉公敦請下山開演聖教，廣接後人，一時道風遠播，時人尊稱南泉古佛。【11】原文摘錄如下：

> 唐普願，鄭州新鄭人，依大隈山大慧禪師受業，得法於江西馬大師，含景匿耀似不能言，貞元十年掛錫池陽南泉山，蓑笠飯牛混於樵牧，斫山畬田，足不下南泉三十年，太和中池陽太守與宣使陸公護軍劉公固請開法，道化大行，號南泉古佛云。【12】

　　唐朝普願禪師混迹於樵夫牧羊人之中，一般人皆看不出來，足不出南泉有三十年之久，後來受官方之請才開始弘化大行其道，故有「南泉古佛」之稱，而其混跡於樵夫牧羊人之中的時候，豈不像佛陀十大弟子之一密行成就的羅睺羅？

（二）事皆緣起—韜光養晦

　　宋朝潭州神鼎山洪諲禪師（954-1038），豫州人，和汾陽太子院善昭禪師齊名。得道時年紀尚輕，還不到三十歲，隱居在南嶽衡

【11】　明‧蓮池大師作，吳錦煌居士白話淺述，《緇門崇行錄淺述》，頁148。
【12】　《緇門崇行錄》，CBETA, X87, no.1627_p364a12-22。

山二十年後才當住持，又再二十年後才開堂說法。這都是因為時機因緣還不到，不是他自己的意思，或是要隱居這許多年才會當住持或說法。【13】原文摘錄如下：

> 宋神鼎諲禪師，豫州人，與汾陽齊名，年尚未壯，隱於南嶽二十年乃領住持，又二十年方開堂說法，然皆緣起於他，實非己意。【14】

在中國禪宗史上有兩位洪諲禪師，一為唐朝的徑山洪諲禪師（828-904），此處指北宋的洪諲禪師，於南嶽住了二十年才領住持位的職事，又經過二十年之後才開堂說法，皆非洪諲禪師個人刻意領住持位及開堂說法，而是在其韜光養晦下的修行得以服眾及能夠開堂說法度眾的原故。

（三）歷年閉戶─謝絕外緣塵勞，靜志其道

宋朝潭州雲蓋山守智禪師（？-1121），宋哲宗元佑六年（1091），從住持退位下來之後，於西堂閑居三十年的期間皆謝絕外緣的塵勞，靜其心志努力於自己的修行。如原文云：「歷年閉戶，宋雲蓋智禪師，元祐六年退居西堂，閉戶閑居者三十年。」【15】因而蓮池大師在本門典範後慨嘆：古人大徹大悟，參學事完了，尚且在水邊林下，長養聖胎，不怕口頭因久不說話而發黴。【16】

（四）久處深山─悟後隨學，警醒初學宜入眾學習

【13】　明・蓮池大師作，吳錦煌居士白話淺述，《緇門崇行錄淺述》，頁149。

【14】　《緇門崇行錄》，CBETA, X87, no.1627 p364a23-b2。

【15】　同上註，CBETA, X87,no.1627 p364b3-5。

【16】　參閱上註，CBETA, X87, no.1627 p364c12-13。

　　明朝隨州龍泉無聞絕學正聰禪師（？-1543），在大徹大悟之後，獨自入光州山中隱修六年，陸安州深山六年，之後又入光州山中三年，這樣在深山中獨行獨居，前後總共十七年，然後才從山林中出來度眾。【17】原文摘錄如下：

> 明無聞聰禪師，大悟之後獨入光州山中六年，陸安州深山六年，復至光州又經三年，如是山中獨行獨坐共十七年，後乃出世。【18】

　　蓮池大師盛贊正聰禪師，於大悟之後才能夠獨行獨坐，以警惕初學者尚未開悟，卻厭惡叢林大眾式的生活，遠離善知識獨居，不但孤陋寡聞又無法大徹大悟。

（五）八請不赴─自然瓜熟蒂落，揠苗助長反成枯草

　　宋朝汾陽太子院無德（善昭）禪師（846-1024），曾參學七十個善知識，前後共八次受人迎請出山說法，大師都沒答應。後來閑居在襄陽白馬寺，並州、汾州一帶的在家出家人一千多人，一再迎請大師出山說法度眾，最後盛情難卻終於順大家意思下山。大師一開演就宗風大振，近悅遠來。但他本人從不出門，自作一首不出寺院的歌，以表明自己的志向。【19】原文摘錄如下：

> 宋汾陽無德禪師，見七十員善知識，前後八請皆不出世，燕居襄陽白馬寺，并汾道俗千餘人堅請不已，乃順人望，既至，宗

【17】　明‧蓮池大師作，吳錦煌居士白話淺述，《緇門崇行錄淺述》，頁150。

【18】　《緇門崇行錄》，CBETA, X87, no.1627_p364b6-12。

【19】　明‧蓮池大師作，吳錦煌居士白話淺述，《緇門崇行錄淺述》，頁151。

風大振迹不越閫，自為不出院歌以見志云。[20]

無德禪師自己作「不出院歌」以明其志謝絕僧俗邀請有八次之多，因此，蓮池大師感嘆當時年輕一輩的僧人，只有一點點才能就想要急於入世度眾，卻不知揠苗助長反成枯草，還是要等到自然瓜熟蒂落的好。

（六）廢寺隱居─謝絕塵務，結棚隱居為向道

元朝衢州烏石傑峰世愚法師（1341-1367），衢州西安縣人。參訪大覺布衲祖雍、杭州斷崖了義、天目中峰明本等諸大師，後來參謁止巖大師，豁然大悟。開悟後回到西安烏石山，在一個破舊的廢寺（福慧古剎）中，搭茅棚居住，六年不出山。之後名氣傳到朝廷，皇帝派遣心腹大臣賜送名香和金襴袈裟，並封號為弘辯法師。元順帝至正年間，有新建的寺院龍眠、古望、寶蓋、普潤等等，都虔誠懇求大師作開山祖師，不得已而答應他們。[21] 原文摘錄如下：

> 元世愚，衢州西安縣人，歷參布衲及斷崖中峰諸大老，後得法於止巖，歸西安烏石山廢寺，結茆以居，影不出山者六載，名聞於朝，遣重臣賜名香金襴法衣，加號弘辨，至正間有龍眠古望等五剎新瓶，皆虔懇延師為開山第一祖，乃不得已應之。[22]

上述元朝世愚法師於廢寺結茅蓬隱居，有六年不下山者，後

---

[20]　《緇門崇行錄》，CBETA, X87, no.1627_p364b13-21。

[21]　明‧蓮池大師作，吳錦煌居士白話淺述，《緇門崇行錄淺述》，頁153。

[22]　《緇門崇行錄》，CBETA, X87, no.1627_p364c6-11。

來名聲傳響於朝廷，深受朝野敬重，恭請之為開山第一代祖師，展現其遲重之行。

三、涵養內德

（一）傳法久隱—潛龍勿用，飛龍在天

　　唐朝禪宗六祖韶州南華寺慧能大師（638-713），第一次見到五祖黃梅大師，參對之下就明心見性了。五祖說：「你根基天性太銳利，到後院的碓坊打米去！」於是到後院踏舂米碓，為了增加工作效率，在腰部綁上一塊石頭，增加身體的重量，加速踏動舂米碓，這樣辛苦勤勞地工作，供養大眾。後來五祖傳他衣缽，恐怕別人為奪衣缽傷害他，夜半送他離去，隱居在獵人隊中，蓬頭垢面一十六年。後來護法龍天推他出來宏法度眾，於是到廣州法性寺，值印宗法師講涅槃經。時有風吹幡動，一僧說是「風動」，一僧說是「幡動」，議論不已，慧能大師進言：「不是風動，不是幡動，仁者心動。」大眾驚奇佩服，印宗法師延他至上席，請他開示，為他剃髮，拜他為師幫助他聚集法，廣聚集南宗頓教法門，終成為佛教萬代師表。【23】原文摘錄如下：

> 唐六祖大師，初參五祖即悟自心，祖曰，汝根性大利，著槽廠去，遂事舂碓，腰石勤劬苦作供眾，後傳衣法，夜半潛去，隱跡於獵人中，蓬首垢面者一十六年，後以龍天見推，乃於印宗法師講席偶論風幡，四眾驚仰，扶翊開法大闡南宗，為萬代師表焉。【24】

【23】　明‧蓮池大師作，吳錦煌居士白話淺述，《緇門崇行錄淺述》，頁144-
　　　145。
【24】　《緇門崇行錄》，CBETA, X87, no.1627_p363 c14-21。

慧能大師是大根性者，所以當時躲在獵人隊中潛藏自己時乃是潛龍期的蘊釀而不外顯，若是反過來看慧能大師當時處處外顯自己的才德，則可能更容易折損自己而無法大開其門傳授南宗禪法，所以那時最好的方式則是維持隱居於獵人隊中，最後在印宗法師的法筵上逐漸展開南宗的傳法，對於中國佛教界具有極大的影響力，故可以「潛龍勿用，飛龍在天」詮釋慧能大師一生的境遇。

（二）十年祕重—不鳴則已，一鳴驚人

唐朝漳州羅漢院桂琛法師（867-928），常山人，他首先是學戒律，後來參訪禪宗的南宗大德，遍參諸大善知識，終於在福州玄沙師備（宗一）大師處得到開示，了悟心地。之後祕密行持，不為人知。後來終於被漳州州牧太原王公發現了他的卓越，請他到閩城西石山蓮宮，住持十多年。琛大師密行而不輕易示人妙法，有人懇切請法，才為他開示，不久後遷到羅漢院，雖然羅漢院牆壁殘破剝落，東西多半壞了，但琛大師仍住得恬淡自樂。勤州太保琅琊公一再虔誠請琛公說法，琛公終於無法推辭，受他敦請，開演深妙法門，一時來請示參學的人不計其數，大大宏揚法眼一宗。【25】原文摘錄如下：

> 唐桂琛，常山人，初學毗尼，後訪南宗遍參知識，得旨於玄沙大師，密行陸沉，漳州牧王公請於閩城西石由蓮宮，駐錫十數年，祕重妙道，有懇志扣求者乃為開演，既而遷羅漢院，破垣敗簣恬如也，勤州太保固請宣法，退讓不獲，方受其請大開法

【25】 明‧蓮池大師作，吳錦煌居士白話淺述，《緇門崇行錄淺述》，頁145-146。

門，參徒莫計，出法眼一宗焉。【26】

唐朝桂琛法師初學毗尼後遍參南宗各大善知識，桂琛禪師自己也是密的修行者，皆不刻意外顯自己的修持，但若遇到真心為修行的人來請教才為他開解佛法，後來應勤州太保之請宣傳法教大開法門，之後開出法眼一宗。因此在初修時名不見經傳，但只要天時地利人和的因緣一到則是「不鳴則已，一鳴驚人」。

（三）不宣靈異─易經謙卦，鬼神都說謙卑好

唐朝永興永安院善靜法師（生卒年不詳），長安金城人。南遊樂普山，參見澧州蘇溪元安禪師及其門人，終融會開通，了悟本然，後來回到故鄉，長安留守王公建造永安禪院，讓他住持宏法。生平曾經在洗澡時，身上洗出很多舍利子，趕緊收藏起來，不讓徒弟們把舍利子給人看或告示別人。又曾經在坐禪入定的時候，忽然庭院裏有白鶴飛來，溫馴地在那裏，好像要聽法的樣子，靜大師命人把他們趕走。有很多像這類神奇靈異的事，靜大師都秘而不宣。【27】原文摘錄如下：

> （後）唐善靜，長安金城人，南遊樂普，見安公法裔，乃融心要，後還故里，留守王公營永安院居之，嘗洗沐，舍利隕落，即收祕，不許弟子示人，又禪寂次，忽有白鶴馴狎於庭，若聽法者，靜令人驅逐，凡此殊徵有而不宣。【28】

【26】　《緇門崇行錄》卷1 CBETA, X87, no.1627_p363c22-364a4。

【27】　明‧蓮池大師作，吳錦煌居士白話淺述，《緇門崇行錄淺述》，頁146-147。

【28】　《緇門崇行錄》，CBETA, X87, no. 1627_p364a5-11。

　　上述唐朝善靜法師雖感應諸多靈異事蹟，卻不彰揚，恐誤導時人不依著正規修行而著迷於一般的神通示現。善靜禪師在其修行過程中有靈異乃是其修行功德證量所致，但其不外顯的態度實則有其謙遜之涵養內德。

第三節　遲重之行現代實踐典範
　　　　——印光大師與袞卻格西

　　本節將舉印光大師與袞卻格西做為近代高僧遲重行之典範，分述如下：

一、印光大師遲重之行[29]

　　在此將分為印光大師遲重行內容、與古今大德遲重行之比較兩部分來探討。

（一）印光大師遲重行內容

　　印光大師的遲重之行可從其文化事業、慈善救濟、護法衛教與預知時至四項來說明。

1.文化事業

　　印光大師撰文與友書不斷，創辦的佛教文化事業「弘化社」，積極翻印經籍流通；又發行《弘化月刊》，大為推廣佛教文物。弘化社創辦十餘年中，所印書籍總數逾五百萬部，佛像則有百萬餘幀。該社在武漢、天津、成都等地都設有分社。其文化事業不偏離佛教，依年代先後摘錄如下：

【29】　本節原稿為目前就讀佛光大學佛教學所的研究生釋智証所撰寫，業經筆者重新改寫。

1917年（五十七歲）徐蔚如居士得與其友三書，印行，題曰《印光法師信稿》。1918年搜得師文二十餘篇，印於北京，題曰《印光法師文鈔》。1919年復搜得師文，再印續編，繼合初續為一。1920-1921年，復有增益，乃先後鉛鑄於商務印書館，木刻於揚州藏經院。1922-1926年間，迭次增廣，復於中華書局印行，題曰《增廣印光法師文鈔》。夫文以載道，師之《文鈔》流通，而師之道化遂滂浹於海內。如《淨土決疑論》、《宗教不宜混濫論》，及《與大興善寺體安和尚書》等。【30】

2.慈善救濟

印光大師的一生，從事慈善救濟事業，不遺餘力，尤於孤兒的教養，特別重視。據《印光大師行業記》所載：

1926年長安圍解，急賑三千元。1935年，王幼農告陝西大旱，赤地千里，即速匯千元，致報國寺資糧不繼，亦所不計。1936年，赴上海護國息災法會說法，聞綏遠災，即席提倡，除捐收敬儀幾三千元外，更寫淨資一千。車返蘇城，先至寺取款匯後，始循眾請登靈岩山，其如飢如溺之悲心，類皆如是。南京魏梅蓀、王幼農等，於三汊河創法雲寺為念佛道場，請師指導，為訂寺規。居士任心白，更邀馮夢華、王一亭、姚文敷、關炯之、黃涵之建佛教慈幼院於其間，仗師德望，皆得成就。師對院內孤兒，尤深加慈憫，經費多出自師之捐募及自捐，與上海慈幼院等視，使其有所教養成人。【31】

【30】　真達、妙真、了然、德森等頂禮敬述之《中興淨宗印光大師行業記》http://big5.xuefo.net/nr/article19/191015.html，2015/3/21。
【31】　同上註。

　　由上所述，因大師本人力行慈善救濟事業，故大師的弟子，亦能在大師領導之下，在慈善事業方面有良好的成就。今大師弟子李炳南老居士，在台中創立慈光育幼院，收養失去父母的孤兒，此種功德無量的義舉，當亦受了印光大師遺教感召所致。

　　3.護法衛教

　　印光一生以法為重，以道為尊，為了衛教，犧牲生命亦在所不辭。1912年，江蘇義務教育會成立，會中陳請省府借寺廟權充校舍使用，印光即函請王幼農、魏梅蓀居士設法，最後才取消此議。

　　1935年，全國教育會議提議寺廟改成學校，寺產充當教育基金，經報端披載，四方震驚。圓瑛法師與大悲法師、明道法師，會同諸位居士前往報國寺叩關，訪謁印光，商請應對之道。印光以衛教相勉，並示辦法，這場教難才得以解除。【32】

　　4.預知時至

　　印光大師以為「千經萬論，指歸淨土」，此法門適應一切根性，下手易而成就高，用力少而得效速，並有消災免難、祈福延壽、道理簡明易曉等優越性。

　　除了念佛，印光並且主張行者應以因果為本。他所談的因果是重在行持的修證，所謂信願行。由於印光了知因果，因此嚴持戒律，精進行持，才能達到濟度眾生，了脫生死的目的。

　　1940年11月4日清晨，印光預知時至，漱洗更衣，上座跏趺而說：「念佛見佛，決定生西。」帶領弟子們大聲念佛後，不久再說：「蒙阿彌陀佛接引，我去矣！」隨即捨報往生。世壽八十，僧臘六十，茶毗後得五色舍利、舍利花千餘粒，頂骨裂五瓣如蓮花

【32】　星雲，《佛教》叢書之四弟子，佛光出版社，1998，頁269。

狀，齒全不壞，證信眾生。

印光大師畢生弘揚淨土，使淨土展現「善導高風，今日復見」的昌盛景象，化被之廣，緇素一同。印光示寂後，僧俗公推其為淨土第十三代祖師。【33】

（二）古今大德之同異比較──以元法聞法師與印光大師為例

本節將比對《緇門崇行錄》遲重之行典範元法聞法師，與當代遲重之行典範印光大師，古今兩位大德遲重之行的同異如下。

1.兩位大德遲重行之同異比較

（1）相近之處

以「慧解為先」重法隱山─道心堅定，身負重任，演教弘宗的元朝法聞法師與印光大師都是先習經教，唯法聞法師學法華‧般若‧唯識‧因明及四分律。印光大師幼隨兄「讀儒書」，頗以聖學自任，先經由禮教上的學習。

（2）相異之處

元法聞法師─對佛像灼肌燃指刺血書經以彰重法，遂隱五臺山。印光大師─初習儒學時和韓歐一樣有「辟佛之議」，後病困數載，始悟前非，頓革先心。出世緣熟，年二十一，即投終南山南五台蓮華洞寺出家，而後有《印光法師文鈔》……等文化、救濟慈善、關於廟產興學護法衛教事業，及自己修行預知時至。

2.印光大師一生事蹟同歸屬遲重之行古德三大類

（1）「慧解為先」，就印光大師一生的著作中有《印光大師

【33】　星雲，《佛教》叢書之四弟子，佛光出版社，1998，頁270-271。

文鈔》、《淨土決疑論》、《宗教不宜混濫論》及《與大興善寺體安和尚書》……流通，並且自身深入經藏學習佛法，其閱藏有六次之多。

（2）「沉潛心性」，印光大師一生當中曾經閉關二次有六年、閉關十八年、二十年足不出戶，雖然如此，在國家遭逢災難，佛教面臨廟產興學的教難時，皆以自己的人脈或拿出自己身上的財物作為賑災救濟之用，也辦了佛教的慈幼院撫育孤苦無依的孩子，此等事業皆為國難當頭與教難興起的一時因緣，印光大師皆呼應當時的因緣而成就利他的事業。

（3）「涵養內德」，印光大師在日常生活當中並不刻意彰顯自己的修行功德，然而在生命即將結束前即預知時至，明確告訴大眾「蒙阿彌陀佛接引，我要去了。大家要念佛，要發願，要生西方。」[34]在辭世之前仍不忘鼓勵發願西方求生淨土修學佛法，以自身的修行作一個實際案例的示範。

3.遲重中的類比項次

（1）「慧解為先」，重法隱山—道心堅定，身負重任，演教弘宗的元法聞一項。

（2）「沉潛心性」，有a.歷年閉戶—謝絕外緣塵勞，靜志其道，宋雲蓋智禪師；b.久處深山—悟後隨學，警醒初學宜入眾學習，明無聞聰禪師；c.廢寺隱居—謝絕塵務，結棚隱居為向道，元世愚；d.八請不赴—自然瓜熟蒂落，揠苗助長反成枯草，宋汾陽無德禪師；e.事皆緣起—韜光養晦，宋神鼎諲禪師；f.混迹樵牧—密行成就如羅睺羅，唐普願；一共有六項皆在說明在修行過程當中皆

【34】　星雲，《佛教》叢書之四弟子，佛光出版社，1998，頁271。

以「藏鋒」的姿態默默修持。

　　（3）「涵養內德」，a.不宜靈異—易經謙卦，鬼神都說謙卑好，（後）唐善靜；b.十年祕重—不鳴則已，一鳴驚人，唐桂琛；c.傳法久隱—潛龍勿用，飛龍在天，唐六祖大師；一共有三項說明了涵養內德與修行都需要時間「沉潛醞釀」，等到因緣時機一到自然能夠水到渠成，飛龍在天。

　　蓮池大師在遲重這一類十個項次之中，「沉潛心性」占了六項，筆者揣測蓮池大師的意思是要當時的出家眾儘量走入山林謝絕攀附外緣，亦或鑑於明朝當時對於佛教的迫害，只好寫此《緇門崇行錄》一文的用意是要當時的僧人歸避於山林中避免遭受明朝的迫害亦未可知。

　　「涵養內德」其中舉出三項，筆者認為——重點在於自己的修行內德方面以藏鋒的方式，不令自己過份曝光而引來各式塵勞之事，而對於「慧解為先」則僅有一項，筆者疑惑當時對於經教的學習已經不那麼興盛，而只認為只有念佛淨土法門與禪宗才能傳法於世，故對於經典的學習與傳播則成較次等的傳播事項。

　　4.遲重之行現代意義之展現

　　依照遲重之行的類比項次的順序，不管是研習經教或是修行來說應該都是以平行的軌道同時進行，以經教的聖言量作為修行上依循的標準，不管是在深山或是在都市叢林中，都依著「謙卑」這個亙古不變的道理調練自己的心性，並且在自己修學的過程尚且不穩固時，則更應心懷謙卑多多學習，經由長期的學習修行不斷的冶

鍊自己，才能讓自己的證量經過醞釀慢慢成就。

二、遲重之行現代典範─當代的「密勒日巴」─袞卻格西（1927-2001）[35]

本小節將分為袞卻格西簡介與低調的修行者兩部分，來介紹可做為現代遲重之行典範的袞卻格西。

（一）袞卻格西簡介

袞卻格西名為「洛桑朋措」，1927年誕生於拉薩附近，6歲在色拉寺出家。除甫出家前幾年，數次返回俗家外，之後不曾再回去。在色拉杰（格魯派─色拉寺分院）學習計二十五年，期間廣學並精通各種必需學習的經典。

1959年，通過格西考試，具足獲得「拉然巴」格西學位的資格。之後又在尼泊爾閉關計25年。其間如遇村民請求，仍予幫助。1969年出關，曾教導噶舉派僧眾經典與密續，並數次帶領附近居民修持百萬六字大明咒；期間婉拒同學耶喜喇嘛之邀─駐柯槃寺，遵從上師的建議，繼續隱居山林修持。

1984年耶喜喇嘛圓寂，耶喜喇嘛弟子梭巴仁波切來函請格西至柯槃寺，格西應允，於次年來到柯槃寺常駐，並開始受邀至世界各地弘法。

2000年6月，罹癌接受化療。住院期間仍關心其他病患，做自他交換的實修；2001年10月圓寂。荼毘當日，天空六方出現彩虹，火供結束即下甘露。荼毘塔內發現數百顆舍利、另有心臟、眼睛和舌頭。在其墊下圓盤留下轉世的依據。

【35】 本節原稿為目前就讀佛光大學佛教學所的研究生何美芳所撰寫，業經筆者重新改寫。

（二）低調的修行者

格西從不透露自身的修證，只說自己是個「年老、無用、多餘的人，主修吃、睡、上廁所，每天忙著生起不同的煩惱。」然而他遺留下的舍利，證明這一生的修持。

1.古今大德遲重之行比較

在《緇門崇行錄》之十位祖師大德中，筆者認為除了第五組比較沒有共通點外，第一至第四組，格西當之無愧，全與之對應。比較說明如下：

第一組：博學高深，低調潛行。格西在格魯派轄下分院，除了所屬教派的教義，並多方廣習其它教派的法義，孜孜不倦，長達二十五年。

第二組：深山修行，應機弘法。即使非常實學，並具教授資格，格西恪守上師的建言，低調在山區閉關。

第三組：不宣靈異，淡然視之。格西離開西藏時，穿越共軍軍隊中，而共軍居然「視而未見」；此外，在尼泊爾閉關修行時，每當糧食不夠，總會有人帶來足夠的食物，讓格西安心修行。

第四組：眾中一個，等無差別。在尼泊爾修行時，實際上，他的關房與市區有些距離但又不會太遠，附近的人皆知有這麼一個修行者。除了有需要請求幫忙，他們不會常去打擾他。當然，遇到有僧眾請法，或村民共修，格西就會出來，毫不吝惜教導大眾。

第四節　結語

　　修行入門，當以戒律為先，爾後再來學習與自己相契的法門。學成之後，並不是隱居山林，從此不問世事；在機緣未到時，並不急著顯揚自己，而是韜光養晦，深深海底行的充實自己。

　　修行路上，有的站在台上講經說法，有的默默在後台典座等，無論是如攤在陽光下，廣為人知的開示度眾，或如涓涓流水，不著痕跡地滋潤大地般的服務，都是個人不同的修行路。因為，大家最終的目標只有一個：「願眾生離苦得樂。」綜合以上略述大師事跡可得知：

1、蓮池大師引述的十則善行中，八位學禪、一位戒轉禪（桂琛禪師）、一位律師（法聞律師）。筆者認為或是蓮池大師有感於當時明朝禪宗宗門日濫，禪風日衰，大師引古為踐，故引述大德事跡時，多是禪宗僧人。

2、大師們了悟心性或出名後都隱居，時間從6年-30年不等。其中蓮池大師在「廢寺隱居」舉例世愚法師隱居時間，據《補續高僧傳》〈傑峰愚公傳〉記載的是「一十六載」，與蓮池大師在《緇門崇行錄》寫「影不出山者六載」是相異的。

3、蓮池大師在《緇門崇行錄》中，只有六位大師都有高官或是弟子信徒恭請為眾宏演教法，但根據經錄考證後所有大師還是都有出世弘法。

4、又據《補續高僧傳》〈光教律師法聞傳〉記載法聞法師是「十有五薙染」，與蓮池大師在《緇門崇行錄》「重法隱山」寫「七歲出家」是相異的。

5、在歷史上有兩位洪諲禪師，一位是唐朝的徑山洪諲禪師
　　（？～904），如果以他的年代來看是不可能跟善昭大師
　　（947-1024）為師兄弟，另一位是北宋的神鼎洪諲禪師，
　　也就是本文的主角，蓮池大師在《緇門崇行錄》寫洪諲禪
　　師是「唐」是有誤的。
6、明朝一些皇帝因喇嘛多擅長某些「法術」，對其有特殊興
　　趣，並因而導致士大夫針對相關政策的批評。故蓮池大師
　　也特別講述「不宣靈異」，提醒道門中人法不著相更不外
　　求。

　　現今社會，當不必找座深山躲起來，搭個草棚，與世隔絕，
而是處在紅塵俗世中，低調地學習，以健全自己。除了深入經藏的
義理，知名大道場或有的寺院，只要是正派的道場，皆是我們親近
學習的善知識，如印光大師與袞卻格西；另外，世間法的實際，如
開車、專業證照……等，乃至於多國語言，也都要與時俱進地，不
斷學習。

　　因為「謙卑」在易經六爻變化當中每一爻變化都是好的意向
表達，如此經過時間不斷的「學習、粹鍊、醞釀」，自然而然養成
自己宗教情操及修行者該有的「道氣」，而非把自己枯鎖於深山林
內不與外界聯繫，讓自己悠遊於獨行境界中，如此越來越多人無法
接觸到佛法，而讓佛教的傳承、傳播形成一片枯竭沉寂狀態中。

　　《緇門崇行錄》著重的是蓮池大師所要提倡的佛教精神，或
許有時高僧們在修行上所堅持的可能不被世俗所接受，若將視角焦
距在枝末上，那麼其內涵將被忽視掉。蓮池大師認為己事己辦方可
為人，老成然後出世，印光大師與袞卻格西如上的的事跡都與蓮池

大師的理念不謀而合，由此可見有德的僧人不論時代如何，他們在法上是一致的，也更能證明佛陀的教法是真實語，後學之人欲求解脫更應該依教奉行。

　　再引《緇門崇行錄》卷1為總結為遲重之標地為結尾：「總論或問。世尊始成正覺即演華嚴。乃有沙彌講經年甫七歲。如必歷年久隱。當如眾生何。不知古人之遲重非獨善忘世也。道高而志愈勤。心明而事彌慎。水邊林下長養聖胎。待夫果熟香飄。龍天推出。舉而措之。」[36]方能沉得住，發得開，即為遲重之行了。

---

[36]　《緇門崇行錄》，CBETA, X87, no.1627, p.364, c13-16。

第拾貳章　艱苦之行內涵與其現代實踐典範

　　蓮池大師所處之明代末年時期，一般人民的生活非常不安定，天災人禍，內憂外患。而此時的佛教更面臨著：宋明理學家對佛教的撻伐，以及儒釋道三教同源論的激盪，還有佛教僧團的腐敗。面對這樣痛苦的時代環境，蓮池大師仍是以會歸阿彌陀佛淨土，來鼓勵大家。

　　佛教的歷史，其實就是由各個時代傑出的僧侶留下的事蹟所形成的，但也絕非靠一個人的努力就能完成，必然是要靠僧團整體的合作力量發揮出來。凡是持律謹嚴或者制度井然，或管理得當等等，都必然會培育出優秀的僧才。也才能獲得十方的景仰和嚮往，度眾的弘願也才能向前。

　　本章將進入到《緇門崇行錄》艱苦之行第九的探討，依循前

八章的模式，先給予定義，再分析艱苦之行第九的內容，最後舉當代艱苦之行的高僧典範。

第一節　《緇門崇行錄》艱苦之行時代背景與「艱苦」釋義

本節將分為蓮池大師撰寫《緇門崇行錄》艱苦之行的時代背景與「艱苦」一詞的界定兩部分來探討。

一、艱苦行之時代背景

從《緇門崇行錄》第九門15則艱苦之行的典範中，可窺見蓮池大師為對治明朝當時的僧眾所犯的奢華不修、勤求名利、不行辭勞等三種普遍劣象，而收錄艱苦之行典範的深意，分別說明如下：

（一）奢華不修

蓮池大師在《緇門崇行錄》艱苦之行第1則「年老頭陀」典範，就提出印度佛陀時代的迦葉苦行鼻祖，以警誡明朝當時的僧眾，吃得豐盛，穿著華美，裝潢住所，四肢懶散，不想工作，裝飾消遣賞玩的事物，一如富貴人家，而不知慚愧，佛法衰落了，實在令人悲憤惋惜！原文摘錄如下：

> 頭陀行之存滅，法之存亡係焉，金口數宣，言猶在耳；今僧腴其食，文其衣，華其居，惰其四肢，飾其玩好如王公而不知愧。末法將沈，良可扼腕！[1]

並藉以糾正苦行是成道的唯一方法的邪見，如第7則「蚤虱不

---

[1]　《緇門崇行錄》，CBETA, X87, no.1627_p365a02-07。

除」與第9則「不作不食」所示，分別摘錄如下：

> 蚤虱不除，不幾於苦行外道乎？是不然，若以苦行為成道之
> 繇，則誠邪見，今引咎自責，願以相酬，則所謂馬麥金槍償宿
> 債耳，安得等之外道？[2]

德如百丈，而猶曰不欲以無德勞人，況我輩乎？或謂住持者
宜弘法利生，雖曰享千金，役百夫，何病焉？而瑣事力作，非所謂
知大體。噫！百丈建叢林，立清規，為萬世師法，豈慮不及此？今
若是，凡以愧天下之涼於德而豐於祿者也。[3]

（二）勤求名利

蓮池大師慨嘆明朝當時的出家人，不樂於走路去尋師訪道；
反之追逐名利的事，需走萬里路卻樂之不疲。故舉《緇門崇行錄》
艱苦之行第10則「萬里決疑」的趙州和尚八十猶行腳、與善財童子
遍歷百城煙水，參五十三善知識的典範，以喚醒這些逐利趨名的出
家僧人。摘錄原文如下：

> 古人為毫釐礙膺，不肯自瞞，必求決擇痛快而後已，何復以途
> 路為勞？所謂一句隨他語，千山走衲僧者，正指此也。今俾尋
> 師訪道，則跬步而攢眉；逐利趨名，則萬里而輕舉。行八旬，
> 過百邑，遐哉，高風不可睹已！[4]

（三）不行辭勞

蓮池大師有感於明朝當時的出家人，休閒不做事而安穩接受

---

[2]　《緇門崇行錄》，CBETA, X87, no.1627_p365c05-08。

[3]　同上註，CBETA, X87, no.1627_p365c18-22。

[4]　同上註，CBETA, X87, no.1627_366a01-03。

信徒供養，並自稱為專修道的人而鄙視那些辛苦工作的人，完全無視於古時僧人忙著做眾人的事情而仍不妨礙談論古今的學問，管理廚房炊事而仍能入室參道，是多麼艱苦卓絕的事。如第14則「行不辭勞」與第12則「卑己苦躬」的原文所示：

> 掌眾務而不礙商略古今，典炊爨而不妨入室參道：今沙門袖手受供曰：『吾辦道者也，彼行務者也。』是何其與古異也？[5]

> 溫陵有言：『苦身而作，安坐而食，曲躬而禮，逆立而受。』苟非有己利之德，為害非細，此老其免夫！[6]

可見出家人一入佛門，便住在現成的寺院，事事如意，不勞心費力，猶如富貴人家，不知民間疾苦。縱然才智超人，不須參訪，但閉門自大，固步自封，日久養成貢高我慢的習氣，增長無明習性，這是種損失。[7]

在本書第二章已探討過明朝整個大環境的宗教政策、僧官制度、經濟發展與氣候變遷等原因，是蓮池大師撰寫《緇門崇行錄》的外在因素，筆者認為上述僧眾本身內在的腐化敗壞，才是促成蓮池大師撰寫《緇門崇行錄》的真正原因。接著將對「艱苦」之行的「艱苦」兩字先做定義，再來分析艱苦之行第九的內容。

二、「艱苦」釋義

艱苦的「艱」的本意是困難，苦的基本解釋：苦kǔ像膽汁或黃連的滋味，與「甘」相對：甘苦、苦膽、苦瓜、感覺難受的：苦

---

[5] 《緇門崇行錄》，CBETA, X87, no.1627_p366b03-06。

[6] 同上註，CBETA, X87, no.1627_p366a15-18。

[7] 同上註，CBETA, X87, no.1627_p366b13-15。

境、苦海（原為佛教用語，後喻很苦的環境）、苦悶、含辛茹苦、吃苦耐勞、苦惱。[8]「艱苦」兩字連在一起是詞語，字義：困難辛苦，表示艱難困苦的意思。形容詞，形容生活、工作等條件差，十分困難。基本解釋：艱難地過日子。指生活困苦。詳細解釋：《漢書‧淮南厲王劉長傳》：「大王不思先帝之艱苦，日夜怵惕，修身正行……而欲屬國為布衣，甚過。」《資治通鑑‧後周太祖廣順元年》：「帝謂王峻曰：『朕起於寒微，備嘗艱苦。』」明‧馮夢龍《東周列國志》第八十回：文種進曰：「昔者湯囚於夏台，文王系於羑裏，一舉而成王；齊桓公奔莒，晉文公奔翟，一舉而成伯。夫艱苦之境，天之所以開王伯也。王善承天意，自有興期，何必過傷，以自損其志乎？」清朝曾國藩《金陵楚軍水師昭忠祠記》：「君子之存心也，不敢造次忘艱苦之境。」[9]

至於堅苦的「堅」的意思有牢固，結實，硬：堅固、堅實、堅如磐石、不動搖，不改變：堅決、堅信、牢固、結實的東西或陣地：中堅、攻堅、披堅……。[10]「艱苦」多用來指環境的「艱難困苦」，多用於客觀環境、生活、條件、歲月等。「堅苦」指的是「堅忍刻苦」，意思是意志堅強，毫不動搖。多用於人的主觀精神或工作作風方面。[11]本研究《緇門崇行錄》艱苦之行屬於前者，

【8】　《在線新華字典》http://www.chinabaike.com/dir/zidian/k/533001.html
105.6.29。

【9】　《漢典》，「艱苦」百度百科http://baike.baidu.com/view/186001.htm
105.7.6。

【10】　《在線新華字典》http://zidian.xpcha.com/481n1595rl2.html105.6.29。

【11】　《在線漢語字典》http://xh.5156edu.com/page/z5879m4642j19833.html
104.3.31。

正如蓮池在序言中所言：「對於艱苦的善行，有人怕勞而無功，不再艱苦卓絕，退了道心，其實因果感應是絲毫不爽的。」[12] 文中的故事，就是要說明如何由面對環境，歷練出發願、求法、實踐、弘傳的行動典範。

　　雲棲袾宏在《緇門崇行錄》序文部分，先以問答方式去強調德行之重要，暗諷當時許多出家人因稍具聰明才智，而自以為是，常以祖師大德的論述來唱和自己，猶如比佛更解佛法，但行為卻是毫無紀律，這明顯反映了當時急速擴大的僧團的素質。

第二節　艱苦之行內涵

　　在雲棲袾宏《緇門崇行錄》中的艱苦之行共有15則，縱跨佛世至劉宋朝代，依其特質屬性可分為發心誓願、精進求法、躬身力行、弘教有方等四類。依序比例為4：2：8：1，以躬身力行屬性8則超過五成佔最高比例，其次依序為發心誓願佔4則、精進求法佔2則，弘教有方佔1則。可見雲棲袾宏至為推崇躬身力行之艱苦行了。為易於瀏覽，特製表12以利說明如下：

【12】　《緇門崇行錄》，CBETA, X87, no.1627_p363b01-02。

表12：《緇門崇行錄》艱苦之行分類表

序號	典範懿行	姓名	朝代	艱苦之行分類				出處與備註
				發心誓願	精進求法	躬身力行	弘教有方	
1	年老頭陀	大迦葉尊者	佛世	v				p364c21-365a07
2	備經險難	曇無竭	西晉			v		p365a08-b04
3	法滅縹經	靈裕	隋		v			p365b05-08
4	刺股制心	智舜	隋			v		p365b09-12
5	西竺取經	玄奘法師	唐	v				p365b13-15
6	身先苦役	志超	唐			v		p365b19-24
7	蚤虱不除	曇韻	唐			v		p365c01-08
8	六載舂粟	道亮	唐	v				p365c09-13
9	不作不食	百丈懷海	唐			v		p365c15-22
10	萬里決疑	大隨法真	唐	v				p365c24-366a03
11	躬自役作	慕哲	宋			v		p366a08-11
12	卑己苦躬	僧藏	宋			v		p366a13-18
13	刻苦事眾	雲居簡禪師	宋			v		p366a19-22
14	行不辭勞	圓照本禪師	宋		v			p366a23-b06
15	常行乞食	道法	劉宋				v	p366b07-12
小結	15		6	4	2	8	1	

對於這樣的精神的傳承非常重要，故將艱苦之行的內容依上表四種分類，分述如下：

一、發心誓願

在《緇門崇行錄》十五則艱苦之行的典範中，屬發心誓願類型的有第2則備經險難、第5則西竺取經、第8則六載舂粟、第10則萬里決疑等四則，依序摘錄說明如下：

（一）備經險難

晉朝黃龍曇無竭法師（387-436），聽說江陵京寺法顯大師等人親自到西天竺取經參學，也立誓捨身到那裏去一趟。於是在南朝宋武帝永初元年，招集曇朗法師、僧猛法師等二十五人，從長安出發，西行渡過流沙地帶。那個流沙區域，上無飛鳥，下無走獸，人煙絕跡，四面看去，一片茫茫無垠的不毛之地，都不曉得往哪個方向去才好，只有看太陽的方向來判定方位，看有人的骨頭，用以判定有人走過這裏，來決定走的路向。

到了蔥嶺，這裏無論冬夏都下雪，有惡龍吐毒霧，颶風淋雨砂石都在飛揚。再往前到大雪山，山下有大江，江水流很急。東西兩山之間，繫繩索為渡橋，十個人先過去，到了對面後，放煙火作信號。後面的人看到煙火，知道前面的人已經安全到對岸，才放心前進；如很久沒看到煙火，就知道暴風吹翻繩索橋，人掉到江中去了。

到了大雪山，懸崖峭壁，毫無立足之處，崖壁上有以前人留下的木樁，崖壁有孔，每孔相對剛好安一木樁，每個人拿四個木樁，先拔下面的木樁，以下作上，再手攀上面的木樁，如是交替循環相攀拔，經過了三天才到平地，點算一下同來的伴侶，少了十二

個人。

　　繼續往前到了中印度，路上一無所有，又空曠遼闊，一望無垠，只帶了一些石蜜作糧食，十三人中又死了八個。無竭大師雖然屢次遭到危難困境，但心中繫念觀世音菩薩，從未間斷過，到了舍衛國，遇到了惡象群，於是歸命默禱觀世音菩薩；忽然出現獅子，惡象終於逃散。到了恒河又碰到犀牛群，仍然歸命默念觀世音菩薩，不久就有大鷲飛來，犀牛也驚怕逃散。後來終於求到經典，在南印度搭船經由海道，回到了廣州。【13】原文摘錄如下：

> 晉曇無竭，聞法顯等躬踐佛國，慨然有忘身之誓。以永初元年，集同志曇朗、僧猛等二十五人發長安，西渡流沙。上無飛鳥，下絕走獸，四顧茫茫，莫知所之，惟望日光以準東西，視人骨以標行路耳。
>
> 至蔥嶺，嶺冬夏積雪，惡龍吐毒，風雨砂礫。前度雪山，下有大江，流急如箭。東西兩山之脅，繫索為橋，十人一過，到彼岸已，舉煙為幟。後人見煙，知前已渡，方得更進；久不見煙，則知暴風吹索，人墮江中矣。
>
> 復過大雪山，懸崖壁立，無安足處。壁有故杙，孔孔相對，人執四杙，先拔下杙，仍攀上杙，展轉相攀，經於三日，方及平地，檢料同侶，失十二人。
>
> 進向中天竺，路既空曠，惟齎石蜜為糧，十三人中又死八人。無竭雖屢經危棘，而繫念觀音未嘗暫廢。至舍衛國遇眾惡象，乃歸命觀音；忽現師子，象遂奔逸。至恒河，復值群凶，歸命如初；尋有大鷲飛來，牛亦驚散。後於南天竺隨舶達廣州，齎

【13】　明‧蓮池大師作，吳錦煌述，《緇門崇行錄淺述》，台北市：佛陀文教基金會，1992，頁162-163。

經而還。【14】

（二）西竺取經

唐朝京大慈恩寺玄奘法師（602-664），發誓要去西竺取經回國。在唐太宗貞觀三年，自己一人單獨往西前進，萬般艱難地渡過流沙區，經過高昌國，到了罽賓國，境內有很多虎豹；沒辦法前進，玄奘大師不知道怎麼辦，只好閉門靜坐，默禱菩薩加被。到了晚上開門時，有一位老和尚進來，奘大師向他禮拜，恭敬對待他，老和尚教他誦持般若心經；於是虎豹藏匿不出，魔鬼遁形不見，得以直達佛國，取經而歸。大師經過一百五十多國，貞觀十九年冬天才回到京師長安。【15】原文摘錄如下：

> 唐玄奘法師，立誓取經，貞觀三年，單己西行，過流沙，歷高昌。及於罽賓，多虎豹，不能前進，奘不知為計，閉門而坐。至晚啟門，一老僧至焉，奘即禮敬，僧教持般若心經；遂得虎豹藏形，魔鬼遁跡，直造佛國，取經而歸。凡經一百五十餘國，貞觀十九年冬方達京師。【16】

（三）六載舂粟

唐朝並州義興寺道亮法師（生卒年不詳），趙州欒城人。入封龍山（即飛龍山），和三十個人為道侶，每日誦經修持。亮師除了和大眾共同做事外，自己另外還每天舂粟（搗粟去糠即小米）五鬥，如此六年，從未怠惰間斷。打赤腳走路三年，日夜跟隨眾人作

【14】　《緇門崇行錄》，CBETA, X87, no.1627_p365a08-b04。
【15】　明‧蓮池大師作，吳錦煌述，《緇門崇行錄淺述》，頁165。
【16】　《緇門崇行錄》，CBETA, X87, no.1627_p365b13-15。

息。後來開講戒律，名揚我國東夏一帶，聽眾徒弟約有八百人，後來成為講學士的共有四十多人。[17]原文摘錄如下：

> 唐道亮，趙州欒城人。入封龍山，誦經為業，山侶三十。亮一身既同眾務。日別舂粟，以五斗為度，六載之中，曾無廢惰。徒跣三年，六時隨眾。後之講律，聲被東夏，聽徒八百，成講學士者四十餘人。[18]

（四）萬里決疑

唐朝益州大隨法真禪師（887-963），有位僧人請問他：「劫火來，時大千俱壞（語出仁王般若經），這個本性壞也不壞？」

法真大師回答：「壞！」

僧人說：「既然那樣，真如本性不也隨世界破壞消失去了嗎？」

法真大師回答：「對！隨它消逝去。」

這個和尚懷疑這句話（既然劫火來時，這個亦壞，那麼歷塵劫修行成道的又是什麼呢？），於是到處尋師參訪，遍歷各大山川叢林，至於萬里之遠。[19]原文摘錄如下：

> 唐大隋禪師，有僧問：「劫火洞然，這個壞也不壞？」
>
> 答云：「壞！」
>
> 僧云：「恁麼，則隨他去也？」
>
> 答云：「隨他去。」

【17】　明‧蓮池大師作，吳錦煌述，《緇門崇行錄淺述》，頁167-168。

【18】　《緇門崇行錄》，CBETA, X87, no.1627_p365c09-13。

【19】　明‧蓮池大師作，吳錦煌述，《緇門崇行錄淺述》，頁171。

其僧疑之，尋師參扣，遍歷山川，至於萬里。【20】

二、精進求法

在《緇門崇行錄》15則堅苦之行的典範中，屬精進求法類型的有第3則法滅縗絰與第14則行不辭勞等兩則，依序摘錄說明如下：

（一）法滅縗絰

隋朝相州演空寺靈裕法師（518-605），見北周武帝消滅佛教，非常悲哀，穿粗麻製成的喪服，頭腰都戴喪麻，好像失了父母一樣。帶領同伴夜晚談論佛理，白天讀世俗的書籍，隱居頹喪，等待佛法的復興。【21】原文摘錄如下：

> 隋靈裕見周氏滅教，悲感不勝，衣以斬縗，頭絰麻帶，如喪考妣。引同侶夜談正理，晝讀俗書，潛形灰槁，以俟法復。【22】

（二）行不辭勞

宋朝東京慧林圓照宗本禪師（1005-1087），年十九依姑蘇承天永安道昇禪師出家。昇公道風遠播，來叢林依止修持的人很多。本大師穿舊破衣，頭面污垢，作汲水、舂米、煮飯的事來供養大眾；晚上則入禪堂講堂參道。【23】原文摘錄如下：

> 宋圓照本禪師，師永安昇公。昇道價重，叢林歸者如雲。本敝衣垢面，操井臼，典炊爨以給之，夜則入室參道。昇曰：「頭

【20】　《緇門崇行錄》，CBETA, X87, no.1627_p365c24-366a03。
【21】　明‧蓮池大師作，吳錦煌述，《緇門崇行錄淺述》，頁164。
【22】　《緇門崇行錄》，CBETA, X87, no.1627_p365b05-08。
【23】　明‧蓮池大師作，吳錦煌述，《緇門崇行錄淺述》，頁175。

陀！荷眾良苦，亦疲勞乎？」

本曰：「若捨一法，不名滿足菩提；必欲此生親證，其敢言勞！」[24]

　　蓮池大師盛贊圓照宗本禪師，視出坡作務為修行，白天的勞務並不妨礙夜晚的修道，而且還深感法喜充滿，解行都有所得。

三、躬身力行（發願→實踐→弘傳）

　　在《緇門崇行錄》15則艱苦之行的典範中，屬躬身力行類型的有第1則年老頭陀、第4則刺股制心、第6則身先苦役、第7則蚤虱不除、第9則不作不食、第11則躬自役作、第12則卑己苦躬、第13則刻苦事眾與第10則萬里決疑等8則，依序摘錄說明如下：

（一）年老頭陀

　　佛在世時，大迦葉尊者專修苦行，年紀老了仍不捨苦修。佛憐憫他年邁體衰，告訴他：「你一直長久地修苦行，應稍輕鬆一下，休息休息。」迦葉尊者仍然一樣地苦行。

　　佛大讚歎說：「你可以作一切眾生行為的榜樣，正如我在世一般。有人像你一樣修苦行，佛法就可以住世保存，如沒人修苦行，佛法就要滅亡。你真是荷擔如來大法的人啊！」後來因靈山一會，世尊拈花，迦葉微笑，正法眼藏，以心印心，傳予大迦葉，成為西天竺禪宗的初祖。[25]原文摘錄如下：

　　佛世，大迦葉尊者專行頭陀，年老不捨。佛憫其衰邁，謂言：「汝久事勤苦，宜稍自逸。」迦葉苦行如故。

【24】　《緇門崇行錄》，CBETA, X87, no.1627_p366a23-b06。

【25】　明‧蓮池大師作，吳錦煌述，《緇門崇行錄淺述》，頁159-160。

佛大嘉歎曰：「汝能為一切眾生作依止，如我在世，無以異
也。有頭陀行如汝者，我法則存；不能，我法則滅。汝真荷擔
大法者！」後傳法為西天初祖。【26】

（二）刺股制心

隋朝趙郡障洪山智舜法師（533-604），趙州大陸人，專修觀
念法門，每逢妄念忽然生起，無法遏止，就刺大腿刺到流血；或者
抱著大石頭巡禮繞塔，時時單提正念，從沒一絲毫的放鬆自己，
大腿上刺的地方，斑紋剝落累累，好像錦鳥一般。【27】原文摘錄如
下：

> 隋智舜，趙州大陸人。專修道觀，妄心卒起，不可禁制，即
> 刺股流血；或抱石巡塔，須臾不逸，髀上刺處，斑剝如錦
> 鳥。【28】

（三）身先苦役

唐朝汾州光巖寺志超法師（570-641），同州馮翊人。二十七
歲時皈依並州開化寺慧瓚禪師出家。志大師自淨其心，端正行宜，
勤作大眾的事務，數百個出家人的兩餐粥飯及雜務，都是他不間斷
地服務。每遇到有辛苦的勞役，都自己先做。後來到汾州建光巖
寺，日夜辛勤地接引後學，教誨他們。當時朝廷嚴禁未得政府同
意的不得私下剃度僧尼，犯者要受極刑，而超大師不怕仍照常剃
度。一時遁世清散的出家人，四方雲集，依他修持，依靠他如靠泰

【26】　《緇門崇行錄》，CBETA, X87, no.1627_p364c21-365a07。

【27】　明・蓮池大師作，吳錦煌述，《緇門崇行錄淺述》，頁164。

【28】　《緇門崇行錄》，CBETA, X87, no.1627_p365b09-12。

山。【29】原文摘錄如下：

> 唐志超，同州馮翊人。年二十七依並州開化寺贊禪師出家。潔
> 正身心，勤履眾務，安僧數百，兩食恒備，六時無缺。每有苦
> 役，必事身先。後於汾州起光嚴寺，晝夜克勤，攝引後學。時
> 逢嚴敕度僧者加以極刑，而超無介意，如常剃落。避世逸僧，
> 憑若泰山焉。【30】

（四）蚤虱不除

　　唐朝蔚州五台寺曇韻法師（生卒年不詳），高陽人。居止五
臺山木瓜寺，孤獨一個人住在瓦窯裏。衣服破舊不堪，聚滿了跳蚤
和蝨子，一任它們吸血咬啖，寄生在他身上。曾經在結夏安居時，
山上土蚤很多，附在身上，也不排除，氈被好像凝血織成一般；曇
韻大師只是自己責備業障深重，情願還債消業，絕不吝惜自己的身
體。這樣的布施身血四十多年。【31】原文摘錄如下：

> 唐曇韻，高陽人。止五臺山木瓜寺，單形吊影，處以瓦窯。衣
> 服久而破敝，蚤虱積聚，任其味啖，寄以調伏。曾於坐夏，山
> 饒土蚤，既不屏除，氈如凝血，但引咎自責，願以相酬，情無
> 吝結，如此行施，四十餘年。【32】

（五）不作不食

　　唐朝洪州百丈山懷海禪師（749-814），住在百丈山絕頂嶺

【29】　明・蓮池大師作，吳錦煌述，《緇門崇行錄淺述》，頁165-166。

【30】　《緇門崇行錄》，CBETA, X87, no.1627_p365b19-24。

【31】　明・蓮池大師作，吳錦煌述，《緇門崇行錄淺述》，頁166-167。

【32】　《緇門崇行錄》，CBETA, X87, no.1627_p365c01-08。

上。他每天辛苦地工作，來供養自己及僧眾。大眾不忍心，勸他不必工作，他就說：「我的德行不足以勞動別人來養活我。」大眾仍不忍心讓他工作，於是把他的工具藏起來，不讓他工作，百丈大師卻因此而不吃飯。沒辦法只好又還他工具，讓他工作。因此有「一日不作，一日不食」的名言出來。【33】原文摘錄如下：

> 唐百丈海禪師，住百丈山絕嶺，每日力作，以償其供。或勸止之，則曰：「我無德以勞人。」眾不忍，藏其作具，因不食。遂有「一日不作，一日不食」之語。【34】

（六）躬自役作

宋朝潭州大潙山慕吉真如禪師（1035-1095），撫州臨川人，外號叫吉侍者。住持大潙山寺，領眾二千人。中飯後，一定到後堂和大眾喝茶開示。每天功課完畢休息時（禪堂大家上座坐禪，叫收單，門口掛上一面「止靜」的牌子。到了休息，叫開靜，門口換掛一面「放參」的牌子），親自去勞動工作，可以使喚的侍者在他身旁，他卻當作路人一樣，從不差遣。每天晚上還拜佛，檢視殿堂和走廊的燈火，如疲倦了就用被子蓋著頭，在三聖堂不脫衣小睡一下而已。【35】原文摘錄如下：

> 宋慕吉，臨川人，號吉侍者。住大潙，眾二千指；齋罷，必會大眾茶，每放參，躬自役作，使令者在側如路人。夜禮拜，視

【33】　明‧蓮池大師作，吳錦煌述，《緇門崇行錄淺述》，頁169-170。

【34】　《緇門崇行錄》，CBETA, X87, no.1627_p365c15-22。

【35】　明‧蓮池大師作，吳錦煌述，《緇門崇行錄淺述》，頁172-173。

殿廡燈火；倦則以被蒙首，假寐三聖堂而已。【36】

（七）卑己苦躬

宋朝僧藏法師（生卒年不詳），看到僧寺就禮拜，遇到大德就作禮，出家或在家人對他禮拜，他就很謙虛地彎腰低頭而走開。每當要作大眾的事務時，都把自己當作眾人的奴僕，賣力地幹活，看到人家的破舊髒衣，有時會偷偷地幫他洗乾淨，或加以縫補。到了炎熱夏天的晚上，就把衣服脫掉進入草叢中，讓蚊蚋虻蛭等蟲子咬吸血液，以身血布施。而且常念阿彌陀佛聖號，佛號不斷，就是精於算數的人也無法計其數目。【37】原文摘錄如下：

> 宋僧藏，遇仁祠則禮，逢碩德則禮；僧俗施拜，俯僂而走。當
> 眾務也，屈己猶臧獲焉。見人故衣，潛加浣濯，或與縫紉。至
> 炎暑夜，脫衣入草莽中，蚊蚋虻蛭唼齒流血，而恒念彌陀佛
> 號，雖巧歷者不能算數矣！【38】

（八）刻苦事眾

宋朝南康雲居山道簡禪師（80歲，生卒年不詳），初次來參謁道膺禪師之時，膺公和他對話三天，大大驚歎他的根器，告誡他要刻苦耐勞，服務大眾。於是他就親自汲水舂米，砍柴煮飯，料理寺務，有時也和大眾參禪論道，談古論今，大家都不知道他是一位傑出的僧材。【39】原文摘錄如下：

【36】　《緇門崇行錄》，CBETA, X87, no.1627_p366a08-11。
【37】　明‧蓮池大師作，吳錦煌述，《緇門崇行錄淺述》，頁173。
【38】　《緇門崇行錄》，CBETA, X87, no.1627_p365c15-22。
【39】　明‧蓮池大師作，吳錦煌述，《緇門崇行錄淺述》，頁174。

宋雲居簡禪師，初謁膺禪師，與語三日，大奇之，而誡令刻苦
事眾，於是躬操井臼，司樵爨，遍掌寺務，不妨商略古今，眾
莫有知者。【40】

四、弘法有方

　　在《緇門崇行錄》十五則艱苦之行的典範中，屬弘法有方類
型的典範僅有第15則常行乞食一則，略釋如下：

　　常行乞食

　　南朝宋道法禪師（420-478），敦煌人，專修禪道。後遊學四
川成都，王休之、費鑒之等迎請主持興樂寺和香積寺。大師教導有
方，常行乞食，不單獨被請去受供養（請有二種：僧次和別請。僧
次乃與諸比丘一起，平等次第輪流去應供。別請是特別請一人供
養），不在大眾吃之前吃飯。吃剩的東西，都布施蟲子和鳥類等動
物去吃。晚上則脫衣露體，坐著讓蚊蟲咬吸，布施身血。後來有一
天入定，定中見彌勒佛臍中放光，照耀歷顯地獄、餓鬼、畜生三途
的果報，於是更加精進自勵，常坐不臥。南朝宋廢帝元徽二年，於
定中滅度。【41】原文摘錄如下：

　　　宋道法，敦煌人，專精禪業。後遊成都，王休之、費鑒之請主
　　　興樂、香積二剎。訓眾有法，常行分衛，不受別請，不預僧
　　　食。乞食所餘，咸施蟲鳥，夜則脫衣露坐以飼蚊蚋。後入定，
　　　見彌勒佛臍中放光，照燭三途果報，於是深加篤勵，常坐不
　　　臥。元徽二年，於定中滅度。【42】

【40】　《緇門崇行錄》，CBETA, X87, no.1627_p366a19-22。

【41】　明・蓮池大師作，吳錦煌述，《緇門崇行錄淺述》，頁176。

【42】　《緇門崇行錄》，CBETA, X87, no.1627_p366b07-12。

　　透過這15則事蹟加以分析，以時間的順序來分段，了解不同的行動歷程。所有的行動都是由發願為起始，雖然有不同的階段，但求法、實踐、弘傳，都必然相續，且必然相續產生深遠的影響。

　　由時間順序的過程看這15則行動故事，15則的內容都是由發願開始，也都道出了對未來的願望，於困境中所做的選擇並且有進一步的行動為求法5則，實踐12則，弘傳3則，期間並有相續關係。但分析其中就以隨現實狀況之實踐12則為最多，而且隨後接著便是弘傳3則，其相續的關係如下：

　　發願15→求法5

　　發願15→實踐12→弘傳3

　　就往後的歷史來看，求法5則，也有實踐與弘傳，只是本文艱苦之行中並未敘述，故不詳加討論。對於應該如何面對時代環境，如總論中說：

> 「求法者，為法而忘軀；利眾者，為眾而忘己。」
> 「愚者用力，智者用心；愚修福，智修慧。」【43】

　　而其中發願、求法、實踐、弘傳的精神也都已包含在其中了。

　　由蓮池大師的選材中可看出，即使面對艱難，一定要保有願力，有這樣的思考和信心，在面對多變無常的未來時，繼續發願與實踐的行動，便是走在往淨土的路上。有信心，就會向前行，也會看見自己人生的價值。

　　總結以上各項報告，取〈普賢菩薩警眾偈〉裡的「是日已過，

【43】　《緇門崇行錄》卷1 CBETA, X87, no.1627_p366b13-14。

命亦隨減，如少水魚，斯有何樂，當勤精進，如救頭然，但念無常，慎勿放逸」[44]作為結尾，在艱苦第九中每條項目，都是說明僧眾出家後切勿將供養當享受，須知一切皆是修行道糧。

第三節　艱苦之行現代實踐典範
——弘一大師與聖嚴法師

本節艱苦之行的現代實踐典範將舉弘一大師與聖嚴法師兩個實例，分述如下：

一、弘一大師之艱苦行典範[45]

有關弘一大師之艱苦行典範，將先介紹弘一大師之堅苦行內涵，再與蓮池大師《緇門崇行錄》艱苦之行典範做比對。

（一）弘一大師之艱苦行內涵

弘一大師之艱苦行，將分為家庭失怙、組織公會、律學為宗、與護教衛國四方面來窺探其一生的堅苦行。

1.家庭失怙

弘一大師（1880-1942），俗姓李叔同。祖籍浙江平湖，清光緒六年（1880）九月二十日生於天津一官宦富商之家，生母王氏篤信佛教，對其成長有著極其重要的影響。光緒31年（1905）四月叔同母王太夫人病逝，五歲喪父的叔同，一直與母親相依為命，慈母遽逝，令他傷痛欲絕，加上平日飽嚐人情冷暖，促成其赴日留學的

【44】〈普賢菩薩警眾偈〉，CBETA, J19, no.B044_p177 b7-12。

【45】本節原稿爲目前就讀佛光大學佛教學所的研究生施翔齡所撰寫，業經筆者重新改寫。

決心。【46】

2.組織公會

李叔同，早年才華橫溢，聯合書畫家組織「上海公會」，集合思想先進的知識份子創設「滬學會」，發表愛國理論等，【47】是中國新文化運動的前驅。1918年8月19日38歲的李叔同遁入杭州虎跑寺削髮為僧，皈依了悟老和尚門下，法名演音，號弘一，並立誓學戒弘律，將失傳七百年的律宗發揚光大。

3.律學為宗

而後弘一大師虔心學佛，一生以戒行著稱，操行至苦，言行如儀，效法印光大師的惜福、粗食、精進、深信因果、專心念佛的盛德。【48】修持以《華嚴》為境，戒律為行，淨土為果。緇衣廿四載，精研律藏，嚴淨毗尼。是當代僧人的典範。他愛國愛教，抗戰期間，大師積極弘法，先後在浙江、福建等地講經，就律宗、華嚴宗、淨土宗學說及藥師經、彌陀經、地藏本願經、心經等經義作了詳細的闡明。倡辦南山佛學苑。親自整理編成《佛學叢刊》四冊，並著有《四分律比丘戒相表記》、《南山律在家備覽要略》等佛學典籍及豐子愷《護生畫集》（寫詩撰文）、《三寶歌》、《清涼歌集》等弘法佳作傳世，佛教界尊他為近代重興南山律宗的第十一代祖師。

4.護教衛國

持戒嚴謹的弘一，平日除雲遊弘法及著述度眾外，對於佛教

【46】 星雲，《佛教》叢書之四《弟子》，佛光出版社，1995，頁320-321。
【47】 同上註，頁320。
【48】 同上註，頁323。

的榮辱存亡更常繫念於心。1927年，信仰基督教的馮玉祥將軍，見廟便拆，見佛像便毀的激烈行動，使得江浙兩地瀰漫一股消滅佛教的議論，弘一為此憂心如焚，他邀請地方政要集會於杭州城南吳山常寂光寺，義正詞嚴勸說他們切莫毀佛謗教，否則將受惡果報應。其簡短驚人的警語，令在座的闢佛論者，汗流浹背，倉皇離席。【49】

弘一更上書教育界人士，共同護持佛教，並推荐教界高僧太虛、弘傘等加入佛教整頓委員會，以推行佛教各項改革，由於他努力奔走各方，毀佛風波才逐漸平息，免除一場佛教的浩劫。【50】

弘一不僅護教當仁不讓，更具有滿腔愛國赤誠。七七事變後，他曾傷心地向弟子們呼籲共抒國難於萬一的決心。後來他在廈門弘法時，戰爭日趨緊張，各方好友勸他避入內地，他卻置生死於度外，多次向人表示：「因果分明，出家人何死之畏！」「為護法故，不怕砲彈」而堅留不去。面對日本帝國主義的侵略，他同仇敵愾，提出「愛國不忘救國，救國不忘念佛」的主張，號召全國的佛教徒起來反抗日本的侵略，並把自己所住的房室題名為「殉教室」，準備隨時「捨身殉教」。【51】

1942年10月13日，弘一大師圓寂於泉州，享年六十三歲。彌留之際，寫了「悲欣交集」四字，一面欣慶自己的解脫，一面悲憫眾生的苦惱。

李叔同，由一個濁世公子，而留學生、而藝術教育家、最後

【49】　星雲，《佛教》叢書之四《弟子》，頁325。

【50】　參閱上註。

【51】　同上註，頁325-326。

成為中國傳統文化與佛教文化相結合的優秀代表，律宗高僧，中國近代佛教史上最傑出的高僧之一。他為世人留下了咀嚼不盡的精神財富，太虛大師曾為贈偈：以教印心，以律嚴身，內外清淨，菩提之因。【52】

（二）弘一大師艱苦觀點與反思：

弘一大師的俗世生活固然多采多姿，炫爛光彩，但他出家後謙虛柔和，神態安詳，更散發出令人景仰的丰采。他一生雖有俗世的才名，但主要成就仍在於出家後的德行，他以精嚴刻苦的戒行而得名，廣受世人崇敬，成為永久的典範。【53】

弘一大師早年即才華洋溢，是中國新文化運動的先驅，有著藝術家敏感纖細的情感。在1918年，削髮為僧後，誓言學戒弘律，其轉變頗大，只是或許在追求美的境界上，是無法讓這位藝術家的內心求得滿足的，如果真正的美是屬於永恆的宇宙，那麼世俗的美是無法達到此境界。或許在未出家前，弘一大師的幾次斷食，在某個當下，清靜無染的心境深深的震撼了他的心靈，終於領會到真正的美，不在外在的表現形式。說來簡單，但有所領悟，卻不易，或許就如佛家所說的是因緣俱足了。出家後，精研律藏，一生以戒行著稱，將外在美感昇華，為內斂自律的菩提心，謹慎微著，佛教界尊他為近代重興南山律宗的第十一代祖師，在彌留之際，寫下「悲欣交集」四字，或許是大師對於人生最終體悟。

本章探討雲棲袾宏《緇門崇行錄》中的艱苦之行共有15則，

【52】　星雲，《佛教》叢書之四《弟子》，頁319-326。
【53】　同上註，頁326。

縱跨佛世至劉宋朝代，依其特質屬性可分為發心誓願、精進求法、躬身力行、與弘教有方等四類。這四類古德的艱苦特質，在弘一大師身上都可看到，而且有過之無不及。說明如下：

1.在發心誓願方面：他誓學戒弘律，將失傳七百年的律宗發揚光大。他組織公會，以示對舊制的抗議。1910年，叔同學成歸國，回到天津。當時由於天津鹽業不景氣，間接拖垮李家的錢莊生意，叔同本就淡泊名利，此時更感到財富不可靠，於是誓從藝術上創造不朽的生命，終以書法寫經弘揚佛法。【54】弘一嘗慨嘆僧界之所以為世俗所詬病者，實因戒律鬆弛之故，乃發願以畢生精力研究戒法。最初他研究有部律，後捨有部而學南山律。他曾於慈谿五磊寺創辦「南山律學院」，可惜因緣不具而未辦成。此外，他又集合有志習律的僧青年十餘名，在泉州開元寺尊勝院研究律學，稱為「南山律學苑」。【55】

2.在精進求法方面：出家後的弘一大師，秉持萬事認真的態度，除以書法寫經弘揚佛法外，摒除一切藝事。他嚴持戒律，自奉極儉，治學至勤，經常芒鞋、斗笠遊化四方。一生專弘戒律，被佛教界推崇為中興南山律宗的一代高僧。【56】弘一個人生活至簡，治學至勤，二十餘年的行腳生涯中，他完成關於律宗的著作有《四分律比丘戒相表記》、《南山律在家備覽》、《南山律苑文集》、《南山律宗傳承史》等三十餘種。【57】

3.在躬身力行方面：弘一研究律學，實踐重於理論，他平日極

【54】　星雲，《佛教》叢書之四《弟子》，佛光出版社，1995，頁322。
【55】　同上註，頁324。
【56】　同上註，頁319。
【57】　同上註，頁324。

少閑談雜話，入晚即安息，一生不輕易接受他人餽贈。有人以夾衫襖相贈，則轉贈他人，若逢故舊友人殷切探視，覺得無以為報時，弘一便抄一段佛經相贈。但對地方官員的刻意造訪或苦心托求墨寶，他卻一律嚴加拒絕，毫不應酬情面。【58】

　　4.在弘教有方方面：由日學成歸國後，他陸續在天津、上海、杭州等地任教時，因教學嚴謹，深得學生和同事的尊敬與愛戴。在他的培養教育下，許多學生成為當代的音樂家及畫家，如豐子愷、潘天壽、劉質平、吳楚非等名家，皆出自他的門下。【59】

二、聖嚴法師之艱苦行【60】

　　以下透過聖嚴法師自述之《聖嚴法師學思歷程》一書，看聖嚴法師如何在艱困的環境中，仍不斷發願前行，來對照說明蓮池大師的提醒。

（一）發願

　　聖嚴法師（1930–2009）於《聖嚴法師學思歷程》序文中說到自己的發願：

> 要用現代人的語言和觀點，介紹被大家遺忘了的佛教真義，重溫釋迦牟尼遊化人間時代的濟世本懷。【61】

　　在此直接由目錄中的順序看聖嚴法師的一生，如他自己所說：他的一生是實踐佛法的一生。

【58】　星雲，《佛教》叢書之四《弟子》，佛光出版社，1995，頁324。
【59】　同上註，頁319。
【60】　本節原稿為目前就讀佛光大學佛教學所的研究生梁慶環所撰寫，業經筆者重新改寫。
【61】　聖嚴，《聖嚴法師學思歷程》，正中書局，2003，頁1-2。

（二）求法

第一次出家：家中赤貧，生不逢時，趕上了兵荒馬亂的一個歷史過程。這樣顛沛流離，在出家、趕經懺、求學、失學中度過。但卻是無憾的少年，因為聖嚴真的出家了。

聖嚴正好看到了狼山廣教寺由盛而衰，由衰而亡的落日景象，這使其警惕到佛法所講的世事無常，既痛心又無奈。可是既然無常，盛者必衰，衰者未必就亡，救亡圖存事在人為，聖嚴還是對於佛教的前途，抱著無限的希望。

聖嚴為了逃離大陸，隨軍隊來到台灣，到了軍中，換了衣服，大家還是稱他們和尚，有的是出於玩笑，有的是出於關心。對聖嚴來說，這倒是道心的保護網，信心的維持劑。所以，聖嚴非常感謝他們。

由於弘揚佛法的心願，使聖嚴不斷的努力充實自己，且從戎不投筆，用真誠的心和樸實的筆，鼓勵自己，安慰他人。在看書和寫作的時候，也化解了聖嚴於現實中的迷悶，展現出內心的光明。

能夠第二次出家：聖嚴的生命不僅不再屬於自己所有，只想到如何地做，如何地學，才是佛教所需要的，以及人間所需要的。[62]

（三）實踐

國家社會是由人民組成的，人心浮動，社會就會混亂，國家便不安。想要國泰民安，一定要從挽救人心做起，挽救人心，則需從教育著手。

---

[62]　聖嚴，《聖嚴法師學思歷程》，正中書局，2003，頁13-20。

做為一個佛教徒，本來就應該學佛與佛學不可分割，依據佛學的義理和方法，做為修學佛道的指標和依歸。自古以來的高僧大德都主張行、解並重，解而不行故無益，行而不解是盲從。

所以佛教，應該是落實在人間社會，然後逐漸提升，而達到佛的果位，絕不能否定它的人間性而談菩薩與佛的境界。中國佛教大概是從宋末至清末民初的階段，僅有少數的學者們研究高深的佛理，卻忽略了人間的實用性，普遍的佛教徒們無從理解佛法的實用性及合理性，僅落於形式的、軀殼的信仰，那就是學佛與佛學不能兼顧並重，而產生了嚴重流弊所致。為了提高佛教徒的教育水準及學術地位，所以聖嚴自己必須從事佛教教育事業及佛教的學術研究。

其博士論文研究的是蕅益智旭，是因為他不僅是一個學者，實際上更是一位實踐家。所謂行解相應，正是佛法的標準原則。【63】

（四）弘傳

聖嚴的身分只有一個，就是佛教的和尚。我自己沒有任何發明，只是從佛法學到了一點菩提心，所以有願幫助一切需要幫助的眾生。我也只是用佛法為器具而開採自己的礦藏，同時協助他人開礦的一個工人。

這也就是為什麼楊仁山居士要提倡印佛經，流通佛書，並且成立佛學院，培育僧俗的弘法人才。他的學生太虛，起而提倡「人生佛教」，太虛的學生印順，繼而主張「人間佛教」。聖嚴的師父

【63】　聖嚴，《聖嚴法師學思歷程》，正中書局，2003，頁116-117。

東初老人，則辦〈人生月刊〉。而聖嚴自己在台灣創立法鼓山的目的是在建設人間淨土，這都是為了挽救佛教慧命於倒懸的措施，也是回歸佛陀釋迦牟尼本懷的運動。

聖嚴認為：「如果我們都是鳥，我能遠走高飛，他們卻不能，我不忍說他們是一群關在籠中的鳥，因為我自己也不是一隻籠外的鳥，再怎麼高飛，也無法飛離這個地球世界。」[64]

為便於一覽聖嚴法師的學思歷程，特製表如下表12-1。

表12-1：聖嚴法師學思歷程表

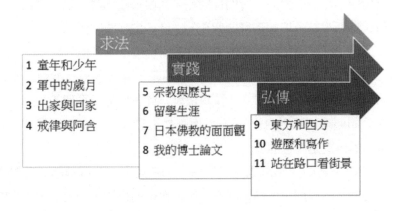

從上述聖嚴法師的發願、求法、實踐與弘傳四個階段，來談其經歷的艱苦行，亦呼應《緇門崇行錄》中的十五則艱苦之行的發心誓願、精進求法、躬身力行、與弘教有方等四類古德的艱苦特質。

---

[64] 聖嚴，《聖嚴法師學思歷程》，正中書局，2003，頁116-117。

第四節 結語

本章古今艱苦之行典範的內容，具有「慎勿放逸」自我提醒的作用，心中尚會升起「慚愧感恩大願心」的自覺。雖然古今時空迥異，3C時代的今天物質生活充沛，不易體會或經歷到類似的艱苦，然而其發心誓願、精進求法、躬身力行、與弘教有方等四種精神特質是不變的，如上述弘一大師與聖嚴法師的艱苦行，亦都不離開此四項內涵。然而這四項內涵貴在透過解行並重來完成，非常呼應佛光大學正在推動的書院教育。

艱苦之行如何與書院教育做連結？艱苦之行是佛法行解並重過程中必然會面對的，行門目的在生活中實踐佛法，如何實踐，如何讓每個人充分理解到行門背後的意涵，還是要回歸核心價值來談「品德」，而品德如何養成，與行門的實踐是息息相關的。

首先是思考練習，也就是提出問題，設想各種可能性，不追求單一答案，呼應故事：「萬里決疑－此對於追求真理的行動力，在於如何誠實面對自己的疑問 而不是人云亦云，真正的學問不只是書本，更是一種經歷。」

再來是如何為目標忍耐枯燥，呼應故事：法滅縷経，要對佛法有堅定的信仰，要懂得隱忍，了解自己的目標是什麼。再來是將兩部分結合，引導學生認識自我，進而追尋夢想，呼應故事：「西竺取經－這世界的精神與物質是無法分離，但又各為個別，因在這個世界中，所有事物都是與我們相關，是一種內心追求神聖領域的強烈轉換，由外而內，由內而外，外境的艱困，是內在對於恐懼的展現，如能心無罣礙，不被外境所困，遠離顛倒夢想，方才能到達真理之路。」

在過程中，養成在精神跟行儀高度自我要求習慣，呼應故事：「年老頭陀－真正的苦行，不只是外在艱苦的修行，而是一種精神上，高度的自我要求。因此佛陀才會如此稱讚大迦葉尊者，若人人皆能如此自我要求，佛法則能長存。」讓他們依照屬性不同，去選擇與書院的教育目標做結合。

第拾參章 感應之行內涵與其現代實踐典範

　　雲棲袾宏蓮池大師說：「出家人『以修持德行為本』。」反映現代佛學教育不能只重視學習佛教教理而忽視人與人的相處，更重要的是道德品行的涵養，否則佛學與其他社會學科並沒兩樣，生活中的處事態度，貪瞋癡慢疑五蓋不少，事事自我為重心，那就談不上怎麼廣結善緣，令正法久住？如果每個發心承擔如來家業的行者，都能把蓮池大師《緇門崇行錄》十門功課學好，即使不是講經說法的大法師，相信他的德行就能攝眾，而能達到讓正法久住的作用。大師從開始的：一、清素（出家首先要清高樸素）；二、嚴正（收攝身口意三業）；三、尊師（有師長的教誨才能秉持不誤）；四、孝親（戒以孝為本）；五、忠君（忠臣出於孝子）；六、慈物（眾生平等）；七、高尚（自我提升、德行並重）；八、遲重（處

事謹慎、堅持道心）；九、艱苦（為法忘軀，利眾忘己）和最後第十行感應。第十「感應」：若有人怕勞而無功，不再艱苦卓絕，退了道心，其實因果感應是絲毫不爽的，所以第十大類取『感應』的善行做結束。[1]

因此，有人笑蓮池大師道：「所謂道是不假修持，不假印證的，真如自性本自具足，無修則本無所感，無證則本無所應，本來無一物，何處惹塵埃？心不定下，老惦記著感應與否，不是變成計較追求功利了嗎？」[2]蓮池大師舉漢朝忠臣諒輔與晉朝孝子王祥脫衣臥冰出鯉的典故，回答：「鼓槌對鼓的感應就發出了鼓聲，水對月的感應就映出了月影，很自然的，哪有什麼計較和追求呢？所以後漢朝忠臣諒輔，在國家旱災時，禱告山川上天，自曝中庭，為民祈福，發誓到日中無雨，要用他身體來謝罪，堆好薪柴，要自焚身，到了日中，天氣轉黑，雷雨大作，一郡沾潤，世稱至誠（後漢書，獨行列傳諒輔傳）。又晉朝孝子王祥，早喪親，對繼母至孝，父母有疾，衣不解帶，母親愛吃生魚，一時天寒地凍，王祥脫衣臥冰上，冰忽然自解，跳出雙鯉魚，持之而歸。（臥冰出鯉孝子有三：一為王祥，一為王延，一為楚僚，均載於『搜神記』中。）至忠至孝而感應，是很平常的道理。假如沒有感應，就毫無因果報應可言了，永嘉大師證道歌說：『豁達空，撥因果，莽莽蕩蕩招殃禍！』[3]就是怕人偏於頑空，容易否定因果的存在，魯魯莽莽，悠悠蕩蕩，不知不覺招萬劫災苦、飛殃橫禍。修行人，能不深加警

---

[1] 明·蓮池大師作、吳錦煌居士白話淺述，《緇門崇行錄淺述》，台北市：佛陀文教基金會，1992，頁3。

[2] 參閱《緇門崇行錄》，CBETA, X87, no.1627_p68c3-10。

[3] 唐玄覺撰，《永嘉大師證道歌》，CBETA,T48n2014_p396a27-28。

惕嗎？」[4]

第一節　《緇門崇行錄》感應之行時代背景與「感應」界定

本節將分為蓮池大師撰寫《緇門崇行錄》感應之行的時代背景，與「感應」一詞的界定兩部分來探討。

一、感應行撰寫之時代背景

從《緇門崇行錄》第十門15則感應之行的典範中，可窺見蓮池大師為對治明朝當時的僧眾所犯的尚經論而輕戒律、執著天命難違宿命論，與沸湯施食惑世誣民的現象，提倡念佛與供養三寶最能感應，而收錄感應之行典範的深意，分別說明如下：

（一）崇尚經論而輕戒律

蓮池大師慨嘆明朝當時的僧人崇尚經論而輕視戒律，沒有一個寺廟半個月誦一次戒的。所以在《緇門崇行錄》第十門中特舉第5則六朝時南朝齊鄴下寶明寺僧雲法師廢戒懺悔感應的典範。進一步感慨當時僧人受戒後就將戒律擱置一邊，尚且不能瞭解其粗略的意義，更不用說做深入的研究，故舉第11則唐道宣律師持律精嚴，臨砌顛仆，蒙天神護體的典範。以警惕時下僧人持守戒律的重要性，並能獲多種殊勝的感應。

（二）天命難違之宿命論

---

[4]　明・蓮池大師作、吳錦煌居士白話淺述，《緇門崇行錄淺述》，福建省佛教協會，1985，頁5。

蓮池大師慨嘆明朝當時的僧人執著天命難違的宿命論，大師特舉第8則梁法寵法師禮懺延壽，與第9則梁智藏法師誦經延壽的典範，來推翻宿命論。人力尚可挽回天命，何況三寶不可思議的功德力呢？就怕不能像法寵法師和智藏法師二人那麼精誠禮懺啊！教誡時人誦經應注重隨文修觀，或由文入理；拜懺要存慚愧和至誠求哀懺悔之心，這樣的誦經拜懺，才能與佛菩薩感應道交。

（三）沸湯施食惑世誣民

明朝當時，有一位自稱是西域來的，專作焰口施食的法師，他在作焰口時灑淨不用水，煮沸水在瓶子裏，用手拿著灑出，這水沾到人的臉面不會燙人。大家都很驚奇，因之請他去作焰口的人相繼不絕。蓮池大師認為何必要用煮沸熱水灑淨施食，非佛所說亦非經所載，乃惑世誣民，提醒社會大眾要有明辨的智慧。【5】

（四）提倡念佛供三寶福慧雙修

除了上述三點明朝當時的僧眾所犯的尚經論而輕戒律、執著天命難違宿命論，與沸湯施食惑世誣民的現象外，蓮池大師特別再提出諸修行門無過念佛，供養三寶，福慧雙修。特舉第12則慧日大師在健馱國度誠感應觀世音菩薩現身為證。

以上四點是明蓮池大師撰寫《緇門崇行錄》感應之行第十的主要原因。接著將進一步對「感應」一詞做界定，以利第二節《緇門崇行錄》感應之行內容的分析。

二、「感應」釋義

「感應」是由感與應兩字組成，感 gǎn覺出：感觸、感覺、感

【5】 參閱《緇門崇行錄》，CBETA, X87, no.1627_p368c3-10。

性、感知（客觀事物通過感覺器官在人腦中的直接反映）、感官，使在意識、情緒上起反應；因受刺激而引起的心理上的變化：感動、感想、反感、好感、情感、敏感、感染、感召、感慨、感喟、感歎、自豪感、感人肺腑、百感交集。 或對人家的好意表示謝意：感謝、感恩、感激、感愧。【6】應基本解釋：應yīng 該，當，又引申料想埋該如此：應當、應該、應分（fèn）、應有盡有。回答：答應、喊他不應、應承、隨，即：「桓督諸將周旋赴討，應皆平定」。姓。【7】應主要有兩個解釋：1.當、該。《詩經・周頌・賚》：「文王既勤止，我應受之。」《南史・卷三十六・江夷傳》：「人所應有盡有，所應無盡無者，其江智深乎？」2.或是、想來是，表示推測的意思。南朝陳・徐陵《走筆戲書應令詩》：「秋來應瘦盡，偏自著腰身。」唐・杜甫《贈花卿詩》：「此曲祇應天上有，人間能得幾回聞？」【8】

　　感應，又作應感。眾生有善根感動之機緣，佛應之而來，稱為感應。感，屬於眾生；應屬於佛。《大明三藏法數》卷三十七：「感即眾生，應即佛也，謂眾生能以圓機感佛，佛即以妙應應之，如水不上升，月不下降，而一月普現眾水。」【9】《正法華經》卷一云：「無數佛界，廣說經法，世尊所為，感應如此。」【10】《大日經

【6】　《在線新華字典》http://xh.5156edu.com/html3/13717.htm 105.6.30。

【7】　同上註。

【8】　《漢典》http://www.zdic.net/z/1a/js/61C9.htm 105.6.30。

【9】　明・一如奉敕編纂，《大明三藏法數》卷三十七，《永樂北藏》
　　　P.181,no.1615_p571a09。

【10】　西晉・竺法護譯，《正法華經》卷一，《大正藏》冊9，no.263_p67a。

疏》卷一云：「妙感妙應，皆不出阿字門。」【11】

感應道交：指眾生之所感與佛之能應相交之意。佛陀與眾生之關係如同母子之情，此既非眾生之自力，亦非教化所致，乃由於機緣成熟，佛陀之力量自然能與之相應，亦即眾生之「感」與佛陀之「應」互相交融。復次，眾生之根性有百千之多，故諸佛之巧應亦有無量之數，由是而有各種不同之機應，根據《法華玄義》卷六上所綜言，以下列四句括之：

（1）冥機冥應，謂眾生於過去世善修三業，於現在世未運身口意，藉往昔之善根，是為冥機；雖不現見靈應而密為法身所益，不見不聞而覺知，是為冥應。

（2）冥機顯應，謂眾生於過去世植善，冥機已成，得值佛聞法，於現前得利益。

（3）顯機顯應，謂眾生於現在世身口意精勤不懈，亦能感得利益。

（4）顯機冥應，謂眾生於一世勤苦，現善濃積，雖不顯感，然有冥利。【12】

《法華玄義》於上之四句後，更立三十六句之殊以述其分別，其終復就十法界而詳舉其別。【13】總計之，則眾生之「感」與諸佛之「應」共有六萬四千八百之機應。【14】

感應看不到，摸不著，但確實存在。感是感召，應是應現，

【11】 唐‧一行記，《大毘盧遮那成佛經疏》，《大正藏》冊39，no.1796_p585c。星雲，《佛光大辭典》，高雄：佛光出版社，1988，頁5453上。

【12】 隋‧智顗，《法華玄義》卷六，《大正藏》冊9，no.263_p67a。

【13】 唐‧湛然述，《法華文句記》卷一，《大正藏》冊34，no.1719_p.151。

【14】 星雲，《佛光大辭典》，高雄：佛光出版社，1988，頁5453上-下。

謂我們對佛菩薩有什麼要求，如果心意至誠，便可以感召佛菩薩來應現，以滿我之所願。

第二節　感應之行內涵

在雲棲袾宏《緇門崇行錄》中的感應之行共有15則，縱跨晉至唐朝，依其特質屬性可分為禮拜求懺、夢中感應、精勤修持、延年益壽等四類。依序比例為3：4：6：2，以精勤修持屬性6則佔最高比例，其次依序為夢中感應佔4則，禮拜求懺佔3則，與延年益壽佔2則。為易於瀏覽，特製表13以利說明如表後：

表13：《緇門崇行錄》感應之行分類表

序號	典範懿行	姓名	朝代	堅苦之行分類				出處與備註
				發心誓願	精進求法	躬身力行	弘教有方	
1	精誠感戒	道進	西晉	v				p366b22-c03
2	懺獲妙音	法橋	晉	v				p366c04-07
3	誓師子座	竺道生	劉宋			v		p366c08-19
4	夢中易首	求那跋跎羅	劉宋		v			p366c20-367a01
5	廢戒懺悔	僧雲	高齊	v				p367a02-04
6	癘疾獲瘳	僧遠	齊		v			p367a15-23
7	勤苦發解	道超	梁		v			p367a24-b04
8	禮懺延壽	法寵	梁				v	p367b05-14
9	誦經延壽	智藏	梁				v	p367b15-c01
10	扣鐘拔苦	智興	隋			v		p367c02-09
11	天神護體	道宣律師	唐			v		p367c10-21
12	感示淨土	慧日	唐			v		p367c22-a07
13	甘露灌口	永明延壽	五代		v			p368a08-11
14	懺感授記	曇榮	唐			v		p368a12-17
15	口出青蓮	遂端	唐			v		p368a18-22
小結	15			9 3		4	6	2

一、拜懺感應

在《緇門崇行錄》15則感應之行中，第1則精誠感戒、第2則懺獲妙音、與第4則廢戒懺悔等三則，可歸納為拜懺感應類型。這些高僧典範的禮懺修持，都基於不同的目的，可細分為有因「利他」的菩薩行、因病「延壽」禮懺和「慚愧」蔑戒而感受惡報的禮懺等三種。

（一）精誠感戒

晉朝道進法師（生卒年不詳）去拜請曇無讖律師求授菩薩戒，讖律師不答應，教他回去懺悔七天再來。第八日再詣讖大師求戒，讖大師又大怒不允許，進大師於是回去再竭誠禮拜懺業，經過了三年有一天夢見釋迦文佛親自為他授戒。翌日去拜見讖公，想說出自己的夢境，還未走到，讖老遙賀道：「你已得戒了！」於是道俗從進大師受戒的達一千多人。【15】原文摘錄如下：

> 晉道進，張掖人。詣曇無讖律師，求受菩薩戒，讖不許，令七日懺悔。懺畢再往，又大怒不許。進退而竭禮懺，經三載，一夕夢釋迦文佛親為授戒。明往見讖，欲言所夢；讖遙賀曰：「子已得戒矣！」自是道俗從進受戒者千餘人。【16】

精誠能感召受戒，但必須竭誠禮懺。

（二）懺獲妙音

晉朝法橋法師（257-356）。年少時喜歡詠誦經典，但缺乏宏

【15】　明‧蓮池大師作，吳錦煌述，《緇門崇行錄淺述》，台北市：佛陀文教基金會，1992，頁181。

【16】　《緇門崇行錄》，CBETA, X87, no.1627_p366b22-c03。

亮的聲音。於是絕食懺悔七天，每天禮拜觀世音菩薩，祈求現世獲
得好音聲的果報。竭誠拜懺，到第七天，感覺喉嚨內空洞開朗，要
水來喝下，從此以後，他的聲音嘹亮清徹，誦經時，一里多外的人
都可以聽到他的聲音。[17]原文摘錄如下：

> 晉法橋，少樂轉讀，而乏音聲，於是絕粒懺悔。七日為期，稽
> 首觀音，以求現報。同學苦諫不聽，至第七日，覺喉內豁然，
> 索水飲之，自此經聲徹里許。[18]

懺悔能獲得妙音聲，由於業障而音聲不宏亮，以竭誠拜懺，
即感嘹亮清澈之音聲。

（三）廢戒懺悔

六朝時南朝齊鄴下寶明寺僧雲法師（生卒年不詳），住持寶
明寺，以講經說法出名。

有一次四月十五日，將欲誦戒的時候，他對大眾說：「戒律
人人都會讀誦，何必誦這麼多次？可以叫一個人闡釋演譯，讓後來
的人，懂得戒律的本義就好。」大眾沒人敢反對，於是不再誦戒。

七月十五日解夏自恣日，眾僧集會，忽然不見雲大師，大家
四出尋找，最後在離寺三里多的古墓中找到他，見他遍身流血，問
是什麼緣故？雲大師說：「有一個兇猛的大漢手執著大刀，厲聲呵
斥我說：『僧雲！你是什麼人？膽敢廢除佛制半月誦戒（誦戒能使
比丘懺除業障，安住淨戒而使善法增長）的戒律，妄自作主談玄立
義？』說完用刀割我的身體，痛楚不堪。」

---

[17] 明・蓮池大師作，吳錦煌述，《緇門崇行錄淺述》，頁182。

[18] 《緇門崇行錄》，CBETA, X87, no.1627_p366c04-07。

　　於是大家攙扶他回歸寺裏，自那天開始雲大師竭誠懺悔，過了十年，至心誠敬，依照每半月誦戒規則，從不間斷。臨命終那天，有異香漫布，欣悅地往生了。當時的人都讚賞他現生現世能受到懲戒，而改革自己的過錯。[19]原文摘錄如下：

> 齊僧雲，住寶明寺，以講演著名。
>
> 四月十五日，臨誦戒時，白眾言：「戒乃人人誦得，何勞數聞？可令一僧豎義，使後進開悟。」眾無敢抗，遂廢誦戒。
>
> 七月十五日，眾集，忽失雲所在，四出追覓，乃於古塚中得之，流血被體。問其故，則云：「有猛士執大刀屬聲呵云：『僧雲！爾何人？斯敢廢布薩，妄充豎義？』即以刀創我身，痛毒難忍。」
>
> 因扶掖還寺，竭誠懺悔；經於十年，至心盡敬，依式布薩。臨終之日，異香來迎，欣然而逝。時咸嘉其即世懲革云。[20]

二、夢中感應

　　在《緇門崇行錄》感應之行中，第4則夢中易首、第6則癲疾獲瘳、第7則勤苦發解、與第13則甘露灌口等四則，可歸納為夢中感應類型，分別摘錄說明如下：

（一）夢中易首

　　南朝劉宋京求那跋陀羅（394-468），中印度人，隨緣雲遊度化眾生，到了京都，安止辛寺。譙王想請大師講華嚴等經。

　　那跋陀羅是中天竺人，譙王想請大師講華嚴等經，因為他

【19】　明‧蓮池大師作，吳錦煌述，《緇門崇行錄淺述》，頁185-186。

【20】　《緇門崇行錄》，CBETA, X87, no.1627_p367a02-04。

是印度人，當然不善講中文，所以早晚禮懺，求觀音加被，如此感得菩薩來為他解憂，也就是夢裡為他換人頭，解決了語言的問題。[21]原文摘錄如下：

> 劉宋求那跋跎羅，中天竺人。任緣遊化，至京都，譙王欲講華嚴等經，而跋跎自忖未善宋言，旦夕禮懺，求觀音加被。忽夢白衣人持劍擎人頭來，問曰：「何憂？」具以事對。其人以劍易新首，豁然驚覺，備曉華音，於是開講，大弘佛法。[22]

（二）癘疾獲瘳

僧遠法師（413-484）因為不顧威儀，甚至好樂與世俗人飲酒吃肉，不把戒律當作修道的本分，這比俗人作惡更罪深，結果天神也看不過眼，狠狠地給他斥責和懲罰。這也算是僧遠法師有他的宿業善報，得到天神的告誡和他自己知錯能改的業力，總算現世受善惡二報，也因此深信三世因果絲毫不爽，而能竭誠奉行佛法，後也成一位名僧大德。[23]原文摘錄如下：

> 齊僧遠，住梁州薛寺。不修細行，隨流飲啖，忽夢神人切齒責曰：「汝出家人，如是造惡，何不取鏡自照？」
> 曉而臨水，見眼邊烏黷，謂是污垢；舉手拭之，眉隨手落。因自咎責，痛改常習，敝衣破履，一食長齋，昏曉行悔，悲淚交注。經一月餘，夢前神人含笑謂曰：「知過能改，可謂智人，今當赦汝！」驚喜而覺，流汗遍身，面目津潤，雙眉復出。遠身經二報，信知三世不虛，自後竭誠奉法，曾無退墮，遂為名

---

[21]　明‧蓮池大師作，吳錦煌述，《緇門崇行錄淺述》，頁184。
[22]　《緇門崇行錄》，CBETA, X87, no.1627_p366c20-367a01。
[23]　明‧蓮池大師作，吳錦煌述，《緇門崇行錄淺述》，頁187-188。

僧。【24】

（三）勤苦發解

南朝梁揚道超法師（？-502），見旻法師學問義解海內無雙，心極向往，想要學得和他一樣，於是奮發用功，廢寢忘食，日以繼夜。有一天夢見有人對他說：「旻法師在過去毗婆尸佛時已能講經說法，您剛學佛修行，怎能和他相等？只要努力用功，不怕不隨著自己的根器而有所解悟和成就。」於是刻苦耐勞，用功修行，不久終於大徹大悟。【25】原文摘錄如下：

> 梁道超，吳郡人。見旻法師學解冠海內，心欲企之；輟寢忘味，以夜繼日。夢有人言：「旻法師，毗婆尸佛時已能講說，君始修習，云何可等？但自加功，不患不隨分得解。」遂勤劬苦至，頃之洞徹。【26】

（四）甘露灌口

五代錢塘永明寺延壽禪師（904-975），起先未出家時是當督納軍餉的官吏，用公家的錢買物放生，罪當處死刑，吳越文穆王特赦他。

出家後，曾行法華懺二十一日，極盡誠懇，一夜夢見觀世音菩薩用甘露灌入他口中，於是得辯才無礙。【27】原文摘錄如下：

> 五代永明壽禪師，初為庫吏，用官錢放生，當死，吳越王釋

【24】　《緇門崇行錄》，CBETA, X87, no.1627_p367a15-23。

【25】　明‧蓮池大師作，吳錦煌述，《緇門崇行錄淺述》，頁188。

【26】　《緇門崇行錄》，CBETA, X87, no.1627_p367a24-b04。

【27】　明‧蓮池大師作，吳錦煌述，《緇門崇行錄淺述》，頁197。

之。

出家為僧，嘗行法華懺二十一日，備極精懇，夢觀音以甘露灌口，遂得無礙辯才。[28]

三、精進修行

在《緇門崇行錄》感應之行中，第3則誓師子座、第10則扣鐘拔苦、第11則天神護體、第12則感示淨土、第14則懺感授記、與第15則口出青蓮等六則，可歸納為修行感應類型，分別說明如下：

（一）誓師子座

南朝劉宋道生法師（355-434），於大眾中發誓道：「如我所說，不合於經典的義理，甘願今生就受惡報；如我所說切實契合佛心本意，但願臨命終時，能坐在說法的獅子座上捨報！」

於是到吳郡虎丘山豎立石頭當作徒弟，向它們講涅槃經，講到闡提有佛性處，說「我這樣說，符合佛心嗎？」石頭都點頭。

不久《大般涅槃經》就傳到南京，果然講闡提有佛性。後來在廬山精舍講涅槃經，剛講完，眾人忽然發現他手中的拂塵落在地上，大師端坐正容而圓寂了。

竺道生講經期間，認為法顯大師所譯六卷「泥洹經」提倡一闡提人也可成佛，竺道生說法時說：「佛性人人皆一來就有，只須明心見性，頓悟即可成佛」，傳到了京師，經中果然有說一闡提人也可成佛，證實了道生之說完全符合佛語。[29]原文摘錄如下：

劉宋竺道生論涅槃經闡提皆當成佛，舊學法師以為邪說，擯

---

[28]　《緇門崇行錄》，CBETA, X87, no.1627 p368a09-11。

[29]　明‧蓮池大師作，吳錦煌述，《緇門崇行錄淺述》，頁182。

之。生誓曰：「若我所說，不合經義，願現身惡報，實契佛心，願捨命時，據師子座！」

遂往吳郡虎丘山，豎石為徒。講涅槃經，至闡提有佛性處，曰：「如我所說，契佛心否？」石皆點頭。已而，涅槃後品至，果稱闡提有佛性。後於廬山講涅槃甫畢，眾忽見塵尾墮地，端坐而逝。【30】

（二）扣鐘拔苦

精進的扣鐘拔苦：毗尼日用：「願此鐘聲超法界，鐵圍幽暗悉皆聞，聞塵清淨證圓通，一切眾生成正覺。」智興法師（？-609？），盡心掌持本分職務，雖然每天只是鳴鐘，然而扣鐘用上心，鐘的聲音振地獄，也可以讓地獄眾生感應，聞鐘聲得解脫。【31】原文摘錄如下：

> 隋智興，居大莊嚴寺，職掌扣鐘。
>
> 大業五年，同住僧三果者，有兄從駕道亡，其妻夢夫謂曰：「吾至彭城病死，墮地獄中，賴莊嚴寺鳴鐘，響振地獄，乃得解脫；欲報其恩，可奉絹十疋。」
>
> 妻奉絹，興以散眾。眾問扣鐘何以致感？興曰：「吾扣鐘，始祝曰：『願諸聖賢同入道場。』乃發三下；及長扣，又祝曰：『願諸惡趣聞我鐘聲，俱離苦惱。』」嚴冬極凍，及裂肉皴，掌內凝血，無所辭勞。【32】

【30】　《緇門崇行錄》，CBETA, X87, no.1627_p366c08-19。

【31】　明‧蓮池大師作，吳錦煌述，《緇門崇行錄淺述》，台北市：佛陀文教基金會，1992，頁192-193。

【32】　《緇門崇行錄》，CBETA, X87, no.1627_p367c02-09。

（三）天神護體

　　唐朝京兆西明寺道宣律師（596-667），姓錢氏。起初跟師父聽戒律才一遍，就想行腳參方，他師父呵斥道：「行遠要自邇，自知謙遜不足，受持置捨要恰當時候，你律學的火候還不夠，還不到捨律學禪的時候。」強制他聽十遍。後來宣大師持戒律之精深嚴格，世上少有。

　　有一天半夜走在西明寺行道，碰到石砌而跌倒，突然有穿戰甲的天神扶著他。宣大師問他是何神？神回答說：「我是博叉天王（毗留博叉，即西方廣目天王）之子張瓊。（宋高僧傳作北方多聞天王毗沙門之三太子哪吒。）因為大師戒律德行高超，所以一直護衛您。」宣大師於是請問他佛在世時一些事情，太子一一回答解說；並且給宣大師佛牙、寶掌供養，用以征信。宣大師久居終南，宏揚戒律，故號南山律宗教主，往生後皇上追封澄照律師。【33】原文摘錄如下：

> 唐道宣律師，姓錢氏。初從師聽律一遍，即欲遊方，師呵曰：「適邇自邇，修捨有時。」抑令聽十遍。後持律精嚴，世所希有。
>
> 中夜行道山上，臨砌顛仆，有天神介冑掖之，因問何神？答曰：「博叉天王之子，張瓊也。以師戒德高妙，故給衛耳。」宣遂廣問佛世，一一條對，及授宣佛牙，寶掌以表信焉。號南山教主，澄照律師。【34】

【33】　明‧蓮池大師作，吳錦煌述，《緇門崇行錄淺述》，頁194。

【34】　《緇門崇行錄》，CBETA, X87, no.1627_p367c10-21。

（四）感示淨土

　　唐朝洛陽罔極寺慧日法師（680-748），乘船渡海，西行到印度，參訪善知識請教修行的捷徑和要訣。

　　印度的學者都推崇淨土法門。到了健馱羅國（今阿富汗乾陀彌城），城東北大山有觀世音菩薩像，有至誠祈請多得現身。慧日大師虔誠叩頭又絕食，打算畢命在此也要見觀世音菩薩，到了第七天夜裏，忽然見空中觀世音菩薩現紫金身，坐寶蓮華，垂手摩日大師頂說：「你想弘法自利利他，當念西方極樂世界阿彌陀佛，應該要知道淨土法門勝過其他法門。」說完就消失了。日大師回到長安後，普遍勸人念佛。【35】原文摘錄如下：

> 唐慧日泛舶渡海，達天竺，參訪知識咨稟捷徑法要。
>
> 天竺學者皆贊淨土。至健馱羅國，東北大山有觀音像，日乃七日叩頭，又斷食，畢命為期。至七日夜，忽見觀音現紫金身，坐寶蓮華，垂手摩頂曰：「汝欲傳法，自利利他，惟念西方極樂世界阿彌陀佛，當知淨土法門勝過諸行。」說已忽滅。日回長安，普勸念佛。【36】

（五）懺感授記

　　唐朝潞州法住寺曇榮禪師（555-640），每年春天和夏天講經論教，秋天和冬天靜坐參禪。曾往韓州鄉縣延聖寺，立懺悔法，刺史風同仁送舍利三粒，榮法師告訴眾人：「舍利之德，變化莫測，若虔誠消業祈求可得總量。」於是人人前別置水鉢，加以香爐通夜

【35】　明‧蓮池大師作，吳錦煌述，《緇門崇行錄淺述》，頁195-196。

【36】　《緇門崇行錄》，CBETA, X87, no.1627_p367c22-a07。

苦求，至天明總獲舍利四百餘粒。

　　貞觀七年，清信士常凝保等請榮大師於法住寺行方等懺法，法住寺有一個和尚叫僧定法師，戒行精固，在道場上見大光明，光明中七佛皆顯現。有一佛對榮大師說：「我是釋迦牟尼佛，因你身心戒行清淨，所以來為你授記，你後來當成佛，即賢劫千佛之中的『普寧佛』。」（亦為僧定法師授記，名普明佛。）那年冬天榮大師圓寂，圓寂時異香嫋繞室內不散。【37】原文摘錄如下：

> 唐曇榮，春夏講教，秋冬坐禪。
>
> 因刺史送舍利三粒，乃誓求總獲，遂得舍利四百粒。
>
> 行方等懺法，寺僧僧定者，見光明中七佛皆現，一佛顧榮云：「我是釋迦，為汝身器清淨，故來授記。後當作佛—號普寧佛。」
>
> 是冬，榮卒，異香繞室。【38】

（六）口出青蓮

　　唐朝明州德潤寺遂端法師（618-？），住在應潤寺，專精研妙法蓮華經，晝夜十二時【39】常不停地諷誦，愈老愈勤勉，唐懿宗咸通二年忽然跏趺盤坐著圓寂了。圓寂不久，口中長出青蓮花七枝。

　　把他埋在東山下，二十餘年間，墳墓常常放光，大家把墓打開，開龕看他的遺體容貌形態都沒變，沒腐爛，簡直和活的人一樣。眾人於是迎請遺體回到寺中，給他塗金披衣裝飾，供養起來。

【37】　明・蓮池大師作，吳錦煌述，《緇門崇行錄淺述》，頁1998-199。

【38】　《緇門崇行錄》，CBETA, X87, no.1627_p368a12-17。

【39】　即子、丑、寅、卯、辰、巳、午、未、申、酉、戌、亥十二時辰。

現在應潤寺【40】叫真身院。【41】原文摘錄如下：

> 唐遂端，上應潤寺，專精法華，十二時中恒誦不輟，老而彌篤。咸通二年，
> 忽趺坐而化，須臾，口中出青色蓮華七莖。
> 葬東山下二十餘年，墓屢發光，開視之，形質如生，眾迎還寺，漆紵飾之，
> 今號真身院焉。【42】

四、延年益壽

在《緇門崇行錄》感應之行中，僅有第8則禮懺延壽與第10則誦經延壽兩則，可歸納為延年益壽感應類型，分別摘錄說明如下：

（一）禮懺延壽

南朝梁揚法寵法師（450-524），三十八歲時，遇到正勝寺法願道人，精通相術，告訴寵法師說：「您年滿四十必死，無法逃避。惟有虔誠祈求諸佛，懺悔以前的罪愆，或許可望延長生命。」

寵法師拿鏡子照自己的臉面，果然發現臉上有黑氣。於是變賣衣服鉢具，買香及供物，乘船東行，直到海鹽光興寺（寵法師初出家剃度之寺），閉門拜懺，杜絕一切人事，白天忘了吃飯和休息，晚上不脫衣服假寐。到了四十歲，年底的一個晚上，忽然覺得兩個耳朵又腫又痛，更加警惕，那天晚上禮懺到四更，突然聽到門外有人說：「您該死的業報已完了。」寵法師馬上開門往外看，四周寂然，沒看到什麼；次日早晨，臉上的黑氣就完全消失了。兩耳

【40】 《宋高僧傳》作德潤寺。
【41】 明·蓮池大師作，吳錦煌述，《緇門崇行錄淺述》，頁199-200。
【42】 《緇門崇行錄》，CBETA, X87, no.1627_p368a18-22。

生出骨頭。平日每天禮佛百拜，後來生病，無法起床站立，仍然坐在床上，每天依時虔誠俯仰百次作禮，算作百拜，活到七十四歲才圓寂。[43]原文摘錄如下：

> 梁寵法師，年三十八，遇道人法願謂曰：「君年滿四十當死，無可避處，惟有祈誠諸佛，懺悔前愆，或可冀耳！」
>
> 寵引鏡驗之，面有黑氣，於是齎衣缽，市香供，東抵海鹽光興寺，閉門禮懺，杜絕人事，晝忘食息，夜不解衣。迄年四十，歲暮之夕，忽覺兩耳腫痛，其夜懺達四鼓，聞戶外人言曰：「君死業已盡。」遽開戶，寂無所見；明晨黑氣已除，兩耳生骨。居常禮佛，百拜為限。後有疾不能起，猶於床上依時百過，俯仰虔敬，年七十有四而卒。[44]

（二）誦經延壽

南朝梁智藏法師（457-522），住在鍾山的開善寺。有一天，他遇到一位著名相士說：「師父您聰明蓋世，只可惜壽命不長，只能活到三十一歲罷了。」當時智藏法師已經二十九歲了，於是他就停止講課，專誠誦讀〈金剛經〉，每天懇切拜佛懺悔，晝夜不懈。過了三十一歲後，他又遇到從前那位算命先生，那位相士很驚訝地問他原因，才知道佛法和經典的力量真是不可思議。[45]原文摘錄如下：

> 梁智藏，吳郡人，住鍾山開善寺。遇相者謂曰：「法師聰明蓋

【43】 明‧蓮池大師作，吳錦煌述，《緇門崇行錄淺述》，頁189-190。

【44】 《緇門崇行錄》，CBETA, X87, no.1627_p367b05-14。

【45】 明‧蓮池大師作，吳錦煌述，《緇門崇行錄淺述》，頁190-191。

世，惜命不長，止三十一年耳。」時年二十有九，於是罷講，探經藏得金剛經，竭誠誦讀，禮佛懺悔，晝夜不輟。至期，忽聞空中聲曰：「汝壽本盡，以般若功德力，得倍壽矣！」後見前相者，驚異莫測，藏陳其故，始知經力不可思議。【46】

　　本節共有十五則感應人物故事，經由禮拜求懺悔的禮懺，祈求諸佛菩薩的加被，能感好的果。如因利他菩薩行作禮懺，而精誠感戒、懺獲妙音、廢戒懺悔。禮懺而延壽，因宿命短，而禮懺延壽與誦經延壽。因慚愧痛改蔑戒而禮懺，而夢中感召夢中易首、癩疾獲瘳與勤苦發解。誠信精進，對佛法真理堅定的信念，成就世出世間的一切功德，與精勤修持，感得天神與諸佛菩薩的護念，而感招誓師子座、扣鐘拔苦、感示淨土、懺感授記、口出青蓮等。

五、小結

　　古德曰：「不經一番寒徹骨，焉得梅花撲鼻香。」古人求道，往往忘寢廢食，奮發自勵，歷經磨難，百折千挫，而不稍餒。彼為法忘軀的精神，直可驚天地而泣鬼神。佛法常說：「眾生畏果，菩薩畏因。」眾生是果報現前害怕了，後悔莫及；菩薩不怕果報，果報來了，樂意承受。因果感應就是天地萬物、宇宙眾生之間的一種互動、呼應。看到月圓月缺，興起了歲月的流逝；目睹花開花謝，感歎世間的無常，這都是感應。需要的只是一顆清淨、感動的心，才能與真理相應，才能有條件跟諸佛菩薩交道。

　　感應並不是指見到佛菩薩的奇跡與神異，或見到某人放光、呼風喚雨，甚至撒豆成兵。相反地，感應是自然而親切的存在於我們的生活周遭，如口渴時，喝一口水時感到清涼無比；肚子饑餓，

【46】　《緇門崇行錄》，CBETA, X87, no.1627_p367b15-c01。

吃幾口飯就能解饑；氣候嚴寒，加幾件衣服就可保暖，這不都是立竿見影的感應嗎？星雲大師亦說所謂感應的真理是：「菩薩清涼月，常遊畢竟空；眾生心垢淨，菩提月現前。」感應就是天地萬物、宇宙眾生之間的一種互動、呼應。看到月圓月缺，興起了歲月的流逝；目睹花開花謝，感歎世間的無常，這都是感應。母子連心，魂牽夢繫，這也是感應。【47】

蓮池大師在《緇門崇行錄》從第一崇行的清素到第九崇行的艱苦等種種的善業累積，都會呈現在最後一行的感應，所謂修因感果，因果感應絲毫不爽。多少的付出與努力，自然能感得相應的果報。

第三節 感應之行現代實踐典範 ——廣欽老和尚

本節分為兩部分，第一部分由廣欽老和尚的生平事跡中爬梳其感應之行，第二部分再與《緇門崇興錄》感應之行做比對。

一、廣欽老和尚的生平事跡

廣欽老和尚（1892-1986），福建惠安人氏，一生沒有高建法幢、升座講經，也無生花妙筆，以文章度世，但他參禪念佛、苦行一生，也是傳奇一生。為苦修，作過十三年的「山頂洞人」，降伏猛虎、點化靈猿，入定四個月險遭焚身之禍，預知起颱風、避車禍，往生之前，更能安排身後事，「無來也無去，沒有事」，拍拍

【47】 星雲大師著〈感應的原理‧真理的價值〉read.goodweb.cn/news/news_view.aspnewsid=35816

肚皮,瀟灑而去,即連荼毘(火化)後所遺下的舍利子,也透著幾分神奇與靈異。老和尚一生老實參禪念佛、平實無奇的行持卻感動、度化了千千萬萬的人。【48】

　　老和尚未上承天寺出家之前,自以為福淺德薄,出家之後未成道之前,若廣受十方供養,恐償還無期,道業難成。因此,當老和尚決志出家後,亦隨即在家裡學著減衣、縮食、少眠,為進入空門鋪路。及至能夠日中一食,樹下一宿,不依床鋪止息,方肯祝髮為僧。出家後專志苦修,食人所不食,為人所不為。承天禪寺以「佛喜轉瑞,廣傳道法」八字傳承法脈,當時承天禪寺住持為「轉」字輩的轉塵上人,而老和尚則拜在苦行僧瑞舫法師座下,由此亦可知老和尚心志所在。【49】

　　下列將逐項列出廣欽老和尚所以能獲得諸多感應的特殊修行歷程:

(一)精進修行、常坐不臥、不倒單

　　平時生活簡單,日常以水果為食,故有「水果師」的稱號專志苦修,食人所不食,為人所不為,常坐不臥,一心念佛。

　　師執賤役修福十餘載,後被委派為香燈,每天早起晚睡,負責清理大殿,以香、花、燈、燭供佛,並打板醒眾共修等工作。某次,師睡過頭,慢了五分鐘敲板,心想:「六百人同修,每人錯過五分,一共怠慢了三千分,此因果如何承擔得起?」遂於大殿門口跪著,一一與大眾師懺悔。師責任心重,罪己甚嚴,自此以後,每

【48】　〈廣清老和尚生平略傳〉105.9.7 https://2help.files.wordpress.com/.../e5bba3
　　　e6acbde88081e5928ce5b09ae8a18ce8aab。...
【49】　同上註。

天於佛前打坐，不敢怠慢。由於警戒心重，一夜驚醒五六次，就在驚警戒慎之中，醒醒睡睡之間，師自然而然打下「不倒單」的基礎。

師於鼓山寺佛七中所見，只能從一外國參訪者與師的對話中，得知一二。師謙謹樸素地答覆這位遠地參訪的異國同道說：「當時，在念念佛聲中，忽然之間，身心皆寂，如入他鄉異國，睜眼所見，鳥語、花香、風吹草動，一切語默動靜，無非在念佛、念法、念僧。此種景況綿延三個月未曾中斷。」【50】

（二）定力高深，三昧成就

某日，師正在洞中參禪，忽聞後山傳來驚叫聲，師急忙出外探個究竟，只見三五柴伕，站在後山指著山下猛虎嚷嚷；師招呼他們：不必害怕，下來沒關係。可是誰也不敢下來，也不再喧嘩，大家以驚訝的眼光看著法師。師才恍然，忽又莞爾：我不怕，怎教他們也不怕呢？遂轉過來對老虎說：「你們看看，你們前世造孽，瞋心太重，生得這付凶面孔，人見人怕。去！去！」經法師這麼一說，幾隻老虎識意地跑開了。柴伕們為趕市集，個個急急忙忙下山，也將他們所見所聞，隨著柴火傳遍了整個泉州城，「伏虎師」號，不脛自走。

經久通報，時逾百二十日，轉公亦自覺不對，可是又不敢邃爾斷定。於是，一方面請人上山準備柴火，為師火化。另一方面，速與弘一大師捎信去，請他老來鑑定生死。當時，弘一大師正在福

【50】　〈廣清老和尚生平略傳〉105.9.7 https://2help.files.wordpress.com/.../e5bba3 e6acbde88081e5928ce5b09ae8a18ce8aab。

建永春弘法，獲函，即託人來訊阻止，千萬不可魯莽從事，候其來視再作決定。【51】

（三）禪淨修行，示佛典範

師係禪淨雙修之苦行頭陀，以其一身示佛典範；除雨天外，夜露坐，數十年如一日，破曉時，只見滿山林木草叢上，皆露珠晶瑩亮麗，唯獨師坐處，約數尺直徑周圍全乾。由於師慈悲方便，加上定慧禪功莫測，每日來山訪問者日眾。有虔誠皈依，求師開示法要者，有好奇湊熱鬧者，有自視非凡來比試禪定功夫者，各式各樣的人物皆有，而師以一不識字老人，對答應付自如，佛法之不可思議，誠不謬也。【52】

（四）人無老少，勸人念佛

老和尚八十歲左右，牙已全無，茲後即漸飲流質，夜亦進屋禪坐，十幾年來不曾下山。今年九十二，垂垂老矣，然猶硬朗如昔，精神煥發，目光炯然有神，教人不敢正視。每有人詢及師幾十年修行證什麼境界？得什麼三昧？師只是搖頭，說是什麼功夫也無，年紀已老沒有三昧，只是老實念佛！【53】

（五）念佛感示淨土

念佛也不是簡單的，必得通身放下，內外各種紛擾，都要摒棄，一心清淨稱佛名號，然後才能相應。要能將一句六字洪名，念

【51】　〈廣清老和尚生平略傳〉105.9.7 https://2help.files.wordpress.com/.../e5bba3
　　　　e6acbde88081e5928ce5b09ae8a18ce8aab。

【52】　同上註。

【53】　同上註。

得清清楚楚，聽得明明白白，不要有一絲疑念，其他雜念自然消除，決定會證到一心不亂。

1985年歲末，師以看承天禪寺之大悲樓建築為名，急欲返北，農曆十二月二十五日由傳悔法師南下，二十六日迎師回承天寺，北部四眾聞訊莫不蜂擁以至，次年正月初一清晨，師召集各分院負重任之弟子及承天寺大眾，一一囑咐，並言圓寂後火化，靈骨分別供於承天寺、廣承巖、妙通寺三處。早齋後即示意欲返妙通寺，眾以師意既堅，不敢強留，即送師南下。

師抵妙通寺後，日以繼夜念佛，有時自己親打木魚，並囑弟子一起念佛。初五，師瞻視清澈，定靜安詳，毫無異樣。午後二時左右，忽告眾「並無來亦無去，沒有事」之語，向徒眾頷首莞爾，安坐閉目。少頃，眾見師不動，趨前細察，乃知師已於念佛聲中，安然圓寂。

更為神奇的是，在廣欽老和尚圓寂往生時，竟有蓮花在空中顯現，有人還當場拍攝下這朵妙蓮。【54】

二、心得回應

廣欽老和尚不攀緣，生活簡單，老實念佛，一生感應無數，如降伏猛虎、點化靈猿，入定四個月險遭焚身之禍，預知颱風、規避車禍，往生之前，更能安排身後事，「無來也無去，沒有事」，拍拍肚皮，瀟灑而去，即連荼毘（火化）後所遺下的舍利子，也透著幾分神奇與靈異。廣欽老和尚的上述感應，大都是活生生地自然出現在日常生活中，異於本章探討的《緇門崇行錄》的禮拜求懺、

【54】 〈廣清老和尚生平略傳〉105.9.7 https://2help.files.wordpress.com/.../e5bba3 e6acbde88081e5928ce5b09ae8a18ce8aab。

夢中感應等感應。

廣欽老和尚雖然有這麼多神奇與靈異的感應，筆者認為其感應原理不離開因果，萬法唯心的原理。所謂一個人心裡念什麼，就會有什麼感應。因此，感應是天地萬物、宇宙眾生之間的互動、呼應；若我們有一顆清淨的心，自然能與真理相應，與諸佛菩薩感應道交。每個人從眼、耳、鼻、舌、身、意六根「淨化」，返求自己心中的佛法，讓自性放光，自然時時有感應。【55】然而，下面兩個問題值得在此延伸來探討：

1.修行者一定要有感應嗎？

修行的目的在於達到身心自在解脫。在修行過程中所經歷的感應。譬如看見佛菩薩現身、放光，或自身種種變化等，雖然有時候是諸佛菩薩的化現，有時也可能是自然現象的變化，或其他原因，卻無關於解脫。

2.感應有其因緣條件，如何求得感應？

第一、要重視因果

善有善報惡有惡報。感應它不是憑空而得的，種瓜才能得瓜，種豆才能得豆。

修行也是一樣，相信慈悲，慈悲會在我們生活中有所受用；相信佛陀，依照佛陀的教法去做，則能成就佛道。

第二、要立功發願

想要有什麼感應，先看自心立何願、求何事。若我們每個當下，都能夠發願，如同一滴水能滋潤花草，任何善願，都能開花結果。歷代大德，也都是靠願力成就功業的。

【55】 星雲，〈星雲大師現代詮釋--感應〉2014/6/27

第三、要竭誠懺悔

懺悔，讓心清淨，才能有感應。《雜阿含經》說：「凡人有罪，自見、自知而悔過者，於當來世律儀成就，功德增長，終不退減。」【56】所謂「人有誠心，佛有感應」，只要我們能時常藉著懺悔的法水來滌淨心垢，自然能與佛菩薩感應道交。

第四、要虔誠回向

一心至誠、一心禮敬、一心稱名，是感應的原理。回向猶如培養一顆種子，小心照顧，使它發芽、開花而結果，以小小的因，成就豐碩的果。所以不管是求學問道，都要將利益回向群生，才會有大成就。修行只要我們虔誠禮敬，懺悔發願，發廣大菩提心，就能求得不可思議的感應。【57】

第四節　結語

修行的目的在於達到身心自在解脫，在修行過程中所經歷的感應，無關於解脫。

本章舉廣欽老和尚做為「感應之行」的現代實踐典範，主要因為廣欽老和尚不攀緣，生活簡單，老實念佛，一生感應無數，如降伏猛虎、點化靈猿，入定四個月險遭焚身之禍，預知颱風、規避車禍，往生之前，更能安排身後事，瀟灑而去。廣欽老和尚的上述感應，大都是活生生地自然出現在日常生活中，異於本章探討的《緇門崇行錄》的禮拜求懺、夢中感應等感應。

【56】 劉宋・求那跋陀羅譯，《雜阿含經》卷14，《大正藏》冊2，no.99_p93c8。

【57】 星雲，〈星雲大師現代詮釋--感應〉2014/6/27。

可見，感應是天地萬物、宇宙眾生之間的互動、呼應；若我們有一顆清淨的心，自然能與真理相應，與諸佛菩薩感應道交。每個人從眼、耳、鼻、舌、身、意六根「淨化」，返求自己心中的佛法，讓自性放光，自然時時有感應。

《雜阿含經》說：「凡人有罪，自見、自知而悔過者，於當來世律儀成就，功德增長，終不退減。」【58】所謂「人有誠心，佛有感應」，只要我們能時常藉著懺悔的法水來滌淨心垢，自然能與佛菩薩感應道交。

要虔誠回向，一心至誠、一心禮敬、一心稱名，是感應的原理。回向猶如培養一顆種子，小心照顧，使它發芽、開花而結果，以小小的因，成就豐碩的果。所以不管是求學問道，都要將利益回向群生，才會有大成就。修行只要我們虔誠禮敬，懺悔發願，發廣大菩提心，就能求得不可思議的感應。此原理對古今大德皆然。

【58】　劉宋‧求那跋陀羅譯，《雜阿含經》卷14，《大正藏》冊2，no.99第346經，p_198。

第拾肆章　總結語

　　本章分為研究成果與研究貢獻兩部分，來總結本書對於明·
蓮池大師《緇門崇行錄》與現代實踐典範的研究。

第一節　研究成果

　　明太祖朱元璋創建明朝前曾在皇覺寺出家為僧，故建國後實
施高度的中央集權政策，建立了一套嚴密而綱目齊備的僧官制度。
在此種嚴密的網絡下，卻導致明末猶如末法時期，叢林亂像，僧道
腐化。明朝雲棲袾宏（蓮池大師）深感明末佛教內部的種種弊端和
不良風氣，決心挽救頹風，振興佛教而輯著《緇門崇行錄》。該書
蒐羅136則從佛世至明代長達22世紀十種高僧懿行典範而成，分為

清素（15則）、嚴正（13則）、尊師（10則）、孝親（12則）、忠
君（11則）、慈物（17則）、高尚（18則）、遲重（10則）、艱苦
（15則）、感應（15則）等，以做為緇素學習的榜樣。《緇門崇行
錄》每種德目的典範，至少10則，至多18則，全部為僧眾，僅有三
名為佛世比丘僧，一名為新羅人，其餘均為中原高僧。《緇門崇行
錄》具有四項撰寫特色：（一）跨兩千年高僧典範（二）依朝代之
先後排序（三）高僧採樣重疊性低（四）各予四字崇行名稱。

　　本研究耙梳蓮池大師在撰寫《緇門崇行錄》時，所面對的社
會環境與宗教現象，如朝廷佛教政策朝令夕改令人無所適從；西藏
佛寺派別間互相勾結奪取；明朝寺廟火災頻繁損傷慘重；下令僧道
共住，造成叢林亂象與僧道的墮落。十門《緇門崇行錄》的崇行亦
各有其更細微的撰寫背景，但整體時代背景，不出朝廷佛教政策
不當、叢林本身的弊端、與牽涉官廷是非者三項。繼之舉出現代
（十九到二十一世紀）十門德目的緇門實踐典範共21則13位，每門
多則3則，少則1則，其中兩位為越南籍高僧，一位藏傳格西，其餘
10位均為中國佛教的僧人，其中證嚴法師是比丘尼。此為《緇門崇
行錄》所沒有的，可見隨著中國佛教的現代化發展，越能展現其兩
性平等與國際弘化的特質。依各自行儀的內涵做說明，並與《緇門
崇行錄》古德的德行做比較，以開啟及提升《緇門崇行錄》的現代
運用與教育價值，依序呈現如下：

　　第一門「清素之行」所舉的15則典範，以唐朝佔六成居多，
可見唐朝佛教鼎盛，促成僧侶素質的提昇。這15則典範都是不但遠
離世俗，而且清高又樸素的出家人，概分為不媚功名、不戀金錢、
不戀器世、無欲資生等四類。這些清素之行的特質流傳到現代，亦

適用於時下的修行楷模，如弘一、印光與廣欽三位當代大師堪稱清素之行的典範，但又不如古代大德的極端，深受時下佛教徒的敬仰。可見清素之行的樣貌會隨著時代進步而改變，但其清素的特質是不變的，尤其在自然環境深受破壞、世風日下的世代，清素簡樸之行更是值得提倡。

第二門「嚴正之行」對於蓮池大師而言，只要合乎佛教的，他都認同。因此，在該書當中，所收錄的典故，包括多元化的善行以及事蹟，都是為人處事的核心，不出佛教的根本思想。因此，發展到現代，我們才會看到像太虛大師所提出的「人成即佛成」。通常「嚴」是對於守戒律來說，指嚴持戒律。尤其在這個只注重講經說法，忽視實修的末法時代，蓮池大師特收錄「嚴正之行」典範以茲鼓勵緇素，能見賢思齊心生嚮往，依循古德正道，以力挽狂瀾，振興佛教。本章所舉的現代典範弘一法師、日常老和尚與越南明珠長老的行儀，均呼應《緇門崇行錄》中13則「嚴正之行」的自修行儀、內斂戒行、形象典範與顯正佛學的特質。足見嚴正之行的精神不受時空遞變的影響，都是值得緇素效法的。

第三門「尊師之行」排在第三，可見蓮池大師認為在修行中，尊師有其重要的意義存在，不論宗教、朝代，凡是接受別人教育者，都應當以一種尊敬的態度去面對自己的師長，而師長也應該毫無保留的將自己的智慧傳承給弟子們，才能使正法延續。本章所舉淨空法師與星雲大師就是很好的現代尊師典範，他們不僅具有《緇門崇行錄》尊師之行10則典故的求道意志、遵守師訓、隨侍師長與師誨自覺的精神外，更能與時俱進，觀機逗教，擅長接引渡化有緣眾生。

　　第四門「孝親之行」：12則孝親之行強調佛教的孝道內涵包含有「知恩、感恩、報恩」的意義，而中華文化的孝道思想也是如此。然而佛教孝親之行又特別注重救度父母，甚至廣及七世父母，都能解脫輪迴苦海，達到冥陽兩利。此乃傳統中華文化儒家的孝道思想所未言及。由《緇門崇行錄》中的〈孝親之行〉與當代高僧虛雲老和尚與宣化上人的孝親事蹟略舉分析之後，可知古今孝親動機及結果並無二致，只是孝親行為方面會因時代環境變遷而有所不同。

　　第五門「忠君之行」：封建社會，每個老百姓對君王應守忠君之本分，尤其德高望重的修行人更學會如何忠君愛國。忠君之行典範計有11則，跨吳至趙宋朝代近1,400年時間，包括吳、東晉、西晉、劉宋、蕭齊、北齊、唐、劉宋、後晉、趙宋等朝代的忠君典範，朝代分佈較為平均。11則忠君之行典範可概分為行善除惡、持素禁殺、譬喻點化與清高不虛四類。本章以中國佛教的星雲大師做為忠君之行的現代代表，其忠君之行堅持關心政治而不干政的風範，實堪媲美於《緇門崇行錄》中自吳迄宋朝歷代的11則忠君典範。

　　第六門「慈物之行」：《緇門崇行錄》慈物之行共有17則典範，跨佛世迄宋代1,200年期間，以唐代9則佔近5.3成為首。17則典範可分為四類，即慈愛動物、恭敬誠心、病患不厭、與預知時至。現代實踐典範為淨空法師與證嚴法師，前者不僅對漢傳佛教淨土宗的推動貢獻巨大，對於中華傳統文化儒、釋、道的學說亦大力推廣，推行全民教育，以打造和諧、富有道德涵養、互相尊重的社會。他的善舉，受惠者數以萬計。證嚴法師的慈濟功德會，除對臺

灣本土做社會救濟外，進而從事環保的資源回收，推展中國大陸與國際賑災等工作。兩位法師具足善知識所需要具備的條件：廣發菩提心，積極辦教育，講經教學，身體力行，慈物惜福等行儀堪稱世人的模範。更符合《緇門崇行錄》17則慈物之行的典範的三大特質：慈愛動物、恭敬誠心、病患不厭。

　　第七門「高尚之行」：《緇門崇行錄》中的高尚之行共有18則，縱跨東晉至宋朝，其可分為志節清高、不攀俗緣、衛護僧格、避納王供等四類。時代背景的不同，僧人在修道的實踐上亦會隨著當代的情況而改變，但中心思想與準則是相同的。如僧人以修道為要、不追求外在的享受、不鑽營名聞利養等。只是古人以出世的態度面對，而當今以入世的精神來實踐。因此，所謂「高尚之行」重視的是僧眾能秉持內在的高潔，維護僧格，不隨波逐流，而非外在的崇高表現而已。本章舉佛光山開山星雲大師與越南一行禪師做為當代「高尚之行」的人物代表，考量兩位的生平事蹟中瞭解其憂國憂民的高尚情操與作為，顯現「在真參實學中，顯發自性的光芒；在志行堅固中，流露悲願的力量。」兩位「高尚之行」的道風是經過數十年堅毅的粹鍊所成，非常值得提出做為當代緇素學習的榜樣。

　　第八門「遲重之行」：《緇門崇行錄》遲重之行共有10則典範，跨唐迄明代約700年期間，以唐代與宋代典範各有3則居多。10則遲重之行典範，可分為慧解為先、沉潛心性、與涵養內德三類。修行入門，當以戒律為先，爾後再來學習與自己相契的法門。學成之後，並不是隱居山林，從此不問世事；在機緣未到時，並不急著顯揚自己，而是韜光養晦，深深海底行的充實自己。《緇門崇行

錄》著重的是蓮池大師所要提倡的佛教精神，他認為己事己辦方可為人，老成然後出世，現代遲重之行典範的印光大師與袞卻格西的事跡，都與蓮池大師遲重之行的理念不謀而合。由此可見有德的僧人不論時代為何，他們在法上是一致的，也更能證明佛陀的教法是真實語，後學之人欲求解脫更應該依教奉行。

　　第九門「艱苦之行」：《緇門崇行錄》中的艱苦之行共有15則，縱跨佛世至宋代。古德艱苦之行典範的內容，具有「慎勿放逸」自我提醒的作用，心中尚會升起「慚愧感恩大願心」的自覺。雖然古今時空迥異，3C時代的今天物質生活充沛，不易體會或經歷到類似的艱苦，然而其發心誓願、精進求法、躬身力行、與弘教有方等四種精神特質是不變的，如本章所舉弘一大師與聖嚴法師的艱苦行，亦都不離開此四項內涵。然而這四項內涵貴在透過解行並重來完成，非常呼應筆者任教的佛光大學正在推動的書院教育。

　　第十門「感應之行」：《緇門崇行錄》中的感應之行共收錄了15則典範，縱跨晉至唐朝，可分為禮拜求懺、夢中感應、精勤修持、延年益壽等四類。修行的目的在於達到身心的自在解脫。在修行過程中所經歷的感應，譬如看見佛菩薩現身、放光，或自身種種變化等，雖然有時候是諸佛菩薩的化現，有時也可能是自然現象的變化，或其他原因，卻無關於解脫。本章舉廣欽老和尚做為「感應之行」的現代實踐典範，主要因為廣欽老和尚不攀緣，生活簡單，老實念佛，一生感應無數，如降伏猛虎、點化靈猿，入定四個月險遭焚身之禍，預知颱風、規避車禍，往生之前，更能安排身後事，瀟灑而去。這些感應都是活生生地自然出現在日常生活中，異於本章探討的《緇門崇行錄》的禮拜求懺、夢中感應等感應之行。可

見，感應是天地萬物、宇宙眾生之間的互動、呼應；若我們有一顆清淨的心，自然能與真理相應，與諸佛菩薩感應道交。每個人從眼、耳、鼻、舌、身、意六根「淨化」，返求自己心中的佛法，讓自性放光，自然時時有感應。此原理對古今大德皆然。

第二節　研究貢獻

筆者希望本書能成就如下四項貢獻，有待同道的批評與指教：

一、透過本書的研究，促使在明朝期間撰寫的《緇門崇行錄》136則從佛世至明代長達二十二個世紀十種高僧懿行典範，仍能做為當今二十一世紀緇素學習的榜樣，依該門推舉出的現代實踐典範，不僅能表彰當代道行非凡之高僧行誼，亦能以之為當代佛教緇素修持處世之典範。可發揮古代緇門崇行之現代實用性，並彰顯其時代意義。

二、明朝嚴謹的僧官制度卻導致叢林亂象、與政府經濟衰敗，本研究的提出與剖析，可做為當代政府管理宗教團體的參考。

三、本書追溯分析明末叢林亂象、僧質敗壞的因果關係的結果，可供當代各宗教團體經營管理與僧眾自修弘化的借鏡。

四、目前現有文獻未有單就《緇門崇行錄》做過任何學術研究，故本研究正可補學術研究的不足。

參考書目

一、古籍

周文王，《易經‧蠱卦》

范曄，《後漢書‧孔僖傳》。

孟子，《離婁章句下》，第三十章。

晉‧干寶撰，《搜神記》

劉宋‧范曄著，《後漢書‧黨錮傳‧李膺》

劉宋‧范曄住撰，《後漢書，獨行列傳諒輔傳》

北齊‧顏之推，《顏氏家訓‧教子》

南朝陳‧徐陵，《走筆戲書應令詩》

唐‧杜甫，《贈花卿詩》

唐‧李延壽撰，《南史‧卷三十六‧江夷傳》

唐‧房玄齡等合著，《晉書‧隱逸傳‧陶潛》

宋‧范仲淹，《贈方秀才楷》

北宋‧歐陽修、宋祁等合撰，《新唐書‧杜景佺傳》

明‧丘濬著，《世史正綱》

清‧毛奇齡，《杭州治火議》，收於《武林掌故叢編》冊9，揚
　　　州：廣陵書局，2008。

清‧釋湛、釋明倫原輯，釋通淵、釋實懿重纂，〈雲居聖水寺
　　　志〉六卷、補遺一卷，錢塘丁氏重刊本，清光緒十八年
　　　（1892）。

清‧王士禎，《池北偶談‧談獻三‧丘文莊》

失譯，《續傳燈錄》，T51，no. 2077。

許慎撰，清・段玉裁，《說文解字注》，上海古籍，1981。

尹吉甫採集、孔子編訂，《詩經・周頌・賚》

二、原典

姚秦・師鳩摩羅什譯、晉水沙門淨源節要、雲棲沙門袾宏補註，
　　《佛遺教經論疏節要》，《大正藏》冊40，no.1820。

姚秦・鳩摩羅什譯，《佛垂般涅槃略說教誡經》，《大正藏》冊
　　12，no. 389。

訶梨跋摩造，姚秦・鳩摩羅什譯，《成實論》，《大正藏》冊32，
　　no. 1646。

三國・維祇難譯，〈普賢菩薩警眾偈〉《嘉興藏》冊19，
　　no.B044。

西晉・竺法護譯，《正法華經》卷一，《大正藏》冊9，no.263。

劉宋・求那跋陀羅譯，《雜阿含經》，《大正藏》冊2，no.99。

劉宋・薑良耶舍譯，《佛說觀無量壽經》，《大正藏》冊12，
　　no.365。

梁・慧皎撰，《高僧傳》，《大正藏》冊50，no.2059。

梁・慧皎撰，〈名僧傳抄〉《梁高僧傳》《卍字新續藏》冊77，
　　no.1523。

唐・般若譯，《大方廣佛華嚴經普賢行願品》卷40，《大正藏》冊
　　10，no.293。

唐・實叉難陀譯，《地藏菩薩本願經》，《大正藏》冊13，no.
　　412。

唐・實叉難陀譯，《大乘入楞伽經》，《大正藏》冊17，no.672。

唐‧般剌蜜帝譯，《楞嚴經》卷四，《大正藏》冊19，no.945。

唐‧玄奘譯，《阿毘達磨俱舍論》卷29，《大正藏》冊29，no.1558。

唐‧一行記，《大毘盧遮那成佛經疏》，《大正藏》冊39，no.1796。

唐‧懷信述，《釋門自鏡錄》，《大正藏》冊51，no. 2083。

唐‧玄覺撰，《永嘉大師證道歌》，《大正藏》冊48，no.2014。

唐‧道宣撰，《續高僧傳》，《大正藏》冊50，no. 2060。

宋‧贊寧等撰，《宋高僧傳》，《大正藏》冊50，no. 2061。

宋‧道原纂，《景德傳燈錄》，《大正藏》冊51，no. 2076。

宋‧慧嚴，《大般涅槃經》卷4，《大正藏》冊12，no.375。

宋‧楚圓編，《汾陽無德禪師語錄》卷1，《大正藏》冊47，no.1992。

宋‧志磐，《佛祖統紀》，《大正藏》冊49，no.2035。

宋‧贊寧，《宋高僧傳》，《大正藏》冊50，no.2061。

宋‧悟明輯，《聯燈會要》卷14，《卍續藏》冊79，no.1557。

宋‧普濟，《五燈會元》，《卍續藏》冊80，no.1565。

南宋‧普濟編集，《五燈會元》，《卍續藏》冊80，no.1565。

南宋‧本覺撰，《釋氏通鑑》，《卍續藏》冊76，no. 1516。

南宋‧正受，《嘉泰普燈錄》，《卍續藏》冊79，no. 1559。

南宋‧普濟編，《五燈會元目錄》，《卍續藏》冊80，no. 1564。

南宋‧普濟編，《五燈會元》，《卍續藏》冊80，no. 1565。

元‧曇噩述，《新修科分六學僧傳‧忍辱學‧持戒科》，《卍續藏》冊77，no. 1522。

元・貢師泰，《玩齋集》，《景印文淵閣四庫全書》冊1215，台北：台灣商務，1983。卷9，〈杭州新城碑〉。

元・曇噩述，《新修科分六學僧傳》卷8，《卍續藏》冊77，no.1522。

明・湛然圓澄，《慨古錄》，《卍續藏》冊65，no.1285。

明・袾宏著，《雲棲共住規約》，收入藍吉富主編，《大藏經補編》第23冊，台北：華宇出版公司，1984。

明・葛寅亮撰《金陵梵剎志》，台北：新文豐出版，1987。

明・蓮池大師著，《緇門崇行錄》，高雄：佛光文化事業出版，1985。

明・田汝成，《西湖遊覽志餘》，卷20，〈北山分脈成內勝蹟〉台北：世界出版社，1963。

明・幻輪編，《釋鑑稽古略緒集》卷3，《大正藏》冊49，no.2038。

明・明河撰，《補續高僧傳》，《卍續藏》冊77，no. 1524。

明・淨柱輯，《五燈會元續略》，《卍續藏》冊80，no. 1566。

明・蓮池大師作，《緇門崇行錄》，《卍字新續藏》冊87，no.1627。

明・蓮池大師作、吳錦煌居士白話淺述，《緇門崇行錄淺述》，福建省佛教協會佛教教育基金會，1985。

明・蓮池大師著，釋永欣譯，《緇門崇行錄》，高雄市：佛光出版社，民國80年5月修訂四版。

明・袾宏著，《雲棲法彙》，《嘉興藏》冊33，no. B277。

明・釋德清，〈古杭雲棲蓮池大師塔銘〉，《嘉興藏》冊33，

no.B277。

明・福善日錄/通炯編輯/劉起相重較,《憨山老人夢遊集》,《卍續藏》冊73,no.1456。

明・祇園行剛,《伏獅祇園禪師語錄》卷2,《嘉興藏》冊28,no.B210。

明・釋廣潤,《雲棲本師行略》《嘉興藏》冊33,no.B277。

明・一如奉敕編纂,《大明三藏法數》卷三十七,《永樂北藏》,no.1615。

明・大聞幻輪編,「法聞法師」《釋鑑稽古略續集》卷1,《大正藏》冊49,no.2038。

明・密雲圓悟著,「慧能大師」《闢妄救略說》卷3,《卍續藏》冊65,no.1280。

明・明河,《補續高僧傳》,《卍續藏》冊77,no.1524。

明・通容《五燈嚴統(第1卷-第9卷)》,《卍續藏》冊80,no.1568。

明・朱時恩,《佛祖綱目》,《卍續藏》冊85,no.1594。

明・株宏,《緇門崇行錄》,《卍續藏》冊87,no.1627。

明・蓮池大師,《緇門崇行錄》,《卍續藏》冊87,no. 1627。

福善日錄/通炯編輯/劉起相重較,《憨山老人夢遊集》,《卍續藏》冊73,no.1456。

清・周克復,《法華經持驗記》,《卍續藏》冊78,no.1541。

清・超永編,「正聰禪師」「世愚法師」《五燈全書》卷57,60,《卍續藏》冊82,no.1571。

清・瞿汝稷,《指月錄》,《卍續藏》冊83,no.1578。

清・聶先編，《續指月錄》，《卍續藏》冊84，no.1579。

清・俞行敏重輯，《淨土全書》卷2，《卍續藏》冊62，no.1176。

五老峰釋，子昇錄，《禪門諸祖師偈頌》，《卍續藏》冊66，no. 1298。

一如集注，《大明三藏法數》卷三十七，《永樂北藏》冊182，no.615。

三、專書

（一）中文

太虛，《太虛大師全書》第四十七冊，宗教文化出版社，2005。

方立天，《中國佛教與傳統文化》，台北：桂冠圖書公司，1990。

中國文化大學史學研究所《明代政治制度史》全體研究生編，《明代政治制度史類目初稿》，宜蘭：明史研究小組，2000。

牛建強著，《明代中後期社會變遷研究》，台北：文津出版社，1997。

王國良著，《明清時期儒學核心價值的轉換》，合肥：安徽大學出版，2002。

王景琳著，《中國古代僧尼生活》，台北：文津出版社，1992。

印順大師，《學佛三要》，臺北：平陽印刷製版廠，民國58。

衣若蘭著，《「三姑六婆」：明代婦女與社會的探索》，板橋：稻鄉出版社，2002。

江燦騰，《晚明佛教叢林改革與佛學諍辯之研究—以憨山德清的改革生涯為中心》，臺北：新文豐出版公司，1990。

艾柳薩・史瓦茲（Aljoscha A. Schwarz）、隆納德・史威普（Ronald

P. Schweppe），

李富華著，《中國古代僧人生活》，北京：商務印書館，1996。

吳立民，《禪宗宗派源流》，北京，中國社會科學出版社，1998.8。

吳錦煌，《緇門崇行錄淺述》，福建：福建省佛教協會佛教教育基金委員會，1985。

佛光山宗委會，《佛光山開山四十週年紀念特刊 6 國際佛光會》，2007。

佛光山宗委會，《佛光山開山四十週年紀念特刊 7 國際交流》，2007。

周齊著，《明代佛教與政治文化》，北京：人民出版社，2005。

林清玄，《浩瀚星雲》，圓神出版設社，2001。

宗喀巴大師著、法尊法師譯，《菩提道次第廣論》，台北：福智之聲出版社，1991。

長白乞士記，《宣化老和尚追思紀念專集》冊1，台北：法界佛教總會/佛經翻譯委員會/法界佛教大學，1995。

宣化，《宣化上人開示錄（六）》，台北：法界佛教總會/佛經翻譯委員會/法界佛教大學，1986。

宣化，《白山黑水育奇英—宣化上人事蹟（中國篇）》，宣化上人事蹟委員會新編，2009。

星雲，《星雲日記》1995.11.1-12.31，佛光文化事業有限公司，1997。

星雲，《佛教》叢書之五《教史》，高雄佛光出版社，1997。

星雲，《佛教》叢書之四《弟子》，佛光出版社，1998。

星雲，《佛光教科書（4）教史》，高雄佛光出版社，1999。

星雲，《往事百語》〈先作牛馬 再作龍象〉，佛光文化事業有限公司，1999。

星雲，《往事百語・心甘情願1》，佛光文化事業有限公司，1999。

星雲，《往事百語・一半一半4》，佛光文化事業有限公司，1999。

星雲，《百年佛緣・道場篇1》，佛光出版社，2013。

星雲，《百年佛緣・社緣篇1》，佛光出版社，2013。

星雲，《百年佛緣・生活篇2》，佛光出版社，2013。

星雲，《貧僧有話要說》，福報文化股份有限公司，2015。

符芝瑛，《傳燈-星雲大師傳》，臺北市：天下文化出版，1995（第一版第14次印行）。陳寶良著，《明代儒學生員與地方社會》，北京：中國社會科學出版社，2005。

陳學文著，《明清社會經濟史研究》，台北：稻禾出版社，1991。

項冰如，《蓮池大師傳》，高雄市：佛光文化事業有限公司，2011。

程千帆，《兩宋文學史》，上海古籍出版社，2009。

黃晨淳，《影響佛教的重要100人》，台中：好讀出版有限公司，2004。

淨空法師，陳大惠著，《和諧拯救危機》，甘肅：人民美術出版社，2011。

褚柏思，《傳記文學叢刊之廿六・佛門人物志》，台北：傳記文學出版社，民國68年再版。

葉聖陶，《倪煥之》，人民文學出版社，1928。

慈怡主編，《佛光大辭典》，佛光出版社，1988。

慈怡主編，《世界佛教史年表》，高雄：佛光出版社，2007。

楊曾文，《宋元禪宗史》，北京，中國社會科學出版社，
　　　2006.10。

趙世瑜著，《狂歡與日常－明清以來的廟會與民間社會》，北京：
　　　生活‧讀書‧新知三聯書店，2002。

趙無任，《慈悲思路‧兩岸出路：台灣選舉系列評論》，天下文化
　　　出版公司，2015。

劉果宗，《禪宗思想史概說》，北市，文津出版社，2001.4。

檀上寬，〈明王朝成立期的軌跡—洪武前期的疑獄事件與京師問
　　　題〉，收錄在劉俊文主編，《日本中青年學者論中國史：
　　　宋元明清卷》，上海：古籍出版，1995。

謝重光、白文固著，《中國僧官制度史》，西寧：青海人民出版
　　　社，1990。

蔡淑雯譯，《家用哲學藥箱》，台北市，究竟出版社，2003：
　　　101。

蓮池大師，《緇門崇行錄》，高雄：佛光出版社，2015。

釋聖嚴，《明末佛教研究》，台北：東初出版社，1987。

釋聖嚴，《聖嚴法師學思歷程》，臺北：正中出版社，2003。

聖嚴法師口述，胡麗桂整理，〈我所知道的日常法師〉，
　　　2008.5.3。

闞正宗，《台灣高僧》菩提長青出版社，1996。

蔡念生彙編，《弘一大師法集.五》，新文豐出版公司印行，

1998。

蓮池大師編著、吳錦煌居士白話淺述，《緇門崇行錄淺述》，臺
　　北：佛陀教育基金會，1992。

滿義，《星雲模式的人間佛教》，天下遠見出版有限公司，2005。

《漢語大詞典》，香港：商務編輯部，2007。

保羅・科爾賀著/周惠玲譯《牧羊少年奇幻之旅》（The Alchemist /
　　a Fable About Following Your Dream），時報出版，1997。

〈英〉阿諾爾德・J・湯因比，〈日〉池田大作對談集，《展望21
　　世紀》，台北：正因文化，2014年二版。

Cynthia J. Brokaw著，張林譯：《功過格——明清社會的道德秩
　　序》。杭州：浙江人民出版社，1999。

Nhu, Quan.，《越南入世佛教：1963-1966年的浴血抗爭》，Giao
　　Diem si 2002。

Williams,Paul，《大乘佛教：教義基礎》二版，Taylor & Francis，
　　1989。

（二）日文

川勝守，《明清江南市鎮社會史研究－空間と社会形成の歷史學
　　－》，東京：汲古書院，1999。

長谷部幽蹊，《明清佛教史研究序說》，台北：新文豐，1979。

荒木見悟，《雲棲袾宏の研究》，東京都：大藏出版株式會社，
　　1985。

荒木見悟著，周賢博譯，《近世中國佛教的曙光—雲棲袾宏之研
　　究》，台北：慧明文化事業有限公司，2001。

間野潛龍（日）著，《明代文化史》，京都：同朋舍，1979。

（三）英文

于君芳，The Renewal of Buddhism in China: Chu-hung and the Late
　　Ming Synthesis. New York Columbia University Press, 1981.

Timothy Brook, Praying for Power: Buddhism and the Formation of
　　Gentry Society in Late-Ming China, Cambridge, MA: Harvard
　　University Press, 1993。

四、期刊論文

（一）中文

王公偉，〈叢林儀軌與晚明袾宏的叢林改革〉，《魯東大學學報》
　　第3期，中國山東省：魯東大學，2002。

王月秀，〈論明代佛教孝道觀-以《目連救母勸善戲文》為例〉。
　　《普門學報》11，2003，頁195-230。

王見川，〈還「虛雲」一個本來面目： 他的年紀與事蹟新論〉，
　　《圓光佛學學報》台灣：圓光佛學研究所，2008-06 （第13
　　期）。

朱鴻撰，〈明太祖與僧道─兼論太祖的宗教政策─〉，《國立台灣
　　師範大學歷史學報》，第18期，1990年6月，頁68–72。

邱仲麟撰，〈論明世宗禁尼寺─社會史角度的觀察〉，收入淡江
　　大學歷史系編，《中國政治、宗教與文化關係國際學術研
　　討會論文集》，台北：淡江大學歷史系，1994年，頁305–
　　327。

施鑄湘，《印光法師的護生觀研究》，佛光大學樂活生命文化學系

　　碩士論文，2013。

侯坤宏，《印順法師的著作因緣》。《玄奘佛學研究》第十三期
　　2010/3，頁213。

星雲，〈星雲大師與當代「人間佛教」〉，《普門學報》第35期/
　　2006年9月。

星雲，〈宗教立法之芻議〉，《普門學報》第7期/2002年1月，頁
　　11。

星雲，〈人間佛教的藍圖〉，《普門學報》，2001年第五期，頁
　　26。

宣化，〈守孝無限期〉，《智慧之源》第237期98.1.20，法界佛教
　　印經會，頁1。

真達等編，〈中興淨宗印光大師行業記〉，《覺有情半月刊》
　　no.34, 1941。

陳玉女撰，〈明萬曆時期慈聖皇太后的崇佛－兼論佛、道兩勢力的
　　對峙〉，《成功大學歷史學報》，第23號1997年12月，頁
　　195–245。

陳玉女撰，〈明代瑜伽教僧的專職化及其經懺活動〉，《新世紀宗
　　教研究》，第3卷第1期，台北：宗博出版社，2004。

陳玉女，〈晚明婦女信佛的社會禁忌與自主空間〉《成大歷史學
　　報》29期，2005.06.01，頁121-163。

智達，〈無盡奇珍供世眼 一輪明月耀天心—紀念弘一大師誕辰130
　　週年〉，《香港佛教月刊》601期，2010年6月出版。

蘇美文，〈亂象中有新生：論明末清初比丘尼之形象與處境〉《中
　　華技術學院學報》，27期，2003.5，頁227–243。

（二）外文

陳玉女撰，〈明嘉靖初期における議礼派政権と仏教粛正―「皇姑寺事件」を考察の中心にして―〉，《東洋史論集》，第23號，1995年1月，頁1–37。

日・清水泰次撰，〈明代における仏道の取締〉，《史学雑誌》，第40編3號，1929年，頁283–284。

日・龍池清撰，〈明の太祖の仏教政策〉，收入吉田龍英編纂，《仏教思想講座八》，東京：東京帝大佛教青年會，1939–1940，頁83–112。

同上，〈明初の寺院〉，《支那佛教史學》，第2卷第4號，1938年12月，頁9。

Johnson, Kay，〈漫漫回家路〉，《時代亞洲雜誌》（線上版），2005年1月16日。

Bures, Frank （2003），〈禪及執法的藝術－基督教科學箴言報〉Csmonitor.com. 2013-06-16.

五、學位論文
（一）中文

江燦騰，《晚明佛教叢林改革與佛學諍辯之研究―以憨山德清的改革生涯為中心―》，台灣大學歷史研究所碩士論文，1990。

朱祐鋐，《清代杭州的火災、火政與社會生活（1644-1861）》，台灣大學歷史研究所碩士論文，2011。

李雅雯撰，《雲棲袾宏護生思想「普化」與「實踐」的呈現脈絡》，台南：國立成功大學中國文學研究所碩士論文，2002。

徐一智撰，《明末浙江地區僧侶對寺院經濟之經營—以雲棲袾宏、湛然圓澄、密雲圓悟為中心》，國立中央大學歷史研究所碩士論文，2001。

陳永革撰，《晚明佛學的復興與困境》，南京：南京大學哲學研究所博士論文，1997。

許敏，〈民明代中後期杭州的地攤文化〉，收於井上冊徹、楊振紅編《中日學者論中國古代社會》，西安：三秦出版社，2007。

（二）日文

陳玉女撰，《明代佛教社會の地域的研究—嘉靖・萬曆年間（1522–1620）を中心として—》，日本：九州大學博士論文，1995。

六、報章雜誌

The 2011 TIME 100 - Dharma Master Cheng Yen. Time. 2011-04-21 .

《人間福報・A3特輯》2015.04.27。

一行禪師，〈宗教和倫理〉，BBC. 2013-06-16。

Bures, Frank （2003），〈禪及執法的藝術—基督教科學箴言報〉Csmonitor.com.2013-06-16。

佛教頻道「一行禪師在緬甸」，11/5/2007 Buddhistchannel.tv. 2007-10-20, 2013-06-16。

大安法師講，《蓮池大師論淨土教緣起》第一講，2016.6。

七、網站

〈八祖-蓮池大師〉華藏淨宗弘化網http://www.hwadzan.com/ k12/1877.html

大乘定香精舍，《蓮宗十三祖傳略》，www.buddha-hi.net/re/thread- 75431-1-1.html

中央研究院，「中華文明之時空基礎架構網」http://ccts.sinica.edu. tw/searches.php?lang=zh-tw，2015/6/10。

中央研究院，「地名規範資料庫」，http://authority.ddbc.edu.tw/ place/，2015/6/10。

心行高尚，善神護佑repentance2015.pixnet.net/blog/.../189857755- 2016.11.2

中國宗教學術網http://iwr.cass.cn/zjyjj/201502/t20150206_18289.htm 2015.2.6

中國哲學電子話計劃http://ctext.org/xunzi/da-lve/zh?searchu 2016.9.17

「功過格」https://zh.wikipedia.org/zh- hant/%E5%8A%9F%E9%81%8E%E6%A0%BC 2016/8/23

印順文教基金會《印順導師略傳》。http://www.yinshun.org.tw/A01- 0-101.htm。

〈弘一法師〉，維基百科https://zh.wikipedia.org/ zh/%E6%9D%8E%E5%8F%94%E5%90%8C

〈弘一法師是誰？〉百度百科zhidao.baidu.com 105.08.08

《在線新華字典》http://xh.5156edu.com/html3/4704.html 105.6.29

《在線新華字典》http://xh.5156edu.com/html3/5114.html105.6.30。

《在線漢語字典》http://xh.5156edu.com/page/z5879m4642j19833.
　　html 104.3.31。

《教育部重編國語辭》http://dict.revised.moe.edu.tw/cgi-bin/newDict/
　　dict.sh?idx=dict.idx&cond=%C1%7D%ADW&pieceLen=50&f
　　ld=1&cat=&imgFont=1「里仁事業全球資訊網」http://www.
　　leezen.com.tw/big5/index.asp

《佛光大辭典》（電子網路版）https://www.fgs.org.tw/fgs_book/
　　fgs_drser.aspx，2015/5/24。

佛光山全球資訊網《大師略傳》http://www.masterhsingyun.org/
　　biograhy/biograhy.jsp，2015.5.24。

「佛陀教育基金會」網站http://www.budaedu.org/ghosa/L00051/

佛學規範資料庫http://authority.ddbc.edu.tw/

〈明朝洪武以來的建都問題〉，http://okplaymayday.pixnet.net/blog/
　　post/25082740-%E6%98%8E%E6%9C%9D%E6%B4%AA
　　%E6%AD%A6%E4%BB%A5%E4%BE%86%E7%9A%84
　　%E5%BB%BA%E9%83%BD%E5%95%8F%E9%A1%8C,
　　2009,9,17.

「忠」的演進與海外佛教團結的時代意義《普門學報》第24期/
　　2004年11月，論文 / http://enlight.lib.ntu.edu.tw/FULLTEXT/
　　JR-MAG/mag205836.pdf 2016/4/29。

〈持守戒律，其利益何在？〉http://www.fodizi.net/qt/qita/17862.
　　html

香光資訊網，「20個你不可不知的明代佛教」，http://www.gaya.

org.tw/magazine/v1/issue.asp?article=91.96.9.20$03.htm，
2016/05/15

＜漢典＞線上字詞典http://www.zdic.net/

星雲大師著〈感應的原理.真理的價值〉read.goodweb.cn/news/
news_view.aspnewsid=35816。

星雲，〈星雲大師現代詮釋--感應〉2014.6.27 宣化老和尚追思紀
念專集http://www.drbachinese.org/online_reading/drba_others/
memory1/life1_chinese.htm , 2015.4.20。

宣化上人簡介http://www.dizang.org/fjrw/fs/xhsr.htm , 2015.4.20。

百度百科http://baike.baidu.com/view/341475.htm , 2015.4.20。

宣化上人舍利子圖冊http://baike.baidu.com/
picture/341475/341475/16179241/a686c9177f3e6709fdcff7073
9c79f3df9dc557e?fr=lemma&ct=cover#aid=16179241&pic=a6
86c9177f3e6709fdcff70739c79f3df9dc557e , 2015.4.20。

南朝‧宋‧范曄《後漢書‧孔僖傳》卷七十九‧儒林傳上。www.
gotop.idv.tw/scripts/word/what1.asp?word1=尊師貴道

《教育部重編國語辭典修訂本》，〈電子網路版〉http://dict.
revised.moe.edu.tw/，2015/6/10。

真達、妙真、了然、德森等頂禮敬述之《中興淨宗印光大師行業
記》2015/3/21 http://big5.xuefo.net/nr/article19/191015.html

夏丏尊等，《弘一大師追思文集》，http://book.bfnn.org/
books2/1209.htm 5/3/2014

符芝瑛著，《傳燈》星雲大師傳，[日期：2012-08-16]，第二章小
小佛種降人間（7）。www.book853.com。

索達吉堪布，《佛教科學論》，http://boruo.goodweb.cn/books/0021.
　　htm

http://169.55.0.235/bbs/forum.php?mod=viewthread&tid=3593&extra=
　　&page=26 2012.12.7

國際佛光會中華總會 2015.4.4 https://www.google.com.tw/?gfe_rd=cr
　　&ei=mEsfVdywHO7UmQXj6oAQ#q=%E5%9C%8B%E9%9A
　　%9B%E4%BD%9B%E5%85%89%E6%9C%83%E4%B8%AD
　　%E8%8F%AF%E7%B8%BD%E6%9C%83

淨慧長老一身承襲虛公五脈 親侍虛雲老和尚. 大公網. 2013-04-20
　　[2013-08-24]。

〈虛雲老和尚十難四十八奇〉, book.bfnn.org/books2/1113.htm,
　　2016.9.17。

陳支平，〈明代后期社會經濟變遷的歷史思考〉拙風文化網http://
　　www.rocidea.com/roc-62.aspx。

郭沫若《洪波曲》第11章http://www.chinesewords.org/idiom/show-
　　28634.html成語解釋。

淨空法師專集網站http://www.amtb.org.tw/，2015年5月。

淨空法師，〈仁愛和平講堂－尊師重道篇〉http://new.jingzong.org/
　　Item/8185.aspx。2015.11.10

淨宗學院，〈一代活佛─章嘉大師〉http://new.pllc.cn/Item/2538.
　　aspx。

淨空法師，〈如何實踐彌陀大願〉（第三集）1989.10 http://edu.
　　hwadzan.com/play/02/10/1/18158。

〈淨空法師專集師承李炳南居士〉http://www.amtb.org.tw/jkfs/jkfs.

asp?web_amtb_index=4&web_choice=3。2015.11.10。

淨空法師有關尊師論述http://new.jingzong.org/Item/8185.aspx及
http://www.amtb.org.tw/enlighttalk/enlighttalk.asp?web_
choice=5#godata。2015.11.10。

淨空老法師，〈孝親尊師是圓滿成佛之根本—二〇一六年台灣清明
祭祖大典談話〉。https://www.youtube.com/watch?v=nUn-p-
HkRlI 2016.3.25。

「尊師重道」http://baike.baidu.com/view/46695.htm百度百科，
2016.1.10

「尊師重道」http://www.dfg.cn/big5/cszd/shzr/13-zszd.htm 2016.1.20

「財團法人台北市福智佛教基金會」網站http://www.buddhism.
blisswisdom.org/，

「越南高僧釋明珠長老在胡志明市圓寂」越通社zh.vietnamplus.vn,
2012, 9.11

「福智全球資訊網」http://www.blisswisdom.org/

「福智青年」網站http://youth.blisswisdom.org/index.php

「福嚴佛學院」網站http://www.fuyan.org.tw/fu201102/201102-2.html

楊樹達，《論語疏證——訓解字義、說明文句、發明學》，2012。
https://www.douban.com/group/topic/31174455

維基百科，https://zh.wikipedia.org/wiki/%E9%87%8B%E6%98%9F%
E9%9B%B2, 2016.9.17。

《漢典》，「艱苦」百度百科http://baike.baidu.com/view/186001.
htm 105.7.6。

《漢典》http://www.zdic.net/z/1a/js/61C9.htm 105.6.30。

華藏淨宗弘法網，https://edu.hwadzan.com/fabodetail/1302 no.QZ-0211, 2016.9.17。

《傳燈》，星雲大師傳http://www.book853.com/show.aspx?page=18&&id=2418&cid=101，2015.5.24。

〈讀後感讀書筆記〉http://www.duhougan.com/sucai/20787.html 2016, 9.17。

《禮記》卷七，〈孝悌〉「群書治要360」，https://edu.hwadzan.com/fabodetail/1302, 2016.9.17。

「認識淨空老法師—法師簡介」http://www.amtb.tw/jklfs/jklfs.asp?web_choice=12016,9,18。

湯池小鎮《弟子規》和諧示範鎮奇蹟／淨空法師團結九大宗教網址：http://blog.udn.com/bluest1937/3562154 , 2015年，3月。

蓮池大師，《戒殺文》http://www.cd.org.tw/becute/big5/tai/tai_18.htm。

維基百科 釋証嚴https://zh.wikipedia.org/wiki/%E9%87%8B%E8%AD%89%E5%9A%B4 2016.9.17。

盧江中華文化教育中心，www.topikpopuler.com/video-GdNZ7qpVVJk.html, 2009.8.5。

FPMT護持大乘法脈聯合會-台灣 袞卻格西簡介&故事http://www.fpmt.tw/e103.php

「學佛網」「二、以道德的力量感動物類的神通」，http://big5.xuefo.net/nr/article15/148970.html。

顧如：默家忠於民2014.11.29 http://www.weibo.com/p/230418465b94d90102vcem?pids=Pl_Official_CardMixFeed__4&feed_

filter=1。

釋見融，《金剛怒目，菩薩低眉》香光莊嚴六十一期
http://www.gaya.org.tw/magazine/v1/2005/61/art1.htm，
2015/5/25。

附錄：明清杭州城市火災表

時間	事件	資料來源
洪武二十七年（1394）	二十七年，新縣治(仁和縣屬)火毀。縣丞邵英重建。	《嘉靖仁和縣志》，卷3，頁2a。
永樂十六年（1418）	杭州府廟學災。熊繫〈重建廟學記〉：湯湯殆盡，所存僅載門，師生朝夕設幕施教，莫有為之新作者。	《萬曆杭州府志》，卷5，頁12a。
永樂十七年（1419）	(布政司署)火。宣德間，左布政使黃澤重建。	《萬曆杭州府志》
正統五年（1440）	三茅觀……正統庚申八月晦，殿不戒於火，像嚴燄勿俱，之有呵護者。是復之。	韓引自《武林坊巷志(二)》，頁576。
成化二年（1466）	洞真觀……成化丙戌毀於鄰水，湯然一空，賴何志遠募緣營緝，視昔益華，已而復得沈宗純、王浩然相繼增築，遂為名勝。	《嘉靖仁和縣志》
成化六年（1468）	雲居聖水寺……成化丁亥燬於火。四方樂助，復建大雄寶殿，琳紺莊嚴，百廢具舉，有逾昔觀。素菴徒文紳旨倡鳩工，落成於丙申之秋。	《雲居聖水寺志》
成化九年三月初六（1473）	盂春，錢塘縣之松坊洋壩頭人。……成化九年三月初六夜，鄰右火延燎迫其居，母王氏方臥不覺，春闐以歸，不顧煙焰入負母，或止之。不聽。遂與母俱焚死。	《萬曆杭州府志》，卷87，頁7a。
成化十年夏四月（1474）	郡城大火。望德橋北河東蔣氏火，延燒鎮海樓、伍公廟、海惠寺、東嶽行宮、五樞雷院、下逮宗陽宮、南至侍郎府、北至鎮守府，東至巡鹽察院、西至布政司。周環六七里，民居三千餘家。	《萬曆錢塘縣志》，〈紀事〉，頁4b-5a。

時間	事件	資料來源
成化十年（1474）	成化甲午，居人火延燎，（吳山井）亭圮，井為瓦礫填委，居人病之。	《成化杭州府志》
弘治十一年（1498）	弘治戊午歲，杭城多災，（廣福廟）廟廢，而神像獨存。	潘棠，〈鹽橋廣福廟侯碑記〉
嘉靖七年（1528）	嘉靖七年，杭城柴市橋民家被回祿，掘得骷髏一枚，如斗大；骨節一枝，長五尺許。	《二申野錄》
嘉靖十三年三月（1534）	蕭巋侯祠……乙未歲三月毀於鄰火，道士蔡如璋視舊新之，加飾。	《嘉靖仁和縣志》
嘉靖二十一年夏六月（1542）	嘉靖壬寅七月，醫姪家竈爾西檐火起，隨撲滅之。明日移至或南，續發者五分，人以為五通神之維也，子祭即息。	郎瑛，《七修續稿》，祭五通文
嘉靖三十一年夏六月（1552）	時海寇初起，軍中需火藥甚急，諸匠人就廳(杭州府管局通判聽)碾藥，火起藥中，拔起者衆，有未死者灼夫裂體，慘不忍視。扶出，見河水輒投其中，明日皆死。	《萬曆杭州府志》，卷7，頁13a。
嘉靖三十五年（1556）	郭金科……嘉靖丙辰，金科年十六，夜，鄰火起，延及其居，金科身護幼弟開科從焰中出，倉皇回顧，不見父母，遂付弟與鄰人，復急從焰中入，眾挽不聽。而父已焦頭爛額，從焰中挨出。火益熾，一家十一口無脫者，次早見死者，金科已死，尚握母手及二地共斃。	《康熙錢塘志》，卷23，頁5a。
嘉靖三十五年九月（1556）	郡城大火，是月十三日未刻，火自西春橋民家起，俄頃遍于四方，東南逾數里，越城北至永昌壩，達旦始息。燒毀官民廬舍一萬餘間，清軍察院、鎮海樓俱及焉。□□□□□給米周恤。	《萬曆杭州府志》，卷7，頁16a-16b。

時間	事件	資料來源
嘉靖三十七年秋八月（1558）	族纛廟災。自三十一年六月，杭洲府管局聽失火之後，有司慮有不虞，特就廟中碾藥，以廟高，火不易侵也。然一藥發火，羣藥皆燃，勢不可救，廟遂煨燼，人死者十之二三。雖未若管局之甚，然亦慘矣。於是碾藥皆於空闊地面，不復敢近屋宇也。	《萬曆杭州府志》，卷7，頁17a。
萬曆二年（1574）	是年，(儒)學西偏民居火，延文明樓，府縣師生俱廳俱毀。	《武林坊巷志》p.493到楠十五賛。
萬曆三年（1575）	萬曆三年十月二十九日夜，火發菜市橋東，人從橋上以觀，扶欄忽崩，溺水中無算，皆重傷，死者凡四十餘。競為怪屬，昏黑不可行。仁和縣梁鵬為文祭之，其怪始絕。	《康熙錢塘縣志》，卷2，頁13b
萬曆五年七月二十七日（1557）	萬曆五年秋七月二十七日，郡城火，勢日晡時，小營巷火，延燒東哩，義和三里，如松三里。次日方息。燬民廬千百餘家。	《萬曆杭州府志》，〈紀事〉，頁5a。
萬曆十七年六月（1589）	六月，火起於木。登雲橋馬通政門首銀杏樹上烟起。	《萬曆杭州府》〈紀事〉，頁5b。
萬曆二十五年七月（1597）	鴉衛火。二十二日有烏鴉衛棉絮到處放火，燒房屋四百餘間。	《萬曆錢塘縣志》
萬曆二十五年（1597）	二月，燒官民房千三百餘間。	汪師韓，《韓門綴學》，〈杭城火災考〉。

時間	事件	資料來源
萬曆二十七年十二月三十日（1599）	萬曆己亥十二月三十日，晴……。辜祖先、闔家分歲，共宴於郁金堂。宴畢，方閒坐，閧北鄰火發，登三層樓觀之，余計尚在鹽橋左右，報至，果然。是夜西北風，火勢甚盛。頃便當蔓延當，良久計無所出，問郡邀諸公。尚未遺救，乃發書之，時夜已過半，俄而風稍稍戢，火延皮市遂止。勞攘一宵，惝而無事。	《快雪堂日記》，卷11。
萬曆二十七年（1599）	萬曆己亥年(廣福廟)被毀，仁和縣主喬公捐俸助建侯祠。	《廣福宮廟志》、〈鹽橋廣福廟記〉
萬曆四十二年（1614）	杭州回回唐詩火焚毀。	《湖壖雜記》
萬曆四十五年（1617）	萬曆丁亥巳歲，山下英濟祠不戒於火，颶風上乘及神宇，遂不救，一夕灰劫，神像露處。	《吳山城隍廟志》
萬曆四十八年三月二十五日（1620）	萬曆四十八年三月癸卯，杭洲火。	《國榷》，卷83
天啟元年三月初五日（1621）	天啟元年三月初五，仁和義和一圖生員陳變調家火，忽然四散，延燒平安、延境平安、東西如松等坊，杭州前衛、左所、前所等地方。本日午時起風，猛火烈燒一十餘里，至次日晚始熄。又飛燒良山門外臨江等圖數百家，續報城北二圖失火，延燒一百餘家。初八日，又報北良等圖各延燒十餘家。查報共燒毀人戶六千一百餘戶，屋一萬餘間，燒毀廣曾一所。	《康熙仁和縣志》，卷25，頁28a。
天啟元年六月	十四復陸陽公，住宅南壁坊一圖，基地約畝許，即今大街官巷	《西泠陸氏家譜》

時間	事件	出處
（1621）	口是也。兩山公、小泉公皆居此。天啟元年六月二十七日毀於火。	
天啟元年七月（1621）	城內外延燒萬餘家，八月詔以杭州大火，停織造。	汪師韓，《韓門綴學》
天啟三年（1623）	天啟癸亥十月十二日，回昭慶寓。城內火作，烈焰燭天，下映湖水盡赤。十三日早入錢塘門，過孩兒巷，即被回祿處，一門失謹，災及數百家，達旦火尤未滅。	《游明聖西湖日記》
天啟四年三月（1624）	杭州兵變。正月十七日夜陸生員家開宴張燈。火起延燒。有聞許兩生與捨又各兵用閂，眾生員及市民遂入接待賜子把總為難，而把總舉銃為號，各兵霆集，執生員之杭嚴道，將生員朴責羈侯，以謝亂兵。而九營亂兵心憤憤不平，猶拆毀錢塘門外以北更樓十座矣。	《明熹宗實錄》，卷40，頁11a
天啟六年（1626）	仙林寺……天啟年丙寅大火，殿宇盡毀，穎生宣師及里人王兆京，馮時亨、鄭文彬等捐資募建。	《康熙仁和縣志》，卷23，頁1b-2a。
崇禎十三年（1640）	庚辰，鄰不戒於火，家幾燼，事已，有司命錄其罪，母囑使脫之。	《梧園集》、〈顧姒張淑人行實〉
崇禎十四年（1641）	歲辛巳，杭城火，為粥糜以濟，全活者甚眾。	《康熙杭州府志》
崇禎十四年（1641）	崇禎辛巳夏，當家居被火，掃地蕩然。	《紫省軒文鈔》、〈張文學俊卿曁元繼配吳兩孺人合葬墓誌銘〉

年代	事件	出處
崇禎十五年（1642）	先是歲辛巳比舍曰火緣垣，而棼屋椽盡，熱光炎炎熊熊，事皇及不可力撲，乃手北風而反南風，把贏瓶濡焰以息。或云望之有黑雲若靈牆火上，火立旋卻。里巷中咸謂張豪婦有神靈、盧無災，仁康寧也。	《崇省軒文鈔》、〈外姑崔孺人傳〉
崇禎十六年（1643）	府同知馬耳房火，延及府堂，兩廊俱燬。	《乾隆杭州府志》，卷56，頁23a。
	轉運使耳房火，延及曰事。未幾布政司廳室又火，蓋天災也，時民間一夜數火，人心惶懼。後昭慶寺又燬。	《康熙仁和縣志》，卷25，頁30a。
順治九年（1652）	百井寺，在東西壁里井亭橋西。……順治王辰毀於火，牛衆唐國政倡復。	《康熙仁和現志》，卷33，頁5b-6a。
順治十三年七月（1656）	佑聖觀火藥局災。搗藥臼中火燃，諸礦盡發，斃數十人。皮膚剝割殷者無算。錢塘學署方聞肇慶忽二黑骸自空而墮，聖啟亦燬。	《康熙錢塘縣志》，卷12，〈災祥〉，頁14a-14b。
順治十二年（1655）	乙未，居武林。鄰家失火，三面皆焚，而子居無恙。	《閒情偶》卷12，〈飲饌部〉
順治十七年十月二十三日（1660）	順治十七年庚子十月二十三日，方公園失火，延燒七里，諸公被回祿，梯霞門巷公義館舍及行入公望舉存。	《武林坊巷志(六)》，頁677。
順治十七年（1660）	十七年災數萬室，見沈蘭或火災議。	楊文杰，〈杭城火災續考〉
順治十八年（1661）	杭洲大火，見沈紹姬萊石詩鈔。	楊文杰，〈杭城火災續考〉
康熙三年	溫處道，在新宮橋東，割宗陽宮地建。國朝康熙三年火，今	《康熙錢塘縣志》，卷

時間	事件	資料來源
（1664）	為織造府分賑。	5，頁5b。
康熙五年（1666）	景隆禪院……。國朝康熙丙午，復為祝融災，慕化改建梵宇。	《康熙錢塘縣志》，卷4，頁36a。
康熙五年十二月（1666）	康熙五年十二月大風火一晝夜，延燒七里，燔民居一萬四千四百餘家。斯如坊有長者崔萬千，操履醇謹，七年之間，三失火矣。至是火尤慘。時風急火熾，俄頃煙焰轉至，其孫文舉不見祖父，即奔入。妻子慰阻，文舉曰：身偶之身也，豈有祖父在烈焰中忍置之呼？奮身蹈火。火已，三骸俱存，文舉跪祖前，猶作勤行狀，觀者莫不錯愕駭嘆。	《康熙錢塘縣志》，卷12，頁14b。
康熙五年十二月（1666）	王修玉……康熙五年丙午十二月，大火，先生家焚焉，又移北良里。	《新鬥散記》
康熙七年（1668）	馬市馮姓……是年，城中大火，馮氏亦燼，其跡遂滅。	《湖壖雜記》
康熙五年十二月十三日（1666）	國朝康熙七年，閣毀於火，惟中殿、前殿巋然尚存，而閣基運瓦礫者具百餘年。	《武林坊巷志（七）》，頁652
康熙五年十二月十三日（1666）	太平坊火災，延燒九里，難民凍餒於冰雪者奚千萬計，有鄉紳康捐銀五十兩創始，力詳各臺捐賑，俾出奉救濟難民無算。	《流芳亭記》
康熙十年五月二十四日（1671）	康熙十年辛亥夏五月亢旱，鄰不戒於火，西祠焚。	《康熙錢塘縣志》，卷12，頁14b。
康熙十年八月	康熙辛亥八月，鄰火延燒，幾及郡庠聖宮。錢邑何侯玉如首倡	《梧園集》〈顧建關帝廟疏〉；《流芳亭記》

（1671）	先撲滅，率眾撲滅，幸止棧。	
康熙十一年（1672）	十一年秋，杭城火燒五千餘家，一日不熄，見陸岳見聞錄。	楊文杰，〈杭城火災續考〉
康熙十一年（1672）	壬子冬，入至未一年，而祝融復告災矣。	《武林坊巷志(伍)》，頁622。
康熙十一年（1672）	蕭爾候祠，在睦親坊新慶巷。……康熙十一年，祠毀於火。	《康熙仁和縣志》，卷14，頁22b-22a。
康熙十二年九月十九日（1673）	康熙十二年九月十九，大火。是日大風。自鹽橋東火起。延燒十三里，東城為之一空。	《康熙仁和縣志》，卷25，頁23b。
康熙十七年（1678）	康熙戊午，僕夫不戒被災。今門橋具設，廳室席舍俱無。	《康熙仁和縣志》，卷4，頁10b。
康熙十九年（1680）	李士謀妻胡氏，年二十四而寡，事舅姑孝。姑病瘵，力撫幼叔、幼姑、後長大，分已產完嫁天，即風反減火，人謂孝感所致。已卯、端陽又火。燒數百家，即李行火。比鄰皆毀滅爐，民泣號泣火。康熙庚申秋，大火，即孝感天	《康熙前唐縣志》，卷29，頁15b。
康熙二十年（1681）	康熙辛酉，杭之忠清里人夢入因於門。次日，本里大火。延及其門而止。始悟入人者，火也。	景星杓，《山齋客談》
康熙二十五年（1686）	荷花池頭，在清波、湧金兩門之間，地近勾山，相傳明時藕。指揮所浚，藕花雖無，遺址猶存。康熙二十五年，火。五十三年，又火。填為平地。今為邑主薄署，與民居不通，其遺跡更不可問矣。	《鄮西小志》
康熙二十五年	予嶽杭之前一年相傳自鹽橋至羊市，綜橫十餘里，其為家約	毛奇齡，《杭州治火議》

年代	事件	出處
（1686）	六萬有餘，死者若干人。予雖未親見，故焦爛猶在目也。	吳農祥，《梧園集》，〈重修杭州城隍廟疏〉
康熙二十五年三月晦日（1686）	康熙二十五年三月晦日，杭州城隍廟災。火之所牧，幾及神廡。	《西湖志》
康熙二十五年（1686）	康熙二十五年火，（梓潼帝君廟）逾年復健。	
康熙三十年（1691）	杭素患火災。辛未春，宅毀，圖書點即悉補燬焉。先君樵補敘，克復舊觀，俾贈功朝夕摩娑，忘鬱攸之恐。	沈庭芳，《隱拙齋集》，〈諭贈通議大夫山東按察使前文昌縣知縣顯考東隅君行狀〉
康熙三十二年二月二十日（1693）	康熙癸酉二月二十日，城中大火，嚴定偶得分父悉毀，作此嘆之。客又云的日前北上，才從蓮居庵移居歸巷賣約絲及賣珠、絲綢，二項俱燒。無情一火湯無餘。三千戶內何須惜，可惜司農看過書。是外仍遭世上炎，莫逃乎數起天哉？歸考重葺向達居去，牧弟胡僧話劫灰。	《武林坊巷志(五)》，〈張玠老編年詩〉
康熙三十二年（1693）	構快雪堂於孤山之陽，遂家杭之清寧里……癸丑被災，掃地亦立，猶歉歉被廬……	鄭良，《寒村五丁集》，〈守川馮君墓誌銘〉
康熙三十二年十二月初八日（1693）	九曲巷民家火，延燒至草橋門約七里許，自午至有方止。	《康熙錢塘縣志》，卷29，頁15b。
康熙三十八年（1699）	李士謀妻胡氏……己卯，端陽又火，燼數百家，即李門而火熄。	《康熙錢塘縣志》，卷29，頁15b。
康熙四十六年	靈芝寺……康熙四十六年，大殿火毀，兩廊俱燼。	《康熙錢塘縣志》，卷

日期	事件	資料來源
（1707）		14，頁5b。
康熙四十六年（1707）	徵君素強無疾，前卒之一年，家不戒於火，盡所曾畫藏焉。	《武林坊巷志（六）》，卷14，頁5b。
康熙五十三年正月初八日（1714）	巡撫衙門災。	《光緒杭州府志》
康熙五十三年六月二十三日（1714）	太平橋民家火，延燒至東青巷青河下，燬民居數百家。午時起曆二更方止，是日黃昏府前四條衖巷火，兩縣衙門俱燬。火幾達旦。	《康熙錢塘縣志》，卷12，頁14b。
康熙五十三年（1714）	荷花池頭，在清波門內，相傳明時趙指揮所浚，地近勾山，湧金們之間。藕花雖無，遠趾猶存。康熙二十五年，又填為平地。今為邑主簿署，與民居不通。其遺跡更不可問矣。	《郭西小志》
康熙五十三年（1714）	龍香嘴裡未至遺院巷口，向有大樹，高十餘丈，茂葉分披時，相傳明時趙指蔭及千步之外。……康熙五十三年大火，數毀於鬱依之中，至今居其地者稱大樹下。	陳景鐘，《清波類志》
康熙五十四年十二月二十日（1715）	奴才孫文成謹奏，為欽尊諭旨事。康熙五十四年十二月二十日巳刻，杭洲成內仁和縣所屬坊別段地方，自所住商民許煥章出售油紙火，計燒毀十戶人家十二間。	《孫文成奏摺》，〈奏報杭州失火折〉
康熙五十四年十二月二十六日（1715）	本月二十六日亥刻，仁和縣所屬如菘義都地方，自住民曾子文家失火，計燒毀六戶人家十五間，僅此奏聞。	《孫文成奏摺》，〈奏聞杭州民房失火摺〉

時間	記事	資料來源
康熙五十五年六月初三日子刻（1716）	康熙五十五年六月初三日子刻，杭洲城內錢塘縣所屬地方，住在紅門局外織匠謝世嘉住宅，住所點之燈失火，居民內，民四十二戶之樓房三十六間，瓦房二十九間，羊為火所燬，損壞樓房五間，三戶之樓房六十二間一三間一瓦房二十六間。	《孫文成奏摺》、〈奏聞 杭州城內失火摺〉
康熙五十五年六月初八日丑刻（1716）	再本月初八日丑刻，杭洲城內錢塘縣所屬地方，在太平坊後名叫十三萬廂地方，自民人華偉成裁縫舖失火，居民成所燬，損壞樓房三間，戶民人之樓房二十間，瓦房五間為火所燬，謹此奏聞。	《孫文成奏摺》、〈奏聞 杭州城內失火摺〉
康熙五十六年八月初五（1717）	奴才孫文成謹奏，八月初五日夜四更時分，杭洲城內錢塘縣屬地方，巡撫衙門前面西南角居民花之角居民花竹片為壁，因此烏格間皆已批開支竹片為壁，仇人由外面於壁上放火，技燒廳房八十五間，共四十二戶。巡撫衙門邊有牌樓、府、縣衙門房屋十間，一為火所燬，損壞房屋二十廳。縣營員集會衙門房屋二十餘間，謹此奏聞。	《孫文成奏摺》、〈奏報 錢塘縣失火摺〉
康熙五十七年閏八月二十八日（1718）	杭州布政使段志熙衙門經歷司張文彬所住衙門三間，政廳三間、飯廳三間、書房三間、家人住屋三間，於閏月八月二十八日申刻，自飯廳失火，共燒毀房屋十四間，僅剩下二進，一間，謹此奏聞。	《孫文成奏摺》、〈奏報 杭州衙署失火摺〉
康熙五十九年二月十二日酉刻（1720）	康熙五十九年二月十二日酉刻，杭洲承內仁和縣所屬地方，自眾安橋東北方民居丁炳衡出售所錫打錫舖子失火，共燒燬民房二百七十四戶內瓦房二十一間，樓房三百二十間，損壞樓房二十一間。	《孫文成奏摺》、〈奏報 杭州民房失火摺〉

時間	內容	資料來源
康熙五十九年二月十八日酉刻（1720）	本月十八日戌刻，杭州城內錢塘縣所屬地方，自太平坊東方居民李顯彰出售頭沙，葛布手巾等雜貨失火，共燒毀民房八十六戶內瓦房一間，樓房一百二十間，損壞樓房十三間，謹此奏聞。	《孫文成奏摺》、〈奏報杭州民房失火摺〉
雍正四年（1726）	雍正四年五月浙江巡撫督察院兼理兩浙鹽務頒示熄火災訊，勤諭杭城內外士農工商兵民人等志，杭府為浙省首郡，居民稠密，向多火災，今年更甚。	《兩浙鹽法志》
雍正十一年三月二十二日（1733）	本年三月二十二日夜有仁和縣白蓮花寺前居民未大為家失火，臣據報當即單騎馳前往撲被火處所，會同郡將軍阿里滾，副都統領弁嚴督兵役，上緊赴救。因是夜北風大作，火勢甚熾，多方撲救，便得止息。查明延燒所拆房屋共計六百餘戶。	《宮中檔乾隆朝奏摺》、〈浙江總督程元章奏報撥公項銀兩賑恤仁和縣被火災民摺〉
雍正十三年（1735）	真武院……歲在乙卯閏月甲戌，里民不戒於火，是燎灼，弗可撲滅。讓者惜春秋撤小，屋塗大屋之燼，而廟竟毀。	《東潛文稿》、〈慕修真武院流院引〉
雍正十三年（1735）	雍正乙卯歲，杭城大火，延燒千餘家。中丞李公保親往撲救。	王穉《秋燈叢話》、卷九
乾隆初（1736）	百年人瑞坊……。其坊，乾隆初毀於火，至今其地由稱百年人瑞弄。	《鄯西小志》
乾隆元年（1736）	乾隆丙辰鄉試，既鎖鑰闈矣，旅寓不戒於火者，凡二百餘人。君資以漿糧，得復入試。又資以舟楫扉履之費，而復得歸。	杭世駿《道古堂文集》、〈松谷盧君墓誌銘〉
乾隆四年（1739）	乾隆四年，（白馬）廟毀於火。六年，巡撫盧公焯首捐重建。	《武林坊巷志（二）》、頁250。

時間	內容	出處
乾隆五年（1740）	小玻翁，姓萬氏，……乾隆庚申火，復災其居，乃暫假海寧陳氏之七桂廳。	《武林坊巷志（七）》，頁280。
乾隆三十年（1765）	歇廠居金洞橋……。又歲乙酉二月五日，居鄰不戒於火，公調護井然。	《武林坊巷志（二）》，頁427。
乾隆三十二年（1767）	（海會寺）今年春，僧不戒於火，寺大半毀。	《武林坊巷志（二）》，頁492-493。
乾隆三十三年（1768）	乾隆戊子未回祿前，張、江二公所贈匾額尚在。	《武林坊巷志（五）》，頁326
乾隆三十三年（1768）	海凌亭協頒，居巷內。咸豐初，築樓於臨河巷口，書「義方」四字額，嵌置樓楣上。相傳舊本有樓，乾隆重教」四字額，鑴於礡，戊子，毀於鄰火。	張大昌《杭州八旗駐防志略》
乾隆四十四年（1779）	潘隆，居柴木巷。有子曰瑠，年十五矣。乾隆己亥臘月之望，有養子夜醉失火，瑠焉。瑠救母丁氏不獲，婚姑、適歸寧，或拉之出，姑約：母在，何去為？且汝男子也，胡拉我!遂號泣抱柱死，秀水金黃為立潘孝子傳，其姊亦烈女也。	羅以智，《新門散記》
乾隆四十七年（1782）	國朝以來，繼席諸師，規制日新。子於乾隆辛卯冬主席院事，接眾安單。致王黃春，不戒於火，殿宇僧聊盡成灰燼，為萬歲龍牌、大士金身，佛聖眾像於火觀中請出，端然無損。	《武林坊巷志（六）》，頁623
乾隆四十九年六月（1784）	縣學地鄰閣闈，右則中河一帶舟楫衝街，日系嘈雜，高阜無大川，為之襟抱。四十六年六月，里民不戒於火，牆毀，延及西廡，至於大成殿。	《武林坊巷志（四）》，頁113

日期	內容	出處
乾隆四十九年（1784）	民舍火。	楊文杰，〈杭城火災續考〉
乾隆五十三年二月（1788）	杭人祠南宋施諤全衛星福社神，相傳為神仗節死義之地。昔有藏神顯骨者靈栖梅數樣，香火最盛。乾隆戊申二月，市人不戒，廟毀鬱攸，越月落成。捐廉為倡，住商樂從。	沈叔埏，《頤綵堂文集》，〈杭城眾安橋輿福廟記〉
乾隆五十四年（1789）	孝子居郡城凌家橋東，巷甚卑，屋甚卑，積修脯購地為母立員節坊。己酉冬，鄉人不戢於火，比屋盡燼，其廬與坊獨存。	趙坦，《寶甓摘文錄》
乾隆五十五年（1790）	近乾隆庚戌冬，杭城孩兒巷居民失火，是日風勢甚猛，火乘風力，四面俱燼，惟帝廟歸然如存，接與兩暘世相似也。	許琰，《普陀山志》
乾隆五十六年辛亥（1791）	鎮海樓災。	黃士珣，《北隅掌錄》
嘉慶元年十一月十六夜（1796）	十一月十六日夜，月有食之，熒惑與木星同度躔於牛女之次。夜半，吳山火，燬四千餘家。（郡麟靈芬詩集參查揆古詩鈔）按：馬履泰秋菴詩集亦云是夜，四條巷延燒二千四百九十五家，死者百餘人。	查揆，《筼谷詩鈔》
嘉慶元年（1796）	余於乾隆六十年自山左學正移任浙江，至則使院多頹敗，大堂梁柱久為蟲蝕，復嘉慶元年，鳩工易之，市中火，延及鼓樓廨，顧其東小室曰：「潄寧精舍」，共費白金將二千兩。	阮元，《元妙觀志》
嘉慶三年戊午春三月（1798）	杭城北十五奎巷火，延及元妙觀玉皇閣。	仰衡，《元妙觀志》

時間	記事	出處
嘉慶三年五月五日（1798）	浙江錢局前有古杏一株，大可三圍。嘉慶三年五月五日巳時忽見煙從左杏樹中出，初以為奇也，人皆望之，繼而煙光漸大，火星直出。及扛水龍四座吸水噴去，水愈湧火愈熾，竟不能救。	慵訥居士《咫聞錄》
嘉慶三年冬（1798）	戊午之冬，道士某不戒於律，媛褻神所，神怒非所，遂悉妙內外毀於火。遏焉泯焉，靡又遺存焉。比星之民，咸保厥居，一瓦一植。烈焰方熾，或少損，老幼共觀，見神在空中，焚者護者，左右指揮，驚相浦狀稽首。…	蔡寅《蔡寅倩集選》、〈義和里重建關侯廟〉
嘉慶六年（1801）	嘉慶辛酉，鄰火不慎，廟亭延燎，里社各輸囷怳。	唐烜久《廣福廟志》、〈廣福廟紀事〉
嘉慶十三年（1808）	嘉慶戊寅，杭州彌勒寺前火，延燒數百家。中有一小屋一間，前後並無牆垣，竟魏然獨存。屋內二童子伏桌下，俱無恙。	屠梓《病榻瑣言》
嘉慶二十一年七月（1816）	清河坊火，延三四里，燒民居數千家，打銅巷、布市巷，斃死骸巷多，鎮海樓燬。	《光緒杭州府志》
道光二年六月（1822）	二十二日，甲時。晴。黃刻詣吳山禱雨。午，立秋。晴時密雲不雨，僅聞雷響。二鼓艮山門內失火，往救即滅。	《林則徐日記》，頁100。
道光二年七月（1822）	初六日，戊寅。晴。閱卷。午刻候潮門外失火，申刻減火始回。	《林則徐日記》，頁101。
道光二年七月（1822）	二十六日，戊戌。晴。四鼓，城內孩兒巷失火，即往撲救，黃刻火減回寓。	《林則徐日記》，頁103。
道光二年八月（1822）	二十一日壬戌。晴。早晨中丞出閱。寄福州家書一封，由吳荷星康訪官封附去。是夜四鼓艮山門失火，旋經撲熄。	《林則徐日記》，頁106。

時間	記載	出處
道光二十二年（1842）	竹竿巷口民居火，延燒一千餘家，兩日始熄。梁文莊第舊燬。	《光緒杭州府志》
道光二十三年（1843）	道光二十三年夏，杭城火藥局一夕為雷火所移，不遺一瓦一椽，及柱礎無存者，不識何故。……不然何必并其局移去耶。	朱翊清《埋憂集》卷五
道光二十四年（1844）	舊府前民舍火，延燬杭嘉湖道者。	楊文杰，《杭州火災續考》
道光三十年（1850）	是年，鎮海樓災，延燒二千餘家。	《光緒杭州府志》

摘錄自朱祐鋐，《清代杭州的火災、火政與與社會生活(1644-1861)》台灣大學歷史研究所碩士論文，2011，頁 199-211。

國家圖書館出版品預行編目資料

明‧蓮池大師《緇門崇行錄》與現代實踐典範/釋永東 著
-- 初版. -- 臺北市：蘭臺出版：博客思發行, 2017.1
面；　公分. -- (佛教研究叢刊；10)
ISBN　978-986-5633-51-6(平裝)

1.佛教信仰錄 2.佛教教化法

225.8　　　　　　　　　　　　　　　105022386

佛教研究叢刊10

明‧蓮池大師《緇門崇行錄》與現代實踐典範

作　　者：釋永東
美　　編：高雅婷
編　　輯：高雅婷
封面設計：林育雯
出 版 者：蘭臺出版社
發　　行：博客思出版社
地　　址：臺北市中正區重慶南路1段121號8樓14
電　　話：（02）2331-1675或（02）2331-1691
傳　　真：（02）2382-6225
E—MAIL：books5w@gmail.com或books5w@yahoo.com.tw
網路書店：http://store.pchome.com.tw/yesbooks/、http://www.bookstv.com.tw/
　　　　　http://www.5w.com.tw、http://www.books.com.tw
　　　　　博客來網路書店、華文網路書店、三民書局
總 經 銷：成信文化事業股份有限公司
電　　話：02-2219-2080　　傳　真：02-2219-2180
劃撥戶名：蘭臺出版社 帳號：18995335
地　　址：香港新界大蒲汀麗路36號中華商務印刷大樓
　　　　　C&C Building, 36,Ting, Lai, Road, Tai,Po, New,Territories
電　　話：(852)2150-2100　　傳真：(852)2356-0735
總 經 銷：廈門外圖集團有限公司
地　　址：廈門市湖裡區悅華路8號4樓
電　　話：86-592-2230177　　傳真：86-592-5365089
出版日期：2017年1月 初版
定　　價：新臺幣550元整（平裝）
ISBN：978-986-5633-51-6